Die magische Wunde

Bibliografische Information:
Die Deutsche Bibliothek verzeichnet diese Publikation in der Deutschen Nationalbibliografie; detaillierte bibliografische Daten sind im Internet über http://dnb.ddb.de abrufbar.

Taschenbuchausgabe 2021
Originalausgabe 2017 Edition »fabrica libri«

Layout und Umschlaggestaltung: Sigrid Pomaska
Herstellung: Eisermann Buchdruck Bremen
www.pomaska-brand-verlag.de

ISBN: 978-3-943304-49-7

Gertrude-Raven Croissier

Die magische Wunde

Wandlung und Heilung
in der Transpersonalen Psychologie

Band 1

fabrica libri

Ich habe gut und böse gekannt,
Sünde und Tugend, Recht und Unrecht;
ich habe gerichtet und bin gerichtet worden.
Ich bin durch Geburt und Tod gegangen,
Freude und Leid, Himmel und Hölle,
und am Ende erkannte ich, dass ich in allem bin
und alles in mir ist.

Hazrat Inayat Khan

INHALT

Lebensmutter – Die Große Wandlerin. Skulptur (Detail) v. G. Croissier, 2009
Foto: Tim Besserer

„Sie wandelt alles,
was Sie berührt,
alles was Sie berührt,
das wandelt Sie …“

Hinweise zum Verständnis und Gebrauch des Buches

Geist *und* Gefühl wollen genährt werden, deshalb enthält dieses Buch theoretische Texte im Wechsel mit beispielhaften Selbst-Erforschungs-Berichten. Wir alle sind zugleich Lernende *und* Lehrende, Fragende *und* Erkennende, Leidende *und* Heilende; um dieser polaren Einheit zu entsprechen, werden Texte meiner Klienten und Klientinnen aber auch Textbeispiele meiner eigenen Seelenreisen veröffentlicht. Die Inhalte aus diesen drei unterschiedlichen Quellen – Theorie, eigene Erfahrungsberichte und Berichte von KlientInnen – sind durch unterschiedliche Schriftarten kenntlich gemacht.

Auch die Erkenntnisfragen und Praxisanleitungen in diesem Buch versuchen der Einheit von Geist und Gefühl, Lernen und Lehren zu entsprechen. Sie dienen der Selbsterforschung der LeserInnen und zugleich der praktischen Anwendung im therapeutischen Arbeitsfeld.

Die Erfahrungsbeispiele der KlientInnen, aus Träumen und dem Holotropen Atmen, entstanden alle im Kontext unserer gemeinsamen therapeutischen Arbeit und wurden von ihnen selbst verfasst. Teilweise wurden die Texte von mir lediglich gekürzt und Unklares wurde sprachlich geklärt. Soweit nicht vorhanden, wurden sie mit Überschriften versehen. Namen und andere Möglichkeiten der Identifikation wurden geändert; alle VerfasserInnen sind mit der Veröffentlichung einverstanden.

Die einzelnen Kapitel bauen aufeinander auf, sie folgen einem logischen Plan. Dennoch ist jedes Kapitel auch einzeln lesbar und in sich verständlich, weil an das Vorhergehende immer wieder angeknüpft, es aufgenommen und weiterentwickelt wird.

Sprachliche Wiederholungen, in Wortwahl und Inhalt, sind demnach beabsichtigt. Sie sind zudem ein Gestaltungselement und dienen als Verstärker. Sie binden an den Text, fördern emotionale und geistige Vertiefung und verhindern „flüchtiges" Lesen.

Die Botschaft meines Buches, die Botschaft von der „Heiligkeit der Wunde", ist nicht gerade populär; sie ist unbequem, sie macht Angst. Ungefühlte Angst aber erzeugt Feindseligkeit und Entwertung. Deshalb bin ich in großem Maße dankbar für die theoretischen Belege so wichtiger und anerkannter Denker wie Jung, Gebser und anderer, die ich gerne wörtlich zitiere, um die Eigenwilligkeit und Schönheit der individuellen Sprachformen zu würdigen.

LeserInnen meines ersten Buches „Psychotherapie im Raum der Göttin. Weibliches Bewusstsein und Heilung“ werden vielleicht die inhaltliche und sprachliche Fokussierung auf das Thema „Weibliches Bewusstsein“ vermissen. Zehn Jahre sind seit der Veröffentlichung jenes Buches vergangen; ich hatte genügend Zeit, meine eigene verwundete Weiblichkeit zu pflegen, annähernd zu heilen und zu integrieren. Nun bin ich bereit für neue Erfahrungen und Erkenntnisse; die Reise der Seele ist noch nicht zu Ende.

Danksagung

Ich danke meinen Klientinnen und Klienten für ihr Vertrauen, ihre tiefe Hingabe an die Wahrheit der Seele, ihre Wandlungs- und Heil-Kraft.

Ich danke für die bewegenden Berichte und lyrischen Texte aus dem Holotropen Atmen und anderen Innenwelt-Reisen sowie für die eindrücklichen Bilder und Mandalas.

Diese kostbaren Geschenke und meine eigene Lern-Erfahrung als Therapeutin im „Dienst an der Seele“ bilden die Grundlage dieses Buches.

Gertrude-Raven Croissier
Mai 2017

Bienen-Göttin.
Minoisch, Kreta
ca. 1700 v. Chr.

Prolog

Das Grund-Übel unserer patriarchalen Welt ist die Verdrängung der Ur-Wunde und der Versuch der Vermeidung von Schmerz, der Vermeidung von Verlust und der Vermeidung von Tod. Menschen lügen und betrügen, rauben und töten aus Verlust-Angst. Sie führen Kriege, begehen Völkermord, vernichten sich selbst und andere aus Angst vor Verlust-Schmerz. Letztendlich ist es die Angst vor dem eigenen Tod.

Das Patriarchat, seine Ökonomie, Technologie, Wissenschaft und Politik, opfert die Anderen – Frauen, Kinder, Fremde, Tiere, sogar den eigenen Mutterplaneten – im Irrglauben, damit das eigene Überleben zu sichern. Wir Menschen essen Fleisch von Mitgeschöpfen aus unbewusster eigener Todesangst, vergewaltigen Kinder, um die eigene Kleinheit und Hilflosigkeit nicht zu fühlen, vernichten Leben, um damit das eigene Leben zu sichern – wir töten, um uns auf magische Weise unsterblich zu fühlen.

Alles Un-Heil des modernen Menschen resultiert aus der *Verleugnung der Ur-Wunde* als dem *Verlust der kosmischen Einheit,* dem Verlust von „ewigem Leben". Das Elend der Welt und das Elend des Einzelnen wurzelt im dem vergeblichen Versuch, den unumgänglichen Schmerz des irdischen Lebens – um jeden Preis – zu vermeiden und den Tod zu leugnen:

> „Er paßt nicht zum Wohlstandsdenken und zum Traum vom nie endenden Glück, der zum Alptraum gerät. Die Vergötterung der Wissenschaft, die Allmacht der Technologie und die Hoffnung auf eine bis zur Unendlichkeit ausdehnbare Lebenserwartung sind unsere neuen Götzen gegen das Sterben. Den Tod abschaffen zu wollen scheint unser höchstes Ziel zu sein, (…). Die Mißachtung der Zusammengehörigkeit von Leben und Sterben, von Geburt und Tod als natürlicher Einheit hat fatale Auswirkungen für unser gegenwärtiges und zukünftiges Leben: Lebensangst, Entfremdung vom Leben, von der Natur, Unsicherheit, Zukunftsangst, Gefühllosigkeit, die sich in leib-seelisch-geistigen Krankheiten ausdrücken."

Dies sind die Worte des griechischen Psychotherapeuten und Trauer-Experten Jorgos Canacakis im Jahr 1987.[(1)] Inzwischen sind fast dreißig Jahre vergangen. Was vor dreißig Jahren noch schlimmste Befürchtung war, ist alltägliche Wirklichkeit geworden. Wir stehen kollektiv, und vielfach auch individuell, vor einem Abgrund: Kriege, Verlust von Heimat, Familie und Zukunft, Flüchtlingselend sowie körperliche und psychische Krankheiten, Mord, Massenmord und zunehmend auch Selbstmord sind an der Tagesordnung. Die Menschenwelt ist ver-rückt, Wahnsinn ist Normalität geworden.

Was uns vielleicht noch retten könnte, kollektiv und individuell, ist die hingebungsvolle Annahme von Schmerz, denn „Schmerz schließt das Herz auf". Integrierter Schmerz wandelt sich in Mitgefühl und Mitgefühl drängt in tätige Hilfe, in den alltäglichen Dienst am Leben. Was uns heilen könnte, ist die fühlende Akzeptanz von Verlust, von Vergänglichkeit und von Tod, ist die liebevolle Annahme der primären Wunde.

Die größte Herausforderung des Lebens auf diesem Planeten ist die Akzeptanz der irdischen Polaritäten, die bereitwillige Annahme von Licht *und* Dunkel, Leben *und* Tod, Freude *und* Schmerz. Da unser patriarchales Ego aber nur das Licht, nur das Leben und nur die Freude akzeptiert, gerät der gegenpolige Anteil zwangsläufig in den Schatten. Heilung aber bedeutet Ganz-Werdung; um heil zu werden, haben wir den polaren Teil der Ganzheit, den Schatten, anzunehmen.

Um Einheit, „Nicht-Dualität", zu *erfahren* (es reicht nicht, um sie zu wissen), haben wir zunächst den Schatten zu integrieren. Ein solcher Seelenweg führt in die eigene Tiefe, in die eigene Unterwelt. Dies verdeutlicht eine Traumbotschaft aus der Zeit meiner eigenen Wandlungs-Krise, damals war ich 45 Jahre alt:

Ich bin unterwegs, auf einer Reise, mit einer Freundin und zwei kleinen Kindern. Wir sind im griechischen Nationalmuseum in Athen. Unser Weg führt durch den Keller des Museums. Dieser Keller ist gleichzeitig die „Unterwelt", der Hades. Die Kinder sind müde und sie müssen schlafen, bevor die Reise weitergehen kann. Ich bereite ihnen ein Lager auf der „Falltür", die in die Unterwelt führt. – Die Freundin und die Kinder haben Angst vor dem Abstieg ins Dunkel, dort unten gibt es keine Beleuchtung, kein Licht.

Mein Traum-Ich sagt zu ihnen: „Habt keine Angst, ich kenne mich aus im Dunkeln, ich führe euch!"

Meine Freundin aber will die Reise lieber durch die oberen Hallen des Museums weiterführen, dort wo die „Liebenden" auf Sockeln stehen: zärtlich umschlungene Frauen- und Männergestalten, Götter und Göttinnen in weiß-strahlendem Marmor.

Es bleibt unklar, ob wir den Weg durch die Dunkelheit und Enge der „Unterwelt“ oder durch die lichtdurchfluteten Hallen der „Liebenden“ nehmen. Beim Aufwachen denke ich:

„Ich werde beide Wege gehen und sie miteinander verbinden.“

(G. C., Febr. 1988)

Und so geht meine Seelen-Reise bis heute:
vom Dunkel ins Licht,
von der Angst in die Zuversicht,
vom Schmerz in die Freude.

Jeder Mensch hat eine einzigartige Entwicklungs- und Heilungsaufgabe für sein Leben und ist dafür mit den entsprechenden Erfahrungen und Begabungen ausgestattet. Meine Aufgabe besteht vor allem in der Anerkennung der Wahrheit; die Anerkennung der Wahrheit von mir selbst ist hierfür unbedingte Voraussetzung:

> „Ihr werdet die Wahrheit erkennen,
> und die Wahrheit wird Euch befreien.“ (1)

Dieser Text aus dem Johannes-Evangelium hat mich mein Leben lang begleitet und ist mir wegweisend geworden, genau wie ein anderer, viel älterer Satz mit einer ähnlichen Botschaft. Er steht am Eingang des Tempels von Delphi:

> „Erkenne dich selbst,
> dann erkennst Du Gott.“ (2)

Somit geht es in meinem persönlichen Leben, in meiner therapeutischen Arbeit und ebenso in diesem Buch um Wahrheit und Erkenntnis, um *Selbst-Erkenntnis* und daraus folgernd um Selbst-Verwirklichung als der Verwirklichung des Wahren Selbst. Auf diesem zuweilen sehr schmerzlichen Weg ist es die Licht-Kraft der „Liebenden“, welche die Seele begleitet und das Dunkel der Unterwelt erleuchtet.

Da das persönliche Selbst nicht getrennt ist vom kollektiven Selbst, kann es bei Erkenntnis und Verwirklichung nicht nur um persönliche Verwirklichung gehen. Gesellschaftliche und politische Verantwortung – Verantwortung nicht nur für die Menschenwelt, sondern für alle Wesen dieser Erde – gehören unabdingbar zu einem Weg der Selbst-Erkenntnis und Selbst-Verwirklichung. Nur dies bewirkt Heilung, Heilung im Sinne von Ganz-Werdung.

In einem transpersonalen Kontext ist Heilung immer auch politisch; wir können nicht für die psychische Heilung des Einzelnen eintreten, ohne die gesellschaftliche Wirklichkeit im Blick zu haben. Transpersonale Psychologie muss immer auch politisch sein, sonst unterliegt sie einer Täuschung: Wir können nicht die Eins-Werdung und Befriedung der Seele befördern und gleichzeitig gesellschaftliche Spaltung, Entfremdung von der Natur, ökologische und ökonomische Ausbeutung, soziale Ungerechtigkeit und die Ausgrenzung von Kriegs- und Armuts-Flüchtlingen tolerieren. Alle Welten sind eins, alles ist im Einen.

In diesem ganzheitlichen Sinne bin ich als Schreibende nicht getrennt vom Prozess des Schreibens mit seinen Höhen und Tiefen, als Schreibende bin ich nicht getrennt von meinem eigenen inneren und äußeren Heilungsweg, der mich durch lichte und durch dunkle Regionen führt, und ich bin ebenso nicht getrennt von dem, was sich gerade an gewaltigen Erschütterungen in der äußeren Welt ereignet. Heute ist der 15. November 2015, vor zwei Tagen geschah der Terroranschlag auf Paris, bei dem etwa 130 Menschen starben. Täglich erreicht uns gewaltiger Schmerz aus der Welt, Welt-Schmerz. Wir haben ihn in uns zu bewegen, sonst macht er uns krank.

Alle äußeren Erfahrungs-Wirklichkeiten verbinden sich in mir – wie in jedem Menschen – zu einer inneren Wahrheit. Diese Wahrheit bestimmt mein Fühlen, Denken, Sprechen und Tun und sie bestimmt somit auch die Art meines Schreibens. Es entspricht meinem therapeutischen Verständnis von Heilung, den Widerhall gesellschaftlicher Ereignisse und meine eigenen seelischen Wandlungsprozesse schreibend auszudrücken und schreibend zu verarbeiten.

Somit dient dieses Buch auch meiner ganz eigenen Heilung. Es ist ein Buch über bewegende Seelenzustände und den schöpferischen Umgang mit der Wunde, mit Schmerz, Trauer und Leid. Wenn der hier beschriebene Prozess der Transformation Sie, werte Leserin und werter Leser, ansprechen, berühren und zu Ihrem Erkenntnisweg beitragen kann, dann hat dieses Buch eine weitere Aufgabe erfüllt und ich bin von Herzen dankbar.

Teil I

Sehnsucht und der Weg der Seele

O Mensch! Gib Acht!
Was spricht die tiefe Mitternacht?
Ich schlief, ich schlief –,
Aus tiefem Traum bin ich erwacht:
Die Welt ist tief,
Und tiefer als der Tag gedacht.
Tief ist ihr Weh –,
Lust – tiefer noch als Herzeleid:
Weh spricht: Vergeh!
Doch alle Lust will Ewigkeit, –
will tiefe, tiefe Ewigkeit!

Friedrich Nietzsche [(1)]

Baubo – griech. Göttin der sinnlichen Freuden.
Skulptur v. G. Croissier, 2007, Foto: Tim Besserer

1. Die vergebliche Suche nach Glück

„Welche Bilder man auch immer bemühen mag,
sie alle machen klar,
dass der leidvolle Weg durch Bedrängnis
durchlebt und durchschritten werden muss:
Wirkliches Licht scheint sonst nicht auf.

Im Grunde wissen wir alle,
dass nur der Schmerz, den wir durchlebt,
nur die Geschichte, die wir bearbeitet,
nur die Projektionen, die wir heim geholt,
nur die Schuld, die wir bekannt und ausgeglichen haben,
einen wirklichen Substanzgewinn ermöglichen,
ohne den Furchtlosigkeit und Freiheit
nicht entstehen können."

Beate und Petra Niehaus (1)

Wie werde ich glücklich? Wie finde ich Freude, Erfüllung und Lebensglück? Wir Menschen sind angetrieben von der mühsamen Suche nach dem, was wir als Glück bezeichnen und oft nur als momentane Befriedigung erleben. Essen und Trinken, Sex und Konsum suggerieren Befriedigung, wo tiefere Erfüllung nicht möglich erscheint. Trickreiche Werbestrategien sowie zahllose Events, Vergnügungen und Spaßveranstaltungen verheißen die Erfüllung unserer Träume. Berge von Ratgebern versprechen den ersehnten materiellen Reichtum, den Traummann, die Traumfrau, ideale Kinder und eine glückliche Familie. Wenn wir uns nur genügend anstrengen, uns gesund ernähren, wenn wir richtig und dauerhaft meditieren, wenn wir regelmäßig die richtigen Körper- oder Geist-Übungen praktizieren, den allerbesten und allerweisesten spirituellen Lehrer oder Heiler und das für uns genau passende Mantra gefunden haben, dann sollten wir doch endlich gesund, befreit und mit einem glücklichen Leben gesegnet sein.

So oder so ähnlich klingen die Versprechen unserer kindlichen Egos. Die Sehn-Suche nach beständigem Glück und dem irdischen Paradies aber gestaltet sich meist mühsam, enttäuschend und manchmal auch recht kostspielig. Nichts hilft wirklich und dauerhaft, so die bittere Erkenntnis:

Trotz aller rechtschaffenen Bemühungen werden wir dennoch krank, alt, müde, fühlen uns zuweilen freudlos, unglücklich und schwermütig. Und selbst die scheinbar glücklichste Beziehung schenkt nicht das ersehnte dauerhafte Glück. Täglich erleben wir – in kleinen und manchmal auch in großen, schwerwiegenden Ereignissen – Situationen von Misslingen, Scheitern, Ohnmacht, von Enttäuschung und Schmerz. Alle Lust, die sich nach Ewigkeit sehnt, vergeht in der alltäglichen Un-Lust. Täglich zerrinnt der Traum vom ewigen Glück.

Verpflichtung zum Glücklichsein

> „Wir haben das Glück erfunden –
> sagen die letzten Menschen und blinzeln."
>
> Friedrich Nietzsche (2)

„50 % auf Schuhe, die mich glücklich machen", so klingt eine Radiowebung der Firma Reno. Die kapitalistische Konsumgesellschaft suggeriert uns, dass wir „glücklich" sind, wenn wir all das kaufen, konsumieren und besitzen, was sie uns unablässig anbietet. Und wenn wir dann tatsächlich alles *haben,* was wir uns wünschen, erwarten wir von uns, nun endlich glücklich zu sein.

Es gibt eine gesellschaftliche Verpflichtung zum Glücklichsein. Sind wir das aber nicht, dann kann etwas nicht mit uns stimmen. Es ist irgendwie unanständig, nicht glücklich zu sein: „Hallo, wie geht's?" – „Danke, bestens." Oder als Suggestivfrage: „Es geht dir doch gut?" – „Ja, danke." Es scheint ungehörig zu sein, hier zu widersprechen und klar zu sagen: „Nein, es geht mir beschissen." Das verdirbt anderen die Stimmung, es trübt die illusionäre Vorstellung von dauerhaftem Gutgehen und beständigem Glück. Gestern, bei einem unserer zahlreichen Dorffeste, sah ich wohl etwas unglücklich aus. Ein freundlicher Nachbar lachte mich an und ich lachte automatisch zurück. „So ist's schon besser", war seine zufriedene Reaktion.

Gerade habe ich die therapeutische Arbeit mit einer Frau begonnen, die für längere Zeit schützende Zuflucht in einer Klinik gefunden hatte, weil sie sich unglücklich, unsicher, schwach und voller Angst erlebt. In einer Sitzung hadert sie mit sich, weil sie nicht mehr die ist, als die sie sich in früheren

Jahren kannte. „Und wie waren Sie damals, wie haben Sie sich gekannt?“, frage ich. „Ich fühlte mich sicher, war immer heiter, fit und gut drauf. Das Sonnenscheinchen.“ – „Das war drauf. Was aber war und ist drin?“, frage ich weiter. Nun erkennt sie in sich eine „Kraft in der Tiefe“, wie sie sagt, die ist „dunkel, schwer und rund.“ Gefühle von „Unsicherheit“ und „tiefer Einsamkeit“ – obgleich sie einen unterstützenden Freundeskreis hat – gehören zu dieser Kraft in der Tiefe.

Gefühle von Unsicherheit und Einsamkeit gehören zu jedem Menschenleben; sie sind die andere Seite vom ersehnten Glück und sie werden von jedem Menschen irgendwann realisiert werden müssen, notfalls in einer psychischen Krise. Denn, ohne Unsicherheit gäbe es kein Erleben von Sicherheit, ohne Einsamkeit keine Erfahrung von Gemeinsamkeit, ohne Schmerz keine Freude, ohne Unglück keine Erfahrung von Glück.

Warum aber sind wir, die wir doch alles haben, nicht wirklich glücklich? Warum gibt es auf der Ebene des Personalen keine dauerhafte Befreiung, kein beständiges Glück, keine ewige Lust? Warum gestaltet sich selbst ein achtsam und heilsam geführtes Leben zuweilen immer noch mühsam, schwierig und herausfordernd? Was mache ich falsch? Ich strenge mich doch so sehr an, ein gutes Leben zu führen, warum geht es mir dann nicht gut? Warum bin ich immer noch nicht *wirklich* glücklich? Warum?

Ich sehe drei Ursachen für die Vergänglichkeit irdischen Glücks, die sich wechselseitig bedingen:

1. Weil unsere Erde – neben dem Geschenk der Fülle – auch ein Ort der *Begrenzung* und der Beschränkung ist. Hier ist nichts von Dauer, nichts ist ewig, alles ist begrenzt. Jedes Ding hat seine Zeit, seinen Raum und unterliegt der irdischen Beschränkung.

2. Weil wir der Gesetzmäßigkeit der *Polaritäten* unterliegen: Anfang und Ende, Geburt und Tod, Weiblich und Männlich, Geist und Materie, Tag und Nacht, Himmel und Erde, Ohnmacht und Macht, Gesundheit und Krankheit, Stärke und Schwäche, Freude und Schmerz sind nur einige der irdischen Polaritäten der universellen Einheit.

3. Weil alles Leben auf diesem Planeten in *Zyklen* verläuft, in Zyklen von Werden und von Vergehen. Auf Wachstum folgt Stagnation, auf Leben folgt Tod. Als Lebewesen sind wir zwangsläufig Teil dieser planetaren Zyklen von Aufgang und Untergang.

Auf dem langen Weg der Seele in die universelle Ganzheit sind immer beide Pole zu erfahren: Fülle sowie Mangel und Begrenzung; Zeiten von Erweiterung und Wachstum wechseln mit Zeiten von Stagnation. Wir erfahren Licht und Dunkel, Freude und Schmerz, Angst und Zuversicht.

Die Konsum-Industrie aber suggeriert uns dauerhaftes Glück, wenn wir nur genügend konsumieren, die Ego-Esoterik, wenn wir den richtigen Meister, die richtige Methode gefunden haben, den passenden Edelstein als „Heiler in der Hosentasche" bei uns tragen. Die patriarchalen Religionen versprechen Erlösung, wenn wir glauben, was ihre Dogmen festlegen und ihre Priester uns predigen.

Die Glücks-Industrie ist deshalb so Gewinn bringend, weil der normale westliche Mensch auf seinem persönlichen kleinen Glück besteht, er will immer bekommen. Er ist in der Welt wie ein bedürftiges Kleinkind: „Wenig geben, viel bekommen", so lautete vor einiger Zeit eine Rundfunk-Werbung. „Geiz ist geil", so lautet eine andere. Wenn die Menschenwelt und der Einzelne in ihr heil werden wollen, dann heißt die Frage nicht nur: „Was habe ich vom Leben zu bekommen?" Sie heißt auch: „Was habe ich der Welt und dem Leben zu geben?" Denn nur im Ausgleich von Geben und Nehmen existiert Harmonie, Heilung, finden wir zur Quelle von wahrem Glück.

Solange wir das Glück im Bekommen-wollen, im Außen und durch Andere suchen, suchen wir vergeblich. Wir werden es nicht finden: Kein Mensch ist in der Lage, uns glücklich zu machen. Im Zustand der Verliebtheit unterliegen wir meist dieser Illusion, wir befinden uns in einem Ausnahmezustand von Pseudo-Glückseligkeit und nach der notwendigen Enttäuschung landen wir gewöhnlich in tiefem Schmerz. Wo Eltern glauben, das eigene Glück in ihren Kindern zu finden, werden diese ihre Eltern zwangsläufig irgendwann enttäuschen müssen. Auch die Freude an äußeren Dingen ist flüchtig. Wenn mich mein neues und wunderschönes Kleidungsstück auch kurzzeitig beglückt, so ist dieses Gefühl doch nach wenigen Tagen verflogen. Selbst Leistung, Erfolg und die damit verbundene gesellschaftliche Wertschätzung schenken nur kurzzeitige, nur vorübergehende Befriedigung.

Es ist dieses kurz geschmeckte, flüchtige Lustempfinden, das uns drängt, mehr davon zu bekommen. „Alle Lust will Ewigkeit, will tiefe, tiefe Ewigkeit", heißt es bei Nietzsche und in der tragisch-schönen Vertonung von Mahler. Wir sind süchtig: lustsüchtig, eßsüchtig, drogensüchtig, sexsüchtig, alkoholsüchtig, beziehungssüchtig, kaufsüchtig, erfolgssüchtig ... Es ist dieses unablässige, drängende Suchen nach dauerhaftem Glück, nach ewiger Lust, das in die Sucht führt und schließlich in den Untergang. Die amerikanische Psychotherapeutin Frances Vaughan schreibt in ihrem Buch „Heilung aus dem Inneren“ [(3)]:

> „Solange man darauf besteht, nach Glück zu streben, ist man wie die aus dem Buddhismus bekannten hungrigen Geister: Wesen mit riesigen Bäuchen und winzigen Hälsen, die zu sehnsüchtigem Verlangen und Unzufriedenheit verdammt sind. (…) Der Zustand des Verlangens an sich verhindert die Möglichkeit, Lust, Glück oder Befriedigung in der Gegenwart zu finden.“

Und der Glücksforscher Florian Langenscheidt schreibt [(4)]:

> „Glück und Unglück kann man nicht voneinander trennen. (…) Wäre ich immer glücklich, würde das Leben fad. Erst das Leid schenkt uns Tiefe, Gefühl, Demut, Charakter und die Fähigkeit zum Mitgefühl.“

Erst wenn wir anerkennen, dass Glück nicht von außen kommt, dass wir es nicht machen, es nicht erzwingen können, erst dann sind wir bereit, uns nach innen zu wenden und uns mit den inneren Quellen des Glücks zu verbinden.

Es sind Weihnachtsferien 2015. Meine jüngste 9jährige Enkeltochter Lilith ist für einige Tage bei mir zu Besuch. Sie möchte wieder einmal Geschichten aus meiner Kindheit und meinem Leben hören. Dann meint sie, dass ich eine „andere“ Oma sei. „Warum bin ich für dich anders?“, frage ich und erwarte Begründungen bezüglich meiner therapeutischen Arbeit, dem Schreiben, der Stein-Bildhauerei …

„Weil du so glücklich bist“, sagt meine Enkelin.

Erkenntnis-Übung:

- Schließen Sie für einen Moment die Augen und atmen Sie etwas tiefer.
- Stellen Sie sich selbstkritisch und gleichzeitig nachsichtig die Frage: Wo suche ich Glück im Außen?
- Wie flüchtig sind diese Momente von Lust und äußerem Glück?

„Gott Saturn“, Hüter der Schwelle

„Es war einmal ein König,
der fragte einen weisen Mann
nach dem Geheimnis der Glücks.
Da gab ihm der Weise einen Ring
mit der Inschrift:
Auch dies wird vergehen.“

Francis Vaughan [(5)]

„Da sich alles in der Welt immerfort verändert, auch unsere Geistesverfassung, kann nichts einen Zustand fortdauernden Glücks garantieren. Nur wenn wir illusorische Selbstkonzepte aufgeben, können wir die Bedingungen für Glück herstellen. Dann können wir Glück als eine Einstellung wahrnehmen, die auf Weisheit und heilender Bewusstheit beruht,“ schreibt Frances Vaughan. [(6)]

Erst wenn wir „die Unvermeidbarkeit von Veränderung und die Vergänglichkeit des Lebens“ akzeptieren, erst dann sind wir fähig, *Momente des Glücks* zu erleben, zu genießen und tief zu würdigen. Solche Momente des Glücks können erfahren werden, wenn wir unser neugeborenes Kind in den Armen halten, vielleicht in der Erfahrung einer intensiven und liebevollen sexuellen Vereinigung, oder wenn wir am Abend am Waldrand sitzen und einen glühenden Sonnenuntergang erleben. Allen diesen glücklichen Momenten aber ist das Momentane, das Vergängliche gemeinsam, denn im Irdischen kann es kein dauerhaftes Glück geben.

Wie aber kann das menschliche Ego (als Ego bezeichne ich den Schatten des personalen Ich[(7)]), das sich doch beständig nach Sicherheit, Stabilität und Dauer sehnt, die Unvermeidbarkeit von Veränderung und die Vergänglichkeit des Lebens akzeptieren und annehmen lernen? Ist es doch gerade die alltägliche Erfahrung von Verlust, Schmerz und Leid, die uns wandeln und inneren Frieden schenken könnte, so wir sie annehmen.

Es ist nicht selten die Härte einer saturnischen Erfahrung, die uns aufweicht und Hingabe an das Leben lehrt. „Gott Saturn“ als kosmisches Ur-Prinzip (in der altgriechischen Tradition ist er „Chronos“, der Hüter der Zeit) verkörpert den Aspekt irdischer Begrenzung. So wird er auch als

„Wächter", „Türhüter" und „Hüter der Schwelle" bezeichnet. An ihm, an Saturn-Chronos, kommt keiner und keine vorbei, irgendwann ergreift und begrenzt er uns alle, ob wir ihn kennen und anerkennen oder nicht.

Immer dann, wenn der transistierende Saturn im Sieben-Jahres-Rhythmus einen zentralen Planeten des Radix (Geburtshoroskop) berührt, und mit ziemlicher Gewissheit alle 28 bis 30 Jahre, wenn er auf die geburtseigene Saturnstellung trifft, müssen wir unser aktuelles Leben einer Prüfung unterziehen, einer Realitäts-Prüfung. Wir durchleben die „Saturnkrise": Erfahrungen von Begrenzung innerer oder äußerer Möglichkeiten sowie Bedrängnis, Mangel, Einsamkeit, Schuldgefühle, Freudlosigkeit, Vergeblichkeit und Ängste sind die wichtigsten Erkennungszeichen einer saturnischen Lektion. Die einzigartigen *saturnischen Geschenke* aber sind Bereitschaft und Fähigkeit zu Disziplin, Zentrierung, Ausdauer und Verantwortlichkeit sowie emotionale und geistige Aufrichtung, Aufrichtigkeit, Wahrheit, Klarheit und Würde.

Die eigentliche Herausforderung Saturns ist das Erleben der irdischen Begrenzung von Raum und Zeit, von Jugend und Schönheit, von Reichtum und Erfüllung und die Anerkennung der Endlichkeit und Verletzlichkeit allen Lebens auf der Erde.

Gerade in der Krise der Lebensmitte, mit ca. 42 bis 49 Jahren, erkennen Menschen die Vergänglichkeit der Lust und die Flüchtigkeit des Glücks. Besitz, Erfolg, Ruhm, Jugend und Schönheit verlieren an Bedeutung; was früher noch Freude und Vergnügen versprach, ist nun bedeutungslos, schal, leer und langweilig geworden. Wenn die Seele sich entwickeln will, dann tritt das Ego, das immer mehr will, in den Hintergrund.

Viele der Menschen, die zu mir in die Praxis kommen, befinden sich in einer solchen heilsamen saturnischen Sinn-Krise. Hier geht es dann nicht mehr um die Fragen: Wie werde ich glücklich? Wie bekomme ich, was ich will? Sondern: Wer bin ich? Was ist meine Wahrheit? Was gibt meinem Leben wirklich Sinn? Was will die Seele? Die Glückssuche verlagert sich vom Ego auf die Dimension der Seele, denn Saturn fordert Ego-Opfer, heilsame Verzichtleistungen.

Gott Saturn ist der Türhüter an der Schwelle zu erweitertem Bewusstsein, er lässt nur durch, wer sich als würdig erweist, die spirituellen Räume zu betreten. Und diese Würdigung entsteht durch die entschiedene Annahme von

Begrenzung, von Ver-Lust und Verzicht. Saturn lehrt Demut und Hingabe an das, was ist. Verlust, Verzicht, Demut ... das klingt nicht gerade attraktiv, ist nicht das, was das Ego will. Wenn wir der saturnischen Herausforderung immer wieder ausweichen, kann therapeutische Konfrontation und saturnische Hartnäckigkeit gefordert sein, wie der folgende Brief einer Klientin (mit Saturn Konjunktion Mondknoten im 12. Haus) zeigt:

> Gertrude, die letzten Tage habe ich mich angesichts meines inneren Grauens intensiv mit „Gott Saturn" – wie Du ihn nanntest – beschäftigt. Zwei Perspektiven helfen mir dabei, die Themen aktiv anzugehen: zum einen die potentielle Ernte „durch Schmerz, Einschränkung, Unterordnung zu größerer Bewusstheit und Erfüllung zu finden". (Liz Greene).
>
> Zum zweiten wird Saturn als strukturgebendes Prinzip beschrieben, das Halt und Festigkeit verleiht; Eigenschaften, die für meinen Seelenweg sehr unterstützend sind.
>
> So habe ich nun eine Liste mit Themen erstellt, die ich wandeln will, und „Gott Saturn" kann so zu meinem „Guru Saturn" werden. Ich habe eine Ahnung von dem Schmerz dieses Weges, der wie folgt beschrieben wird: „Der Mensch muss seine Persönlichkeit opfern, damit sein Gesamtselbst volle Ausdrucksfähigkeit findet." Dennoch bin ich bereit und ich habe mich entschieden. Ich habe mir selbst das innere Sehen verordnet; so gut es mir möglich ist, und halte mich fest an dem von Dir gelernten Prinzip „wo die größte Wunde ist, da ist die größte Heilkraft."
>
> Ohne Deine Hartnäckigkeit würde ich, trotz Schmerz, in innerer Blindheit verharren.
>
> Ich danke Dir von meinem tiefsten Herzen.
>
> (Karin S., 31. 12. 2013)

Erkenntnis-Übung:

- Schließen Sie für einen Moment die Augen und atmen Sie etwas tiefer.
- Fragen Sie sich: Wann und wo in meinem Leben hat mich „Gott Saturn" berührt?
- Wie erlebte ich diese saturnische Begrenzung? Mit welchen Gefühlen?
- War ich bereit, den Verlust-Schmerz anzunehmen?
- Fühle ich mich jetzt dazu bereit?

Quellen der Freude und Momente des Glücks

Hingabe

Die Musik hüllt mich ein. Ich habe mich ergeben; ich gebe mich hin. Ich kann mich fallenlassen – völlig ohne Angst. Während ich falle, merke ich, dass ich getragen werde. Ich fühle bedingungslose Hingabe.

Ganz kurz taucht ein Bild auf und wird sofort wieder weggezogen: Ich bin eine Frau und liege nackt auf einer hohen Liege oder Bahre. Auf der linken und der rechten Seite stehen jeweils drei weiß gekleidete Frauen und ölen mich ein. Sie salben mich und hüllen mich in weiße Tücher. Es ist feierlich, sehr hell und wunderbar ...

Nun sehe ich nichts mehr, aber ich fühle mich sehr, sehr glücklich!!!
Je tiefer ich mich hingebe, desto mehr werde ich getragen.
Je mehr ich getragen werde, desto tiefer kann ich mich hingeben.
Ich weiß nicht, was zuerst da war, und es ist nicht wichtig. Nichts mehr ist wichtig.

Es ist ohne Anfang, ohne Ende.
Es ist rund.

(Inge K., Holotropes Atmen 1998)

Wir alle tragen Informationen von tiefem Glück, von Glück-Seligkeit in uns. Dieses innere Wissen um die Möglichkeit von wirklichem Glück ist der Grund, warum wir nicht aufhören, danach zu suchen. Diese Sehn-Suche ist der Motor, der uns antreibt, und dem wir, letztendlich, die Entwicklung des Bewusstseins verdanken. *Unsere Sehnsucht nach Glück ist die Sehnsucht nach dem verlorenen Paradies, nach der verlorenen Einheit, als der alten Heimat der Seele.* Und so gehen wir, wie Hazrat Inayat Khan schreibt, „durch Geburt und Tod, Freude und Leid, Himmel und Hölle“, um am Ende dieser Reise zu erkennen, „dass ich in allem bin, und alles in mir ist“. – Vielleicht lesen Sie noch einmal diesen Text, den ich diesem Buch vorangestellt habe.

Erst, wenn wir auf dem langen Weg der Selbsterkenntnis, durch Freude und Leid, im All-Einen angekommen sind, wird die Suche nach *äußerem* Glück ein Ende finden. Auf diesem bewegenden Erkenntnisweg ist es gerade die Un-Lust, die uns antreiben kann, die quälende Un-Zufriedenheit, die zur Wegbereiterin werden kann. „Göttliche Unzufriedenheit“ nennt Vaughan diesen heilsamen Zustand, sie schreibt:

„Göttliche Unzufriedenheit ist ein Ruf nach Transzendenz. Solange uns das Glück abgeht, geht die Suche weiter. Weniger als vollkommene Selbstbewußtheit kann uns nicht wahrhaft glücklich machen.“ (8)

In diesem Prozess der zunehmenden Bewusstwerdung des Wahren Selbst richtet sich die Suche nach Glück von äußeren Gegebenheiten zunehmend auf innere, seelische Erfahrungen. Wir erfahren, dass Glück nicht von Transformation und Verwirklichung des Selbst zu trennen ist.

Die äußere Suche nach Glück wird zur inneren:

Suche nach Bewusstwerdung
Suche nach Wahrheit
Suche nach Liebe
Suche nach Selbst-Erkenntnis
Suche nach Erfüllung und Freude in und mit der Natur
Suche nach emotionaler Intimität und Nähe mit Menschen
Suche nach innerem Frieden
Suche nach Selbst-Ausdruck und Selbst-Verwirklichung

Momente großer Freude und tiefen Glücks werden möglich, wenn wir uns mit *Hingabe* – wie Inge K. in der oben zitierten Tiefenerfahrung – diesen seelischen Größen widmen. Dazu können wir uns an der spirituellen Essenz der großen Weltreligionen orientieren; die Weisheitslehren spiritueller Traditionen können uns bereichern und spirituelle Übungen können unseren Weg begleiten.

Allerdings besteht auch hier die Gefahr, wieder im Außen zu landen, Heilung und Glück in von außen vorgegebenen Heilslehren zu suchen. Nur wenn wir den *inneren Ruf* hören und hingebend ihm folgen, wenn wir der Weisheit unseres Wahren Selbst vertrauen, wird der Innere Heiler, die Innere Heilerin, uns erreichen und führen können. Denn die Quelle von Freude und Glück liegt ausschließlich in der eigenen inneren Wahrheit. Wie die Quelle aus der Tiefe der Erde zu einem Bach, zu einem Strom wird und sich schließlich im Meer mit anderen Quellen vereinigt, so ergießt sich auch der seelische Strom aus der eigenen inneren Tiefe ins äußere Leben. Freude, Dankbarkeit und Momente des Glücks können nun unser Leben bereichern. Wir alle tragen in unserer Seele die Fähigkeit zum Erleben von Freude und Glück. Es ist der Abglanz des Göttlichen Lichtes, die Erinnerung an die alte Heimat, an das verlorene Paradies.

Liebesspirale

Es war damals, vor langer Zeit, auf der griechischen Insel, in der Zeit von Dunkel und Licht.

Ich sitze am Teich der Artemis und weine. Die Natur ist üppig, die uralten Platanen im Hain erstrahlen in Würde und Kraft, kleine Wasserfälle rauschen, gurgeln und singen heiter …

Berauschende Schönheit umgibt mich, und dennoch fühle ich mich unglücklich, einsam, verlassen und abgrundtief verloren. Ich bin angekommen im Dunkel meiner Seele.

Spätes goldenes Nachmittags-Sonnenlicht leuchtet auf der Oberfläche des Teiches. Ich kneife die Augen ein wenig zusammen, bündele so das gleißende Licht und folge sehnsüchtig dem Lichtstrahl bis ans andere Ufer des Sees. Ich bitte, ich flehe um Hilfe: „Nur ein Satz, nur ein Wort, das mich vom Dunkel meiner Seele befreit. Ein Zeichen, bitte ein Zeichen, dass ich nicht verloren bin. Ein Zeichen, das mir zeigt, dass DU existierst. Ein Zeichen, welches den Sinn meines Lebens bezeugt. Bitte! … Bitte! …“

„Die Liebesspirale“, spricht eine Stimme. Kommt diese Stimme von außen oder kommt sie von innen? Habe ich mir dieses Wort, dieses Zeichen, nur ausgedacht? „Innen ist außen und außen ist innen, alles ist eins“, sagt mein transpersonales Ich und gestattet mir ein wenig Erleichterung.

„Danke“, flüstere ich noch ein wenig unsicher und mache mich auf den Heimweg.

Ich folge dem Fluss Chalaris, klettere über Felsbrocken, durchwate seine Tiefen und streife mit meinen nackten Füßen die sandigen Ufer des Flusses, bergab in Richtung zum Meer. Nun stehe ich auf einer alten Terrassen-Mauer, keuchend vor Anstrengung, und schaue von hier oben nach unten in eine kleine, sandige Bucht am Rande des Chalaris. Ungläubig staunend sehe ich unter mir im goldgelben Sand das Zeichen: die „Liebesspirale“. Ich sehe eine wundersam schöne und große Spirale aus glatt gewaschenen Flusskieseln, von Unbekannten in den Sand gelegt, als ich am Ufer saß und weinte. Die „Liebesspirale", ich kann es erspüren, sie verbindet alles Getrennte. Sie verbindet Dunkel und Licht, Schmerz und Freude in Liebe. Ich fühle mich dankbar und voller Freude.

(G. C. 1991)

Erkenntnis-Übung:

- Schließen Sie die Augen und atmen Sie etwas tiefer.
- Stellen Sie sich die Frage: Wann und wo habe ich Momente von tiefem innerem Glück erfahren?
- Was waren die Auslöser?
- Welche der oben genannten Seelenkräfte wie z.B. Wahrheit, Liebe, Selbstausdruck waren beteiligt?
- Wählen Sie einen dieser Glücksmomente aus, visualisieren Sie diese Erfahrung.
- Gehen Sie tief fühlend in die Erfahrung hinein und lassen Sie sich von ihr ganz mit Glück erfüllen.

Heilung-Freude-Glück. Mandala v. Theresia K., 2004

Freude – „in Zeiten des abnehmenden Lichts“ (9)

Ich bin im dreiundsiebzigsten Jahr meines Lebens. Mein Licht ist im Schwinden: Die Haut ist faltig, die Augen sind müde, nach der Lungenentzündung im vorletzten Winter sind mir ein paar Zähne ausgefallen, der Atem geht schwer beim Laufen und die Gelenke schmerzen. Wenn alles gut geht, dann bleiben mir noch zwölf oder dreizehn Lebensjahre, zwölf oder dreizehn Sommer und genauso viele Winter. Ich zähle lieber nur die Sommer, denn ich bin im Juli geboren und liebe die Sonne, die Wärme und den Geruch von reifem Korn.

Jetzt aber ist November, die Zeit des abnehmenden Lichtes. Schon um fünf Uhr am Nachmittag beginnt es zu dunkeln. Hier oben lag bereits dicker Schnee, Nachtfröste ließen mich selbst im Bett erschaudern, Nebel verdunkelte das Tageslicht. Auch in der Welt ist es düster geworden: Kriege, Terror, Ströme flüchtender Menschen. Männer, Frauen und Kinder in Not. Und so viel Angst – überall.

Heute aber scheint die Sonne. Keine winterlich-frostige Lügen-Sonne, nein, heute ist es richtig warm. „Das Wetter spielt verrückt“, so schreibt die Presse. Ich liebe solche und auch noch ganz andere Verrücktheiten, aber nur, wenn mir Zeit dafür bleibt. Heute sieht es nicht danach aus:

Schon morgens beim Zahnarzt, dann Einkaufen im Bioladen, Katzen füttern, Abwaschen, Lüften, Aufräumen wie jeden Tag. Später will ich den Schreibtisch ordnen, Telefonate erledigen, Rechnungen überweisen, das kommende Ausbildungsseminar planen, den Gruppenraum für das Holotrope Atmen richten …

Zwischendurch schaue ich aus dem Küchenfenster: Kleine Insektenwesen tanzen im warmen Herbstlicht; Asprula, die weiße einäugige Katze mit dem Namen einer griechischen Ziege, räkelt sich genüsslich in der Sonne; letzte Blätter fallen langsam schwebend zur Erde. Ich atme durch und halte, endlich, inne. Was ist wichtig? Heute? Jetzt?

Noch einmal schaue ich aus dem Küchenfenster und bin bereit: Ich beschließe ein Essen in der wärmenden Herbstsonne, ein Festessen im abnehmenden Licht. Aus den restlichen Kartoffeln von gestern bereite ich einen Salat, wie ihn meine Mutter zubereitet hatte, an Weihnachten, als ich ein Kind war. Den Kartoffelsalat, Tomaten, Avocado, ein Körnerbrötchen und ein kleines Fläschchen Rotwein packe ich in den Korb. Nur der Kuchen fürs Rotkäppchen fehlt.

Es ist dieser besondere Ort, der mich bezaubert, am Südhang unter dem Kirschbaum. Seine rot-goldenen Blätter bereiten einen trocken-warmen Teppich für Decke, Kissen und das Sommer-Abschieds-Essen. Die warme Kleidung habe ich abgelegt, bin barfuß, in Unterhose und Hemd. So sehe ich mich von außen und denke lächelnd: Hier sitzt die „Oma" und sie ist glücklich.

Wer aber ist diese alte Frau? Die Großmutter aus dem Märchen, die Frau, die verschlungen wird? Oder das kleine Mädchen mit dem roten Käppchen? Oder gar der schwarze Wolf?

Jetzt weiß ich es: Sie ist alle drei – in einer – gleichzeitig.

Nach dem Essen strecke ich mich aus und schließe die Augen. Ich atme tiefer als gewöhnlich.

Der herb-würzige Geruch von trockenen Blättern, trockenen Gräsern und Blüten durchströmt mich. Ich lausche der Vielfalt der nicht-menschlichen Stimmen, höre die Stimmen der Tiere: Das entfernte Schnauben eines Pferdes klingt ganz nah, ein Hase hinterlässt ein leises Rascheln im hohen dürren Gras. Ich höre die Stimmen der Vögel und wundere mich, wie vielfältig sie sind, selbst jetzt, in den Zeiten des abnehmenden Lichtes. Ein Schwarm Sperlinge zetert im nahen Gehölz, der Eichelhäher kreischt aufgeregt und der magische Ruf der Rabenfrau berührt mich ... wie damals. Ich lausche den Stimmen der Lüfte, den Stimmen der Wasser, den Stimmen der Erde. Und inmitten all dieser Stimmen umfängt mich diese einzigartige Stille: die Stille von A und O, die Stille vom Anfang und die Stille vom Ende.

Das abnehmende Sonnenlicht durchdringt meine geschlossenen Lider. Licht und Wärme durchfluten mich und erwärmen die Körper, den sichtbaren und den unsichtbaren Körper. In mir wird es hell, immer heller. Es leuchtet in mir. Und es leuchtet aus mir. Ich atme Frieden und ich atme Freude. Ich atme Freude ein und atme Freude aus – ein und aus – ein und aus und wieder ein ... Einatmen und Ausatmen, Nehmen und Geben, Festhalten und Loslassen, Kommen und Gehen, Geboren-werden und Sterben und Wiedergeboren-werden ...

Ich bin eingeschlafen und als die Sonne hinter der gegenüberliegenden Hügelkette untergeht, wache ich auf. Ich fühle Freude. Freude in Zeiten des abnehmenden Lichtes.

(G. C., 5. 11. 2015)

2. Urgrund - Verlust der Einheit und die primäre Wunde

Unsere Sehnsucht nach beständigem Glück ist die Sehnsucht nach dem verlorenen Paradies, als der alten Heimat der Seele. Diese Heimat haben wir mit „der Vertreibung aus dem Paradies“ verloren. Alle spirituellen Traditionen, Religionen und Weisheitslehren kennen mythische Erzählungen vom schöpferischen Urgrund, der Entstehung des Lebens und dem Verlust der primären Einheit. In ihm, diesem Verlust, liegt die Wurzel der *primären Wunde.*

Der mythische chinesische Philosoph Lao-tse, (ca. 6. Jh. v. Chr.) – er gilt als Begründer des Taoismus (Daoismus) – beschreibt diesen schöpferischen Urgrund: (1)

Es gibt ein Wesen, aus dem Unfassbaren gebildet,
Vor Himmelsgott und Erdgöttin lebend,
So still! So leer!
Allein steht es und ändert sich nicht,
Den Kreis rings schreitet es ab und läuft nicht Gefahr.
Man kann es ansehen als die Mutter der Welt.

Ich weiß nicht ihren Namen,
Sie bezeichnend, sage ich: DAU, die Führerin des Alls.
Bemüht, ihr einen Namen zu schaffen, sage ich: DA, die Große.
Groß nenn ich das Entschwindende,
Das Entschwindende nenne ich das Ferne,
Das Ferne nenne ich das Wiederkehrende.

Darum: …
Des Menschen Richtmaß ist die Erde,
Der Erde Richtmaß ist der Himmel,
Des Himmels Richtmaß ist die Führerin des Alls,
Der Führerin Richtmaß ist ihre eigene Natur. (Ode 25)

(…) Als Unbenennbare ist sie
Die Gebärerin des Himmelsgottes und der Erdgöttin,

Als Benennbare ist sie
Die Mutter der zehntausend Wesen. (...)
Ihre Einheit ist dunkel,
Das Mysterium der Mysterien,
Aller Geheimnisse Schoß.

Ode 1, Prolog

Der schöpferische Urgrund

Der schöpferische Urgrund des Lebens, als das Unfassbare und Unbenennbare, liegt außerhalb unseres menschlichen Erkenntnisvermögens. Seit alters her befassen sich philosophische, theologische und naturwissenschaftliche Traditionen mit der Entstehung des Lebens, ohne zu einem übereinstimmenden, beweisbaren Ergebnis zu kommen. Der Ursprung des Lebens bleibt uns Menschen letztendlich ein Geheimnis, „das Mysterium der Mysterien, aller Geheimnisse Schoß", wie Lao-tse es formulierte.

Der fundamentalistische „Kreationismus" aber, vertreten von fundamentalistischen Christen und auch von orthodoxen Juden, glaubt, das Geheimnis des Ursprungs zu kennen. Er postuliert einen personalen Schöpfer-Gott, der das Universum und eine unveränderliche Welt vor ca. 4000 Jahren erschaffen haben soll. In den USA verwerfen solche naiven bibeltreuen Strömungen die wissenschaftliche Evolutionslehre und verbreiten die These vom Gott-Vater, der als Welten-Schöpfer die Welt in einem einzigen Akt erschaffen habe. In machen Schulen der USA werden bereits kreationistische Thesen unter dem Titel „Intelligent Design" gelehrt.

Die Evolutionslehre dagegen postuliert auf Grund von Beobachtungen und zahlreicher wissenschaftlicher Experimente, „dass das Leben auf der Erde vor mindestens 2,5 Milliarden Jahren begann und sich dann von den Mikroorganismen aus weiter entwickelte." (2) Die „Schöpfung" wird hier nicht als ein einmaliger Akt, sondern als ein kontinuierlicher schöpferischer Prozess, als ein permanenter Prozess der Wandlung verstanden.

Der kosmische Urgrund ist Einheit, unfassbar, unbenennbar. Lao-tse bezeichnet diese uranfängliche Einheit als „ein Wesen aus dem Unfassbaren gebildet, *vor* Himmelsgott und Erdgöttin lebend." Das bedeutet: Der Ursprung, der

Milchstraße. M 51 Galaxie

schöpferische Ur-Grund allen Seins, liegt *jenseits der Spaltung* von Himmel und Erde. Er ist das „Große Runde" (E. Neumann), die Einheit von Dunkel und Licht, Mensch und Gott, Weiblich und Männlich.

Diese primäre schöpferische Einheit wurde im Erleben des frühen Menschen als weiblich erfahren: „Als Unbenennbare ist sie die Gebärerin des Himmelsgottes und der Erdgöttin", so Lao-tse in der oben zitierten Ode. „Als Benennbare ist sie die Mutter der zehntausend Wesen." Als „Mutter der Welt" ist sie der Urgrund, aus dem alles Leben geboren wird. Einen Hinweis auf das matriarchale Verständnis des Universums gibt auch das Wort „Galaxie", von griechisch *gála* = Milch. Aus der Milch der Großen Mutter entstanden – so die mythische Überlieferung – die Planetensysteme und auch unsere Galaxie, die „Milchstraße". (3)

Dieser unfassbare schöpferische Ur-Grund, das „DAU", lässt uns demütig erschaudern. Transzendent und unbenennbar existiert das DAU als Schöpferin unzähliger Galaxien, Sonnensysteme und unserer Mutter Erde.

„So still, so leer“, bezeichnet Lao-tse den kosmischen Urgrund. In der modernen Astrophysik heißt es: „Außerhalb des Universums ist *nichts.*“ In diesem „Nichts“, der kosmischen Leere ist *alles enthalten*, aber in einem ruhenden Zustand. *„Dunkle Einheit“*, „das Entschwindende“, „das Ferne“, „aus dem Unfassbaren gebildet“, so die Beschreibungsversuche des Lao-tse. Seit der Antike wähnen Mystiker, spekulieren und diskutieren Denker, Philosophen und moderne Wissenschaftler über einen möglichen mehrdimensionalen Raum – mit mehreren Dimensionen und unzähligen Parallel-Universen –, der unserem Universum übergeordnet und in den es gleichzeitig eingebettet ist.

Der Urgrund, die kosmische Leere ist dem menschlich begrenzten Verstand nicht zugänglich, er bleibt „das Mysterium der Mysterien, aller Geheimnisse Schoß“. Die moderne Astrophysik und die naturwissenschaftliche Kosmologie müssen anerkennen, wie wenig sie tatsächlich wissen: Denn nur 5 bis 10 Prozent unseres Universums bestehen aus „sichtbarer Materie“, aus Atomen. Ca. 20 Prozent bestehen aus „dunkler“, das heißt aus „unsichtbarer Materie“, die nicht zu sehen ist, die sich aber als wirkmächtig erweist. Das tatsächliche Vorhandensein dieser „dunkeln *Materie*“ zeigt sich in dem, was sie im Universum sichtbar bewirkt, was sie – wissenschaftlich nachweisbar – erschafft. Der „Rest“, etwa 75 Prozent unseres Universums, besteht aus sogenannter „dunkler *Energie*“, unsichtbarer und unbekannter Energie.

Vielleicht ist diese unbekannte, dunkle Energie, die „dunkle Einheit“, von der Lao-tse spricht, eine unsichtbare Kraft, welche die sichtbare Materie, Galaxien und Planeten, zusammenhält. Die moderne Wissenschaft steht vor einem Rätsel, verzweifelt bemüht, das „Unbenennbare“ zu benennen. Ist diese „dunkle Energie“ etwa jene namenlose schöpferische Kraft, die wir auch als Gott oder Göttin, als Große Lebensmutter, Großen Geist oder als Grenzenloses Bewusstsein bezeichnen?

Erkenntnis-Fragen:

- Wie fühle ich mich als menschliches Wesen angesichts der Unfassbarkeit des Universums?
- Kenne ich das demütige Schaudern angesichts dieses Mysteriums?

Die Trennung der Ureltern und der Verlust der Einheit

Viele alte Evolutionsmythen erzählen von dieser uranfänglichen „dunklen Einheit", der Finsternis. Im Schöpfungsmythos der Maori heißt es:

> „Die Himmel, die über uns sind, und die Erde, die unter uns liegt, sind die Erzeuger der Menschen und der Ursprung aller Dinge. Denn früher lagen die Himmel auf der Erde, und alles war Finsternis. Nie waren sie getrennt gewesen."

Diese uranfängliche Einheit von Erde und Himmel – als dem weiblichen und dem männlichen Urprinzip – bezeichnet Erich Neumann als die „schöpferischen Ureltern". Als Eltern sind sie in Einheit, nicht voneinander getrennt, noch nicht unterschieden in Mutter und Vater. Damit aber die frühe Finsternis – das Unbewusste – erhellt werden kann, muss die primäre Einheit „reißen", müssen die Ureltern getrennt werden:

> „Und die Kinder des Himmels und der Erde suchten den Unterschied zwischen Licht und Finsternis zu entdecken – zwischen Nacht und Licht (…)
> Im Andenken an diese Zeit sagt man: (…) »von der ersten bis zur zehnten Nacht, von der zehnten bis zur hundertsten, von der hundertsten bis zur tausendsten Nacht«, was bedeuten soll, daß die Finsternis ohne Grenzen und das Licht noch nicht vorhanden gewesen war.
> So ratschlagten die Söhne Rangis (…) und sprachen: »Lasset uns Mittel suchen, um Himmel und Erde zu vernichten oder sie voneinander zu scheiden.« (…)
> »Nicht also; sie mögen voneinander geschieden werden. Lasset den einen emporsteigen und für uns ein Fremder werden, den anderen lasset unten bleiben und uns eine Mutter sein.«
> So beschlossen die Kinder des Himmels und der Erde, ihre Eltern voneinander zu reißen (…)
> So suchten sie durch die Vernichtung ihrer Eltern die Menschen zu vermehren und gedeihen zu machen, und im Andenken an diese Dinge sagt man: »Die Nacht! die Nacht! der Tag! der Tag! das Suchen, das Ringen nach dem Licht! nach dem Licht!«" (4)

Mit diesem Zerreißen der primären Einheit, der „Trennung der Ureltern", entstanden die sich ergänzenden Gegensatzpaare, die Polaritäten von Weiblich und Männlich, von Himmel und Erde, Mutter und Vater, Tag und Nacht, Dunkelheit und Licht, Leben und Tod. Und hier, in der Erfahrung des Gegensätzlichen, begann die Entwicklung des menschlichen Bewusstseins. Erich Neumann[(5)] schreibt hierzu: „Erst in diesem Bewusstseinslicht erkennt der Mensch. Und dieser Akt des Erkennens, der bewussten Unterscheidung, scheidet und trennt die Welt in Gegensätze, denn nur in Gegensätzen ist Welt-Erfahrung möglich."

Erst durch den Verlust der paradiesischen Einheit wird Erkenntnis möglich. So heißt es im alttestamentarischen Paradiesmythos [(6)]: „Adam erkannte Eva, seine Frau."

Der Verlust der frühen kosmischen Einheit, die Trennung der Ureltern, bringt Bewusstwerdung, Erkenntnis und ist gleichzeitig eine enorme Anforderung für die menschliche Psyche. Mit dem Zerreißen der frühen Einheit zerreißt auch der Schleier präpersonaler kindlicher Glückseligkeit. Denn *mit dem Eintritt in die Welt der Gegensätze beginnt die Erfahrung von Verletzlichkeit, Einsamkeit und Tod.*

Himmelsgöttin Nut und Erdgott Geb.

Auf der personalen Seelen-Ebene bedeutet dies den Verlust der frühen symbiotischen Einheit mit der biografischen Mutter, die – im Idealfall – mit dem Vater vereint ist. Für ein Kind bilden Mutter und Vater eine einheitliche innere Eltern-Repräsentanz, sie sind Abbild der kosmischen Einheit, deren Spaltung eine tiefe schmerzliche Erfahrung sein kann. Noch im Erwachsenenalter, insbesondere in Zeiten seelischer Krisen, kann dieser alte Verlust-Schmerz auftauchen und sich heilsam in einem Traum gestalten:

Trennung der Eltern

Ich bin ein Kind und lebe mit meinen Eltern im Gebirge.
Dann trennen sich meine Eltern. Das tut so weh.
Meine Mutter zieht mit mir an einen Wasserfall.

(G. C., Traumrelikt von 1988)

Ich erinnerte mich beim Aufwachen nicht an die genauen Details dieses Traumes, aber an das Traumgefühl: Es war ungeheuer aufwühlend, unglaublich schmerzlich, es fühlte sich an wie Zerrissenwerden, wie Sterben.

Im Verlust der frühen Einheit entsteht die Erkenntnis der schmerzlichen Polarität von Leben und Tod. Wir erkennen und erleiden Verletzlichkeit und Vergänglichkeit. Der hiermit verbundene, uralte Schmerz der Bewusstwerdung ist gewaltig, er existiert am Grunde jeder menschlichen Seele. Seine Annahme könnte uns helfen, den Tod im Leben zu akzeptieren und uns immer wieder neu – insbesondere in psychischen Krisenzeiten – für das Leben zu entscheiden. Jean Gebser schreibt hierzu (7):

> „Und jeder, der nicht nur die Erde, sondern auch das Leben würdig bestehen will, der das Leben leben will, statt von ihm gelebt zu werden, muss einmal durch diese Schmerzen der Bewusstwerdung gehen."

Ursula P. erlebte in einer Holotropen Atemreise in beeindruckenden archetypischen Bildern ihre innere Ambivalenz zwischen Leben und Tod. Leben, das bedeutet hier „Urwald", Trommeln, Tanz und Gemeinschaft, aber auch Kälte, Schutzlosigkeit, Einsamkeit und Tod. Ursula sehnt sich zurück in den bergenden Schoß des Ur-Meeres, zurück zur Ur-Mutter, in die Erfahrung paradiesischer Einheit. Aber erst die Annahme des Todes, und damit die *Erfahrung der Einheit von Leben und Tod,* ermöglichen ihr die Entscheidung, das „Ja" zum Leben.

Entscheidung für das Leben

Die Reise beginnt diesmal ganz schnell mit einem Bild, wie ich aus dem nachtblauen Kosmos in das Urmeer stürze. Ich fühle das Meer um mich, ich treibe darin, es ist blutrot. Aus diesem roten Meer werde ich mit einer Woge an einen weißen, einsamen Strand gespült. Weißer, feiner Sand, dahinter liegt der Urwald ... sonst nichts.

Ich bin eine junge Frau, ich rieche, spüre und höre die Umgebung. Aus dem Urwald höre ich Trommeln, hier ist das Leben. Ich will am Leben teilnehmen. Dann habe ich das Gefühl, dass mich jemand beobachtet, und ich bin nackt. Ich kann mich vor diesen Blicken nicht schützen und versuche, mich in den Sand einzugraben, habe aber nicht genügend Kraft. So liege ich nackt und schutzlos mit nur wenig Sand bedeckt am Strand. Ich kann mich nicht bewegen und es wird mir ganz kalt.

Ich höre die Trommeln und spüre meine Sehnsucht nach dem Leben, nach Menschen, Wärme, Bewegung, Tanzen ... ich weiß, im Urwald gibt es dies alles.

Aber mein innerer Kontrolleur sagt „nein!“, nein zum Leben. Da merke ich wieder die Erschöpfung, die wie Steine an mir hängt. Ich will nicht mehr atmen ... werde zur formlosen Masse ... quallenartig ... „Du musst dich entscheiden“, sage ich mir, „entweder für das Leben und den Urwald oder zurück ins Meer.“

Ich spüre diese große Sehnsucht nach dem wogenden Meer, nach gewiegt werden, umhüllt sein. Da kommt der Schmerz über den Verlust der alten Heimat und ich schreie (nur innerlich, denn der Kontrolleur erlaubt keine Laute): „Ich will zurück!“

Das Meer zieht mich magisch an und ich fühle mich ausgespuckt, allein und verlassen in diesem schneeweißen Sand-Zwischenreich.

Entscheidung ist notwendig. Also rutsche ich zum Meeressaum und plansche mit dem roten Wasser wie ein Kind, platsch, platsch. Ich bewege mich auf der Matte, als ob ich im Liegen am Strand mit den Händen am Meeressaum platsche. Aus dem Urwald höre ich die Trommeln. Eine innere Stimme sagt: „Wie lange willst du das noch machen?! Entscheide dich.“

Aber ich kann nicht aufstehen, ich kann nicht gehen. Ich weiß, dass ich meine Muskeln trainieren muss, dass ich im Leben festen Boden brauche, und ich trainiere im Liegen meine Arme und Beine, strample, strecke mich und stehe endlich auf.

Der Kontrolleur sagt: „Schäm dich!“ Er droht. Ich drehe ihm den Rücken zu und gehe wohin ich will ... Ich übe mit meiner Stimme, mache Töne, probiere alle meine verletzten Sinne ... „Schäm dich“, sagt der Kontrolleur ... Meine Hände bewegen sich, wie sie wollen, formen ein Dreieck vor meinem Körper, das wird ganz golden.

Nun sitze ich am Meeressaum als junge Frau, neben mir sitzt meine Weise Alte, sie sitzt auf einem Felsblock und fischt. Ich darf mich zu ihr setzen, zuschauen und lernen. Was macht sie da!? Sie fischt gallertartige Masse aus dem Wasser und wirft sie in hohem Bogen auf den Strand. Die Masse formt sich zu Wesen ... Menschenwesen, Tierwesen. Die Alte sagt: „Nur Göttinnen dürfen fischen.“ Ich staune und bin dankbar, bei ihr zu sein und zu lernen.

Meine Weise Alte kommt nun über das blutrote Meer gefahren, in der Barke der Schatten-Tänzerin. Sie kommt an den Meeressaum, ich steige in die Barke und fahre mit ihr auf das Meer. Sie fischt wieder neue Wesen aus dem Meer und schmeißt sie in hohem Bogen weit weg an den Strand. Sie arbeitet konzentriert und aufmerksam, ganz ihrer Aufgabe gewidmet. Ich sehe zu. Sie ist jetzt anders gekleidet, hat viele Röcke an und einen Umhang mit Kapuze. Ich sehe ihr ins Gesicht und ich erkenne die Todin.

Die Alte Weise, die Todin, schöpft aus dem Wasser neue Wesen. „ES IST ALLES EINES“, sagt sie zu mir. Das Boot der Tod-Leben-Schöpferin schaukelt und wiegt mich und ich fühle mich ganz erfüllt und aufgehoben. Nach langer Zeit fährt sie das Boot wieder zum Meeressaum und sagt: „Jetzt kannst du gehen.“ Ich nehme Abschied und gehe über den Strand in Richtung Urwald, ohne mich noch einmal umzusehen ... Jetzt kann ich gehen.

Ich liege noch ganz erfüllt auf meiner Matte und lausche der Musik. Ich fühle Dankbarkeit, Liebe und ein bisschen Angst vor meiner Entscheidung für das Leben.

(Ursula P., Holotropes Atmen, Juni 2013)

Ur-Schmerz und die primäre Wunde

Die Weltgeburt bringt Licht und Leid
Schmerz ist die Anklage und zerreißt mir das Herz
schwarz oder gold der Buddha
die Macht verlockt mich und macht Angst

Totgeburt auf meinem Leib wandelt sich in Energie
Kaltes wird Leben und Kraft
durch Schlangen gehe ich
der Mörderhass ist ohne Reue

Angst Begleiterin der Kindheit
dunkle Tür, schwarzes Loch
heraus kriecht die Bedrohung
Angst wird Panik
Mondfrauen, gebt mir Schutz

Die Hüterin, sie frisst das Leid
der Adler fliegt zum gleißenden Licht
die Zeit ist ein Tunnel
ich reise auf schwingenden Flügeln zwischen den Welten
und freue mich wie ein Kind

In mir leere Räume
das Sein ist eine Wüste
alles ist gleich, alles ist gültig
mir so fremd und doch meins

Der Abschied wird Freude
der Tod die Heimkehr
vom Gefasstsein in die Weite
vom Dunkel zum Licht
Erde zu Himmel, Himmel zu Erde
ich in allem.

(Ingrid T., Atemerfahrung, 2000)

„Die Weltgeburt bringt Licht *und* Leid", schreibt Inga in ihrem Text. Die Weltgeburt bringt das Licht des Bewusstseins und genauso die Dunkelheit von Angst, Schmerz und Leid. Weltgeburt bedeutet die innere schmerzliche Erfahrung der (mythologischen) Vertreibung aus dem Paradies. Weltgeburt ist der uranfängliche Verlust von Einheit, Verlust von paradiesischer Glückseligkeit: *Der Verlust der primären universellen Einheit ist die allererste Wunde, die Ur-Wunde, und die Wurzel des Schmerzes in der Welt.*

Ich bezeichne den Schmerz der Ur-Wunde auch als *Ur-Schmerz.* Dieser Urschmerz kann nur durch Realisierung und durch Annahme geheilt werden. Verdrängung von Schmerz erschafft immer neuen Schmerz: „Unerlöster Schmerz erzeugt in der Welt immer neues Leid."

Schmerzverdrängung

Ich erfahre in meiner Atemreise den ganzen alten Schmerz der Menschheit über ihre Ohmacht des Getrenntseins und der Isolation, ihre Verlorenheit im Universum. Die Menschheit stürzte in Zweifel und damit kamen immer mehr Gier und Materialismus, woraus furchtbare Missverständnisse, Egoismus und wachsende Grobheit entstanden. Blutbäder wurden angerichtet, mehr und mehr Kriege geführt und der Schmerz in der Welt wuchs und wuchs ...

Aus der Schmerzverdrängung wurde das Heldentum genährt. Ich sah Gestalten wie Berserker, alte Germanen, raue, rohe, gefühllose Gestalten ... unerlöst. Unerlöster Schmerz erzeugte in der Welt immer neues Leid, denn er ist wie ein Wesen, das bleibt.

(Uwe C., Atemerfahrung, 2008)

Der patriarchale Mensch ist nicht bereit, die primäre Wunde, die Urwunde, und den damit verbundenen Schmerz des Getrenntseins demütig anzunehmen. Er bemüht sich permanent um „Schmerzverdrängung" – wie Uwe es in seiner Atemerfahrung erlebt hat – mit allen ihm zur Verfügung stehenden Mitteln.

Eines der beliebtesten Mittel der Schmerzverdrängung ist die *Projektion* auf andere: Es werden Schuldige gefunden für den eigenen Schatten und das eigene Leid. Blutbäder und Kriege sind die Folgen von verdrängtem Schmerz.

Ein weiteres Schmerz-Verdrängungs-Mittel ist die materialistische *Gier,* die persönlichen und gesellschaftlichen Egoismus erzeugt. „Wachsende Grobheit" entsteht, – so hat es Uwe in seiner Atemreise eindrücklich erlebt.

Rücksichtslosigkeit und der Verlust von Menschlichkeit und Mitgefühl sind hier die Folgen der Schmerzverdrängung.

Projektion und Gier sind die Wurzeln des alltäglichen Terrors – des islamistischen und genauso des kapitalistischen Terrors – wie ihn die Welt gerade eindrucksvoll erlebt. Die Wurzeln des aktuellen islamistischen Terrorismus liegen (unter anderem) in den religiös und ökonomisch motivierten Kreuzzügen – den „gottgefälligen Kriegen" – gegen die muslimischen Reiche im Nahen Osten, in den Verbrechen der Kolonialmächte, dem Raub und der Versklavung von Menschen, dem Raub von Land und Bodenschätzen und der gnadenlosen Ausbeutung der so genannten „Dritten Welt".

Weil der patriarchale Mensch nicht bereit ist, die primäre Trennungswunde, die Ur-Wunde, und den damit verbundenen Schmerz fühlend anzunehmen, projeziert er seinen Schmerz auf andere und sucht einen Schuldigen. Und er hat ihn – eigentlich *sie* – gefunden: Eva, die Ur-Frau. Sie wurde und wird verantwortlich gemacht für den Verlust der göttlichen Einheit, für die „Ur-Schuld", für Schmerz, Vergänglichkeit und Tod.

Im alttestamentarischen Mythos von Adam und Eva (ein Propaganda-Mythos und eine bewusste Fälschung älterer Texte) ist Eva die Verführerin Adams und die Verkörperung der „Ur-Schuld". Eva, ihr Name bedeutet „Mutter alles Lebendigen", verwirkte nach der Lehre der frühen Kirchenväter das ewige Leben: „Ihretwegen sterben wir alle", heißt es in den Apokryphen. Auf dem Konzil von 418 n. Chr. wurde beschlossen, den Tod nicht als natürliches Ende des Lebens zu betrachten, sondern als Folge von Evas Ur-Schuld. Dies nicht zu glauben, galt als Häresie.(8) Das patriarchale Postulat der „Frau als Unheil-Bringerin" wirkt bis heute im Unbewussten von Männern und Frauen.(9)

Im hellenistisch-patriarchalen Mythos verkörpert Pandora das Ur-Übel der Welt. Pandora, wörtlich die *All-Schenkende, die All-Geberin,* ist die Göttliche Erdmutter, die ihre Kinder mit der Fülle des Lebens beschenkt. Im Propagandamythos der Hellenen aber wurde sie zur universellen Unheilbringerin, denn sie öffnete verbotenerweise ein Kästchen, in welches ein sogenannter „Weiser" die gesamten Übel und Plagen der Menschheit eingesperrt hatte: „Alter, Wehen, Krankheiten, Irrsinn, Laster und Leidenschaften. Sie entflohen augenblicklich in einer Wolke (…) und fielen über sämtliche anderen Sterblichen her."(10) Es ist interessant, dass bereits in der Antike die patriarchale „Weisheit“ im Ausgrenzen, Wegsperren und Einsperren bestand, während die matriarchale Weisheit des Öffnens, Zulassens und Annehmens als Bedrohung erlebt wurde.

In der Verweigerung der Anerkennung der primären Wunde, der Schmerzverdrängung und der Projektion auf das Andere, das Fremde, das Weibliche, liegt das kollektive Elend des Patriarchats. Neigen nicht auch wir dazu, die vermeintlichen Übel dieser Welt, wie Krankheit, Alter, Wahnsinn und Tod „einzusperren“? Und wenn das Kästchen sich dennoch öffnet und die „Übel“ über uns herfallen, neigen nicht auch wir dazu, andere zu beschuldigen?

Projektion, als Verschiebung von Verantwortung und als erfolgloser Versuch, den Schmerz zu leugnen, ist eine der beliebtesten Abwehrformen. Hinter jedem menschlichen Drama steht letztlich die Leugnung der Ur-Wunde, die Angst vor Verlust-Schmerz und Tod. Erst die bereitwillige Annahme von Tod, Verlust und Schmerz, als polarer Teil von Leben, Lust und Freude, könnte unser persönliches und kollektives Leben heilsam wandeln und befrieden.

Erkenntnis-Fragen:

- Bin ich bereit, den Verlust-Schmerz des Lebens fühlend anzunehmen?
- Bin ich bereit, alle Projektionen vollständig zurückzunehmen?
- Wie fühle ich mich mit dieser Entscheidung?

Polarität, Wandel und die schmerzliche Trennung von Ich und Du

0 = Ursprüngliche Ganzheit, Leere
1 = natürliche Einheit
2 = Polarität
3 = Schöpfung

Die Trennung der Ureltern, diese erste Spaltung, teilt die natürliche Einheit des Lebens in Gegensätze, die sich in einem schöpferischen Resonanzfeld permanent begegnen und wechselseitig durchdringen. So heißt es in dem oben zitierten Text von Inga: „Der Abschied wird Freude, der Tod die Heimkehr, vom Gefasstsein in die Weite, vom Dunkel ins Licht.“

Die Schöpfungsmythen erzählen daher von den getrennten Ur-Eltern, von Erdmutter Gaia und Himmelsvater Uranos, die es zueinander hinzieht, die in Vereinigung streben und in der „Heiligen Hochzeit“ wieder eins werden. Aus dieser Vereinigung der Zweiheit von Weiblich und Männlich – wie aus der Vereinigung aller Polaritäten – wird etwas Drittes geboren, entsteht Schöpfung. In den Mythen wird es das „Göttliche Kind“ genannt.

Immer noch hält die permanente Vereinigung von Yin und Yang, der unablässige Durchdringungs-Prozess der Polaritäten den unabgeschlossenen Schöpfungsprozess in Gang. Das kosmische Schöpfungswerk will sich – in der schon immer existierenden Einheit – vollenden.

Vordergründig aber erfahren wir das Leben auf diesem Planeten polar: Auf Sommer folgt Winter, auf Wärme folgt Kälte, Licht wandelt sich in Dunkelheit, Fülle in Kargheit, Jugend in Alter, Freude in Schmerz, Leben in Tod und wieder in Leben und so fort. Nichts bleibt, wie es einmal war, nichts ist sicher, *alles ist im Wandel,* dies ist die Botschaft des I Ging, des Buches der Wandlung. Die Notwendigkeit zur Wandlung beruht auf dem laufend neu entstehenden Ungleichgewicht der Polaritäten, die durch den Wandel wieder ins Gleichgewicht, in Harmonie, gebracht werden, bis zum nächsten Ungleichgewicht; das Leben auf der Erde unterliegt einem unablässigen Wandlungsprozess.

Wandel aber bedeutet Verlust des Alten. Den irdischen Ver-Lust, der zwangsläufig der Lust folgt, anzunehmen, das ist – wie bereits oben im Text dargestellt – die Lehre Saturns. Er ist der „Hüter der Schwelle“, der zuweilen strenge und unerbittliche Tür-Hüter an der Schwelle zur Dimension des Spirituellen. Er lässt nur durch, wer bereit ist, die irdische Lektion zu lernen: „Anerkennen, was ist.“ Anerkennen der Begrenzung, anerkennen von Bedrängnis, anerkennen von Mühe und Stagnation, von Krankheit und Schmerz, von Mangel, Einsamkeit und Tod.

Gott Saturn (in der griechischen Mythologie ist er Chronos, der Hüter der Zeit) hält, wenn wir ihn ehren und freiwillig in unser Leben einladen, auch wertvolle Geschenke bereit. So hilft er uns, die eigenen Kräfte zu bündeln und auf wesentliche Ziele zu lenken. Er schenkt die Fähigkeit zu Ausdauer, Zielgerichtetheit und Disziplin, zu heilsamer Abgrenzung, Pflichterfüllung, Schuld-Annahme und Verzicht. Alles Begriffe, die nicht gerade unserer tiefsten Sehnsucht nach Glück entsprechen. Und doch ist es gerade Saturn, der den Raum öffnet in Furchtlosigkeit und Freiheit, Erfüllung, Freude und Heilung. Saturn ist, indem er mit Verletzlichkeit, Begrenzung, Endlichkeit, und Tod konfrontiert, der große Göttliche Lehrmeister: Er lehrt uns Mitgefühl und verweist auf die einzige und einzigartige Lebensaufgabe: Den mitfühlenden Dienst am Leben.

Für viele Menschen ist die Erfahrung von Trennung und Getrenntsein und die darauf folgende Einsamkeit die schmerzlichste saturnische Lektion, die wir alle früher oder später im Leben zu lernen haben, manchmal erst im Übergang zum Tod. Wir sollten uns bewusst machen, schreibt Jorgos Canacakis (11),

> „dass unser Leben ständig voll von Verlusten und Trennungen war und auch sein wird. Wir erleben täglich Verluste – von geliebten Personen, von Heimat, von großen Zielen und einmaligen Ideen, von Gesundheit und körperlicher Unversehrtheit, von Schönheit und Jugend, von Hoffnungen, von guten Freundschaften, von einem geliebten Tier und auch von materiellen Dingen. Lebensereignisse, die mit Verlustkum-

Getrenntsein. Nazaré, Portugal

mer zu tun haben, sind besonders intensiv an Gefühlsstärke. Sie sind die schmerzlichsten und streßvollsten in unserem Leben und führen immer zu körperlichen und seelischen Reaktionen. (…)
Auch von dem Wichtigsten müssen wir ständig Abschied nehmen. Es ist die Zeit, „Chronos", der König aller Dinge (…) Das Erlebnis der Unwiederbringlichkeit zwingt uns zur Hinnahme von Schmerzen, Verletzungen und Kränkungen. Verlustkummer ist eine Erfahrung, die jeder Mensch machen und mit der er fertig werden muß."

Die Trennung der Verbindung vom Ich zum Du, die Trennung von einem geliebten Menschen, kann den Schmerz unerträglich werden lassen. So wie in der Entwicklung des Bewusstseins der frühe Mensch aus der universellen Einheit in die Zwei-heit fiel und hiermit die menschliche Ver-zwei-flung begann, genauso ist der Schmerz des Getrenntseins von Ich und Du eine unausweichliche Größe in der Individualentwicklung eines jeden Menschen. Der Tod eines Kindes, frühe Trennung von den Eltern, Trennung oder Tod eines geliebten Partners, – die tiefsten Wunden und schmerzlichsten Erfahrungen im Leben entstehen aus dem Verlust naher Menschen.

Denn, der *aktuelle* Verlust aktiviert den *alten* Verlust, der *aktuelle* Schmerz aktiviert den *alten* Schmerz, den Urschmerz um den Verlust der primären Einheit. Wir fühlen, dass wir – auf der Ebene des Personalen – absolut allein sind.

Der Psychiater Ronald Laing, ein wichtiger Repräsentant der „Anti-Psychiatrie", schrieb in „Das geteilte Selbst", einem Buch über die Wirklichkeit der alltäglichen Schizophrenie [(12)]:

„(…) daß wir in bestimmten Hinsichten unwiderruflich allein sind, und daß es innerhalb des Territoriums unserer selbst nur unsere eigenen Fußspuren geben kann. Es gibt allerdings einige Leute, die sich niemals ganz in dieser Position realisieren. Dieses echte Mit-sich-Alleinsein ist die Grundlage für echte Beziehungen."

Und Franz Kafka[(13)] (1883-1924), ein innerlich tief Zerrissener, schrieb an seinen Freund Oskar Pollak die berührend-erschütternden Worte:

„Verlassen sind wir doch wie verirrte Kinder im Walde.
Wenn Du vor mir stehst und mich ansiehst,

was weißt Du von den Schmerzen, die in mir sind
und was weiß ich von den Deinen.
Und wenn ich mich vor Dir niederwerfen würde und weinen und erzählen,
was wüßtest Du von mir mehr als von der Hölle,
wenn dir jemand erzählt, sie ist heiß und fürchterlich.
Schon darum sollten wir Menschen vor einander so ehrfürchtig,
so nachdenklich, so liebend stehn, wie vor dem Eingang zur Hölle ..."

Ja, was wissen wir schon von der inneren Hölle anderer Menschen? Sie erahnend sollten wir „ehrfürchtig", „nachdenklich" und „liebend" vor einander stehen. Nun gibt es immer mehr Menschen, die aus einer äußeren Hölle, aus der Hölle von Krieg und Elend zu uns kommen. Unser aller Zukunft wird davon abhängen, ob wir bereit sind, nachdenklich, ehrfürchtig und liebend vor ihnen zu stehen.

Auf die Trennung von Ich und Du erfolgt das Erleben von Verlassensein und das Gefühl von Einsamkeit. In einer sehr heftigen Wandlungsphase meines Lebens, der Krise in der Lebensmitte, erlebte ich den Ur-Schmerz des Getrenntseins und der inneren Einsamkeit in zuweilen fast unerträglicher Intensität. Dies war die Zeit, in der ich schließlich bereit war, mich dem alten Trennungsschmerz, der Ur-Wunde, voll und ganz zu *ergeben*. Ich war bereit, in der Einsamkeit einer griechischen Insel zu leben, allein in einer abgelegenen Steinhütte, nur in Begleitung meiner Katze „Line". Fast drei Jahre lebte ich in freiwilliger Abgeschiedenheit und widmete mich vor allem der inneren Klärung und Heilung. Diese Jahre waren unerlässlich für mein heutiges erfülltes Leben. Ohne die schmerzlich-heilsamen Erfahrungen jener Zeit würde ich vermutlich nicht mehr leben, gewiss wäre es mir nicht möglich, in Freude und Dankbarkeit zu sein.

Es war damals ein Text des englischen Psychiaters David Cooper(14), der mich über diese schwierige Zeit begleitete und mir half, den Weg der Hingabe an Getrenntsein und Einsamkeit entschieden zu gehen. Heute gebe ich diesen Text gerne an Klienten und Klientinnen, die sich in einer ähnlichen Heilungs-Krise befinden:

„... und nun zieht das Ich allein durch dieses öde Land und nährt sich von dem Stein, an dem es lutscht, und von der Asche, die seine Poren als Nahrung aufnehmen. Und wenn diesem Ich später eine Oase

fehlt, wird es sich diese selbst schaffen mit den Tränen, die es vergießt zwischen den Hügeln seines Sandes. Dann aber könnte es vielleicht einen anderen auffordern, zu ihm zu kommen, damit dieser von ihm versorgt und gestärkt werde. Doch immer wird dieses Ich in seiner Wüste bleiben, denn das ist seine Freiheit.
Wenn es aber eines Tages seiner Freiheit nicht mehr bedarf, dann ist auch das seine Freiheit.
Die Wüste aber bleibt in jedem Fall."

Die Wüste ist ein Ort der Einsamkeit, genauso aber auch ein Ort der Weite, ein Ort der Stille und der Transformation. Johannes der Täufer, Jesus von Nazareth, Prophetinnen und Propheten, weise Frauen und weise Männer und auch heutige spirituelle Sinn-SucherInnen zieht es in die ergreifende Einsamkeit der Wüste, denn „...die Wüste ist so gewaltig, die Horizonte sind so fern, dass man sich sehr klein vorkommt und vor Ehrfurcht verstummt," schreibt Paulo Coelho.(15)

Um die heilsame Kraft der Wüste zu erfahren, müssen wir aber keine Fernreise buchen: „In mir leere Räume, das Sein ist eine Wüste", schreibt Ingrid in dem oben zitierten Text. Die innere Wüste kann genauso gewaltig erlebt werden wie die äußere Wüste, auch in ihr können wir unsere personale Kleinheit wie auch unsere überpersönliche Größe erfahren und in Ehrfurcht verstummen. In der inneren Wüste kann sich Getrenntsein in Einheit, *Ein*samkeit in All*ein*sein wandeln. Nur die bedingungslose Annahme der Erfahrung von schmerzlichem Getrenntsein ist der unerlässliche Schritt auf dem Weg zum Ganzheitlichen Selbst.

Erkenntnis-Fragen:
- Kenne ich den Urschmerz des Getrenntseins von Ich und Du?
- Wie erlebe ich Einsamkeit?
- Bin ich bereit, mich der Einsamkeit zu ergeben?

Gottverlassen und die Erfahrung von Ganzheit

Gott-verlassen

Ganz schnell nach Beginn des Atmens fühle ich mich sehr verlassen. Ich fange an zu weinen, weil es so weh tut und ich so allein, traurig, einsam und hilflos bin. Ich weiß nicht, ob ich ein Kind oder eine Erwachsene bin. Ich sehe nichts, absolut nichts – aber ich kann alles fühlen.

Das Verlassenheitsgefühl wird stärker und steigert sich immer mehr und weiter. Es wird unerträglich. Es ist nicht dieses Gefühl, als Kind von Mutter und Vater verlassen zu werden oder als Erwachsener von einem anderen Menschen. Es ist viel entsetzlicher, unbeschreiblicher, qualvoller. Niemand ist da, ich bin allein. Ich bin hoffnungslos und gott-verlassen.

Das ist es. Jetzt weiß ich: Ich bin von Gott verlassen! Ich flehe: „Oh Gott, verlass mich nicht! Verlass mich nicht! Hilf mir! Bitte, Gott, hilf mir!!!“ Immer wieder. Immer wieder ... Ich bekomme keine Luft mehr und fühle, wie ich ersticke ...

(Inge K., im Holotropen Atmen, 1998)

Wenn dieser primäre Trennungsschmerz, die Ur-Wunde, voll gefühlt und angenommen wird, so wie von Inge, die sich ihm ganz überlässt, dann kann Schmerz sich wandeln und Heilung kann geschehen. Dann tauchen wir möglicherweise ein in die Erfahrung der Einheit, die hinter der Trennung seit Anbeginn aller Zeiten schon immer existiert. Und hier können wir vielleicht für einen Moment das erfahren, wonach wir so dringlich suchen: Glückseligkeit:

Ich bin im Ganzen

Jetzt sehe ich etwas Dunkelblaues mit vielen, vielen Lichtpunkten, die sehr hell sind und leuchten. Ich bin am Anfang oder in einer Spirale.

Urplötzlich ist eine ganz starke Empfindung da. Ich kann nur denken und fühlen:

Ich weiß es, ich weiß es! Dann die Gewissheit: Mir ist geholfen. Ich weiß, wie ich heil werden kann. Ganz sicher und geborgen fühle ich mich, völlig ohne Angst. Und dieses starke Gefühl ist da, „Es“ zu wissen. Es ist eine Gewissheit tief in mir, alles zu erfassen und zu begreifen. Es ist in mir und es ist auch um mich herum, es ist überall.

Es ist ganz einfach all-umfassend und ich bin ein Teil vom Ganzen. Gleichzeitig bin ich aber auch überall. Es gibt keine Trennung, denn ich bin ganz. Ganz in mir und ganz um mich herum und ganz in allem und mit allem ...

Es ist einfach nicht zu beschreiben.

Ich fühle meine Herkunftsfamilie an mir vorüberziehen. Blitzschnell und doch sehr genau bis in alle Einzelheiten: Ich weiß und fühle, dass meine Mutter mich nicht haben wollte; erlebe wie meine Schwester mich als Säugling im Karton unter Kleidern im Kleiderschrank versteckt und erlebe den sexuellen Übergriff durch meinen Bruder.

Aber ich leide nicht. Nichts schmerzt mehr. Ich weiß es einfach nur. Ich denke, jetzt müsste ich doch wütend werden und warte auf meine Wut. Sie kommt nicht.

Jetzt merke ich wieder, dass ich hier im Gruppenraum auf dem Boden liege und wütend werden will. Aber gleichzeitig bin ich wieder im Ganzen und weiß ganz sicher, dass ich nicht wütend werden kann und auch nicht brauche.

Denn Wut und Liebe ist im Ursprung dasselbe. Es ist eins. Jetzt erfahre ich große Ruhe, tiefen Frieden und unendliche Weite.

Es ist die Glückseeligkeit ...

(Inge K., im Holotropen Atmen, 1998)

Gerade im Zustand von Hoffnungslosigkeit, Verlassenheit, Todesangst, Schmerz und Leid beginnt das menschliche „Suchen, das Ringen nach dem Licht! nach dem Licht!“, wie es im Schöpfungsmythos der Maori heißt, das Ringen um Erkenntnis und Ganzheit. Der Mensch ist unentwegt auf der Suche nach der verlorenen Einheit, dem primären Glück, dem Paradieszustand des Bewusstseins, so lange, bis er seinen Seelenweg beendet und erkennt, dass er in allem ist und alles in ihm ist. Und es ist gerade der Ur-Schmerz, der Schmerz des Getrenntseins, der ihn antreibt auf diesem schöpferischen Weg der Selbsterkenntnis, wie Inge, die „hoffnungslos gott-verlassen“ um göttliche Hilfe fleht. Eindrucksvoll ist ihre Hingabe an Verlassenheit und Schmerz und dieses verzweifelte Ringen um Erkenntnis, um Ganzheit. Ganz plötzlich „weiß“ sie es: „Es gibt keine Trennung, denn ich bin ganz.“ In dieser Erfahrung von Ganzheit existiert kein Schmerz: „Nichts schmerzt mehr. Ich weiß es einfach nur.“ Und obwohl sie in ihrer Kindheit sehr tief verwundet wurde, ist da keine Wut, kein Hass als Strategie der Schmerzverdrängung. Sie muss nicht hassen, denn sie hat ihren Schmerz angenommen.

Auf der Ebene des personalen Bewusstseins erleben wir uns getrennt, verlassen und verloren. Im Holotropen Atmen aber können sich tiefere Ebenen des Bewusstseins erschließen. „Holotrop“ bedeutet „Weg in die Ganzheit“. Ganzheitliche und transpersonale Dimensionen, die uns sonst eher verschlossen sind, können sich im Atemprozess öffnen und die Erfahrung von Friede und Glückseligkeit wird möglich.

Seit etwa 17 Jahren habe ich nichts mehr von Inge gehört. Damals, 1998, erlebte sie sich „hoffnungslos und gott-verlassen“, sie war akut suizidgefährdet. Jetzt, 2016, möchte ich wissen, wie sich ihr Weg zwischen Verlassenheit und der Erfahrung von Ganzheit weiter gestaltet hat. Ich erreiche sie telefonisch und höre eine Frau, die aus tiefer Dankbarkeit und Erfüllung spricht. „Ich habe großes Gott-Vertrauen“, sagt sie und ich spüre die Stimmigkeit in ihren Worten.

Schlangen-Magie. Skulptur (Detail) v. G. Croissier, 2007
Foto: Tim Besserer

3. Das magisch-mythische Bewusstsein

Es geht in diesem Buch um die Vergänglichkeit des Glücks, um die primäre Trennungs-Wunde und um Wege der Wandlung und Heilung. Wandlungswege aber entsprechen nicht immer den begrenzten Vorstellungen unseres personalen Ichs, sondern folgen einem *Entwicklungs-Plan* des menschlichen Bewusstseins. Aus der „dunklen Einheit" kommend entfaltet sich über die Jahrtausende das menschliche Bewusstsein „als ein waches Gegenwärtigsein" (Gebser). Bewusstsein entfaltet sich in Stufen, in einem allmählichen, kollektiven und individuellen Entwicklungsprozess.

Zunächst aber muss die Frage geklärt werden: Was können wir unter „Bewusstsein" verstehen? Hier der Versuch einer *Definition von Bewusstsein:*

Bewusstsein ist die Fähigkeit des Ich (Subjekt), körperliche, seelische und geistige Zustände in einem Erlebniskontext (Objekt) zu erkennen, intellektuell einzuordnen und fühlend zu verarbeiten. Bewusstsein hat mit *Beziehung* zu tun. Die Beziehung zwischen dem erlebenden, bewusstseinsfähigen Ich, als Subjekt, und dem Bewusstseinsinhalt, als Objekt, macht Bewusstwerdung und erkennende Bewusstheit erst möglich.

Bewusstsein ist somit der Erfahrungsprozess der Beziehung zwischen Subjekt und Objekt, Ich und Du, zwischen dem Ich in der Begegnung mit dem Anderen. Hier wird deutlich, dass die Erfahrung von Getrenntsein, von Zweiheit, Voraussetzung ist, damit Bewusstsein entstehen kann. Erst in der polaren Beziehung zwischen Ich und Du ist Erkenntnis möglich.

Der Weg der allmählichen Bewusstwerdung der Seele führt aus der Einheit über die primäre Spaltung in die irdische Erfahrung der Polaritäten. Und von hier führt der Weg spiralförmig auf neuen integralen Bewusstseinsstufen vorwärts-zurück in die Einheit.

Jean Gebsers Modell der Entwicklung des Bewusstseins, das er in seinem Hauptwerk „Ursprung und Gegenwart – Beitrag zu einer Geschichte der Bewusstwerdung" beschrieben hat, könnte helfen, diesen Weg zu verstehen. Gebser war polnischer Philosoph, Kulturanthropologe und einer der bedeutendsten Bewusstseinsforscher unserer Zeit. Er wurde 1905 in Posen geboren, lebte zeitweise in Deutschland, Spanien, Frankreich und starb 1973 in seiner Wahlheimat Schweiz.

Gebsers Geschichte des menschlichen Bewusstseins verhilft zu einem tieferen Bewusstseins- und Seelenverständnis und prägt wesentlich meine psychotherapeutische Arbeit. Dieses Modell könnte vielleicht Antworten geben auf die existentiellen Fragen des menschlichen Lebens:

Woher komme ich? Was bedeutet diese Existenz?
Was ist der Sinn des Lebens?
Warum ist das Leben so schwer?
Warum ist so viel Schmerz in der Welt?
Warum hat Jesus' Sühne-Opfer uns nicht vom Schmerz befreit?
Wie kann ich persönlich Befreiung und Heilung erfahren?
Wie könnte das Kollektiv, die Menschheit, Befreiung und Heilung erfahren?

Die Entfaltung des menschlichen Bewusstseins

Gebsers Grundhypothese impliziert: *Die Kollektiv-Entwicklung* des menschlichen Bewusstseins, die Phylogenese, wiederholt oder spiegelt sich in der menschlichen *Individual-Entwicklung,* der Ontogenese. Phylogenese und Ontogenese organisieren sich in ähnlichen Abläufen und Strukturen. Das heißt, der Bewusstwerdungsprozess eines individuellen Menschen findet eine Entsprechung im Bewusstwerdungsprozess der gesamten Menschheit.

Nach Gebser vollzieht sich dieser Prozess der menschlichen Bewusstwerdung in fünf aufeinander folgenden Stufen zunehmender Reifung und Erkenntnis. Gebser spricht von „Bewusstseins-Strukturen“:

1. Ur-Sprung, die archaische Grundstruktur
2. Die magische Bewusstseinsstruktur
3. Die mythische Bewusstseinsstruktur
4. Die mentale Bewusstseinsstruktur
5. Die integrale Bewusstseinsstruktur

Ich widme mich hier vor allem den drei ersten Strukturen, denn die vierte, die *mentale Struktur* mit der ihr zugehörigen „Maßlosigkeit der Ratio“, wie Gebser sagt, erleben wir täglich in uns und in der Welt. Die fünfte, die *integrale Struktur,* in der sich alle vorhergehenden Strukturen verbinden, entspricht dem Weg der Heilung.

Die integrale Bewusstseinsstruktur könnte die Befreiung der Menschheit bedeuten und vielleicht das Tor zur Glückseligkeit, falls wir Menschen in der Lage wären, *jede* Struktur in ihrer Weise anzuerkennen und zu integrieren.

Mir geht es nun nicht vor allem um das Erreichen eines Entwicklungsziels, es geht mir nicht um „Mutation" (Gebser) des Bewusstseins, nicht um das forcierte Erreichen-Wollen des Integralen Bewusstseins – auch wenn es phantastisch wäre, würde die Menschheit bald in der Ganzheit des Bewusstseins ankommen. Mein Anliegen ist eher die Bewusst-Werdung und Integration dessen, *was verlorengegangen ist:* Mir geht es um die Erfahrung der Schönheit und heilsamen Kraft der archaischen, magischen und der mythischen Bewusstseins-Struktur und deren Integration in das dominierende mentale Bewusstsein.

Denn: *Wenn wir wissen wollen, wer wir sind, dann haben wir uns zu erinnern, wer wir waren und wer wir einmal sein werden.*

„Der ganze Mensch ist die Synthese und Kristallisation aller seiner Schichten und Stufen", schreibt Gebser. Alle diese Schichten sind in der menschlichen Kollektivpsyche genauso wie in jeder menschlichen Indivi-

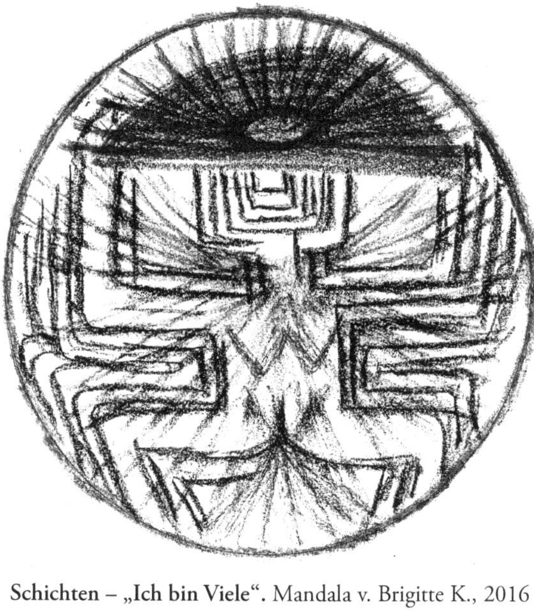

Schichten – „Ich bin Viele". Mandala v. Brigitte K., 2016

dualpsyche angelegt, so wie im Sämling bereits der gesamte Bauplan eines Baumes enthalten ist. Weil, wie Gebser[1] sagt, „in uns latent existierend" ist im Gegenwärtigen das Vergangene genauso wie das Zukünftige vorhanden. Die „früheren" Strukturen wirken gegenwärtig in uns weiter, so wie die „zukünftigen" bereits in uns angelegt und damit wirksam sind.

In einem therapeutischen Heilungsprozess als einem Prozess der Ganzwerdung geht es um *Herausarbeitung,* um *Bewusstmachung* und *Integration* der einzelnen Strukturen im Hinblick auf die integrale Bewusstseinsstruktur, – die Struktur, in der alle früheren Strukturen enthalten sind. Dieses Herausarbeiten, Bewusstmachen und Integrieren *aller* Strukturen ist eine zentrale Aufgabe der Transpersonalen Psychologie.

Denn jede Struktur, soweit sie nicht bewusst gemacht, integriert und mit den anderen Strukturen verbunden ist, bringt ihren eigenen Schatten hervor. Ebenso hat jede einseitige Identifikation mit nur *einer* Bewusstseinsstruktur fatale Folgen: Stellen wir uns einen erwachsenen Menschen vor, der unbewusst mit seiner frühkindlichen Bewusstseinsstruktur identifiziert ist. Er wird sich entsprechend „kindisch" verhalten und es mit sich und den anderen schwer haben.

Erst die *vollständige Integration aller Strukturen* – aller Seelenebenen – bringt uns in die Nähe eines vollkommen integrierten Menschen. Erst dann wird es möglich sein, die ursprüngliche Einheit des Bewusstseins, die Ganzheit, zu erfahren. Wir könnten hier auch von Erlösung oder Erleuchtung sprechen. Im Kontext dieses Buches heißt das, dass nur *die Integration der frühen Bewusstseinsebenen die Ur-Wunde und unseren heutigen Schmerz heilen kann.*

Gebser schreibt: [2]

1. Unsere menschliche Konstitution umfasst alle Strukturen.
2. Alle Strukturen müssen integriert und ihrem Inhalt und Wert gemäß gelebt werden, „wenn wir ein ganzes Leben leben wollen".
3. Keine Struktur ist besser oder schlechter als die andere, alle sind gleichwertig. Wenn aber die eine oder die andere Struktur überbetont wird, dann hat das zur Folge, dass vor allem ihre Schattenseiten zum Tragen kommen.
4. Die spezielle Wirkung der einzelnen Strukturen wird durch die „Grundzuschreibungen und charakteristische Begriffe" deutlich.

Um Inhalt und Wirkung einer Struktur zu verdeutlichen, habe ich am Ende jeder Bewusstseinsbeschreibung deren „charakteristische Begriffe" zusammengestellt. Wenn wir diese Begriffe langsam und fühlend aussprechen, vermittelt sich deutlich der *spezielle Charakter* dieser Struktur.

Die Entwicklung des menschlichen Bewusstseins zum ganzen oder „integralen" Menschen verläuft diskontinuierlich, in Sprüngen. Die bereits im Ur-Sprung des Menschseins angelegte Ganzheit kommt *plötzlich* zu Bewusstsein, schreibt Gebser. Er spricht, mit Verweis auf die „sprunghaft erfolgenden Übergänge zu einer jeweils neuen Integrationsstufe der Menschheit" daher von „Bewusstseins-Mutation" als geistiger Verwandlung. Und er verweist hinsichtlich der heutigen fatalen Bewusstseinslage auf die Alternative: „Entweder Tod oder Mutation."(3)

Entweder ereignet sich eine radikale Wandlung des menschlichen Bewusstseins oder die Tage der Menschheit auf diesem Planeten werden gezählt sein. Wenn der notwendige Bewusstseins-Sprung, der sich bereits deutlich zeigt, nicht wirksam realisiert wird, wenn der entscheidende Sprung misslingt, so Gebser, dann wird sich die Wandlung des Bewusstseins vor allem über Zerstörung und dem damit einhergehenden Leid vollziehen.

Ursprung und die archaische Struktur

Als „Ursprung" oder „archaische Struktur" bezeichnet Gebser die erste Struktur in der Entfaltung des menschlichen Bewusstseins.(4)

> „Sie ist dem biblischen paradiesischen Urzustand am nächsten, wenn nicht dieser selbst. Es ist die Zeit, in der die Seele noch schläft, und so ist sie die traumlose Zeit und die der gänzlichen Ununterschiedenheit von Mensch und All."

Die Seele des frühen Menschen existierte bewusstseinsfern, in einer geistigen Vorform, sein Bewusstsein befand sich noch im Tiefschlaf. Die Menschen der Frühzeit „schliefen traumlos", denn der Traum entsteht aus der Auseinandersetzung mit einem Gegenüber. Traumlosigkeit bedeutet Einklang von Innen und Außen. Im Zustand der Traumlosigkeit sind Mensch und All in vollständiger Einheit.

Der archaische Mensch steht der Welt noch nicht gegenüber, er *ist* die Welt und das Weltall, von dem er sich als nicht unterschieden erfährt. In diesem seinem „Ungeschiedensein" ist er in vollkommener Einheit mit Innen und Außen, Oben und Unten, mit Erde und Himmel. Er ist im Paradies. Gebser berichtet (in Bezug auf Richard Wilhelm)[(5)], dass es in der chinesischen Frühzeit nur ein gemeinsames Wort für die Farben Grün und Blau gab; das heißt, der frühe Mensch konnte das Grün der Erde nicht vom Blau des Himmels unterscheiden. Makrokosmos und Mikrokosmos waren hier das Eine, Einheit von Mensch und All.

Da die Bewusstseinsentwicklung des menschlichen Einzelwesens den gleichen Ordnungen und Mustern folgt wie die Bewusstseinsentwicklung der Menschheit, existiert dieses frühe Einheitsbewusstsein in jeder menschlichen Seele. Der Psychiater und Bewusstseinsforscher Stanislav Grof (er war von 1987 bis 1989 mein Lehrer) hat „die ursprüngliche symbiotische Einheit des Fötus mit dem mütterlichen Organismus in der intrauterinen Existenz" im Kontext von Transpersonaler Psychologie erforscht und beschrieben: Das Leben eines menschlichen Wesens beginnt mit der Erfahrung der Einheit im Mutterleib, der Einheit von Ich und Du. Die biologische Mutter ist hier der schöpferische Urgrund, das mütterliche Universum, mit dem das menschliche Wesen symbiotisch verschmolzen ist. „In störungsfreien Phasen des Lebens im Mutterleib können die Bedingungen für den Fötus nahezu ideal sein", schreibt Grof.[(6)] Der Fötus erlebt sich jenseits der Begrenzung von Raum und Zeit, weder die Polaritäten von Kälte und Wärme, Hunger und Sättigung noch ein Bewusstsein von Leben und Tod beeinträchtigen seinen Zustand primärer Glückseligkeit. (Dies gilt selbstverständlich nur für die vorwiegend störungsfreie intrauterine Existenz. Wie sich intrauterine Störungen, Krankheiten der Mutter oder Todesbedrohung durch Abtreibungsversuche auf das Bewusstsein und die psychische Verfassung des Kindes auswirken, dazu schreibe ich an anderer Stelle.)

Im Wiedererinnern dieser intrauterinen Einheitserfahrung – zum Beispiel in Träumen oder im Holotropen Atmen – ist es möglich, sich in ozeanischen Welten als Wesen im Wasser, als Amöbe, Delphin, als Fisch zu erleben. Grof bezeichnet diese Erfahrung als „ozeanische Ekstase". Eine mögliche Einheitserfahrung mit dem Kosmos bezeichnet er als „kosmische Ekstase". Das archaische Bewusstsein befindet sich hier in paradiesischer Einheit mit dem mütterlichen Universum. Die biologische Mutter wird im

Tiefenbewusstsein zur Göttlichen Mutter, mit der das menschliche Wesen in Einheit existiert.

Gebet
Geliebte Göttliche Mutter
Ich bin in Dir
Du bist in mir
Wir sind eins.

Begriffe zur archaischen Struktur:
Ursprung, Einheit, paradiesischer Urzustand, Unerwachtheit der Seele, Tiefschlaf, Traumlosigkeit, Gegenüberlosigkeit, Ungeschiedensein, Ein-Klang, Einheit von Erde und Himmel, Einheit von Mensch und All.

Das magische Bewusstsein – Bewusstwerden der Welt

In der magischen Struktur beginnt der Mensch sich allmählich aus der Einheit herauszulösen. Der Frühmensch, der zunächst noch eins ist mit der ihn umgebenden Natur, beginnt nun, sich dieser Natur bewusst zu werden. Die Natur, die er einst war, wird ihm nun zur Um-Welt. Er *ist* nicht mehr die Welt, er ist *in* der Welt und beginnt die Welt als ein erstes schemenhaftes Gegenüber zu erfahren.

Die psychische Grundhaltung des magischen Menschen ist geprägt durch seinen vitalen Trieb, seinen bewusstseinsschwachen Instinkt und durch die starke emotionale Ladung seiner archaischen Gefühle. Wichtige Merkmale des magischen Bewusstseins sind nach Gebser:

- Ich-Losigkeit
- Raum-und Zeitlosigkeit
- Eingeflochtensein in die Natur
- Bedeutungs-Gleichheit
- Angst und die magische Reaktion

Eine eindrucksvolle Einführung in die Welt des magischen Bewusstseins erhielt ich vor vielen Jahren in der therapeutischen Arbeit mit einer Klientin. Durch sie konnte ich erleben, was analoges Denken und Handeln, magische Bedeutungs-Gleichheit, magische Raum-Zeitlosigkeit und magische Ich-Auflösung bedeuten:

Vor Jahren begleitete ich eine junge Frau in einer akuten Psychose. Damals hatte ich noch nicht viel Erfahrung, aber umso mehr professionelles Engagement. Ich wollte Menschen vor der Psychiatrisierung bewahren und dafür brachte ich einen großen persönlichen Einsatz.

Beim Erstkontakt begrüßte mich meine Klientin wortlos und legte die Zeitschrift „Freundin" auf meinen Platz. Klar, ich verstand ihre Botschaft an mich: „Sei mir eine Freundin." Den nun folgenden magischen Vorgang verstand ich zunächst aber nicht:

Da ich damals in körper-psychotherapeutischer Ausbildung war, dachte ich, dass ein wenig Erdung in ihrem Zustand wohl ganz hilfreich sein könnte. Deshalb praktizierte ich mit ihr die Baum-Wurzel-Übung, eine geleitete Visualisierung, bei der wir Wurzeln aus unseren Füßen wachsen lassen, die sich dann tiefer und tiefer durch die Schichten der Erde graben und mit der Erd-Energie verbinden. Als die Übung abgeschlossen war, blieb meine Klientin aber – wie angewurzelt – stehen. Ich begriff nur sehr langsam, dass sie sich *tatsächlich* nicht von der Stelle rühren konnte. Sie zeigte mir sehr deutlich, dass sie verwurzelt war und sich nicht fortbewegen konnte.

Auch wenn ich damals Gebsers Werk noch nicht kannte, so begriff ich doch, dass ich diese Frau hier *wörtlich* nehmen musste: Ich hatte ihr geholfen, sich zu verwurzeln, und nun musste ich ihr helfen, sich wieder zu entwurzeln. Also führte ich mit ihr die Visualisierung rückwärts aus. So wie ich sie zuvor angeleitet hatte, sich mit ihren Wurzeln durch die Erdschichten tiefer und tiefer zu graben, genauso arbeiteten wir uns nun von Erdschicht zu Erdschicht langsam wieder nach oben. Abschließend zogen wir die imaginären Wurzeln wieder in ihre Füße zurück, die sie nun sichtlich erleichtert bewegten konnte. Danach ging sie, noch ein wenig unsicher, langsam durch den Raum.

Für mich war dies eine wichtige Lektion zum magischen Bewusstsein, die für die weitere therapeutische Begleitung nicht nur hilfreich, sondern unentbehrlich war. Erst jetzt war ich fähig, sie in ihren inneren, magischen Raum zu begleiten, hier mit ihr die alten, unerledigten, magischen Dramen spielerisch zu re-inszenieren, um diese dann heilsam abzuschließen und zu integrieren. Wir arbeiteten bei ihr zu Hause an einem großen Küchentisch, wir spielten magisches Theater mit Dingen und Objekten, die innere Zustände repräsentierten. Meine Klientin zelebrierte ihre eigenen magischen Rituale, bei denen ich ihr assistierte. Und so kam sie, langsam aber sicher und ohne Medikamente, wieder im Alltagsbewusstsein an. Sie veränderte ihr Leben und nahm ihre Berufstätigkeit wieder auf.

Die Ich-losigkeit des magischen Menschen

Das Ich des *frühen* magischen Menschen ist zunächst noch undifferenziert und eingebunden in das Wir, das *Gruppen-Ich* seines Stammes(7). Sein noch wenig entwickeltes *Ich-Bewusstsein ist im Außen,* der magische Mensch erfährt es außerhalb von sich selbst, in der ihn umgebenden Natur: Er erfährt sich im Mond, der Sonne, dem Baum, dem Fluss, dem Tier. In seinem animistischen Welt-Erleben fühlt er sich verbunden und in Beziehung mit allen Wesen der Natur. Sie sind ihm Bruder und Schwester, sein Leben existiert in wechselseitiger Abhängigkeit von ihrem Leben.

Die *unbewusste, unintegrierte* magische Struktur aber gebiert ihren Schatten, worauf Gebser immer wieder hinweist: Heutige auf der magischen Ebene fixierte Menschen suchen und erwarten Hilfe im *Außen.* Sie sind kaum in der Lage, Verantwortung für ihr Leben und ihr Tun zu übernehmen. Für sie liegt *die Verantwortung* bei Mutter oder Vater, in der Gesellschaft, der Gruppe, bei den anderen. Ein solcher Mensch befindet sich in einem regressiven magischen Zustand auf der Ebene des „magischen Kindes", das sich selbst als hilflos erlebt und Hilfe im Außen erwartet, Hilfe von Ärzten, HeilerInnen oder SchamanInnen:

Vor Jahren war ich in therapeutischem Kontakt mit einer Frau, die so ziemlich alle geistigen Heiler Österreichs konsultiert hatte, sich mit allen feindselig überworfen hatte und sich nun von diesen magisch verfolgt fühlte. Ich erklärte mich bereit, mit ihr zu arbeiten, aber nur unter der Bedingung, dass sie während der Zeit unserer therapeutischen Arbeit zu keinem einzigen Guru, Heiler oder Heilerin, Magier oder Magierin, Schamanen oder Schamanin Kontakt aufnehmen dürfe. Hierzu war sie nicht bereit. Die magische Projektion nach außen, auf andere, war zu mächtig und ihr Ich noch zu schwach. Sie war noch nicht bereit für den Weg der Selbst-Verwirklichung, nicht bereit, ihre eigene innere Heilerin, Magierin, Schamanin einzuladen und zu integrieren.

Auch der regelmäßige, süchtige Gebrauch von bewusstseinserweiternden Substanzen kann auf eine unbewusste Fixierung im magisch-mythischen Bewusstsein hinweisen. Warum aber sollten wir im Außen suchen, was bereits im Innen existiert? Warum einen Lift benutzen, wenn wir den Aufstieg zum Gipfel auch zu Fuß machen können?

Die unbewusste und unintegrierte magische Struktur impliziert Bewusst-losigkeit, Ich-losigkeit und Schuld-losigkeit. Denn dort, wo kein *Verantwortungs-Bewusstsein* ist, da ist auch kein *Schuld-Bewusstsein.* Bewusstsein von eigener, tatsächlicher Schuld setzt ein hoch entwickeltes, differenziertes Ich voraus: Tiere, Kleinkinder und ebenso früh-gestörte, Ich-schwache Menschen haben kein Schuldempfinden.[8]

Phänomene menschlicher Bewusstlosigkeit wie beispielsweise Faschismus und Holocaust, die kollektive Kriegslust zu Beginn des ersten Weltkrieges oder der aktuelle Terror des IS, können als unheilvolle Regression in die *frühe* magische Bewusstseinsstruktur verstanden werden. Verantwortung für das vernichtende Tun ist in der magischen Welt der Ich-losigkeit an das Gruppen-Ich gekoppelt.

Die Raum- und Zeitlosigkeit des magischen Bewusstseins

„Alles magische Geschehen spielt sich, selbst noch heute, in der naturhaft-vitalen, ichlosen und raum- sowie zeitlosen Sphäre ab", schreibt Gebser. Nur in einer frühen Welt der Raum- und Zeitlosigkeit ist Einheitserleben, ist analoges Denken und Handeln erlebte Wirklichkeit. Auch Heilungserfahrungen in Trancen, Ritualen, im Holotropen Atmen ereignen sich in der Raum- und Zeitlosigkeit des magischen Bewusstseins. In der magischen Handlung, im Gebet oder der Anrufung, erlischt das personale Ich und tritt ein in den ganzheitlichen Raum der „communio", des „Mit-eins-Sein" jenseits von Raum und Zeit, schreibt Gebser. [9]

Vom Standpunkt des heutigen mentalen Bewusstseins aus betrachtet erfordert magisches Erleben und Tun *„eine Preisgabe der Bewusstseinsfähigkeit"*. Daher kann das unvorbereitete Eintreten in die magische Raum- und Zeitlosigkeit für uns heute – insbesondere für Menschen mit schwacher Ich-Identität – mit Gefahren verbunden sein, denn, so Gebser: „Die Einheit ist nicht nur einend; vom Individuum, dem Vereinzelten aus gesehen, ist sie auflösend, ist sie ein Aufgelöstwerden und Aufgelöstsein im Raum-Zeitlosen." [10] Es sind also nicht nur heilsame Wunder, die uns in der magischen Struktur erwarten, auch „blaue Wunder" sind möglich. Wir sollten uns dieser Gefahren bewusst sein: Die magische Dimension kann das „Einfallstor" sein für eine Vielzahl magischer Schattenerfahrungen und Schattenwesen.

Eine *psycho-spirituelle* Krise ist durch Ich-Schwächung oder Ich-Auflösung und dem Erleben von Raum- und Zeitlosigkeit bei gleichzeitiger Öffnung in die transpersonalen Bereiche des magisch-mythischen Bewusstseins gekennzeichnet. Menschen in einer solchen Krise werden leicht von Themen oder Gestalten aus der magischen oder mythischen Dimension überwältigt.

Vor Jahren, als ich für das „Netzwerk für psycho-spirituelle Krisenhilfe" Telefonberatung machte, hatte ich es mit einem Mann zu tun, der jede Nacht für längere Zeit in die Famme einer Kerze schaute, um so sein Bewusstsein zu erweitern. Er hatte differenzierte Einblicke in seine früheren Existenzen, die er Nacht für Nacht auf Tonband aufzeichnete. Er war überwältigt und süchtig nach diesen Erkenntnissen, hatte aber den Bezug zum Alltag völlig verloren: Da er nachts in die Flamme schaute und seine Präexistenzen notierte, musste er tagsüber schlafen; seine Frau ging zur Arbeit und verdiente den Lebensunterhalt für beide. Er suchte bei mir Hilfe, da sein Leben und die Beziehung zu seiner Frau zu scheitern drohte. Gleichzeitig aber war er nicht bereit, auf seine nächtlichen, magischen Aktivitäten zu verzichten. Der innere Schatten-Magier hatte ihn fest im Griff. Ich konnte nichts für ihn tun.

Abgesehen von ihren Schatten ist die magische Struktur eine wertvolle, unverzichtbare, *universelle Kraft* in uns allen, der wir nicht entkommen. Sie ist bereits im Ursprung der menschlichen Psyche angelegt, sie ist unser göttliches Erbe. „Einer Kraft aber entflieht man – dies ist das »Geheimnis« –, indem man durch sie hindurchgeht."[11] Daher gehörten in alten Traditionen solche ritualisierten Durchgangs-Erfahrungen, wie Initiationen und Einweihungen, zur spirituellen Praxis. Heute bietet das Holotrope Atmen solche integrativ-magischen Erfahrungsmöglichkeiten, die gut vorbereitet und in einem geschützten Rahmen stattfinden sollten.

Das magische Eingeflochtensein in die Natur

Der Mensch in der magischen Bewusstseinsstruktur ist instinktgesteuert, erdverhaftet und zutiefst eingebunden und eingeflochten in die Natur und ihre Vorgänge, er ist „verwaldet“, wie Gebser sagt. Der *frühe* magische Mensch ist Teil der Natur und damit die Natur selbst, er ist naturverflochten, naturverwoben, naturverschlungen. In seinem ganzheitlichen „Verflochtensein“ erlebt er sich untrennbar mit der Natur verbunden. (12)

Im magischen Bewusstsein steht der Wald, insbesondere der Urwald, symbolisch für das Dunkel des Unbewussten. Der Wald ist ein archetypisches Bild, auch ein häufiges Traumbild, für das innere Dunkel, das Instinkthafte und Vital-animalische im Menschen und damit auch für das Unbekannte, Bedrohliche und Gefährliche. Im Wald, da lauern Räuber, Waldgeister, Hexen und böse Zauberer. Ungeliebte Kinder, wie Hänsel und Gretel, werden in die Wälder entführt und unerwünschte Kinder werden im dunklen Wald ausgesetzt.

Im tiefen dunklen Wald

Ich gehe in einem tiefen dunklen Wald und komme zu einer Baumreihe von dunklen Tannen. Die sind nebeneinander aufgereiht und bilden einen Vorhang, der ein Geheimnis verdeckt. Ich öffne diesen Vorhang und sehe dahinter noch mehr Wald, dunkel und unendlich tief, mit grau-silbernem Licht durchzogen. Ich weiß, hier wird der Sohn des Pfarrers lebendig begraben.

(G.C., Traumfragment, 1992)

Im Wald, da leben die geheimnisvollen Waldleute, die „wilden Leute“, die „wilden Weiber“ und die „wilden Tiere“, hier sind gefährliche „wilde Kräfte“ am Werk: Im Wald, hier lauert der Tod. Der magische, unzivilisierte Raum der dunklen, undurchdringlichen Wälder und der dunklen Mächte des Unbewussten erscheint im Kontrast zu der geordneten, kontrollierten und zivilisierten Welt des bewussten Ichs. (13) In Märchen und Mythen ereignen sich bedrohliche Vorgänge in dunklen Wäldern, ebenso wie in transpersonalen Tiefenerfahrungen:

Die Tierfrau im Wald

Ich bin eine junge Frau und lebe in diesem Wald. Ich bin eine schöne Frau, eine weise Frau, ich bin gut mit mir selbst ...

Dann sind da drei Männer im Wald, grobe Männer, sie haben mich eingefangen, sie halten mich fest, einer vergewaltigt mich, die andern beiden halten mich fest. Ich bin voller Angst, verstehe nicht, was passiert, ich habe Angst. Danach vergewaltigen mich auch die anderen beiden, ich wehre mich nicht mehr, ich schreie nicht mehr, ich bin leer. Ich glaube, ich sterbe bald. Sie können das mit mir machen, denn ich bin die Verrückte im Wald, ich bin die Tierfrau, es gibt niemand, der mich beschützt. – Die Frau im Wald darf sterben, ihr Körper ist sehr verwundet.

Ich halte ihre Seele geborgen
Ich halte ihren Körper geborgen
Ich gebe ihr die Würde zurück
Und ich achte ihre Heilkraft, ihr altes Wissen,
das in mir weiterleben darf.

(Elisabeth M., therapeutische Arbeit, Jan. 2009)

Die Bedeutungs-Gleichheit der magischen Welt

Der magische Mensch, aus der Ganzheit herausgetreten, ist als Einzelner nun Teil des Ganzen geworden. Als Teil aber kann er die Welt nicht als Ganzes erfassen, sondern nur in Einzelteilen, in „Punkten“, das heißt in Ereignissen und Handlungen, die alle miteinander verbunden, verwoben und *bedeutungs-gleich* sind. Somit ist die Welt des magischen Menschen ein dichtes „Beziehungs-Geflecht“, in dem alles in jedem und jedes in allem enthalten ist. Es ist eine Welt, in der alles miteinander verflochten ist und in der daher das eine für das andere Bedeutung und Gültigkeit besitzt, alles ist gleichermaßen gültig.

Integriertes magisches Bewusstsein, in dem der eine für den anderen Bedeutung und Gültigkeit besitzt, könnte die Spaltungen heilen und das Leben auf der Erde befrieden. Der magische Schatten aber bedeutet „Gleich-Gültigkeit“ als „Ausdruck dafür, dass die magische Welt eine Welt ohne Werte ist, in der alles gleiche Gültigkeit hat.“ [(14)] Hier wird wieder deutlich, dass jede einseitige Identifizierung mit nur einer Dimension ihren Schatten hervorbringt. Wo die magische Struktur dominiert und nicht eingebunden ist in die *beseelte Gewissenhaftigkeit* der mythischen Struktur und das unterscheidende Denken der rationalen Struktur, entsteht Gleichgültigkeit und Verantwortungslosigkeit. Die Grenzenlosigkeit der *unbewussten* magischen Struktur birgt in sich die Gefahr der Grenzüberschreitung.

Was es bedeutet, völlig im magischen Bewusstseinsraum gefangen zu sein, in dem alles gleich-gültig ist, berichtet Georges Ivanovitch Gurdjieff (1866-1949). Gurdjieff, griechisch-armenischer Herkunft, war in den frühen 20er Jahren ein bedeutsamer spiritueller Lehrer, der in der Türkei, Russland, Frankreich und Deutschland lehrte. In seinem Buch „Begegnungen mit bemerkenswerten Menschen“ und in dem gleichnamigen Film von Peter Brook schildert er die magisch-mythischen Erlebnisse seiner Kindheit und Jugend, die er in der abgelegenen Bergwelt Armeniens, am Fuße des Kaukasus, verbrachte.

Gurdjieff berichtet, wie er als Junge Beobachter eines Vorgangs wurde, der ihn nachhaltig beeindruckte: Ein kleiner Bub, irgendwie anders als die Buben im Dorf, wird von diesen verfolgt. Sie ziehen mit einem Stock im Staub der Straße einen Kreis um ihn herum. Er versucht zu entkommen, vergeblich, er ist – auf magische Weise – in diesem Kreis gefangen. Der junge Gurdjieff beobachtet gebannt diesen Vorgang und scheint zu ‚verstehen‘, was hier passiert: Mit seinem Fuß wischt er einen kleinen Teil des Kreises aus, er schafft somit eine magische ‚Tür‘, einen Ausgang, und der Junge kann seinen Verfolgern entkommen.

Ähnliches soll in der nordafrikanischen Wüste mit zum Tode Verurteilten praktiziert worden sein. Man brachte sie in die Einsamkeit der Wüste, zog im Sand einen Kreis um sie herum und ließ sie allein. So gefangen war Flucht unmöglich, sie konnten dem Tod nicht entkommen.

Angst und die magische Reaktion

Indem der magische Mensch sich seiner Naturverflochtenheit bewusst wird, beginnt er, sich von ihr zu lösen und aus ihr herauszutreten. Die Natur, mit der er zunächst noch eins ist, wird ihm zum Gegenüber, zum Anderen. Dieses Andere aber, von dem er – wie der Säugling von seiner Mutter – noch vollkommen abhängig ist, ist immer auch das Bedrohliche und damit das

Bann und Gegenbann. Afrik. Skulptur

Feindliche. Der magische Mensch fühlt hier erstmals *Angst.* Diese Angst versucht er mit Magie zu bannen.

Bannen und Beschwören sind die Mittel seines magischen Befreiungskampfes aus der Überwältigung durch Mutter-Natur. Hier dienen Magie und magisches Tun der Angstbewältigung: Analogie- und Regenzauber, Jahreszeiten- und Heilungsrituale sind der frühe Versuch des magischen Menschen, „sich aus der dschungelhaften, verquickten, bindenden und bannenden Naturverflochtenheit zu lösen." In seiner Angst versucht der frühe Mensch, den „Bann durch den Gegenbann zu brechen", schreibt Gebser. (15)

Die biografische Entsprechung ist der Säugling, der zunächst noch eins ist mit der ihn umgebenden mütterlichen Welt. In den ersten Monaten beginnt er, sich allmählich aus der mütterlichen Einheit zu lösen. Die mütterliche Welt, die er einst selbst war, wird ihm nun zur „Um-Welt", die seinem noch schwachen Ich nun als Du, als das Fremde und Bedrohliche gegenübersteht. Die „gute Mutter" wird nun auch zur „bösen Mutter". Die frühe Erfahrung von Getrenntsein, die Vertreibung aus dem mütterlichen Paradies, das Erleben von Einsamkeit, Verlorensein, von Hunger und Durst erzeugt frühe „archaische Wut" (Begriff aus der Säuglingsforschung). Dies ist „die magische Reaktion", die in späteren Jahren und noch im Erwachsenenalter in Situationen von Trennung, Mangel, Enttäuschung aktiviert werden und unvermittelt destruktiv hervorbrechen kann.

Die magische Reaktion der Herauslösung aus der Natur, das „Zerbrechen der Bindung", wird schließlich zum Befreiungskampf *gegen* die Natur. Die Natur wird zum „Kampfplatz", zum Feind, den es zu bezwingen gilt. Hier, in der magischen Struktur, so Gebser, liegt die Wurzel für jenen „tragische(n)

Zwang zur Macht". Und „hier beginnt der seit jener Zeit nicht mehr enden wollende Kampf um die Macht; hier wird der Mensch zum Macher. Und hier liegt die Wurzel der tragischen Verflochtenheit des Kämpfenden mit dem Bekämpften." [(16)]

Es ist die blinde, das heißt, es ist die *unbewusste* magische Macht des heutigen Menschen, die ihn zur Zerstörung der Natur treibt, die er glaubt bannen zu müssen, um sich aus ihrem Bann zu befreien. Wenn es uns Heutigen nicht gelingen sollte, uns durch Wachheit und Einsicht von dem *Schatten* der magischen Struktur zu befreien, „so führt die unbewusst aktivierte magische Struktur (...) in letzter Konsequenz über die Atomisierung der Vitalität, der Psyche und des Ich in den Untergang", schreibt Gebser. [(17)]

Karin erlebte im Holotropen Atmen sehr eindrücklich jenen kollektiven und persönlichen „tragischen Zwang zur Macht":

> Ich sehe plötzlich die ganze Welt in zahllosen Bildern von Macht. Ich sehe die Politik, die Politiker und die Parlamentarier. Ich sehe die Wirtschaft und blitzschnell hintereinander alle Sektoren der Wirtschaft (Industriefirmen, Banken, Telekommunikationsfirmen, etc.) Egal welche Branche, ich sehe Vorstände, Bereichsleiter, Hauptabteilungsleiter, die sich alle in ihrer Macht suhlen, egal wie klein diese auch sein mag. Auch sehe ich Krankenhäuser und Institutionen wie Kindergärten, Bildungseinrichtungen, die nicht anders funktionieren.
>
> Ich sehe Männer, die sich süffisant zurücklehnen, während sie andere klein machen. Ich sehe, dass einige dies mit ausgeklügeltem Prinzip tun, einige weil sie glauben, dass sie toll sind, und andere, die glauben das Beste zu machen, und wiederum andere, die einfach mitschwimmen, weil man(n) das halt so macht.
>
> Je mehr sie kaputtmachen, desto stolzer sind sie, desto mehr brüsten sie sich innerlich und äußerlich. Von der Außenwelt werden sie gefürchtet. Weil sie so gefürchtet sind, sind sie angesehen und bekommen Respekt, der sie wiederum noch größer macht.
>
> (Karin S., 2004)

Karin, selbst eine Macherin, steckte fest in einer Phase tiefster Verzweiflung, Ausweglosigkeit und Sinnlosigkeit. Erst über die vollständige Bewusstwerdung und Integration der magischen Struktur wird sie den Sinn ihres Lebens finden, der – wie wir alle wissen – nicht im Machen liegt, sondern in der liebenden Verbundenheit.

Der magische Ton

> „Wer das Geheimnis der Töne kennt,
> kennt das Mysterium des ganzen Weltalls."
>
> Hazrat Inayat Khan

Gebser schreibt: „Nicht das Auge, das sonnenhaft ist – *das Ohr, das labyrinthisch ist, ist das magische Organ.*" Das Labyrinth steht für „die nächtlich-höhlenhafte Dunkelheit des Schlaf-Bewusstseins."(18) Lauschen in die Nacht, lauschen und schweigen, schweigendes, telepathisches Verbundensein und die ganzheitliche Macht der Stille, der stille Ton, gehören zum magischen Erleben.

mundlos – wortlos. Stele, neolithisch, 4.-3. Jahrtausend v. Chr.

Das frühe *magische* Erleben ist präverbal, sprachlos, mundlos, wortlos. Nicht der Mund ist von magischer Bedeutung, sondern das Ohr und das Lauschen. Der frühe Mensch verständigte sich durch Gesten und Laute, durch Töne. Er hatte, so lässt sich vermuten, noch kein entwickeltes Sprachvermögen.

Auch uns Heutigen kann es angesichts dramatischer Ereignisse die Sprache verschlagen: „Da habe ich keine Worte", sagen wir dann: Nach einem Spiegelbericht wurden von 1997 bis 2014 im englischen Rotherham 1400 Kinder „gequält, misshandelt, vergewaltigt. Es gab eine Vielzahl von Hinweisen auf die Täter, britische Pakistaner. Aber niemand unternahm etwas. Nicht die Polizei, nicht die Behörden, nicht die Gesellschaft." [19] Alle schwiegen. Warum? Warum, fragten auch die Medien und fanden keine Antwort.

Mundlosigkeit, Sprachlosigkeit, Verschweigen von wichtigen Ereignissen deutet auf eine unbewusste Fixierung im magischen Schattenbewusstsein. Im Banne dramatischer Ereignisse reagieren unbewusst magisch fixierte Menschen mit Sprachlosigkeit, die Angst hat ihnen die Sprache verschlagen.

Wie in der Individualentwicklung der frühe Kontakt des Säuglings mit der Mutter, so ist auch der Kontakt des frühen Menschen mit der Außenwelt ein vorsprachlicher Kontakt. Nicht der Mund und das gesprochene Wort sind von Bedeutung, sondern das Ohr und das Gehörte. Das Ohr ist das früheste Kontaktorgan. Über das Gehörte, den Ton, den Laut, erfährt sich der magische Mensch im Außen. Über den Ton entsteht *magische Resonanz* zwischen dem keimhaft-erwachenden Ich und seinem Gegenüber.

Und wie der Säugling die Laute der Mutter nachplappert, so assimiliert der frühe Mensch die Laute der Natur: Im Rauschen des Windes, im Strömen des Wassers, im Ruf des Vogels, im Heulen des Wolfes erfährt er sich selbst in Einheit mit der Natur und erlebt zunächst noch das Geborgensein in ihr – bevor es ihn bedroht, es ihm zu eng wird und der Befreiungskampf beginnt. Allmählich erwachend wird er sich – wie das Kind von seiner Mutter – aus der magischen Abhängigkeit und dem damit verbundenen „Ge-hören, Ge-horchen, Hörig-sein" [20] befreien. Gebser schreibt zur Magie des Tones: [21]

> „Die magische Welt, und mit ihr ein wesentlicher Teil dessen, was uns heute konstituiert, entsprang dem magischen Ton, der durch das Ohr wirksam, im Ohr weltauslösend wurde. Und es ist der Ton, wie jener der Urwaldtrommeln, dessen Rhythmus einer der vitalsten Ausdrücke des magischen Menschen ist und der den *Tanz* gebiert: er ist sichtbar gewordener Ton, der nicht nur der Beschwörung, sondern auch dem Er*hört*werden von der tieferen Weltwirklichkeit dient: in ihm vollzieht sich die *Einigung* des Menschen mit dem Weltrhythmus."

Die Welt ist Klang.

Die Heil-Kraft des magischen Bewusstseins

Im magischen Ton, im Hören und Lauschen vollzieht sich Einigung mit der Weltwirklichkeit, schreibt Gebser und benennt hiermit die Heilkraft der magischen Struktur. Meist aber hat Gebser den magischen Schatten im Blick, der sich aus dem unbewussten und nicht-integrierten magischen Bewusstsein manifestiert. Seine etwas einseitige Sichtweise auf das Magische wird verständlich, wenn wir realisieren, dass er Zeitzeuge von Nationalsozialismus, Faschismus und Holocaust war, deren Ideologie sich bekanntlich auch aus dem magischen Schatten speiste.

Wenn ich Gebsers Bewusstseins-Entwicklungs-Modell hier integriere, dann geht es mir ganz wesentlich um das Heilungspotential des magischen (und des mythischen) Bewusstseins. Dieses großartige Potential existiert im Kollektiven Unbewussten und damit auch in jeder Psyche und wartet hier auf Befreiung. Denn, seit der Zeit der Inquisition, existiert die magische Struktur in Verbannung, in der Dunkelheit des Unbewussten. Die „Inquisitions-Schranke“[(22)], wie ich sie nenne, verhindert Integration und heilsame Nutzung des Magischen. Die kirchliche Dämonisierung der magischen Kraft wirkt bis heute im Unbewussten der Menschen und *blockiert* die Entwicklung zum Integralen Bewusstsein.

Wenn wir vergessen haben, wer wir sind, können wir auch keine Vorstellung haben von dem, was wir sein könnten: Ein Baum kann nur gedeihen, blühen und Früchte tragen, wenn er mit seinen Wurzeln verbunden ist. Erst wenn wir uns erinnern und die archaische, magische und mythische Struktur in uns anerkennen und integrieren, können wir ganz und heil werden.

Die bewusste und integrierte magische Struktur mit ihrer frühen *Ich-losigkeit* könnte Wir-Gefühl statt Vereinzelung, Solidarität statt Konkurrenz befördern und dem Wohle aller Wesen dienen. Das expandierte patriarchale und aufgeblasene Ego der heutigen Menschheit – Ego meint den Schatten des Ichs – könnte durch bewusst integrierte magische Ich-Losigkeit heilsam geschwächt werden und neptunische Eigenschaften wie Demut, Bescheidenheit und Mitgefühl könnten unser soziales Miteinander gestalten.

Das bewusste und integrierte magische *Eingeflochtensein in die Natur* könnte uns wieder verbinden mit dem Netz des Lebens und Verantwortung für unseren Mutterplaneten bewirken. Die tiefe magische Erfahrung der nie endenden Einheit von Mensch und Natur würde zu einer heilsamen Macht werden, welche der Erde und dem Leben dient. Im animistischen Sinne würden wir wieder unsere Seelen-Verwandtschaft mit allen Wesen erleben und fühlen – ohne Verlust von Individuation und Selbstverwirklichung, denn das Große-Ganze ist integraler Bestandteil des Wahren Selbst.

Wir könnten erkennen, was es bedeutet, mit Mutter Erde, Vater Himmel, Bruder Baum und Schwester Reh eine einzige Familie, eine einzige Lebens- und Über-Lebens-Gemeinschaft zu sein. Aus dem integrierten magischen Erleben allseitiger Verbundenheit entsteht Verantwortung für alle Wesen der Schöpfung, entsteht Liebe, Mitgefühl und die Bereitschaft, dem Leben zu dienen.

Im magischen Erleben der Einheit, von *Raum- und Zeitlosigkeit* und *Bedeutungs-Gleichheit* (Analogie) ereignen sich zuweilen Wunder, Geschenke des universellen Bewusstseins. In einer Welt des mentalen Bewusstseins von Zeit und Raum aber ist magisches Erleben unmöglich, unwirksam und erscheint unserem Verstand als *ir*rational und unwirklich. Tatsächlich aber ist integrales magisches Erleben *trans*rational und mit der Einseitigkeit unseres mentalen Bewusstseins nicht fassbar. Diese transrationalen Erfahrungen ereignen sich synchronistisch, in dem Maße, in dem wir dem magischen Bewusstsein wieder Raum in uns geben, indem wir den Archetyp der Magierin und des Magiers in uns begrüßen.

Kröten-Bewusstsein

Es war vor etwa dreißig Jahren. Ganz plötzlich, über Nacht, hatte mich heftige, unerträgliche Angst gepackt. Angst um meine Tochter, Angst sie würde sterben, jetzt bald. Diese Angst hielt mich panisch umklammert und nahm mir die Luft.

Ich bekam schnell einen Termin bei einer Kollegin, die auch schamanisch ausgebildet war, und berichtete ihr von meinem Zustand, der ‚grundlosen' Angst um das Leben meiner Tochter. Sie blieb ganz ruhig und fragte nur, wie ich jetzt hier damit arbeiten wolle.

„Ich kann ja mal mit meiner Tochter sprechen", war meine etwas kleinlaute Antwort. Ich fühlte mich unsicher: Wie sollte sich diese Angst auflösen? Ich wusste nicht einmal woher sie kam.

Ich sprach also zu meiner Tochter, die wir nach Art der Gestaltarbeit auf einen Stuhl mir gegenüber gesetzt hatten. Die Therapeutin tat nichts, kein magisches Trommeln, kein schamanischer Gesang, sie war lediglich anwesend, präsent.

Wie ich so voller Panik zu meinem Kind spreche, verändert sich mein Bewusstsein. Ich verwandle mich, rutsche vom Stuhl und verliere jegliches Bewusstsein von mir als Person. Ich bin eine Kröte. Absolut eine Kröte. Auf allen Vieren hocke ich auf dem Boden und bewege mich langsam watschelnd durch den Raum. Meinen Krötenkopf mit den großen Augen bewege ich langsam hin und her, ich erspüre, ertaste den Raum um mich herum mit meinen Sinnen. Ich nehme die Welt als Kröte wahr. Da ist keine Spur von Angst, nur Kröten-Bewusstsein. – Im Vergleich zu meinem menschlichen Bewusstsein fühlte das Bewusstsein der Kröte sich still an, gelassen, irgendwie absichtslos und gleichzeitig sehr konzentriert.

Ich weiß nicht, wie lange ich Kröte bin, vielleicht dreißig Minuten. Langsam komme ich in meinen menschlichen Körper und mein menschliches Bewusstsein zurück. Und – alle Todesangst um mein Kind ist verschwunden, vollständig.

Es gab keine Nachbesprechung, keine Erklärung für diesen Vorgang. Ich zahlte und ging, dauerhaft befreit von der Angst. Erst Tage später beschäftigte mich die Frage: Was war da eigentlich geschehen? Warum verwandelte ich mich ausgerechnet in eine Kröte? Zunächst fand ich keine Antwort. Die Erklärung kam erst Wochen später, als ich las, dass ein Kröten-Weibchen etwa 3000 bis 6000 Eier legt, aus denen 3000 bis 6000 Kaulquappen schlüpfen, von denen aber nur etwa 100 – aufgrund von Fressfeinden und Umweltbedingungen – überleben und in ihre Laichgewässer zurückkehren. Was macht es da für einen Sinn, sich um das Leben der einzelnen Nachkommen zu sorgen? Als Krötenmutter hatte ich Loslassen und angstfreies Geschehenlassen gelernt.

(Gertrude C.)

Selbst die aus Lebens-Angst entstandene *magische Reaktion,* die Macht und das Machen, könnten zu einer heilsamen Kraft werden, wenn wir sie bewusst integrieren und achtsam nutzen. Im magischen Bewusstsein ist es möglich, große Volumen von Energie (Urprinzip Pluto) zu bündeln und sie auf ein gewähltes Ziel zu richten (Urprinzip Saturn). Wenn das Motiv einer solchen magischen Handlung nicht der Macht des personalen Egos, sondern ausschließlich dem Leben dient, dann bezeichne ich dieses magische Tun als

Heilungmagie. Allerdings ist hier allergrößte Wachheit erforderlich, zu viele schamanische Egos sind zur Zeit unterwegs, vor allem im Interesse eigener personaler Größe und Macht.

Traditionelle schamanische Arbeit war gehalten in Liebe und Verantwortung für den Stamm; die Schamanin und der Schamane dienten mit ihrer Tätigkeit der Gemeinschaft. Der hingebungsvolle Dienst am Leben aller Wesen war und ist die eigentliche heilsame Aufgabe jeglicher schamanischer Tätigkeit, damals wie heute.

Der magische Ton verbindet sich für uns wohl am leichtesten mit transpersonal-therapeutischer Arbeit. Mit Trommeln und Tönen können in einem therapeutischen Prozess ungeahnte magische Heilungskräfte aktiviert werden.

Jetzt möchte ich die Leser und Leserinnen an den berührenden Film „Die Geschichte vom weinenden Kamel“ von Byambasuren Davaa und Luigi Falorni (2003) erinnern. Der Film erzählt die Geschichte einer Kamelmutter in der Südmongolei, die ihr Junges nicht annehmen kann, sie stößt es weg und lässt es nicht saugen. Alle Bemühungen, sie zur Annahme und zum Nähren ihres Kleinen zu bewegen, scheitern. Das kleine Kamel droht zu verhungern. Erst der magische Ton einer Pferdekopfgeige und die Heilkraft der Stimme, der Heilgesang einer Frau, schmelzen die Verhärtung in der Seele der Kamelmutter. Eine Träne löst sich aus ihrem Auge und rinnt über ihr Kamel-Gesicht, sie ist bereit, ihr Junges zu nähren.

Trommeln, Tönen, Singen und Tanzen bedeutet Zaubern und Bezaubern. Zum magischen Heilen gehört schon immer auch der magische Ton. Die eigene Stimme wird im magischen Tönen die Stimme des Waldes, die Stimme der Tiere, die Stimme der Angst, die Stimme des Schmerzes, die Stimme des Herzens und die Stimme von Liebe und Mitgefühl.

Begriffe zur magischen Struktur:
Raum- und Zeitlosigkeit, Ich-Losigkeit, Gruppen-Ich, Einheit von Natur und Mensch, magisches Eingeflochtensein in die Natur, magische Verwobenheit, Wald, Urwald, Dschungel, Dunkelheit, Bedeutungs-Gleichheit und Gleich-Gültigkeit, Beziehungs-Geflecht, Grenzenlosigkeit, Analogie-Zauber, Totem, Bann und Gegenbann, Beschwörung, Zauber, magische Wandlung, Heilungs-Magie, das Ohr und das Gehörte, der Ton, das Tönen, Lauschen auf die Geräusche der Natur …

Das mythische Bewusstsein – Bewusstwerden der Seele

Das Charakteristische der mythischen Struktur ist, nach Gebser, die *Bewusstwerdung der Seele:*

> Und „statt des einst teppichhaften Eingewobenseins ist es nun das vielaspektige, vergöttlichte Abbild der Seele, das als in sich verbundene Einheit dem Menschen gegenübersteht (…) Die mythische Struktur nun führt zu einer Bewusstwerdung der Seele, also der Innenwelt. Ihr Symbol ist der *Kreis,* der stets auch Symbol der Seele war.“ (23)

Mit dem allmählichen Heraustreten aus der magischen Verflochtenheit mit der Natur öffnet sich das menschliche Bewusstsein in der mythischen Struktur „in den Himmel“: Der aus der Einheit entbundene Mensch erkennt jene Kräfte und Mächte, die größer sind als er selbst. Als „über“ ihm stehend erlebt er diese Mächte, als göttliche Kräfte, als Gottheiten, mit denen er über Gebet, Anrufung und rituelle Handlungen in Beziehung treten kann.

Die mythische Struktur ist gekennzeichnet von der Bewusstwerdung der menschlichen Seele als Teil der verlorenen göttlichen Einheit. Der Mensch erkennt, dass er göttlichen Ursprungs ist, – wie jedes andere beseelte Wesen. Die *Seele* kann somit als *Spiegel der himmlischen Welt* verstanden werden und die himmlische Welt wiederum als „das vielaspektige, vergöttlichte Abbild der Seele“. „Der Himmel ist zugleich mit der Seele“, schrieb Platon und Gebser ergänzt: „Die Seele ist ein Spiegel des Himmels – und der Hölle“. (24) Und an anderer Stelle schreibt er:

> „… was das Wesen der Seele ausmacht:
> daß sie selber eine Spiegelung und ein Spiegelndes ist
> und aus der polaren Ambivalenz lebt.“

Seelen-Erkenntnis ist immer auch Selbst-Erkenntnis, denn die Seele ist der Spiegel, in dem sich das Ganzheitliche Selbst erkennt. In diesem Seelenspiegel erkennen wir unsere inneren Himmel und unsere inneren Höllen.

Seelen-Erkenntnis und Schmerz

> „Das Erwachen und die Fähigkeit, das Dunkle zu sehen (...)," gehören zusammen. [25]

Die polare seelische Ambivalenz von Dunkel und Licht bedingt zwangsläufig, dass Bewusstwerdung – über die Schritte der Ich-Entwicklung und Seelenerkenntnis – mit Schmerz verbunden ist. Es ist die Ur-Wunde der verlorenen Einheit, die zeitlebens schmerzt, der Schmerz des Getrenntseins, wie es in Kapitel 2 „Urgrund, Verlust der Einheit und die primäre Wunde" ausführlich dargelegt wurde. Gebser schreibt hierzu: [26]

> „Und jeder, der nicht nur die Erde, sondern auch das Leben würdig bestehen will, der das Leben leben will, statt von ihm gelebt zu werden, muss einmal durch diese Schmerzen der Bewußtwerdung gehen."
>
> Denn „jeder Bewußtwerdung, und handle es sich um die geringfügigste des alltäglichsten Alltags, und mit ihr auch jeder Ich-Gewinnung, ist das erduldende Leiden eingefügt: das passive Moment ergänzt gegenpolig das aktive: der Freude am denkend-handelnden Finden entspricht das Leid des duldenden Verlierens. Und es ist dieser Anspruch der Bewußtwerdung, das Leid zu ertragen, den der abendländische Mensch, selbst wenn er sich selber dazu die Vorbedingungen schuf (wie in den Jahren 1930 bis 1950) kaum mehr zu erfüllen vermag, da *er einseitig dem aktivierenden, dynamischen Prinzip verfallen scheint.*"

Die einseitige Dynamisierung des modernen westlichen Menschen, seine einseitige Suche nach dauerhaftem Glück und seine mangelnde Leidensbereitschaft sind deshalb so fatal, weil hiermit immer neues Leid erschaffen wird. Die Abwehr von Schmerz und das grenzenlose Gieren nach oberflächlichem Glück blockiert das menschliche Bewusstsein und erzeugt damit immer neuen Schmerz.

„Wer nicht leiden will, muss hassen", so lautet der Titel eines Buches von Horst-Eberhard Richter, dem bekannten Psychoanalytiker und ehemaligen Direktor des Sigmund-Freud-Instituts in Frankfurt. Unsere Menschenwelt ist voll von Hass, Hass der aus Gier entstand – Gier nach Reichtum, Macht, Konsum, Sex – und zur Zerstörung unserer Lebensgrundlagen führt. Es ist die Ablehnung des Minus-Pols, „des duldenden Verlierens", des bewussten

und aktiven Leidens, was uns Gewalt, Krieg, Vernichtung und andere Höllenerfahrungen beschert.

Die Annahme der schmerzlichen Seelenwunde – nicht deren Vermeidung – ist Aufgabe der Transpersonalen Psychologie und jeder Psychotherapie, die der Seele dient: „Gerade die erlittene und erduldete Leidensfülle befähigt Odysseus, auf der Heimfahrt von Troja seiner Gefährten »Psyche« zu retten. Andere retten kann jedoch nur, wer sich selber gerettet hat", so Gebser. Nur die eigene erlittene und erduldete Leidensfülle befähigt uns zur Heilung, Heilung im Sinne von Ganzwerdung, als Dienst an der Seele.

Es ist ein fatales esoterisches Missverständnis, dass unser Leben mit wachsendem Bewusstsein leichter werden würde. Gerade die Leidens-Bereitschaft, die seelische „Nachtmeerfahrt", kennzeichnet die Entwicklung der Seele:

> „Diese Nekya ist in höchstem Maße Ausdruck der Integrierung der Seele, da sie den Hades im Menschen sichtbar macht und ihm die Möglichkeit gibt, sich dieser dunklen und somit polaren Entsprechung der lichten Manifestationsform der Seele bewusst zu werden."
> „Das Erwachen und die Fähigkeit, das Dunkle zu sehen (…)" und den damit verbundenen Schmerz anzunehmen, gehören zusammen.[27]

Im mythischen Bewusstsein wollen die „Schmerzen der Bewußtwerdung" angenommen und gefühlt werden. So wandelt sich frühe magische Ichlosigkeit allmählich in *beseelte* Ich-haftigkeit.

Es ist gerade die Annahme von seelischem Schmerz und Leid, von Trennung, Tod und Vergänglichkeit, welche die Ich-Kräfte stärkt und damit Bewusstwerdung und Heilung ermöglicht.

Das mythische Kreisen

> „Im Kreis ist alles gehalten,
> im Kreis ist alles geheilt."
>
> Alexandra B.

Mit dem *Kreis als Symbol der Seele,* dem Kreisen des Lebens, der kreisenden Bewegung, beginnt erstes naturhaftes Zeit-Erleben. Gebser nennt es *„mythisches Kreisen"* und er schreibt:

„Solcher Art ist diese Bewegung, in der alles Zeithafte gründet. Und sie ist eine Bewegung, die von Mondphase zu Mondphase führt, von Neumond zu Neumond, von neun Monden zu neun Monden, von Geburten zum Sterben, vom Frühling zum Winter, von den äußeren Gezeiten zu den inneren Gezeiten, die innen aufblühen, Frucht tragen und sich vollenden, so wie das Jahr aufblüht, Frucht trägt und sich vollendet, so wie die Sterne aufgehen, im Zenith stehen und untergehen. So schließt sich die Welt zum Kreise: sie kreist und erhält die Kraft des Kreisens aus ihrer Polhaftigkeit. Dem mythischen Menschen wird die Bewegung der eigenen Seele im Spiegel des Traumes, des Mythos, sichtbar und damit auch die tatsächliche Bewegung der Welt." (28)

Der Kreis ist das älteste und umfassenste Symbol der Einheit und damit der universellen Göttlichkeit. Der Kreis ist das „Grosse Runde", in dem alles enthalten ist, in dem alles Polare miteinander existiert und in Einheit gehalten ist: Anfang und Ende, Dunkel und Licht, Weiblich und Männlich, Gut und Böse.

Alle lebendigen Prozesse gestalten sich in mythischen Kreisläufen: Galaxien kreisen, Planeten kreisen, die Erde kreist um sich selbst und um die Sonne, das Leben vollzieht sich im Kreislauf von Geburt zum Tod, Frauen kreisen im Gebären, Kinder spielen Kreis-Spiele, wir tanzen kosmische Kreis-Tänze, die Sufi-Derwische drehen sich im Kreis, um ihr Bewusstsein zu transzendieren. Alles Leben beginnt, vollendet und schließt sich kreisend.

Das „Große Runde". Steinrelief, Zeichnung von Nicola Croissier

Der Kreis ist ein wirkungsvolles Heilungssymbol, er besitzt magisch-mythische Heilkraft. Deshalb malen wir nach dem Holotropen Atmen unsere innere Erfahrung in einen Kreis. Auch die Botschaft des folgenden Traumes, in dem der Vater als eigener innerer Anteil der Träumerin gemeint ist, verweist auf das heilende Potential des Kreises.

Heilwerden

„Dein Vater soll im Urzeigersinn im Kreis um ein Gewässer,
einen See, laufen und dabei tief atmen.
Das macht ihn gesund und heil."

(G. C., Traum-Botschaft,1992)

Erfahrung der Polarität und der mythische Weg

Ist die archaische Struktur Ausdruck der ursprünglichen Ganzheit, die magische Struktur Ausdruck der naturverwobenen Einheit, so ist, nach Gebsers Bewusstseinsmodell, *die mythische Struktur Ausdruck der zweidimensionalen Polarität.*

Wo im magischen Bewusstsein die äußere, irdische Natur erfahren wurde, wird im mythischen Bewusstsein der Himmel erkannt. Erde und Himmel werden nun als *getrennt* erlebt, genau wie das Weibliche sich vom Männlichen unterschieden erfährt. Eindrucksvoll verdeutlichen die zwei architektonischen Grundformen der Antike – auf Uterus und Phallus basierend – die polare mythische Realität [(29)]: Weiblich = Uterus, Höhle, Gewölbe, Kuppel, Unterwelt. Männlich = Phallus, Säule, Himmel, Aufstieg, Lichtwelt. Der mythische Mensch, nun aus der Einheit von Raum und Zeit mehr und mehr befreit, erfährt in seinem zunehmenden Getrenntsein die zweidimensionale Polarität von Oben und Unten, von Anfang und Ende, Erde und Himmel, Mensch und Gott, Weiblich und Männlich, Tod und Leben.

Im schmerzlichen Annehmen des Getrenntseins und der eigenen Seelenerkenntnis beginnt nun die *Suche – die Sehn-Suche – nach der verlorenen Einheit.* Die drängende Suche nach Einheit des Getrennten, nach dem verlorenen Paradies, beginnt hier in der mythischen Struktur. Die mythische „Heldenreise" ist der innere Weg, der die Polaritäten eint und den Schmerz besänftigt. Auf dem mythischen Weg vom Dunkel ins Licht des Bewusstseins beginnt der schöpferische Prozess der Selbsterkenntnis: Seelische Erkenntnis, die zur Gotteserkenntnis führt: „Erkenne dich selbst, dann erkennst du Gott." (Delphi)

Die Mythen aller Völker erzählen von diesem mythischen Weg der Bewusstwerdung, dem Weg der Selbsterkenntnis. Mythen, als „wortgewordene

Kollektivträume", spiegeln eindrucksvoll diesen schöpferischen Prozess vom Erwachen der Seele. Die typische mythische Erzählung enthält daher die Mitteilung des Ursprungs-Geheimnisses, des Geheimnisses der uranfänglichen und letztendlichen Einheit von Mensch und Kosmos, sie berichtet vom Verlust der alten Heimat und beschreibt die Suche nach der verlorenen Ganzheit. Mythos ist somit Heilige Geschichte, ist kollektive und persönliche Seelengeschichte. In bildhafter und symbolischer Form wird die Entwicklungsgeschichte des Universums, der Erde, der Menschheit und der Wesen mitgeteilt.

Archetypen, als die Ur-Bilder der Seele, entstehen aus der mythischen Spiegelung der Seele und der mythischen Erfahrung, in der Welt zu sein. In der archetypischen Nachtmeerfahrt – wie in der gesamten Wasser-Spiegel-Symbolik (vgl. C.G. Jung) – begegnet der Mensch seiner eigenen Seele. Der mythische Weg des Bewusstseins führt in die Tiefe, zu den Wassern des Lebens. Im Spiegel des Wassers schaut der Mensch sich selbst:

Wogendes Meer und stiller See

Ich bin auf einer Insel aus lauter Wasser.
Und gleichzeitig bin ich selbst diese kreisrunde Insel aus lauter Wasser.
Diese Insel hat außen einen Kranz aus wogendem Meer
und mitten darin liegt, ganz im Innern, ein tiefer, stiller See.

(G.C., Traum-Bild, 1991)

Die mythische Entsprechung von Herz und Mund

> „Alles, was uns ge*hört,* ist Ausdruck unserer Macht und gehört der magischen Struktur an (...); alles, was uns ent*spricht,* ist Ausdruck unserer Seele und entspricht der mythischen Struktur." (30)

Das *magische* Erleben ist sprachlos, mundlos, wortlos, wie wir hörten. Im *mythischen* Erleben aber geht es um verbale Mitteilung, um das gesprochene Wort, die mythische Erzählung. Was für die magische Struktur das Ohr und das Hören bedeutet, ist für die mythische Struktur *der Mund und die Mitteilung* über das Wort. „Mund und Mythos gehören zusammen", schreibt Gebser. Die ursprüngliche Bedeutung des griechischen Wortes „mythos" ist: „Rede, Wort, Bericht".

Das im Innen Geschaute wird im mythischen Drama, als dramatisierte mythische Erzählung, sichtbare, bildhaft gewordene Mitteilung. Die mythische Struktur ist wesentlich durch Sprache und *Imagination, das Bildliche,* geprägt, während die magische Struktur durch das Emotionale und die affektive Reaktion geprägt ist. [31]

Dies wird deutlich im Holotropen Atmen: Die hier gemachte Seelenerfahrung, die mythische Qualität der inneren Bilder, bewegt die Menschen sehr tief und hieraus entsteht ein großes Bedürfnis nach sprachlicher Mitteilung in der Gruppe. Deshalb plane ich für jeden Bericht etwa 30 Minuten ein, damit jede und jeder Raum und Zeit hat, sich die Erfahrung „von der Seele zu reden", wie wir so treffend sagen. In einer Gesprächstherapie wirkt allein die sprachliche Mitteilung transformierend und heilsam, so sie von der Wahrheit des Herzens kommt. Ein anteilnehmendes Gespräch mit einer Freundin kann helfen, eine Krise zu bewältigen, und lediglich ein Telefongespräch mit einer Beraterin der Telefonseelsorge kann einen verzweifelten Menschen vor einer destruktiven Handlung bewahren.

Denn im gesprochenen Wort kann die Seele sich in ihrer Wahrheit erkennen. Dies bedeutet „Seelen-Erhellung"; diese Erhellung bewirkt Selbsterkenntnis und diese Erkenntnis wiederum mündet in Gotteserkenntnis – womit ich keinen göttlichen „Vater-im-Himmel" meine, sondern Gott oder Göttin als eine dynamische, schöpferische im Leben wirkende transzendente Kraft. Wenn wir erfahren, dass diese Kraft in unserer eigenen Seele existiert und heilsam im persönlichen Leben wirkt, dann kann sich Schmerz in Freude verwandeln und die Ur-Wunde beginnt zu heilen.

Herz und Mund. Skulptur v. G. Croissier, 2006

Der Weg des seelischen Erwachens führt vom Dunkel ins Licht, in „Seelen-Erhellung" und „Lebens-Erhellung", wie Gebser sagt. Dieser Weg ist ein Weg des Herzens. Das rhythmische Schlagen des Herzens ist „Ausdruck der Polhaftigkeit, genauso wie es der Mund ist, der sowohl schweigen als auch reden kann."[32] Gebser verweist hier auf die *mythische Entsprechung von Herz und Mund.* „Wes das Herz voll ist, des geht der Mund über," heißt es im Matthäus-Evangelium. Danksagungen, Lobpreisungen und Lobgesänge entstehen aus einem Herzen voller Dankbarkeit und Freude. Das Herz ist das mythisch-alchemistische Zentrum, in dem sich Schmerz in Freude, Angst in Zuversicht und Hass in Liebe wandeln kann.

Während ich dies schreibe, taucht ein Kirchenlied in meiner Erinnerung auf, das in der Familie meiner Kindheit oft und gerne gesungen wurde, besonders von meiner Mutter. Der Choral von Johann Mentzer (1658-1734) zeugt von einem von Dankbarkeit übervollen Herzen. Und während ich den Text aufschreibe, erinnere ich die Melodie, ich beginne zu singen und fühle Freude und Dankbarkeit: „Es gab auch so viel Gutes und Lichtes in meiner Familie", denke ich überrascht und erinnere mich in Liebe an meine Eltern.

> „O dass ich tausend Zungen hätte und einen tausendfachen Mund,
> so stimmt ich damit um die Wette vom allertiefsten Herzensgrund
> ein Loblied nach dem andern an, von dem was Gott an mir getan.
>
> O dass doch meine Stimme schallte bis dahin, wo die Sonne steht,
> o dass mein Blut mit Jauchzen wallte, solang es noch im Laufe geht,
> ach wär ein jeder Puls ein Dank und jeder Odem ein Gesang! (...)"

Begriffe zur mythischen Struktur:
Seele, Spiegel, Himmel und Erde, Gott und Mensch, Urbilder der Seele, Sehnsucht nach Einheit, Helden-Reise, Abstieg, Untergang, Tod und Geburt, Herz und Mund, Stimme und Stimmigkeit, Symbol, Mythos, Wasser als Spiegel der Seele, der Kreis, Rhythmus der Gezeiten, Mond, Vollmond und Neumond, Sommer und Winter, Anfang und Ende, Werden und Vergehen, das ewige Kreisen ...

4. Was will die Seele?

Wie wir hörten, gibt es eine Entsprechung zwischen der kollektiven Bewusstseinsentwicklung (Phylogenese) und der biografisch-individuellen Bewusstseinsentwicklung (Ontogenese). Die Entwicklung des kollektiven und individuellen Bewusstseins entspricht nun wiederum der Seelengeschichtlichen Entwicklung, was nicht erstaunt, wenn wir davon ausgehen, dass so etwas wie ein kosmischer Plan, eine „kosmische Ordnung" existiert. Das heißt: Die Entwicklung des menschlichen Bewusstseins und die Entwicklung der menschlichen Seele vollziehen sich in ähnlichen Abläufen, ähnlichen Entwicklungs-Schritten.

Psycho-Therapie bedeutet im Wortsinn „Dienst an der Seele". Dieses Buch handelt von nichts anderem als von den Regungen der Seele und von Heilung als Seelen-Dienst. Hierbei geht es immer um die Frage: „Was will die Seele?"

Wir benutzen im Kontext von Spiritualität häufig Begriffe wie Seelen-Erkenntnis, Seelen-Raum, Seelen-Bild, Seelen-Botschaft, Seelen-Reise, Seelen-Geschichte, Seelen-Anteile … Da diese und verwandte Seelen-Begriffe auch immer wieder in diesem Buch auftauchen und die Seele den eigentlichen und zentralen ‚Gegenstand' des Buches ausmacht, frage ich mich selbst an dieser Stelle: Was ist die Seele? Was bedeutet für *mich* Seele?

Worte tauchen in mir auf, Redewendungen wie: seelenvoll, beseelt, Gruppen-Seele, Volks-Seele, Seelen-Verwandtschaft, Seelen-Partner, Seelen-Schwester, Seelen-Bruder, Seelen-Heil … Wir bezeichnen die Augen als „Spiegel der Seele", jemand ist „die Seele des Hauses" oder eine „treue Seele" und wir lassen manchmal, meist viel zu wenig, unsere „Seele baumeln". Die Umgangssprache ist voll von Seelen-Begriffen und dennoch ist die Seele nichts, worüber wir uns gewöhnlich austauschen, kein Gesprächsthema wie Politik, Wetter, Sport, Kinder usw. Warum eigentlich?

Seele ist das, was uns ausmacht, was wir in der Essenz sind. Alles was wir fühlen, denken, sprechen und tun, ist Ausdruck unserer Seele. Die Seele ist das, was bleibt, wenn unser Körper gestorben ist. Angesichts dieser umfassenden und absoluten Bedeutung der Seele ist es erstaunlich, dass in unserer Kultur über das Phänomen Seele nicht gesprochen wird. Nicht im Elternhaus, nicht in der Schule, nicht im Konfirmandenunterricht, auch nicht im sonntäglichen Gottesdienst hören wir etwas über die Bedeutung der Seele.

Wir lernen, unseren sterblichen Körper zu pflegen, aber die unsterbliche Seele bleibt ungepflegt, wir bekommen keine Hilfe zur *Seelen-Pflege.* Wir fragen uns täglich: Was braucht mein Körper? Welche Pflege, welche Nahrung, Medizin, Bewegung, Übung, ärztliche oder sonstige Hilfe? Wir machen Sport und hüllen unseren Körper in ansprechende Bekleidung, wir legen Parfüm auf, richten die Haare und machen uns häufig viele Gedanken um das Aussehen unseres Körpers und wie er auf andere wirkt. Wen aber bewegt die ganz zentrale Frage: „Was braucht meine Seele?“

Es scheint, dass erst, wenn der sterbliche Körper gegangen ist, die unsterbliche Seele – quasi als Trost – ins Bewusstsein der Lebenden rückt. In den Todesanzeigen lesen wir dann die berührenden und tröstenden Zeilen von Joseph von Eichendorff:

> „Und meine Seele spannte
> weit die Flügel aus,
> flog durch die stillen Lande
> als flöge sie nach Haus.“
>
> J. v. Eichendorff, „Mondnacht“

Was aber braucht die Seele in einem lebendigen Körper? Und wenn doch die Seele die übergeordnete Instanz oder Kraft in uns ist, dann muss die Frage noch deutlicher lauten: *Was will die Seele?* Welche Seelen-Nahrung will sie? Welche Seelen-Medizin? Welche Seelen-Hilfen? Wie pflege ich meine unsterbliche Seele?

Gesellschaftliches Seelen-Verständnis – Ergebnisse einer Befragung

Meine Wortschöpfung „Seelen-Pflege“ gefällt mir. Während ich hierüber nachdenke, frage ich mich: Welches Verständnis hat unsere Kultur von der Seele? Welchen Seelen-Begriff, welches Seelen-Bewusstsein? An dieser Stelle kommt mir die Idee zu einer Befragung:

- Was verstehst Du / verstehen Sie unter Seele?

Vielleicht möchten Sie, werte Leserin, werter Leser, diese Frage zunächst für sich selbst beantworten. Ich weise darauf hin, dass es bei der Beantwortung nicht um richtig oder falsch geht, denn die Seele hat unzählige Erscheinungsformen. Damit ist jede Antwort Ausdruck der Seele und in sich stimmig.

Ich war gespannt auf die Reaktionen und auf die Ergebnisse der Umfrage und begann mit der Befragung meiner Nachbarn. Bei einem Geburtstagskaffee stellte ich jedem der Anwesenden einzeln die Frage, so dass die sehr persönlichen Antworten von anderen Gästen nicht mitgehört werden konnten. Nachdem die Aussagen anfänglich eher zögernd kamen, entstand im Anschluss an die Befragung ein interessantes Gespräch zu der Frage: „Was ist für mich die Seele?“ – für die meisten wohl erstmalig in ihrem Leben. Diese Erfahrung hat sich wiederholt; nachdem erst einmal die Hemmung oder die Scheu vor diesem ungewöhnlichen Thema überwunden war, entstand ein angeregter Austausch.

Später entwickelte ich einen kleinen Fragebogen, den ich in meinen Gruppen verteilte:

Betrifft: Anonyme Umfrage für mein Buch
Geschlecht: ....
Alter: ....
Religionszugehörigkeit: ....
Beruf: ....
Frage: Was verstehst Du / verstehen Sie unter Seele?
....

Ich wollte herausfinden, ob es bemerkenswerte Unterschiede in den Antworten von jungen oder älteren Menschen, Frauen oder Männern, Evangelischen, Katholiken oder Menschen ohne Religionszugehörigkeit gibt und inwieweit der Beruf, die Bildung und die soziale Zugehörigkeit für die Antworten von Bedeutung sein könnten.

Diese kleine Umfrage, die 76 Antworten umfasst (56 Frauen und 20 Männer), hat keinen Anspruch auf allgemeine Gültigkeit oder Wissenschaftlichkeit, sie ist nicht repräsentativ, sondern einseitig, da ich vorwiegend mit Frauen in Heilberufen in Kontakt bin und nur wenige Männer für eine Auskunft zugänglich waren.

Zur Auswertung der Umfrage unterscheide ich die Antworten von Frauen und von Männern und unterteile sie in drei Kategorien:

A = angebliches Nichtwissen, Abwehr
B = eher personal, auf das Personale begrenzter Seelen-Begriff
C = eher transpersonaler, ganzheitlicher Seelen-Begriff

Im Folgenden zitiere ich einige interessante Antworten auf diese Frage aus den drei Kategorien:

Frauen

A. Nichtwissen
- „Für mich nicht wirklich greifbar!" (57 J., ev., Hausfrau)
- „Da muss ich erst drüber nachdenken." (75 J., konfessionslos, Rentnerin)

B. Personaler Seelen-Begriff
- „Mein Innerstes, mein Gefühl, mein Gewissen, mein tiefes Empfinden." (72 J., konfessionslos, Hausfrau)
- „Man sagt: »eine liebe Seele«, aber dass die Seele nach dem Tod wegfliegt, da bin ich im Zweifel. Schön wär's aber." (62 J., ev., Handwerkerin)
- „Das »Ich« eines Menschen. Das Bewusstsein des Menschen." (15 J., konfessionslos, Schülerin)
- „Die Seele ist für mich zuständig, dass es mir gut geht und dass ich in Frieden mit allen Menschen leben kann. Manchmal denke ich, es gibt ein ewiges Leben im Himmel, manchmal denke ich, dass es keines gibt." (75 J., ev., Hausfrau, Rentnerin)
- „Was den Menschen über seine körperliche Funktion hinaus ausmacht, Gefühle, sinnliche Wahrnehmung, Empathie. Das Unstoffliche, was man aber erst erkennt, wenn sein Körper verstorben ist." (53 J., ev., Kauffrau)
- „Seele bedeutet für mich die Empfindungen im Herzen." (74 J. ev., Pensionärin)
- „Die Seele ist für mich das, was man an einem Menschen lieben oder hassen kann, seine Individualität. Die Seele ist unzerstörbar und trotzdem unglaublich zart. Eigentlich habe ich keine Ahnung, was die Seele ist." (13 J., ev., Schülerin)
- „Ein helles Licht im Herzen, das uns tagtäglich begleitet." (30 J., ev., Beamtin)
- „Sie sitzt im Bauch, leitet uns, füllt das Menschenleben aus und macht es reich an Erfahrungen. Eine »reiche« Seele schenkt ein erfülltes Leben." (49 J., ev.-freikirchlich, Krankenschwester und Heilpraktikerin)

- „Seele ist das, was uns ausmacht, unser Empfinden für Recht und Ordnung, die Fähigkeit zu Liebe, zu Verstehen, Mitleid empfinden und Schmerz.“ (49 J., ev., Päd. Betreuerin)
- „Mein positives Inneres, das Gute in mir, das was mich letztendlich ausmacht.“ (53 J., ev., Dipl. Sozialpädagogin)
- „Lachendes Herz, offen für die wichtigen Dinge im Leben.“ (38 J., ev., Projektmanagerin)
- „Mein Innerstes, das mich zu einem besonderen Schöpferwesen macht, das sich freut, wenn es mit anderen Wesen in Resonanz gehen kann.“ (61 J., ev., Künstlerin)
- „Die Essenz meines Seins. Die Qualität in meinem Leben, die mir den Weg weist zu einem erfüllten Leben.“ (49 J., konfessionslos, Grafikerin, Therapeutin)
- „Wenn die Mutter net da ist, wenn's mir weh tut, wenn ich traurig bin, wenn ich mich erinner' an die Mutter“ – die vor eineinhalb Jahren gestorben ist. (67 J., geistig behindert, ev., Hilfskraft im Altenheim, jetzt Rentnerin)

In allen Beispielen bedeutet Seele eher das Liebe, das Gute, das Lachende und Erfüllende. Nur meine geistig behinderte Schwester, die gewöhnlich heiter ist, benennt (im letzten Beispiel) ausschließlich den seelischen Schmerz.

C. Transpersonaler, ganzheitlicher Seelen-Begriff

- „Die Seele ist für mich die essentielle Energie im Leben aller Wesen.“ (46J., ev., HP Psychotherapie)
- „Seele ist für mich ganz was eigenes, persönliches, etwas kleines im Großen und Ganzen gehalten und verbunden.“ (56 J., konfessionslos, Psychotherapeutin)
- „Seele ist das, was über mich hinausgeht, immer da ist und immer bleibt.“ (55 J., konfessionslos, Gestalttherapeutin)
- „Individuelles Selbst als Teil eines großen Selbst.“ (52 J., universal, Apothekerin, Yogalehrerin)
- „Seele ist der Lebensgeist, der den menschlichen Körper beseelt. Eine Form von feinstofflicher Energie, die sich vom Körper trennt, wenn dieser stirbt. Seele enthält den emotionalen Teil des Menschen und das Wissen auf geistiger Ebene.“(61 J., ev., Psychologische Psychotherapeutin)
- „Ich verstehe darunter den Teil meines Bewusstseins, der von Anbeginn der Zeit ist und auch nach dem körperlichen Tod bleibt. Die Seele ist

verbunden mit dem großen Ganzen, dem Göttlichen und somit unsterblich." (57 J., konfessionslos, Kunsttherapeutin)

- „Die ewig lebende Essenz. Die unsterbliche Seele. Sie wohnt in der Tiefe meines Inneren, eines Tages verlässt sie die vergängliche Hülle."
(54 J., ev., Hotelfachfrau)
- „Ein Teil von mir, der mit der Nabelschnur an die große Seele, das »Alleins«, angebunden ist." (48 J., konfessionslos, Musikerin)
- „Für mich ist die Seele mein Urgrund, die Urmutter, die Verbindung zwischen allem." (53 J., ev., Architektin)
- „Der Kern in mir, der die Erfahrungen des Leben-Tod-Leben-Zyklus' in die Vollständigkeit bringen möchte." (50 J., kath, Therapeutin)
- „Das was unsterblich ist im Menschen, im Tier, in der Pflanze. Das was bleibt nach dem Tod. Was wir mitbringen. Was ewig ist. Ein Teil vom Göttlichen, was sich ausweiten kann – unendlich." (43 J., konfessionslos, Erzieherin/Therapeutin)
- „Mein unerschütterlicher, unverwundbarer, göttlicher Kern. Meine Essenz. Meine Wahrheit. Meine innere Führung, die geprägt ist von allen meinen Leben." (45 J., kath., Bankkauffrau)
- „Etwas Transpersonales, einsam und gleichzeitig verbunden, unendliche Tiefe, allwissend, tief verwurzelt und dennoch frei." (49 J., konfessionslos, Heilpraktikerin)
- „Mein innerster Kern, meine Weisheit, meine bedingungslose Liebe, das was nie vergeht." (45 J., konfessionslos, Lehrerin)
- „Unsere Seelen wurden vor der Menschheit erschaffen und sind in unserem Körper nur ein Gast bis zum Tod. Seelen waren vorher und werden immer bleiben, auch nach dem Tod. Keine Reinkarnation!" (w., 27 J., Islam, o. Beruf)
- „Ich verstehe unter Seele die Essenz des Seins, das Verbindende von Zeit und Raum und mit dem Göttlichen, im Hier und im Urgrund. Sie ist jetzt geprägt von diesem Leben und meinem Sein."(40 J., ev., Lehrerin)

Männer

A. Nichtwissen

- „Gibts nicht, nur ideologisch zu sehen." (keine Angaben zur Person gemacht)
- „Interpretationsversuch des Ichs nach dem Tod." (59 J., konfessionslos, Ingenieur)

- „Seele ist ein Trost für die Leute, die vor dem Tod Angst haben. Für mich ist das … Ich möchte dran glauben.“ (34 J., konfessionslos, Kaufmann)
- „Die Seele, das ist schwierig, ist nicht zu greifen. Ich hoffe, dass es sowas gibt, kann aber nicht ganz dran glauben. Das nimmt die Angst vor dem Tod.“ (55 J., konfessionslos, kaufm. Angestellter)

B. Personaler Seelen-Begriff

- „Seele = Leben“ (51 J., Industriedesigner)
- „Die Seele ist das Innere vom Menschen, manchmal böse, eher gut.“ (19 J., ev., Azubi)
- „Die Seele entsteht bei der Geburt und ist mein persönliches Wesen, auch über den Tod hinaus.“ (50 J., ev., kaufmännischer Vertrieb)
- „Seele ist alles, was mit meinem Inneren zusammenhängt, Gefühlsleben, Familie, Natur.“ (65 J., kath., pensionierter Lehrer)
- „Seele – das gefühlte Ich“ (58 J., ev., Chemielaborant)
- „Mein inneres Wesen“ (48 J., dem Buddhismus nah, Behinderten-Betreuung)
- „Seele ist für mich die Zusammensetzung meiner innersten Stimme, mein Verhaltensfaden im Leben und in der Beziehung zu anderen Lebewesen. Mein unbekanntes Ich, das es zu ergründen und zu erforschen gilt.“ (41 J., kath., Schreiner)
- „Die Essenz, das Wesen unseres Seins, aus dem die Herzenswünsche kommen, welche wir in unserem Leben realisieren »wollen«.“ (47 J., konfessionslos, Trainingsleiter)
- „Griechisches Konstrukt für das Zentrum des Menschen, das bleibt und nicht stirbt.“ (52 J., ev., Pfarrer)

C. Transpersonaler, ganzheitlicher Seelen-Begriff

- „Die Seele bleibt nach dem Tod bestehen und entwickelt sich weiter, bis sie wieder in einem Körper inkarniert wird – unendliche Entwicklung.“ (53 J., ev., HP Psychotherapie)
- „Der feinstoffliche, überdauernde Anteil von mir.“ (55 J., konfessionslos, Musiker)
- „Die Seele ist ein Funken vom göttlichen Licht, der uns mit Gott verbindet und auch alle beseelten Wesen untereinander. Oder ein Hauch des Atems, der die Welt belebt. Oder eine Energie, die sich für eine begrenzte Zeit in einem materiellen Zustand zeigt. Die Seele ist das, was den Menschen

ausmacht, verletzlich, aber unsterblich. Einmalig. Unverwechselbar. Wir werden sehen.“ (54 J. ev., Pfarrer)

- „Nichtsterblicher, intelligenter Energie-Inhalt eines jeden Lebewesens.“ (keine Angaben)
- „Die nicht-stoffliche, energetische »Substanz«, die alles durchdringt, alles belebt und alles miteinander verbindet.“ (51 J., natur-religiös, ehemals Betriebswirt)

Alle hier abgedruckten Seelen-Begriffe benennen ausnahmslos Aspekte der vielgestaltigen und grenzenlosen Seele. Deutlich wird, dass die meisten der Befragten einen personalen Seelenbegriff haben, Seele mit den persönlichen Regungen und Gefühlen in Verbindung bringen und wie sehr das Seelen-Verständnis mit unserer menschlichen Sehnsucht nach Frieden, Erfüllung, Liebe und Erlösung zu tun hat. Der dunkle Aspekt, die „dunkle Nacht der Seele“, der seelische Schatten, wie er sich in der Welt der Polaritäten verkörpert, bleibt bis auf wenige Ausnahmen unberücksichtigt.

Auf meine Ausgangsfrage nach Unterschieden in den Antworten von jungen und älteren Menschen, Frauen, Männern, Evangelischen, Katholiken und Konfessionslosen erbrachte die Umfrage kein eindeutiges Ergebnis. Dennoch zeichneten sich folgende Tendenzen ab:

- Religionszugehörigkeit, Geschlecht, Beruf, Bildung oder Alter sind für ein Seelen-Verständnis *weniger* bedeutsam als die Bereitschaft zu Innerlichkeit und Selbsterkenntnis.
- Bemerkenswert aber ist, dass von den 16 Frauen mit einem ganzheitlichen Seelenverständnis die Hälfte konfessionslos sind.
- Es zeigte sich, dass Menschen in Heilberufen und psychosozialen Berufsfeldern einen tieferen und ganzheitlicheren Seelen-Begriff haben als Menschen in technischen Berufen oder in der Wirtschaft Tätige, was nicht erstaunlich ist.
- Die Antworten legen nahe, dass Frauen allgemein einen tieferen Zugang zur Seele haben und damit ein differenzierteres Seelen-Verständnis als Männer.
- Das tiefste Seelen-Verständnis zeigte sich mehrheitlich bei Frauen ab der zweiten Lebenshälfte, die bewusst einen spirituellen und heilsamen Lebensweg gewählt hatten.

Was ist die Seele? – Seelen-Begriffe

Seit vielen Jahren beschäftigt mich die Frage: Was ist die Seele? Was ist dieses mit den äußeren Augen gewöhnlich nicht sichtbare und doch zuweilen deutlich wahrnehmbare Wesen?

Nach dem körperlichen Tod meines Vaters vor 14 Jahren strahlte seine Seele noch etwa zwei Tage durch und um ihn herum, was für alle Anwesenden wahrnehmbar und sehr berührend war. Ganz anders war es beim Tod meiner Mutter im Herbst 2013. Bereits nach etwa zwei Stunden hatte ihre Seele den Körper verlassen, der nun völlig entleert dalag und mich an die zurückgebliebene Puppe einer ausgeschlüpften Libelle oder eines Schmetterlings erinnerte. Der Bestatter, der die Seelen-Energie offensichtlich wahrnehmen konnte, sagte bei der Beerdingung lachend zu mir: „Ihre Mutter hatte es aber sehr eilig, von hier wegzukommen."

Was ist die Seele, dieses mystische Wesen, das uns ein Leben lang erfüllt und nach dem stofflichen Tod den Körper verlässt? Woher kommt die Seele und wohin geht sie?

In *Philosophie* und Sprache des klassischen Griechenlands ist „Psyche" identisch mit „Seele" und bedeutet Luft, Wind, Atem, Hauch, Lebenshauch. In der Fachliteratur werden die Begriffe Psyche und Seele teilweise synonym verwendet, obwohl sie in unserem Sprachgebrauch von unterschiedlicher Bedeutung sind. Ich versuche, die Bedeutung von „Psyche" oder „psychisch" von „Seele" oder „seelisch" zu unterscheiden, was nicht immer leicht ist, da beide letztendlich nicht voneinander getrennt sind:

– *Psyche* benennt die funktionalen Aspekte unserer Innenwelt, die psychische Struktur, den sogenannten psychischen „Apparat" (Es, Ich, Über-Ich nach Freud). Psyche umfasst den individuellen Charakter der Persönlichkeit, die Gesamtheit der Gefühle und Emotionen sowie die Bedürfnisse und Verhaltensmuster einer *sterblichen* Person.

– *Seele* oder seelisch bezeichnet die spirituellen, *ewigen* Aspekte unseres Bewusstseins, die universelle Energie, die alles pulsierend durchströmt und erfüllt.

Die „Quelle" (die geistige Repräsentanz der Durchgaben von Varda Hasselmann[(1)]) formuliert folgende Unterscheidung zwischen Seele und Psyche:

„Mit *Seele* wird der unsterbliche, überdauernde Aspekt und mit *Psyche* ein nicht-materielles Organ des Körpers bezeichnet (…), das sich erst in Kindheit und Jugend herausbildet. Die Psyche wird einem Verdauungsorgan gleichgesetzt, und ihre Aufgabe ist die Verarbeitung von Ängsten (…). Psyche und Seele *wirken* zwar bei jedem von uns *zusammen,* sind aber doch ganz verschieden zu verstehen. Die Psyche kann ihre festgehaltene und unverdaute Angst zunehmend abbauen, die Seelenstruktur aber beschreibt ein dem Menschen *immer zur Verfügung stehendes Potential,* dessen Wirkung auf unsere Existenz im Körper möglichst zu verstärken ist."

Die Psyche balanciert die Gefühle, verarbeitet die Traumata und gestaltet die Entwicklungsprozesse der Persönlichkeit. Die ganzheitliche Kraft der Seele aber, das Seelenmuster, ist „von mehr Liebe und tieferer Sinnhaftigkeit geprägt als das psychische Muster." Die Seele will gestärkt werden, dazu braucht es Seelen-Bewusstheit und kontinuierliche Seelen-Pflege.

Psyche. Minoischer Seelen-Vogel

Wie die Luft, die wir einatmen und wieder ausatmen, so kommt die Seele, beseelt den Körper und verlässt ihn wieder bei seinem Tod. Viele Naturvölker erlebten die Seele folglich als ein geflügeltes Luftwesen, als Schmetterling oder Vogel. Auch in unserer Volks-Seele existiert das Bild einer geflügelten Seele, wenn Eichendorff schrieb: „Und meine Seele spannte weit ihre Flügel aus …"

In der *minoischen Tradition* des alten Griechenlandes war „Psyche" identisch mit Seele. Psyche war ein weibliches Mischwesen, ein Seelen-Vogel mit mächtigen Schwungfedern, eindrucksvollen Krallen und dem Kopf einer Frau, geschmückt mit einem langen Zopf. Der Zopf, als Geflecht aus mehreren Strängen, ist Symbol für Verbundenheit und Einheit, hier die seelische Einheit von Geist und Materie, Innen und Außen, irdischer und kosmischer Existenz, Mensch und Göttin symbolisierend.

Im *transpersonalen Verständnis* kann Seele als ein *energetisches Feld* verstanden werden. In diesem Sinne versuche ich Seele folgendermaßen zu definieren:

Seele ist die grundlegende, allumfassende Energie des Kosmischen Lebensursprungs; sie ist das Grenzenlose Bewusstsein, welches sich im Selbst des Menschen und in allen lebenden Wesen der gesamten Schöpfung verkörpert und schließlich wieder – nach deren Tod – entkörpert und in das kosmische Seelen-Feld zurückkehrt.

Ich unterscheide drei Seelenfelder:
– Personale Seele
– Kollektiv-Seele
– Kosmische Seele

Die Personale Seele oder Individual-Seele beinhaltet die gefühlshaften, bildlichen und spirituellen Aspekte der menschlichen Innenwelt. Sie ist gleichermaßen Trägerin kosmischen Bewusstseins; sie ist, wie Jung sagte, „eine Welt von sozusagen kosmischen Ausmaßen".[(2)]
Die Kollektiv-Seele bezeichnet das gemeinsame Seelen-Feld einer Gruppe, eines Stammes, einer Familie, einer Nation oder einer Spezies wie z.B. der gesamten Menschheit, aber auch die Seelenfelder spezieller Tier- und Pflanzenreiche.
Die Kosmische Seele oder Universal-Seele ist das, was wir auch als Gott oder Göttin bezeichnen, das primäre schöpferisch-kosmische Prinzip, sie ist das, was Leben ausmacht und alle lebenden Wesen durchströmt und beseelt. Seele, das ist die Große Lebensmutter, die sich in allen ihren Kindern verkörpert und durch sie schöpferisch wirkt. Die Kosmische Seele ist somit das Göttliche in uns allen und in allem, was existiert. Die Personale Seele und die Kollektiv-Seele können als Aspekt der Kosmischen Seele verstanden werden.

In einem eher philosophischen Verständnis ist Seele die primäre Göttliche Einheit, das „Große Runde"[(3)], in dem alles unterschiedslos enthalten ist: Dunkel und Licht, Erde und Himmel, Weiblich und Männlich. Platon spricht auch von der Seele als Kugel, die zunächst in zwei Teile zerfällt, einen weiblichen und einen männlichen Teil. Seele ist hier die paradiesische Einheit, die sich um der Erkenntnis willen spaltet – die mythologische Vertreibung aus dem Paradies – und sich im Irdischen in der gesamten Schöpfung manifestiert.

Das platonische Bild der geteilten Kugel übernimmt im 16. Jahrhundert *Guillaume Postel,* ein französischer Gelehrter und Mystiker. Er postulierte, dass die Seele des Menschen zwei Teile habe, einen männlichen und einen weiblichen Teil, Animus und Anima. Die männliche Hälfte sei bereits durch Christus erlöst, die weibliche Hälfte, Anima, warte noch auf Erlösung durch einen weiblichen Heiland (eine tiefe Wahrheit bezüglich der Entwertung des Weiblichen im Patriarchat). Im theologischen Verständnis jener Zeit hatten nur Männer eine Seele, Frauen galten als „seelenlose Tiere". Guillaumes Postulat einer beseelten Frau war demnach unerhört revolutionär und gotteslästerlich. Und der arme Guillaume, der Frauen eine Seele, wenn auch nur eine unerlöste, zusprach, wurde selbst Opfer der Inquisition. (4)

Die fünf Lebensalter der Seele

Warum sind wir Menschen zwar gleich*wertig* aber nicht gleich? Warum sind wir unterschiedlich, selbst wenn wir in derselben Familie geboren wurden? Warum nehmen Menschen die Welt so unterschiedlich wahr? Warum haben Menschen unterschiedliche Bedürfnisse und Wünsche? Warum sind manche Menschen eher mitfühlend und herzlich, andere eher egoistisch und herzlos? Warum sind manche mörderisch aggressiv und zerstörerisch? Warum sind manche ängstlich und andere so furchtlos, selbst bei akuter Gefahr, wenn sie beispielsweise mit hoher Geschwindigkeit über die Autobahn rasen? Warum fühlen sich viele Menschen in Gemeinschaften und Gruppen sehr wohl und andere eher überfordert und unwohl?

Ist es vor allem das genetische Erbe oder eher die Sozialisation, was aus einem Menschen das macht, was er ist, bzw. zu sein scheint? Keines der biologischen, psychologischen, soziologischen, personalen und transpersonalen Konzepte konnte hierauf eine befriedigende Antwort geben.

Und warum erlebt manch ein Mensch sich so anders, so unterschieden von der Mehrheit der Menschen? Lärm tut ihm oder ihr weh, Umweltreize machen krank, normale Vergnügungen werden als langweilig erlebt, Partygespräche strengen an, Rundfunknachrichten aktivieren Schmerz und tiefe Trauer. Und das, obwohl dieser Mensch doch bereit ist, sich seinen Schatten zu stellen, sich bewusst und vegetarisch ernährt, arbeitsintensive Zeiten mit Zeiten von Rückzug und Stille in Einklang bringt. Obgleich um Respekt, Offenheit und Toleranz bemüht, wird er immer empfindlicher und empfindsamer gegenüber äußeren Einflüssen und erlebt zuweilen die alltägliche Menschenwelt als unerträglich. Frieden und wirkliche Freude kann nur in der Stille, im Alleinsein, erfahren werden, wenn in der Abenddämmerung, von der Seele her tönend, das Kleine sich mit dem Großen verbindet.

In einem solchen Erleben von Nicht-normal-sein stellt sich die Frage: Warum ist das so, was mache ich falsch? Was habe ich übersehen? Warum bin ich nicht ‚normal'? Warum bin ich nicht wie die andern?

Noch eine andere schmerzliche Frage beschäftigt manche von uns: Warum sind es gerade Menschen „am Ende der Welt", Menschen in den Entwicklungsländern, Menschen, die in Einfachheit und Armut leben, die am häufigsten von Umweltkatastrophen wie Erdbeben, Stürmen, Dürren und Überschwemmungen betroffen sind? Warum sind gerade *sie* die Opfer, obwohl doch die Täter woanders, in den Industrienationen, zu suchen sind? Wo ist hier die ausgleichende kosmische Gerechtigkeit?

Antworten auf diese drängenden Fragen kann das Seelen-Entwicklungsmodell von Varda Hasselmann geben (in: „Archetypen der Seele – Durchsagen aus der kausalen Welt"). Diese in Trance empfangenen Durchsagen kommen von einer geistigen Präsenz, die Hasselmann als „Quelle" bezeichnet.

Als Transpersonale Psychotherapeutin befinde ich mich nun eher in kritischer Distanz zu gechannelten Botschaften, deren „Quellen" mir oft undurchsichtig und zuweilen auch ‚unsauber' erscheinen. Varda Hasselmanns Seelenalter-Konzept aber bereichert mein therapeutisches und persönliches Verständnis von Seele und gibt mir nachvollziehbare Antworten auf drängende Fragen.

Das Modell der Seelenmuster berücksichtigt das Prinzip der Polaritäten, was im Kontext der Aussage meines Buches von Bedeutung ist, zum Beispiel: Wachstum *und* Stillstand, Akzeptieren *und* Ablehnen, Herrschen *und* Unterordnen. Jede dieser polaren Haltungen hat wiederum einen Minus- und einen Pluspol, hier am Beispiel von Herrschen und Unterordnen verdeutlicht:

Herrschen:	Diktatur (minus)	—	Führung (plus)
Unterordnen:	Unterwerfung (minus)	—	Hingabe (plus)

Wobei der Pluspol „keineswegs an sich gut ist und der Minuspol nicht an sich schlecht …" Die *Spannung, die zwischen den Polen entsteht,* ist notwendig für die Entwicklung des Bewusstseins, schreibt Hasselmann.

„Wer also den Minuspol nachhaltig zu vermeiden sucht, reduziert die Spannung, die ihm ermöglicht, den Pluspol zu erreichen. Nur solange Energie zwischen diesen beiden Polen hin- und herfließt, ist Lernen möglich, kann sich das Schwingungsfeld eines Individuums erhöhnen und bleibt Lebendigkeit erhalten. Erst mit dem Tod des Leibes erlischt die Spannung, und das bedeutet: Solange ihr lebt, werdet ihr immer und immer wieder mit dem jeweiligen Minuspol in Berührung kommen, und daraus erst kann die Pendelbewegung zum Pluspol hin entstehen. (…) Deshalb (…) lasst die Energie zwischen den Polen frei schwingen. Durch das Hin- und Herschwingen erhöht sich die Frequenz. Die Auseinandersetzung mit dem Hin und Her zwischen den Polen fördert euere Bewußtheit. Und das, was wir Liebe nennen, wird erreicht durch den natürlichen Wechsel zwischen den Polen …" (5)

Im Folgenden widme ich mich dem erhellenden Modell der menschlichen Seelen-Alter, der *Darstellung der seelischen Entwicklungsstufen.* Es macht deutlich: Wir Menschen sind unterschiedlich, denn wir befinden uns auf unterschiedlichen Stufen seelischer Entwicklung mit unterschiedlichen Lern- und Entwicklungsaufgaben. Dies könnte das Erleben von *kosmischer* Ungerechtigkeit (nicht sozialer Ungerechtigkeit!) gegenüber den Armen und Leidenden dieser Welt – ein wenig – relativieren. Es kann von drängender Über-Lebens-Schuld befreien: Darf es mir gutgehen, wenn andere Menschen und Wesen so sehr leiden? Und es ermutigt, für ein schöpferisches und erfülltes Leben dankbar zu sein und es auch zu genießen.

Zudem erweitert und bereichert dieses Modell das therapeutische Verständnis, denn es gibt Antworten auf die Frage: Was braucht die Seele? Es hat mir geholfen, zu verstehen, dass Menschen mit unterschiedlichen Seelen-Mustern auch unterschiedliche therapeutische Hilfen benötigen:

„Die Kenntnis des eigenen Seelen-Musters fördert Verständnis, Liebe und Bewußtheit. Der Blick in die Tiefen der eigenen Seele erzeugt Dankbarkeit der Schöpfung gegenüber und eine selbstverständliche Toleranz für die Mitmenschen. Er gibt eine Antwort auf die Fragen: Wer bin ich? Wozu bin ich? Wer sich auf sein Seelenmuster einlässt, erblickt sich in einem klaren Spiegel. Er findet nicht nur Zugang zu seinen Schattenseiten, um sie zu benennen und zu betrachten. Die

Matrix schenkt Lebensfreude und Zuversicht. Sie macht Mut, so zu sein, wie man ist." (6)

Grundlage von Hasselmanns Seelen-Alter-Modell ist folgende Erkenntnis: Die Seele entwickelt sich über viele Inkarnationen in einem kontinuierlichen, in sich sinnvollen Prozess. So wie alles Lebendige sich von einem Anfang zu einem Ende bewegt, sich entfaltet, wächst, zur Reife kommt und wieder vergeht, so scheint sich auch die individuelle Seele zyklisch im Kreislauf der Leben zu bewegen: Aus der Einheit durch die Vielheit und wieder in die Einheit geht der Seelen-Weg.

Hasselmann beschreibt folgende Seelen-Alter als aufeinander folgende Schritte in einem menschlichen Körper:

1. das Säugling-Alter der Seele
2. das Kinder-Alter der Seele
3. die Jugend der Seele
4. die Reifezeit der Seele
5. das Alter der Seele

Die *Seelen-Entwicklungsgeschichte* eines menschlichen Individuums mit ihren fünf Schritten findet eine ungefähre Entsprechung in der *Bewusstseins-Entwicklungsgeschichte* nach Gebser mit ihren ebenfalls fünf Entwicklungsstufen. Beide Modelle entsprechen wiederum den fünf *biografischen Entwicklungsschritten* eines Menschenlebens vom Säugling über Kindheit, Jugend, Reife hin ins Alter. Diese Übereinstimmung scheint die Stimmigkeit dieser Modelle zu bestätigen: Lebens-Zyklus, Seelen-Zyklus und Bewusstseins-Zyklus sowie Ontogenese, Phylogenese und Psychogenese, alle Kreisläufe sind eingebettet in den einen großen, schöpferischen Kreislauf von Werden und Vergehen.

Die Seele durchläuft nach Hasselmanns „Quelle"(7) in ungefähr siebzig Verkörperungen über einen Zeitraum von etwa 6000 bis 8000 Jahren die fünf Entwicklungsschritte Säugling-Kind-Jugend-Reife-Alter, so wie ein Menschenleben im Durchschnitt siebzig bis achtzig Jahre währt. In jeder Inkarnation hat die Seele ganz spezielle Herausforderungen zu bewältigen und genau die Erfahrungen zu machen, die ihrem jeweiligen Alter entsprechen.

Wichtig ist an dieser Stelle: Hierarchische Modelle lösen häufig narzisstische Vergleiche aus, Bewertungen von „besser“ oder „schlechter“, „weiter“ oder „weniger weit“. Alte Seelen erscheinen nach dieser Vorstellung besser oder weiter als Junge Seelen. Das aber ist absurd und verdreht. In unserer Kultur scheint es – auf der Ebene des Personalen – besser und erstrebenswerter, jung zu sein oder wenigstens jung zu erscheinen, auf der Ebene des Transpersonalen allerdings scheint es erstrebenswert, eine „Alte Seele“ zu sein.

Aber, so wie wir den Lebensaltern entsprechend Kind waren, reifen und alt werden, so ist es auch mit den Seelenaltern, wir können nicht vor oder zurück. Wir haben diesem lebendigen Entwicklungszyklus von Anfang und Ende zu folgen. Kein Seelenalter ist besser als das andere, es ist kein Verdienst, eine „Alte Seele“ zu sein, sowie es kein Verdienst ist, ein alter oder ein junger Mensch zu sein. Jede Seele beginnt ihren irdischen Zyklus als Säugling-Seele und wird irgendwann als Alte Seele am Ende ankommen, bevor sie die Dimension der Polaritäten verlässt.

Ich werde nun die „fünf Seelenzyklen im Körper“ zusammenfassend darstellen und bleibe dabei nah an Hasselmanns Modell.

1. Das Säuglings-Alter der Seele (8)

Wenn eine Seele sich zum ersten Mal in einem menschlichen Körper manifestiert, dann „fühlt sie sich ganz wie ein menschlicher Säugling in den ersten Wochen und Monaten seines Lebens: so empfindsam, so schutzlos, so unselbständig, so angewiesen auf Versorgung, Berührung und Gemeinschaft.“ Aus der intrauterinen Einheit kommend wird sie in die materielle Welt der Polaritäten geboren und erfährt nun erstmals Hell und Dunkel, Kälte und Wärme, Hunger und Sättigung, Lust und Unlust. Diese neuen irdischen Erfahrungen sind für sie überaus irritierend und beängstigend.

Die Säugling-Seele sucht sich deshalb Bedingungen, unter denen sie einerseits optimalen Schutz und Fürsorge erfährt, gleichzeitig aber auch die Möglichkeit hat, sich möglichst lautlos wieder davonzumachen. Deshalb inkarniert sie häufig in Gemeinschaften und Kulturen, die wir als ‚unzivilisiert‘ oder als unentwickelt bezeichnen würden, und weniger in sogenannten ‚zivilisierten‘ Ländern. In Stammesgemeinschaften, bei Naturvölkern und in traditionellen Heilkulturen, wie sie noch in einigen Entwicklungsländern existieren, ist es möglich, dass die Säugling-Seele über lange Zeit in körperlicher Nähe mit der Mutter und im Schutz der gesamten Sippe Sicherheit und Geborgenheit erfährt. Für eine Säugling-Seele ist es sehr wichtig „gehalten, getragen und jederzeit genährt zu werden", schreibt Hasselmann. Sie leidet unter der ungewohnten Abgrenzung in einem Körper. „Sie empfindet es als unerträglich, allein in einem Raum zu schlafen, sie sucht die Nähe von Tieren und Pflanzen, da sie die Erinnerung an das Eingebundensein in der Gesamtheit aller Manifestationen und Erscheinungen noch nicht ganz verloren hat." Wir erinnern uns hier an die Naturverschlungenheit der frühen magischen Struktur, wie Gebser sie beschrieben hat.

Gleichzeitig braucht die Säugling-Seele eine Existenzform, in der es ihr möglich ist, „ohne großes Aufsehen den Körper wieder verlassen zu können und ohne dass allzu viele Empfindungen von Angst und Schrecken damit verbunden sind. (...) Die Säugling-Seele braucht, um überhaupt in einem Körper leben zu wollen, eine Art Rückversicherung, die ihr gestattet, sich jederzeit wieder zurückziehen zu können", schreibt Hasselmann weiterhin. In traditionellen Gesellschaften bietet die unmittelbare Todesbedrohung durch Krankheiten, hohe Säuglingssterblichkeit, Stammeskriege und Naturkatastrophen eine solche Rückversicherung.

Das klingt ziemlich krass und meinem politischen Bewusstsein sträuben sich hier alle Haare. Und dennoch gibt es eine Antwort auf die bedrängende Frage, warum gerade Menschen in traditionellen Kulturen so häufig von Tod und Vernichtung betroffen sind. Gleichzeitig entbindet diese Information uns Menschen der Industrienationen keineswegs von unserer Schuld. Sie befreit uns nicht von der Schuld ökonomischer Ausbeutung, der Verantwortlichkeit für den Klimawandel mit seinen katastrophalen Folgen und sie entbindet uns keinesfalls von der Pflicht, die Menschen der armen Länder dieser Erde zu unterstützen.

In unserer Kultur sind häufig Menschen mit körperlicher oder geistiger Behinderung, Menschen, die lebenslang auf Fürsorge und Hilfe angewiesen sind, solche mit einer Säugling-Seele. Sie haben die Erfahrung von Hilflosigkeit und Angewiesensein zu machen, um sich weiterentwickeln zu können. Deshalb brauchen diese Menschen nicht unser Mitleid, sie brauchen die Liebe, Fürsorge und bedingungslose Hilfsbereitschaft der reiferen Seelen.

2. Das Kind-Alter der Seele (9)

Ein Kind strebt von der Mutter weg in mehr Selbständigkeit, es fällt hin und brüllt so laut und anklagend, als sei irgend jemand an seinem Unglück schuld, um dann Trost und Hilfe in den Armen seiner Mutter zu finden. Die Entwicklung der Kind-Seele ist geprägt von diesem Konflikt zwischen Bindung und Lösung, Abhängigkeit und dem Streben nach Freiheit. Sie ist enorm neugierig auf das Leben, will Neues kennen lernen und ist gleichzeitig noch sehr auf Geborgenheit in ihrer sozialen Gruppe angewiesen. Sie sucht „die Gemeinschaft derjenigen Seelen, die sich in demselben Entwicklungsstadium befinden und dieselben Bedürfnisse haben, so dass sich ein passender Gleichklang ergibt und eine Gelegenheit der Zuflucht."

Die Kind-Seele erlebt sich in ihrem unablässigen Streben nach Eigenständigkeit, nach Ich-Erfahrung, zunehmend getrennt vom Du. Die „Tatsächlichkeit der Fragmentierung", die Anerkennung des unwiderruflichen Getrenntseins, bereitet ihr große Schmerzen und lässt jene grundlegende Sehnsucht entstehen, „die Sehnsucht nach einer Rückkehr in die Geborgenheit".

Da sie den wahren Grund ihres Unglücklichseins nicht erkennen und deshalb auch nicht heilen kann, findet ein Mensch mit einer Kind-Seele Erleichterung durch Schuldzuschreibung: Immer sind die anderen Schuld am eigenen Unglück, meist die Eltern, auch wenn der Betreffende längst erwachsen ist, Vater Staat, das schlechte Wetter, die Nachbarn ... Die Kind-Seele ist noch kaum in der Lage, Verantwortung zu übernehmen, sie hat noch kaum die Möglichkeit, das eigene Leben bewusst und verantwortlich zu gestalten. Deshalb betrachtet sie „Umwelt und Mitmenschen als Diener ihrer eigenen Bedürfnisse". Sie „artikuliert sich durch Klagen und Aufbegehren, ohne dass damit eine Konsequenz oder verändernde Handlungsweise verbunden wäre."

So erstaunt es nicht, dass sie – in ihrer mangelnden Verantwortung für sich und die soziale Gemeinschaft – oft tatsächlich „Opfer der Verhältnisse" wird. „Sie bittet und betet nun häufig ihre göttliche Instanz an, um ihrer Hoffnung auf eine Veränderung der bestehenden Lebens- und Existenzbedingungen Ausdruck zu verleihen. Doch immer noch ist es eine Kraft außerhalb ihrer selbst, die als einzige ihr Los verbessern könnte." (Bemerkenswert ist hier die Parallele zur magischen Bewusstseinsstruktur nach Gebser.)

„Die Fähigkeit, Opfer zu sein oder Opfer zu kreieren, ist erstmals in diesem seelischen Entwicklungsstadium gegeben. (...) Sie tötet, um selbst zu überleben." Hier entstehen die ersten karmischen Verstrickungen, die häufig erst im Zyklus der Reifen oder der Alten Seele gelöst werden.

3. Die Jugend der Seele (10)

Junge Seelen beherrschen derzeit die Welt. Etwa 40 bis 45 Prozent Junge Seelen leben, nach Hasselmann, jetzt auf der Erde, die meisten von ihnen in den Industrienationen von Europa, Nordamerika und Asien, da sie hier die optimalen Bedingungen für ihre Entwicklungsaufgabe finden. Im Vergleich zum Lebensalter eines Menschen dauert der Entwicklungszyklus der Jungen Seele etwa vom fünfzehnten bis zum fünfunddreißigsten Lebensjahr, so lange wie kein anderer Zyklus. Es braucht die Erfahrung von vielen Leben, um die Ich-Kräfte in der Begegnung mit dem Du und mit der Welt zu erproben.

Der Jungen Seele geht es um Erfolg, Macht und Reichtum und sie scheut keinen Einsatz von Anstrengung, Arbeitskraft und Zeit, um dieses zu erreichen. Sie fühlt sich „allmächtig" und sie erreicht tatsächlich ‚Großes' im Rahmen ihres jugendlichen Wertesystems. Ihre jugendliche und robuste Abenteuer- und Kampfeslust, ihr unbeirrbarer Glaube an die Machbarkeit des Glücks, an einen grenzenlosen Fortschritt, sowie ihr Allmachtsgefühl beherrschen zur Zeit die politischen, wirtschaftlichen und wissenschaftlichen Systeme auf der Erde. So ist es nahe liegend, dass der Zyklus der Jungen Seele „notwendigerweise die Berührung mit Unrecht, Rechtsmißbrauch, Grausamkeit, Egoismus, Ruchlosigkeit und Fanatismus mit sich bringt." Hier entstehen die allermeisten karmischen Verstrickungen von Schuld und Schuldausgleich.

Neid, Konkurrenzkampf, Siegen um jeden Preis, bestimmen häufig das soziale Verhalten einer Jungen Seele. Niederlagen und Verlust erlebt sie als persönliche Vernichtung, die sie sich oder anderen nur schwer vergeben kann. Burn-out-Krisen bringen Menschen mit einer Jungen Seele zwangsweise in die Therapie, sie erhoffen sich hier nicht Selbst-Erkenntnis, sondern wollen „fit" gemacht werden für die nächste Runde im Lebenskampf.

Der Mensch mit einer Jungen Seele definiert sich über seinen Körper und was er mit diesem Körper leisten kann, über dessen Kraft, Schönheit, Vitalität und Leistungsfähigkeit. Seine Potenz erprobt er in zahlreichen wechselnden Beziehungen und sexuellen Kontakten, die ihm seine persönliche Bedeutung und seine Wertigkeit spiegeln sollen. Er ist in seiner inneren Unsicherheit und dem großen Bedürfnis nach Sicherheit sehr auf Bestätigung von außen angewiesen. So sucht und findet er Halt in seiner Bezugsgruppe, seiner Nation, seinem Verein, über dessen Werte und Regeln er sich definieren und aufwerten kann.

> „Doch nicht nur Leiden und Leidzufügen werden erprobt, sondern auch die ersten bewussten Akte der Liebe und der Lieblosigkeit. Die Säugling-Seele und die Kind-Seele tun vieles, was liebevoll ist oder lieblos, doch sind sie sich dessen in keiner Weise bewusst. Im besten Sinne kann von ihnen gesagt werden: Sie wissen nicht, was sie tun. Die Junge Seele hingegen beginnt zu *erkennen,* dass Handlungen Konsequenzen haben im Guten wie im Schlechten."

Damit verändern sich zum Ende des Zyklus allmählich ihre Werthaltungen, das nur „ äußere Glück" verliert allmählich an Bedeutung und erstmals stellt sie sich die Frage: „Wer bin ich?"

4. Die Reifezeit der Seele (11)

Nachdem die Junge Seele ihre Abenteuer bestanden, ihre Schlachten geschlagen und die Räume der äußeren Welt erkundet hat, beginnt die Reife Seele sich nun für die inneren Räume zu interessieren. Nun erst ist sie bereit und überhaupt erst in der Lage, ihre Innenwelt zu erkennen und anzuerkennen, und sie beginnt langsam, in die Tiefen der eigenen Psyche hinabzusteigen.

Während die Junge Seele nur therapeutische Hilfe suchte, um in der Gesellschaft wieder funktionieren zu können, wünscht die Reife Seele therapeutische Begleitung, um sich selbst tiefer zu erkennen. Selbsterkenntnis ist ihr nun ein Anliegen, ihre Werte wandeln sich mit jeder Inkarnation: Innerlichkeit, Frieden, Harmonie, Wahrheit, Liebe, Mitgefühl und die Frage nach dem Sinn des Lebens werden wichtig. Harmonische Verbindungen und Partnerschaften, Familie und verantwortliche Versorgung und Förderung der Kinder gewinnen an Bedeutung. „Die Weltsicht verändert sich. Nicht mehr der äußere Erfolg steht als Leitstern über allen Wünschen und Handlungen, sondern eine innere Befriedigung und Erfülltheit, die auf eine eigene Wertschätzung des Vollbrachten ausgerichtet ist."

Hasselmann schreibt weiter zur Reifen Seele:

> „Und da ihr Blick beginnt, sich von außen nach innen zu wenden, entdeckt sie jetzt auch Abgründe und Dunkelzonen, die ihrer Seele vorher unsichtbar waren. Sie kann jetzt nicht mehr ignorieren, was nach oben drängt, und sie gestaltet auch mit zunehmendem Mut ihr Leben derart, dass die Problematik von Beziehungen, Arbeit, Besitz, Gesundheit und Erfolg eine immer größere Rolle spielen darf.
> Und je häufiger eine Reife Seele in ihrer Auseinandersetzung mit sich selbst und mit den Kräften ihrer Existenz in Berührung kommt, um so *schmerzhafter* werden auch die Auseinandersetzungen mit ihrer Identitätsstruktur. Sie steigt in die Tiefe, in die Dunkelheit ihrer Psyche hinab und taucht dann wieder auf, um sich und das Leben besser kennenzulernen. Sie entdeckt die tiefe Verunsicherung, die in der Frage »Wer bin ich?« enthalten ist."

Mit zunehmender Reifung, Bewusstwerdung und Selbsterkenntnis wird das Leben zunächst nicht leichter, nicht harmonischer – wie wir vielleicht vermuten könnten –, sondern problematischer und vor allem schmerzhafter. Das tiefe und schmerzliche Ringen mit den eigenen inneren dunklen Gestalten hat nun begonnen, sowie die Bereitschaft, alte und aktuelle eigene Schuld anzunehmen und auszugleichen. Denn: Schuldfähigkeit ist ein Zeichen von zunehmender seelischer Reifung.[(12)] Seelisches und körperliches Leid, chronische Krankheit, die Begegnung mit dem Tod, der Verlust von Heimat und von geliebten Menschen und andere Erschütterungen kennzeichnen diese Phase seelischer Entwicklung. Gerade die Erfahrung von Schmerz und Leid fördern ihre Reifung und befähigen eine Reife Seele zu mehr Mitgefühl und Verantwortung, nicht nur für sich selbst, sondern auch für andere. Sie ist zunehmend bereit, anderen, die auf Hilfe angewiesen sind, in Hingabe und Liebe zu dienen, denn „Schmerz schließt das Herz auf". [(13)]

Der Energie-Körper eines Menschen mit einer Reifen Seele „verfeinert sich, er braucht andere Nahrung, mehr Ruhe, mehr Schutz. Er wird anfälliger für die Einflüsse, die von außen auf ihn einströmen und ist auch empfindlicher allen Giftstoffen gegenüber, denen sein Körper ausgesetzt wird." Diese zunehmende energetische Verfeinerung bewirkt eine Öffnung in die Räume der nicht sichtbaren Welten, das Erleben von Naturverbundenheit und

Naturliebe verstärken sich und die Erfahrung der primären Einheit allen Lebens beschenkt die Reife Seele mit Erkenntnis, Frieden und Momenten tiefen Glücks.

5. *Das Alter der Seele* (14)

„Einsamkeit“ und „Verbundenheit“ sind die zentralen Themen am Ende des seelischen Entwicklungszyklus. Während die Junge Seele sich über die Zugehörigkeit zu einer Gruppe erfahren und definieren kann, sucht und erkennt die Alte Seele ihre Einzigartigkeit auf dem Weg der Selbstverwirklichung, dem Individuations-Weg, wie C.G. Jung diesen Weg nannte. In ihrer schmerzlichen Sehnsucht nach Ganzheit erkennt die Alte Seele ihr Getrenntsein vom Ursprung, der primären Einheit, und ihre „essentielle Wahrheit lautet: Sie ist auf der Ebene des Körpers allein.“

Und obwohl die Einsamkeit sie schmerzt, sucht sie gerade diese Einsamkeit und meidet allzu viele Kontakte mit anderen Menschen, unter denen sie sich häufig fremd und andersartig fühlt. Hasselmann schreibt hierzu:

> „Zunächst einmal ist sie vereinzelt, weil es in ihrer unmittelbaren Umgebung nur wenige andere Menschen geben wird, die ebenfalls eine Alte Seele besitzen und die mit ihr die Erfahrungen, die Seligkeiten und die Schmerzen dieses Stadiums teilen können. Darum stößt ein Mensch mit einer Alten Seele in seiner Umgebung von seiner Geburt an auf Unverständnis, auf Fremdheit, auf Distanz. Alle Kraft ist gefordert, um in diesem Stadium den Kontakt zum eigenen Inneren, der die einzige Verankerung zu bieten scheint, aufrechtzuerhalten.“

Zum Zeitpunkt der Durchgabe waren – nach Hasselmann – etwa vier Prozent Alte Seelen auf der Erde verkörpert, in Deutschland seien es ungefähr sechs Prozent.

„Ihr Körper wird nun häufig von allgemeinen, diffusen Schwächezuständen heimgesucht. Er ist nicht krank, und er ist nicht gesund. Er ist überaus empfindlich (…).“ Die Verkörperung beginnt sich zum Ende dieses Zyklus' langsam aufzulösen, die gesunde körperliche Abgrenzung lässt nach und der Mensch wird zunehmend empfindlicher gegenüber den Reizen und

Einflüssen der äußeren Welt: Er reagiert äußerst empfindlich auf Umwelteinflüsse, er ist lärm- und kälteempfindlich, Gemeinschaft mit Menschen erlebt er oft als anstrengend und erschöpfend. Das alles zwingt ihn in freiwillige und auch schmerzliche Abgrenzung von der äußeren Welt, in Rückzug und Stille, und gibt ihm damit die einzigartige Möglichkeit, in Freiheit der zu sein, der er schon immer ist. Der freiwillig gewählte Rückzug hilft der Alten Seele – mit ihrer Sensibilität und Sensitivität – ohne allzu große Anstrengung in einer Welt der Jungen Seelen zu leben.

Einsamkeit und Verbundenheit. Frauenportrait aus dem 17.-18.Jh.

Persönliche Beziehungen, Bindungen an einen Partner, an Familie und Kinder verlieren nun ihre große Bedeutung, während ihre Liebesfähigkeit weiter zunimmt und „eine Liebesfähigkeit umfassender Art erreicht, gespürt, erlebt und gelebt wird." Diese Liebe umfasst nicht nur den Liebsten, die Kinder, die Familie, die Freunde, die Menschheit. Diese Liebe umfasst alle lebenden Wesen, die Verwurzelten und die Geflügelten, die mit Pfoten und mit Klauen, die Kriechenden und die Laufenden, die Sichtbaren und die Unsichtbaren.

Indem die Alte Seele ihre Einsamkeit annimmt, begrüßt und zelebriert, wird diese sich zunehmend wandeln in heilsames All-Ein-Sein, in das Erleben von beglückender Verbundenheit mit Allem-was-ist. Ein transpersonaler Raum kann sich öffnen, ein solcher Mensch macht vielleicht Erfahrungen in Bereichen jenseits dieser Wirklichkeit, möglicherweise hat er Begegnungen mit den Geistwesen der Pflanzen- und Tierreiche, er entdeckt die eigene Heilkraft oder erhält spontane Einblicke in die eigene karmische Vergangenheit. Hasselmanns „Quelle" sagt hierzu:

„Diese Verbundenheit kann und wird erst dann eintreten, wenn die Vereinzelung wahrhaft erkannt und bejaht wurde." Die Alte Seele

„fühlt sich von den Menschen verlassen und gewinnt doch Liebe und Freundschaft, Wärme und Nähe von Wesen und Wesenheiten, die in einer körperlichen Realität nicht greifbar sind.“

Im Kontext meines Buches heißt das: Der Schmerz der primären Trennung kann erst heilen, wenn die chirotische Wunde voll und ganz angenommen wurde. Was im Zyklus der Reifen Seele bereits gesucht und vorbereitet wurde, ist im Zyklus der Alten Seele alltägliche und schlichte Wirklichkeit geworden: Sie sucht nicht mehr im Außen, es zieht sie nicht mehr in Gemeinschaften, nicht zu spirituellen MeisterInnen, SchamanInnen oder Gurus, sie braucht keine bewusstseins-erweiternden Substanzen, denn sie erkennt und nutzt den Reichtum ihres eigenen Selbst. Im freiwilligen Rückzug von der äußeren Welt, getragen von der spirituellen Kraft der Stille, verbindet sie sich mit der inneren Quelle, dem Urgrund, und hier schmeckt sie etwas von dem, wonach sie sich schon immer sehnt: Glückseligkeit.

Erkenntnis-Fragen

- Wie geht es mir mit diesem Seelen-Entwicklungs-Modell?
- Wo erkenne ich mich mit meinem eigenen Seelen-Alter?
- Hilft mir diese Information, die jeweiligen Aufgaben und Herausforderungen meines Seelen-Alters anzunehmen?
- Hilft es mir, andere Menschen in ihrer Andersartigkeit anzuerkennen und sie bei ihren speziellen Entwicklungsaufgaben zu unterstützen?

Bedeutung der Seelen-Alter für die Psychotherapie

So wie der Baum aus einem kleinen Sämling erwächst, als kleine Pflanze Schutz und Halt braucht, als junger Baum kühn nach oben strebt, als reifer Baum sich entfaltet, blüht, Früchte trägt und als alter Baum morsch wird, anderen Wesen Schutz bietet, langsam abstirbt und in sich zusammenfällt, so entwickelt sich das menschliche Bewusstsein im Laufe vieler Inkarnationszyklen. Wie alles Lebendige in der Materie so hat auch die Verkörperung der Seele einen Anfang und ein Ende, sie kommt aus der Einheit, entwickelt sich zyklisch durch die Inkarnationen und kehrt schließlich, auf einer neuen Bewusstseinsebene, zurück in die Einheit des Bewusstseins. So wie der Baum dem Gesetz des zyklischen Wachstums von einer Entwicklungsstufe in die andere folgen muss, keine Stufe überspringen kann, so hat auch die Seele diesem universellen Entwicklungsplan zu folgen.

Hier wird deutlich: Keine Stufe ist wichtiger oder besser als die andere, jede hat ihre eigenen sinnvollen Entwicklungsaufgaben, ihre eigene Schönheit, Größe und genauso ihren eigenen Schatten. Jede narzisstische Wertung ist unangebracht, eine Alte Seele ist keineswegs besser als eine Junge Seele, sie wurde nur etwas früher in diese Dimension ‚geboren' und sie hat andere Aufgaben, andere Herausforderungen und auch andere Schatten.

Wenn wir bereit sind, uns in diesem Stufenmodell liebevoll selbst zu erkennen, und bereit sind, uns hier einzuordnen, dann werden wir uns tiefer verstehen, unsere Entwicklungsaufgaben leichter erfüllen, die Schmerzen und Leiden des jeweiligen Seelen-Alters bereitwilliger annehmen und auch die jeweiligen Freuden und Geschenke voller genießen können. Jedes Ding und jedes Wesen hat seinen angemessenen Raum und seine Zeit; den rechten Ort zu finden, ist eine spirituelle Aufgabe. Ein Baum wird nur gedeihen, wenn er den seiner Art entsprechenden Standort hat. Wenn wir mit unserem personalen Ich dort sind, wo die Seele ist, wenn wir unser Seelen-Alter anerkennen, dann ist die Seele in ihrem Element und sie kann sich voll entwickeln. Dann ist der Mensch im Einklang mit sich selbst und er wird immer wieder Momente des Glücks erleben können.

Für die therapeutische und psychosoziale Arbeit mit Menschen gibt dieses Entwicklungsmodell wertvolle Hinweise und konkrete Hilfen. Jedoch sollte uns klar sein, dass, wie bei jedem Stufenmodell, die einzelnen Stufen nicht voneinander getrennt sind, sondern ineinander übergehen und sich teilweise überschneiden. Jedes Seelen-Alter entwickelt sich aus dem vorausgegangenen über eine Reihe von Inkarnationen hin zur nächsten Altersstufe und jede vorhergehende Stufe wird integraler Bestandteil der folgenden Stufe.

So wäre zu erwarten, dass die speziellen Herausforderungen und Entwicklungsaufgaben der Säuglings-, Kind- und Jugend-Seele in der Reifen Seele gut integriert sind. In der Lebenswirklichkeit zeigt sich aber immer wieder, dass bei nicht wenigen Reifen und auch Alten Seelen verschiedene Seelen-*Anteile* im Zyklus der Jungen Seele hängen geblieben sind. So wie auch in der biografischen Entwicklung noch im Alter frühe Themen auftauchen und integriert werden wollen, genauso hat sich die Reife und die Alte Seele immer wieder unreifen Seelen-Anteilen zu stellen.

Jedes Lebensalter bietet den nicht-integrierten jüngeren Seelen-Anteilen die Möglichkeit zur Nachreifung. Es ist Aufgabe einer ganzheitlichen Psychotherapie, hierbei zu unterstützen mit der essentiellen Frage: *Was will die Seele?*

Das hier in Verkürzung dargestellte Seelen-Alter-Modell fördert Menschenverständnis, fördert Toleranz und Achtung für menschliche Verschiedenheit und macht deutlich, dass Menschen mit unterschiedlichen Seelen-Altern auch *unterschiedliche Seelen-Begleitung,* unterschiedliche psychotherapeutische Methoden und Hilfen brauchen:

– Die Seele im Säuglings-Alter braucht alltäglichen Schutz, Fürsorge und Geborgenheit in einer sozialen Gemeinschaft oder einem Heim, das ihr Heimat sein kann.

– Die Seele im Kind-Alter braucht ebenfalls Geborgenheit in Familie oder Gemeinschaft und gleichzeitig Ermutigung und Hilfe zum Selbständigwerden. Beide Seelen-Alter brauchen keine Psychotherapie, aber geduldige, liebevolle und kontinuierliche Begleitung in einem sicheren Rahmen.

– Die Junge Seele braucht Erlaubnis, Freiraum und großzügige Akzeptanz, sich auszuprobieren, unterschiedliche Erfahrungen zu sammeln und dabei Fehler machen zu dürfen, ohne dafür verurteilt zu werden. Gleichzeitig braucht sie Hilfe, die eigenen Grenzen zu erkennen und die Grenzen anderer zu akzeptieren. Wertfreies und akzeptierendes Zuhören unterstützen sie in einer Gesprächstherapie; Halt und Spiegelung findet die Junge Seele in einer Gruppentherapie und eine ermutigende und korrigierende Verhaltentherapie kann die Vitalität einer Jungen Seele fördern.

– Gestalttherapie, Analytische Therapie nach Jung und transpersonale Methoden unterstützen die Reife Seele bei der Suche nach der inneren Wahrheit. Alle therapeutischen Ansätze, die ihr gestatten, ihre inneren Räume zu erkunden, ihren eigenen Dämonen, den dunklen Brüdern und Schwestern zu begegnen genauso wie ihren inneren Helfergestalten, fördern den Selbsterkenntnis-Prozess einer Reifen Seele.

– Falls die Alte Seele überhaupt therapeutische Hilfe sucht oder braucht, dann sollte es eine Methode sein, die ihrem Bedürfnis nach Abgrenzung entgegenkommt und ihrer inneren Heilerin, ihrem inneren Heiler, gestattet, die Führung zu übernehmen, wie es zum Beispiel im Holotropen

Atmen möglich ist. Die Alte Seele kennt ihren Weg und weiß mehr und mehr, wer sie ist. Sie braucht aber Ermutigung, ihre Anders-Artigkeit, ihre Eigen-Artigkeit und ihre körperliche Schwäche anzunehmen, ohne sich falsch oder gar schuldig zu fühlen. Sie braucht manchmal Hilfe, ihre transpersonalen Begabungen anzuerkennen und mit ihnen angstfrei und ohne unnötiges Spektakel – eher leise und schlicht – dem Leben in Liebe und Mitgefühl zu dienen.

Animismus und die beseelte Welt

„In dem Maße, als wir fortschreiten und wach werden
für die Seele in uns und in den Dingen,
werden wir erkennen,
dass auch in der Pflanze, im Metall, im Atom (...),
in jedem Bestandteil der physischen Natur
Bewusstsein vorhanden ist."

Shri Aurobindo

Im patriarchal-materialistischen Weltverständnis sind Erde und Universum lediglich eine aus Zufallsprozessen entstandene, komplexe Anhäufung von Materie. Für die Menschen der alten Heilkulturen aber – und ebenso für transpersonal bewusste Menschen der heutigen Zeit – sind eine beseelte Welt und ein beseeltes Universum selbstverständliche Erfahrungswirklichkeit.

„Animismus" bezeichnet das alte Wissen um die allseitige Beseeltheit der Schöpfung. Der Begriff Animismus leitet sich ab von Anima und Anima bedeutet Seele, Atem, Hauch der Göttin. Das frühe animistische Weltbild

Meer-Mutter Sedna.
Steinschnitt der Inuit 1961

liegt auf der Ebene des magisch-mythischen Bewusstseins. Hier, im animistischen Erleben und animistischen Weltverständnis wurde und wird die gesamte Natur und der gesamte Kosmos als beseelt erlebt, durchdrungen von der Kraft – dem Geist – des Göttlichen. Die Naturkräfte werden als göttliche Kräfte erfahren: Pflanzen, Tiere, Steine, Gewässer, Sonne, Mond und unsere Mutter Erde sind beseelte, göttliche Wesen und als solche sind sie geachtet und geehrt.

Die gesamte Natur ist seelen-voll, sie ist voller Seelen: Tiere und Pflanzen, aber genauso Bäche, Teiche, Felsen, Bäume und andere Natur-Wesen sind beseelte Wesen, Wesen, die auf der Seelen-Ebene miteinander verbunden sind und auch mit uns Menschen seelenverwandt sein können.

Im Animismus existiert die Erfahrung der All-Einheit des Lebens: Mensch und Kosmos, Mensch und Natur, Mensch und Pflanze, Mensch und Tier sind nicht voneinander getrennt. In dieser Einheit, dem „Netz des Lebens", ist jedes Wesen – auch die Elementar-Wesen Feuer, Wasser, Luft und Erde, und genauso die Planeten-Wesen – mit allem und jedem in Beziehung. Es existiert All-Verbundenheit und All-Bezogenheit. Aus diesem unaufhörlich pulsierenden, energetischen und rhythmischen *Austausch* der Wesen, einem sich wechselseitig formenden und gestaltenden Prozess, entsteht Leben, entsteht Schöpfung. Der Landschaftsmythologe Kurt Derungs [(15)] schreibt:

> „Die Allverbundenheit, die allseitige Beziehungsfähigkeit ist mit jedem Naturobjekt der Umwelt möglich, seien dies Bäume oder Steine, Gestirne oder Elemente. Mensch und Natur sprechen die gleiche Sprache, wenn Sonne, Mond und Sterne die Heldin oder den Helden auf ihren Wegen beraten oder der Vogel der Wahrheit das Geheimnis der Steinverwandlung berichtet. (…) So heißt es in einem Märchen der Kabylen: »Im Anfange sprachen alle Steine, sprach alles Holz, sprach alles Wasser, sprach die Erde.«"

Im animistisch-totemistischen Erleben ist mit jedem Wesen der Natur eine lebendige, „sprechende", freundschaftliche und ebenbürtige Beziehung möglich. Wir einseitig rational konditionierten Menschen aber haben verlernt, mit den Tieren, den Pflanzen und den Steinen zu sprechen. Wir haben uns vom Leben abgeschnitten, wir sind aus dem „Netz des Lebens" gefallen und so ist die Menschenwelt gerade zunehmend im Verfall.

Damit wir wieder ankommen und wieder gehalten sind im Lebensnetz, haben wir heutigen Menschen unsere anthropo-zentristische und anmaßende Haltung gegenüber den nicht-menschlichen – ebenfalls beseelten – Wesen dieser Erde aufzugeben. Im Mittelalter galten Frauen als unbeseelt, heute noch gelten Tiere als seelenlos, deshalb glauben wir sie straflos grausam behandeln, abschlachten und aufessen zu dürfen. Wer gar von der Beseeltheit der Bäume und Pflanzenwesen spricht, wird belächelt oder offen ausgelacht. Luise Rinser schreibt im Geleitwort zu Eugen Drewermanns Buch „Über die Unsterblichkeit der Tiere":

> „Wir, uns auf die christliche Theologie berufend, behaupten, Tiere fallen nicht unter das Tötungs-Verbot, denn sie haben keine Seele. Es gab einmal eine Zeit, in der diese Kirche auch von den Frauen glaubte, sie hätten keine Seele oder doch eine viel niedrigere, als Männer sie haben. Es gab auch eine Zeit, in der man glaubte, »Neger« hätten keine Seele und dürften darum als »Sklaven« wie nicht-lebende Waren verkauft und straflos getötet werden.
> Den Frauen und den »Farbigen« wird heute eine Seele zugestanden. Den Tieren wird sie praktisch immer noch abgesprochen. Es gab Zeiten, in denen die Menschen die Tierseele kannten. Darum baten sie die Tiere um Verzeihung, ehe sie sie auf der Jagd töteten. Es gab auch Zeiten, in denen sich Menschen fürchteten vor der Rache getöteter Tiere, deren »Seelen« ja nicht mitgetötet wurden, sondern unsterblich weiterlebten und den Mörder heimsuchen konnten. (…)
> Es wird lange dauern, bis die Menschheit begriffen hat, daß nicht nur die Völker der Erde *ein* Volk sind, sondern daß Menschen, Pflanzen und Tiere zusammen das »Reich Gottes« sind und daß das Schicksal des einen Bereichs auch das Schicksal des anderen ist." [(16)]

Tiere sind, wie Pflanzen und wir Menschen, eine der unzähligen Erscheinungsformen des Göttlichen: Die Göttin ist in allem und alles ist in ihr, Gott ist in allem und alles ist in ihm. Wenn ich eine Schnecke über die Straße trage, sage ich manchmal lachend zu mir selbst: „Ich trage die Göttin über die Straße." Als Pfarrerstochter ist mir von klein auf das Jesus-Wort geläufig: „Alles was ihr getan habt dem Geringsten meiner Brüder, das habt ihr mir getan." In diesem Sinne zitiert Luise Rinser eine indische Geschichte [(17)]:

> „Ein Mann will dem Buddha begegnen, aber ist der Buddha nicht schon längst tot, wie soll man ihn treffen können? Ein anderer, ein Weiser, sagt: Geh auf den Markt, da triffst du ihn. Aber, sagt der eine, wie soll ich ihn erkennen? Sehr einfach, sagt der andere: du begegnest ihm in jedem Bettler, jeder Frau, in jedem Tier. Der erste Hund, der dir in den Weg läuft, das ist er."

Wir Menschen haben unsere anmaßende anthropo-zentristische Haltung aufzugeben. Wir haben uns zu erinnern, dass wir nur *eine* beseelte Wesenheit unter unzähligen beseelten Wesen sind, nur eines von vielen Geschöpfen, Kinder der Großen Lebensmutter. Ich bin überzeugt, dass unsere Menschenwelt nur überleben kann, wenn wir uns wieder einbinden in das Netz des Lebens, wenn wir die Sprache der Tiere, der Pflanzen und der Steine erinnern. Wir werden nur bei uns selbst ankommen können, wenn wir den Hilfe-Schrei der bebenden Erde, der rasenden Stürme und der wilden Wasser hören und wir wieder bereit sind, mit allen beseelten Wesen eine sprechende, freundschaftliche und *ebenbürtige* Beziehung einzugehen.

Erkenntnis-Fragen

- Wie fühle ich mich mit der All-Beseeltheit und All-Verbundenheit der Wesen?
- Mit welchem Wesen möchte ich eine besondere Beziehung eingehen, mit ihm sprechen?

Seelen-Gespräche mit einem Apfelbaum

Die moderne „Biokommunikation" hat nachgewiesen, dass Pflanzen beseelte Wesen, Wesen mit Bewusstsein sind. Cleve Backster [(18)], bekannt als Vater der modernen Pflanzen-Kommunikation, kam aufgrund seiner Forschungen zu der Überzeugung, dass Pflanzen in der Lage seien, Gedanken und Gefühle von Menschen wahrzunehmen und auf sie zu reagieren. Seine „psychobotanischen" Experimente haben gezeigt, dass Pflanzen zu Gefühlsregungen fähig sind und Beziehungen eingehen, dass sie auf Bedrohung mit Angst, Entsetzen und Ohmacht reagieren und dann keinerlei Signale mehr senden. Pflanzen erleben Todesangst.

Eine Teilnehmerin meiner Ausbildung in Transpersonaler Psychologie, eine Ärztin, hat ihre Abschlussarbeit zum Thema „Biokommunikation“ verfasst. Neun Monate lang hatte sie, einmal wöchentlich, unter dem Apfelbaum in ihrem Garten gesessen, sich meditativ mit ihm verbunden und mit dem Baum ‚gesprochen‘. Über ihre Erfahrungen und die Botschaften des Baumes hat sie ein Tagebuch geführt. Diese Aufzeichnungen zeigen eindrucksvoll, wie heilsam es sein kann, sich mit dem Geist nichtmenschlicher beseelter Wesen zu verbinden und mit ihnen eine Freundschaft einzugehen. Ich zitiere einige Passagen aus ihren Aufzeichnungen:

> Einmal in der Woche, meistens Sonntagmorgens, habe ich mich gleich nach dem Frühstück unter den Apfelbaum in meinem Garten gesetzt. Nach einer kurzen Anrufung durch OM singen oder kurzer meditativer Versenkung habe ich mich mit dem Geist des Apfelbaumes verbunden und ihm zugehört. Ich habe einfach wahrgenommen, was ist, gelegentlich Fragen gestellt und Durchsagen bekommen.
>
> Meist hat so ein Zwiegespräch nicht länger als 20 Minuten gedauert und anschließend habe ich das Gespräch aufgezeichnet, meist mit einer kurzen Beschreibung der Stimmung im Garten beginnend. Es waren nie andere Personen anwesend und es war immer so früh, dass in den angrenzenden Gärten niemand war, der mich gestört hätte. (...)
>
> Das Schöne ist gewesen, ich konnte immer zu meinem Apfelbaum kommen und konnte ihn alles fragen, über meine Erschöpfung, meine Sehnsucht und meinen Schmerz. Die Antworten waren oft sehr berührend, manchmal ernüchternd und manchmal in ihrer Einfachheit auch entwaffnend. Es ging in seinen Botschaften immer um das im-Hier-und-Jetzt-sein und um Annahme von dem, was ist.
>
> 13.3.11 – Ich beginne mit der Anrufung:
>
> Ich verbinde mich mit dir, du großer Geist des Apfelbaumes, der du göttlichen Ursprungs bist, voller Weisheit und unendlicher Liebe. Großer Geist, ich lausche dir und allen Ausdrucksformen deiner Seele, dem Gesang der Vögel in deinen Zweigen und der beseelten Stille deines Stammes. Aufgespannt zwischen Himmel und Erde, mit den Wurzeln tief in der Erde, den Zweigen hoch im Himmel stehst du fest verankert in allen Zeiten. Entsprungen aus einem winzigen Apfelkern bringst du das Urwissen unserer Urmütter und Urväter und verbindest alle Gegensätze.

Deine Botschaft an mich: *Werde wie ich, mit den Wurzeln tief in der Erde verankert, öffne deinen Geist nach oben und finde Ausdruck im tausendfachen Fächer deiner Seele.*

10.4.11 – „Wir sind alle verbunden"

Die Apfelblüten sind geöffnet und es ist ein herrlicher Tag. Großer Geist des Apfelbaums, ich spüre deine Kraft und Ruhe, die du ausstrahlst. Ich spüre deine Sinnlichkeit, die der einer Frau mit üppigen Brüsten und straffer Haut gleicht. Ich frage dich, was kann ich machen, um diese bleierne Müdigkeit los zu bekommen? Ich bin so erschöpft vom gestrigen Tag.

Du agierst im Außen, im Tun, in der Oberflächlichkeit. Du rennst dich ab, du zappelst dich ab, um deinen Vater, deine Mutter zu retten, weil du den Tod nicht hinnehmen willst. Alles hat seine Zeit, auch ich werde eines Tages zu Asche. Du kannst ihnen nur deine Liebe schenken und Respekt und Dankbarkeit, und du kannst segnen. Segnen, das heißt annehmen, annehmen, was ist.

Kraft erlangst du nur in der Ruhe des Seins, im tiefen Erleben des Augenblicks. Eigentlich weißt du das alles. Aber du suchst nach Lust am falschen Ort: Der Lust, die meint Gier, Gier nach Geld, Leistung, Perfektion, Anerkennung. Das gibt keine wahre Befriedigung, denn sie hört nie auf. Sie ist unersättlich und will immer mehr. Wahre Erfüllung liegt in der Sinnlichkeit des Seins, im Innehalten und Spüren, was ist, im Sich-öffnen für das Unbeschreibliche: das Rätselhafte.

Schau mich an, bin ich nicht rätselhaft in meiner Gestalt? Schau meine Blüten, die sich in ihrer Verletzlichkeit der Sonne öffnen, dem Wind, den Bienen, dem Tau. Riechst du ihren Duft und siehst du, wie sie von innen erstrahlen, wie sie verbunden sind mit der tiefsten inneren Kraft und Liebe: wie Wurzelwerk und Erdkrume verbunden sind, Stamm und Zweige. Sie sind nicht getrennt, sie sind eins.

Denn ich kann nicht existieren ohne euch: ohne dich Erde, ohne dich Himmel, ohne dich Sonne, ohne dich Tier, ohne euch ihr Wesenheiten. In mir liegt alles, ich bin das Universum im Universum. So wie du ein Universum im Universum bist und in dir sich alles abbildet und wiederfindet, was das Wesen der Menschheit ausmacht.

4. 6. 11 – „Schönheit und Vergänglichkeit"

Schönheit kommt durch Vergänglichkeit. Vergänglichkeit und Schönheit gehören zusammen, sie sind eins. Schönheit und Vergänglichkeit in ihrer tiefsten Wahrheit tun weh.

23.7.11 – „Liebe entsteht im Hier und Jetzt"

Ich sitze und eine tiefe Ruhe ergreift mich. Alle Gedanken, alle Last fallen von mir. Mein Rücken lehnt am Stamm, meine Füße ruhen im nassen Gras und es ist ein unbeschreibliches Gefühl der Einheit, des Seins. Ohne etwas zu wollen, einfach im Augenblick des so Seins. Das ist tiefe Erfüllung, mehr braucht es nicht.

Der Geist des Apfelbaumes spricht: *Schau, wie du immer nach dem Glück im Außen jagst, wie ein Gedanke den nächsten jagt. So findest du nicht die Liebe; tiefe Liebe entsteht im Hier und Jetzt, indem du aufhörst zu streben, aufhörst zu denken, aufhörst zu tun!*

Plötzlich habe ich das Gefühl, der Baum ist ein Heiliger. Er lacht. *Alle Natur ist heilig, wir alle sind göttlich,* und ein kräftiger Windstoß bewegt Blätter und Pflanzen rundum, als würden sie nicken und zustimmen. *Es ist ein ständiges Geben und Nehmen … Schau, da liegen vier Äpfel um mich herum auf dem Boden.* Der Wind legt sich.

Ihr Menschen wollt oft nur nehmen und rafft alles zusammen, statt achtsam und in Dankbarkeit zu nehmen und auch zu geben, eure Liebe zu geben, und dankbar zu sein für die Geschenke der Natur, die uns ernähren.

Und plötzlich fallen drei weitere Äpfel vom Baum. Glücklich und berührt kehre ich mit sieben Äpfeln ins Haus zurück.

7.8.11, abends – „Den Tod annehmen"

Ich bin wütend, die Stimme meines Vaters am Telefon heute Morgen hörte sich so schwach an. Warum muss er gehen? Ich will nicht, dass er geht, ich brauche ihn. Ich kann mir ein Leben ohne ihn nicht vorstellen. Ich bin so wütend. Da sehe ich plötzlich einen dunklen Himmel voller glühender, blinzelnder Sterne über mir.

Die sprechen zu mir: *Wir sind alle bei dir, deine Ahnen, du bist nicht allein. Du nimmst uns vielleicht nicht immer wahr, aber immer, wenn du uns brauchst, dann sind wir zur Stelle und begleiten dich durch den Schmerz und die Gefahr. Du kannst uns rufen, sei im Moment.*

Der Kirschbaum gegenüber winkt mit seinen Blättern: *Schau mich an, die*

Schönheit des Lichts auf meinen tanzenden Blättern. Das Leben ist Transformation, ist Wandlung, geschieht einfach. Du kannst es nicht festhalten. Wandlung geschieht einfach und du bewegst dich von der stofflichen Ebene immer mehr in die feinstoffliche, während dein Körper immer weniger wird. Die Kraft nimmt ab, das ist der Weg, den auch dein Vater geht. Und irgendwann wird er seinen Körper verlassen und nur noch feinstoffliche Energie sein. Und dennoch wird er da sein, um dich sein, dir nah sein. Du bist umgeben von deinen Ahnen.

Ein unglaublicher Schmerz überfällt mich. Es ist der Schmerz des Loslassens. Der Schmerz von Geburt und Tod.

18.9.11 – „Sei liebevoll mit dir und deinem Schmerz"

Ich bin allein zu Hause und habe eine Woche Zeit für mich. Ich weiß nicht, was ich machen soll. Am liebsten möchte ich alles machen, ausmisten, ins Theater gehen, Wandern im Odenwald, alte Freunde treffen, ayurvedische Massage mir geben lassen, neben Yoga, Sauna und Malkurs und so ganz nebenbei alle ungelesenen medizinischen Fachzeitschriften durchackern ...

Der Geist des Baumes: *Konzentriere dich auf das Wesentliche und das ist dein Körper. Er trägt dich, so wie mein Stamm alles trägt durch die Kraft seiner Verwurzelung in der Erde. Schau, dass du dich liebevoll um deinen Körper kümmerst. Ernähre dich gesund und suche dir liebevolle Menschen. Nimm jeden Tag deinen Schmerz zärtlich in die Hände und weine jeden Tag eine Schale voll Tränen. Eine Schale voll Tränen, die zu Perlen werden, Perlen der Freude.*

16.10.11 – „Nach innen gehen"

Es ist ein wunderschöner Morgen. Auf der Wiese ist das Gras mit Raureif überzogen vom Frost der letzten Nacht. Alles ist ganz still und das Licht wird langsam immer intensiver und schließlich erwacht das Leben. Die Tautropfen glitzern wie Brillianten im Sonnenlicht. Die Zweige werfen lange Schatten im Licht der aufgehenden Sonne und die Erde dampft. Leise tropft der Tau von den Blättern der Bäume und Himbeeren. Alles schluchzt ob der Schönheit. Heilig ist dieser Morgen.

Ich singe dreimal OM. Ich spüre so einen tiefen Schmerz in mir, einen Schmerz, der sich befreien will, der zu lange in mir festgehalten ist. Ständig laufe ich vor mir weg. Schaffe an, statt loszulassen.

Schau, wie die Natur erzittert in der Kälte der Nacht und dennoch gibt sie sich ihr hin. Die Natur ergibt sich dem Schmerz und leert sich. Denn: Ich bin der Schmerz in der Kälte der Nacht und ich lasse los. Meine Blätter werden zu Boden fallen. Noch sind sie bei mir, aber sie werden fallen, bis ich ganz nackt und befreit bin. Meine Kraft, meine Essenz aber lebt fort. Je mehr ich loslasse, umso stärker, umso präsenter werde ich wieder sein.

Tue es mir nach: Sammle deine Kraft im Inneren. Verwöhne deinen Körper mit der Kraft der Stille, deinen Geist, indem du Loslassen übst und du dich befreist vom Schmerz, der jahrhunderte alt ist. Erlaube deinem Schmerz, zu erblühen und im Erblühen deine Seele leicht zu machen.

13.11.11 – „Abschied"

Ich sitze in der Sonne, alles Laub ist weg. Ganz nackt stehst du da, mein geliebter Apfelbaum. Alle deine Sinne sind nach innen gerichtet, du atmest nicht Luft, sondern Erde. Heute habe ich dein gefallenes Laub weggerecht, das wie ein Teppich zu deinen Füßen ausgebreitet lag.

Du spendest mir Trost, ich verstehe: Es gibt keinen Tod. Es gibt nur Zyklen, unsere grobstoffliche Natur verändert sich, aber unser Wesen, unsere Seele bleibt. Ich danke dir für deine Geduld und Güte, deinen Mut und deine Radikalität: Alle Äpfel und Blätter wirfst du ab, völlig nackt stehst du da. Dennoch ist da keine Angst, sondern Schönheit und Zuversicht. Da ist Vertrauen, denn in dir keimt schon neues Leben:

Ich lege mich zur Ruhe, um wieder aufzuerstehen im vollen Glanze der Frühlingssonne.

Bei unseren sonntäglichen Zwiegesprächen haben sich bei mir fast immer Tränen gelöst, ich konnte meinen Schmerz endlich annehmen und mich fallen lassen.

Durch diesen Baum war es mir möglich, entsprechend der Jahreszeiten alle Lebensphasen, die wir durchleben, noch einmal zu erfahren und tiefer zu begreifen. Am Ende fühlte ich eine große Dankbarkeit gegenüber diesem stillen und sprechenden Weggenossen.

(Birgit Th., 3.-11.2011)

Aphrodite mit Schlange. Skulptur (Detail) v. G. Croissier, 2008, Foto: Tim Besserer

Alte Schlange
Du – Göttliche Heilerin
Zauberreiche umschlingende Kraft.

Große Wandlerin von Tod und Leben
Heilige Königin vom Unten und Oben
Vom Dunkel ins Licht.

Kröne uns mit der Macht der Liebe
Schenke uns die Kraft der Wandlung
Weise uns den Weg umkreisender
Schönheit.

5. Archetypen - Urbilder der Seele

Die Seele, ihr Entwicklungsweg und ihre Manifestationen, sind das Thema im ersten Teil dieses Buches. *Archetypen, als die Urbilder der Seele,* sind die wohl bedeutsamste und faszinierendste Ausdrucksform der menschlichen Seele und ein unerschöpflicher Quell von Wandlungs- und Heilkraft.

Archetypen und *archetypisch* sind häufig vorkommende Begriffe in der Fachliteratur, ohne dass sie immer erklärt werden. Darum habe ich hier ein wenig Grundwissen zum Thema Archetypen gebündelt:

Der Begriff Archetypen leitet sich ab von griechisch *arche* = Anfang metaphysischer Art, Urgrund allen Seins, und von *typos* = Grundform, Urgestalt, Bild.

Archetypen, als Grundformen und Urbilder der Seele existieren zu allen Zeiten und in allen Kulturen im Unbewussten der Menschen. Wir alle tragen verwandte oder ähnliche Seelen-Bilder in uns: Bilder vom Anfang und vom Ende, von Geburt und Tod, Bilder von Mensch und Göttin/Gott, von Weiblich und Männlich, von Schuld und Sühne. Diese inneren Bilder der Seele werden als Archetypen bezeichnet. Bekannte Ausdruckformen archetypischer Urerfahrung sind Mythen, Mysterien, Märchen, Stammeslehren und Stammesrituale, Religionen, Geheimlehren sowie Visionen, Träume und innere Bilder.

Wie die Ableitung des Begriffs verdeutlicht, sind die Archetypen keine Erfindung, kein mentales Konstrukt von C.G. Jung, wie es zuweilen erscheinen mag. Bereits die spätantike Philosophie des Neuplatonismus – als einer Weiterentwicklung der Philosophie Platons – sprach von Archetypen als Urbildern der menschlichen Seele. Das seelische „Urbild" ist nach Platon, der von einer unsterblichen und allwissenden Seele ausging, das primär Seiende, das Eine Uranfängliche, im *Gegensatz* zu dem Gewordenen, als der vielfältigen Welt der Erscheinungen, der Materie.

Allerdings hatte sich durch die Philosophie Platons die patriarchal-philosophische Spaltung von Leib/Materie und Seele/Geist zunehmend verfestigt: *Geist-Seele,* mit der einseitigen Zuordnung zum Männlichen, wurde von Materie/Leib, mit der einseitigen Zuordnung zum Weiblichen, getrennt und in den Himmel gehoben, erhöht und vergöttlicht. *Materie-Leib* wurde erniedrigt, entwertet und schließlich – im Mittelalter– dämonisiert. Die

Folgen dieser Spaltung von Geist und Materie für das Leben auf der Erde sind folgenschwer.

Dabei standen die antiken Philosophen auf den Schultern ihrer noch ganzheitlich denkenden Vorgängerinnen, den matriarchalen Priesterinnen. Sie hatten von den Priesterinnen gelernt, hatten deren uralte spirituelle Weisheitslehren übernommen, aber im Sinne ihrer patriarchalen Logik umgeformt. Wie wir wissen, hatte Platons Lehrer Sokrates (470-399 v. Chr.) zwei Frauen als Lehrerinnen. (1) Neben *Aspasia* war es die Aphrodite-Priesterin, Philosophin und Heilerin *Diotima von Mantinea,* deren Lehren in Platons „Symposion" in verfälschter Weise wiedergegeben wurden. Matriarchal-philosophisches Denken war gespeist aus erspürter innerer Erkenntnis und gelebter Erfahrungswirklichkeit, hier ist es die „Große Lebens-Mutter", die Anfang und Urgrund alles Seienden repräsentiert. In dieser ihrer göttlichen Urgestalt ist sie der *primäre Archetypus,* in ihr sind Geist und Materie, Seele und Leib nicht getrennt, sie sind das Eine – die Eine.

Der Ursprung des Begriffs Archetypus wurzelt in den matriarchal-totemistischen Kulturen der Frühzeit und benennt das Göttlich Eine als den schöpferischen Urgrund, aus dem heraus alles Leben geboren wird:

„Was da ist,
was da sein wird
und was gewesen –
bin Ich",
spricht die ägyptische Urmutter Neith.

Archetypen in der Psychologie von C.G. Jung

Archetypen werden in der Analytischen Psychologie von C.G. Jung verstanden als angeborene, zunächst unanschauliche und undifferenzierte Grundmuster der menschlichen Psyche. Für Jung waren sie „ewige Ideen", Urbilder „als transzendente ewige Formen" ähnlich wie „Mana" als einer lebendigen Kraft, „einer Wachstums- und magischen Heilkraft." Diese archetypischen Urformen wurden anschaulich, bildhaft, in einer frühen Zeit, „wo das Bewusstsein noch nicht *dachte,* sondern *wahrnahm.*" (2)

Als Ur-Energie ist das Archetypische zunächst reine energetische Antriebskraft – und darin den Instinkten verwandt –, die sich erst in der Psyche zu

Energie-*Mustern* gestaltet. Form geworden erscheint diese Kraft dann in inneren Bildern, Symbolen und Gestalten, in Träumen, Visionen, in Märchen und Mythen. Archetypen haben somit einen:

– dynamisch-energetischen Aspekt
– und einen bildhaft-mythischen Aspekt.

Charakteristika der Archetypen sind nach Jung: Ursächlichkeit, starke energetische Ladung, Numinosität und Eigenschaften wie unbewusst, vital, anziehend, faszinierend, geheimnisvoll, machtvoll, drängend, überwältigend und zuweilen erschreckend und erschütternd. Wenn wir uns an archetypische Bilder und Erfahrungen erinnern, wie sie uns aus Träumen bekannt sind, vom Holotropen Atmen oder anderen Innenwelt-Reisen, dann wissen wir, was gemeint ist mit faszinierend, geheimnisvoll, aber auch erschreckend und erschütternd.

Der folgende Traum ist voller archetypischer Symbolik: Turm, Königin, Wüste, Krieger, Tod und enthält eine faszinierende, aber auch erschreckende Botschaft an die Träumerin.

Der Turm

Im Traum bin ich Hohepriesterin, Königin und Führerin meines Volkes. Ich stehe am Rande einer Wüste, vor mir steht ein aus großen Steinquadern gemauerter Turm. Dahinter erstreckt sich Sand, soweit das Auge reicht. Neben mir stehen die Krieger meiner Leibwache.

Ich bin hier, um zu erfahren, was sich in dem Turm befindet. Meine Krieger fürchten sich vor dem Turm, sie wollen nicht in seiner Nahe sein, ihn schon gar nicht öffnen.

Ich jedoch spüre, dass es wichtig ist, zu wissen, was dieser Turm verbirgt, und befehle, ihn einzureißen.

Als ein Teil der Mauer abgerissen ist, betrete ich den Turm. Mein erster Blick fällt auf ein Holzgestell in der Mitte des Turms, auf dem eine leblose Gestalt liegt. Im ersten Moment denke ich, es handle sich um eine mumifizierte Leiche, doch als ich näher trete, sehe ich, dass sich der Brustkorb noch leicht hebt und senkt. Ich fühle, dass die Frau, vor der ich stehe, dem Tod näher ist als dem Leben. Um sie zu retten, rufe ich nach den Heilern. Zwei Heiler kommen und beginnen sofort, ein mächtiges Heilungsritual zu vollziehen.

Sie integrieren dabei die lebende Tote in mich, die Königin. Ich spüre ihren vertrockneten, fast leblosen Körper plötzlich in meinem eigenen. Ich bin erschrocken und verwirrt, verlange eine Rechtfertigung von den Heilkundigen. Die beiden Männer erklären mir, dass diese Frau mit mir verbunden sei und nur ich sie heilen könne:

Nur allein die Königin kann sie heilen.

(Daniela V., Traum, 2015)

Archetypen gehören zu der Seelenebene, die hinter oder unter dem persönlichen Bewusstsein und dem persönlichen Unbewussten liegt. Jung nannte diese Ebene das „Kollektive Unbewusste", welches er als „allgemeine seelische Grundlage überpersönlicher Natur" bezeichnete. Archetypen, als die eigentlichen Inhalte des Kollektiven Unbewussten, sind angeborene seelische Grundmuster, die in allen Individuen in ähnlicher Weise existieren [(3)]. Das Kollektive Unbewusste ist demnach charakterisiert durch das Phänomen der Universalität, das heißt, dass seine Inhalte, die archetypischen Bilder, Symbole und Gestalten zu allen Zeiten in unterschiedlichen Kulturen und Traditionen einander gleichen. Sie alle kreisen um die zentralen menschlichen Themen von Geburt und Tod, Gott und Mensch, Weiblich und Männlich und um die menschliche Sehnsucht nach der Vereinigung dieser Polaritäten.

Die amerikanischen Jungianer Moore und Gilette [(4)] vermuten, in Bezug auf die neuere Hirnforschung, dass archetypisch-energetische Impulse in den tiefsten und ältesten Schichten unseres Gehirns, dem Kriechtiergehirn, entstehen, von hier durch Mittelhirn und Neocortex aufsteigen, sich in der rechten Hirnhälfte zu archetypischen Bildern gestalten und in der linken Hirnhälfte gedanklichen und sprachlichen Ausdruck finden.

Das heißt: Die zunächst instinkthaften archetypischen Energien – wie wir sie auch bei Tieren beobachten können – drängen mit großer Ladung aus dem Dunkel des Unbewussten ins Licht des Bewusstseins. Sie gestalten sich im individuellen Bewusstsein der rechten (analogen) Hirnhälfte zu archetypischen Bildern, Symbolen und Gestalten. Über die linke (logische) Hirnhälfte werden sie gedanklich verarbeitet und finden schließlich sprachlichen Ausdruck.

Der Archetypus, aus dem Kollektiven Unbewussten kommend, ist somit zunächst unpersönlich, überpersönlich, universell. Indem er aber in einem individuellen Bewusstsein auftaucht, hier bildhafte und sprachliche Gestalt findet, wird er personal [(5)] und prägt unser persönliches Ich-Erleben und unsere persönliche Sicht der Welt. Insbesondere unsere Identität als Frau oder als Mann wird von weiblichen und männlichen Archetypen geformt. „König, Krieger, Magier und Liebhaber. Die Stärken des Mannes" heißt ein Buch von Moore und Gilette zur Entwicklung reifer Männlichkeit, das ich jedem Mann dringend empfehle und ebenso jeder Frau, die ihren Mann und das Männliche anerkennen und lieben möchte.

Aus der Tiefe des seelischen Urgrundes auftauchend prägen Archetypen unsere Erfahrung, unsere Verhaltensmuster und damit auch die Qualität unseres Lebens.

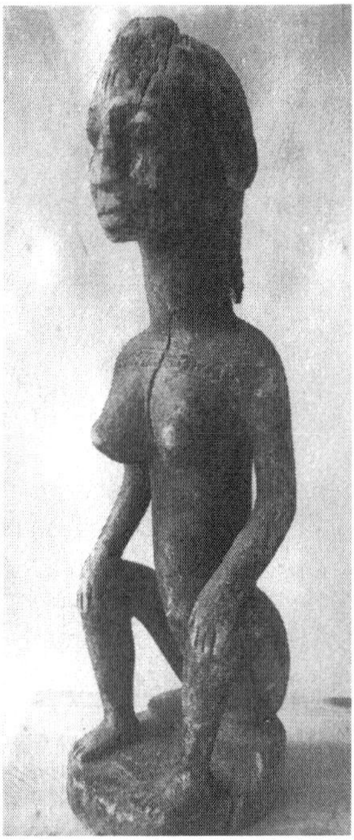

Magierin-Seherin. Afrikanische Holzskulptur

In unserer Kultur war der Begriff des Archetypus zunächst nur für das „imago Dei", das Bild Gottes im Menschen, gebräuchlich. In den Hermetischen Schriften (42 alte Schriften in griechischer, lateinischer und arabischer Sprache, die als Offenbarungen des legendären Hermes Trismegistos gelten) wurde das Göttliche als das „das archetypische Licht" bezeichnet[(6)]. Das Bild Gottes, das Bild der Göttin, war der primäre Archetyp.

In der Analytischen Psychologie Jungs gelten „Anima" und „Animus" als die zentralen Grund-Archetypen, entstanden aus der Polarität der Göttlichen Einheit. Sie bezeichnen die Urbilder von Weiblich und Männlich in der Psyche von Männern und Frauen und treten – wie beispielsweise die/der Weise Alte, KönigIn, MagierIn, HeilerIn – in der unmittelbaren Erfahrung *personifiziert* auf. Sie erscheinen „als handelnde Persönlichkeiten in Träumen und Phantasien" und übermitteln der Person oft sehr eindrücklich eine für ihr Leben bedeutsame archetypische Botschaft:

Ich lebe in einer Hütte. Es klopft an meine Tür. Ich öffne und davor stehen ein Mann und eine Frau. Der Mann ist ein „Bote", er sagt zu mir: „Ein Jupiter wurde geboren." Ich bitte die beiden in meine Hütte und schenke Schnaps ein.

(G. C. Traum, 1991)

„Wandlungs-Archetypen" – Beispiel einer Traumserie

Für Jung sind Archetypen *„ewige Bilder" der Seele.* „Sie sollen anziehen, überzeugen, faszinieren und überwältigen."[(7)] Der archetypische Erfahrungsprozess gestaltet sich über oft faszinierende und überwältigende „ewige Bilder" der Seele, magisch anmutende Orte, geheimnisvolle Mittel und Wege, die Wandlung symbolisieren und von Jung als „Wandlungsarchetypen" bezeichnet werden.

Zu solch ewigen Seelen-Bildern gehören dunkle Wälder, geheimnisvolle Höhlen, Treppen, die in Tiefen führen, verschlossene Türen, magische Tiere wie Schlangen, Bären, Katzen, tiefe Seen, reißende Flüsse, das tobende Meer … In Träumen oder inneren Reisen tauchen diese ewigen Bilder aus den Tiefen der Seele auf und überraschen, konfrontieren oder ermutigen uns mit ihrer *Wandlungs-Botschaft.*

Ich erinnere die Atemerfahrung einer Frau, die darauf fixiert war, in die finstersten Bereiche ihrer Psyche abzutauchen, um von hier eine bedeutende Wandlungsbotschaft für ihr Leben zu erhalten. Was sie dann aber tatsächlich erlebte, war eine Überraschung: Ihre innere Reise war licht, heiter und beglückend; eine kosmisch-archetypische Lichtgestalt gab ihr die folgende verbale Botschaft: „Wie willst du die Höllenerfahrung durchstehen, wenn du nicht vorher das Paradies kennengelernt hast?" Auch die Ankündigung von der Geburt Jupiters – das Traum-Beispiel am Ende des letzten Kapitels – enthält eine ermutigende archetypische Botschaft, denn Jupiter steht für Fülle und glückhafte Erweiterung.

Nicht immer ist eine Traumbotschaft so schlicht, direkt und ermutigend, häufig erscheint sie eher symbolisch und geheimnisvoll. Manchmal ist die Botschaft so komplex und anspruchsvoll, dass sie sich erst in einem langsamen Entwicklungsprozess, beispielsweise über eine Traumserie, allmählich offenbart wie im folgenden Beispiel:

Christine leidet seit ihrer Kindheit an einer abgrundtiefen inneren Einsamkeit, einem kosmischen Verlorensein. Mit wechselnden, immer wieder unglücklich verlaufenden Beziehungen versuchte sie, dieser schmerzlichen Wunde zu entkommen, was nicht gelingen konnte. Eine dreiteilige Traumserie mit beeindruckenden, archetypischen Bildern und Symbolen zeigte ihr den – für sie – einzig möglichen Heilungsweg: Die Annahme.

1.Traum:

Die Wunde und das Ritual

Ich bin unterwegs. Der Pfeil eines Indianers trifft meine linke Schulter, unter dem Schulterblatt und bleibt tief in ihr stecken. Der Pfeil müsste mich tödlich verletzen. Doch in mir ist die Ahnung, er tötet mich nicht, er ist Teil eines Weges, der hier seinen Anfang nimmt.

Ich befinde mich nun in einer runden, gewölbten Behausung, einer Höhle oder Hütte. Erdfarben erscheint mir dieser Raum, braun und dunkles Grün, gedämpftes Licht. Ich liege auf einem großen Bett, es ist für mich angenehm, fast friedlich, hier zu liegen. Meine Wunde wird von einem Mann mit langen Haaren, die im Nacken gebunden sind, versorgt.

Ich bin mir meiner Verwundung bewusst und sehe den weiten Weg, der vor mir liegt. Ich weiß, ein Bär wird in die Höhle kommen, erschreckend groß und kraftvoll. Und er wird seine Pranken auf meine Schultern legen und mit seinen langen Reißzähnen wird er mir rechts und links Streifen in meine Haut ritzen, genau am Hals-Schulter-Bereich.

Plötzlich geht die Tür auf und ein kleiner Bär trollt in die Höhle, direkt auf meinen Hüter zu. Der krault den kleinen Bär und spielt mit ihm, seltsam vertraut. Ein Einverständnis zwischen uns Dreien liegt in der Luft und kommt vom Herzen.

Und doch ist da auch die Bedrohung, die stillschweigend immer näher auf mich zukommt. Der kleine Bär trollt sich aus der Höhle, als hätte ihn eine Stimme gerufen, und ich ahne die Gefahr. Eine erschreckend große Bärin, in braunem Fell, bewegt sich in die Höhle, bereit für mich. Alles ist möglich. Mit einem einzigen Hieb ihrer Pranken kann sie mein Leben beenden. Aber sie führt das Ritual der Ritzzeichnungen aus. Ich schließe meine Augen und nehme das an, was ich nicht vermeiden kann und was nicht in meiner Macht steht.

Kein Gedanke an Flucht ist da. Ergebenheit. Vertrauen. Annehmen, was ist. Ich fühle Demut vor dieser gewaltigen Macht und Kraft der großen Bärin. Ihre Gestalt strahlt Würde und große Weisheit aus. Meine Augen sind geschlossen und als ich sie öffne, ist die Bärin verschwunden. Der Raum ist leer. Um mich herum ist Ruhe und Frieden.

Ich lebe! Ich bin gezeichnet!

(Christine K.-G. Oktober 2013)

2. Traum:

Initiation – Begegnung mit dem Tod

Ich lebe in einem Dorf. Es erinnert in seiner Bauweise, in den Farben der Häuser und Dächer, an die Dörfer der Toskana. Es ist heller Tag, ein Frühsommertag, der Himmel ist zart blau, er hat noch nicht die Farbe des satten Blaus des Hochsommers angenommen. Hinter dem Dorf erheben sich sanfte Hügel mit vereinzelt und in Gruppen stehenden Zypressen. Die Erde erscheint schwach ockerfarben. Frieden liegt in der Luft, über der Landschaft und dem Dorf.

Die Sonne reflektiert ihre Strahlen auf der Oberfläche eines großen Sees, an dessen Ufer sich das Dorf anschmiegt. See und Horizont bilden eine Linie und ich nehme die Unbegrenztheit und Weite wahr. Doch der Friede scheint zu täuschen, eine Gefahr wohnt im See. Eine riesige Anaconda durchstreift unruhig den See, immer auf der Suche nach lebendiger Nahrung. Ich bin gewiss, sie hat Menschen erwürgt, gerissen und verschlungen. Ihr Maul enthält eine Reihe von sichelförmigen feinen Zähnen, die, einmal die Beute gepackt, sie nicht mehr freilassen.

Ich kann die Gefährlichkeit und das Ausmaß der Bedrohung für mein Leben spüren und befinde mich ohne abzuwägen, ohne einen Gedanken oder eine bewusste Entscheidung getroffen zu haben – im See. Das Wasser bedeckt knapp meine Schultern. Ich habe Grund unter meinen Füßen und mein Blick ruht landeinwärts auf dem Dorf.

Ich weiß, was mich erwartet, und bin mir der Gefahr bewusst. Plötzlich teilt sich das Wasser und der flache Schädel der Anaconda zeigt sich mir. Ruhig zieht sie ihre Kreise um mich – immer enger werden die Kreise – immer näher kommt die Bedrohung. Ich kann nicht weglaufen, schwimmen oder untertauchen. Ich stehe da und nehme die Bedrohung meines Lebens durch dieses sich schlängelnde Wesen wahr. Einerseits elegant und anmutig, wie sie das Wasser teilt, andererseits grauenerregend der riesige Kopf, der starre berechnende Blick.

Und dann der Moment, als die Anaconda direkt auf mich zu schwimmt, das Maul aufreißt, ich sehe die nach hinten gebogenen Zähne im Schlund, das Wasser ist aufgewühlt durch ihren peitschenden Schwanz ... Packend nah vor meinen Augen taucht ihr Kopf ganz plötzlich unter und das Tier schwimmt in seiner ganzen Länge unter mir hindurch. Mein Blick folgt der Schlange und ich sehe, dass sie – hinter mir – ein Auto gepackt und sich darin festgebissen hat, einen rot-glänzenden Oldtimer. Kämpfend ringt sie mit der Blechkarosserie und hat keinen Blick mehr für mich.

Mein letzter Blick fällt von einer Anhöhe auf den See und ich sehe die mit einem roten Oldtimer kämpfende Anaconda. Sie hat mich verschont, sie ist einfach unter mir hindurchgetaucht. Ich fühle mich staunend, ruhig und gelassen.

(Christine K.-G., November 2013)

3. Traum:

Heilung als Ganz-Werdung

Ich befinde mich in einem rechteckigen Raum. Boden und Wände sind gefliest in Zartblau und Hellbeige. Es ist hell, aber ich sehe kein Fenster und nehme keinen Sonnenstrahl wahr. Ich bin in einem Schwimmbad, höre aber keine Stimmen, kein Geplansche, keine Menschen, die ins Wasser springen. Ruhe und doch eine gewisse Anspannung erfüllen den Raum. Ich stehe da und beobachte und es ist, als würden meine Augen den Raum abtasten. Meter für Meter. Dann nehme ich ein rundes Becken im Raum wahr. Sein Durchmesser dürfte etwa vier Meter sein, der Rand ist etwa einen halben Meter hoch und bietet Platz zum Sitzen.

Vorsichtig nähere ich mich dem Becken und erkenne eine kleine, dunkle Schlange, die sich blitzschnell vom oberen Beckenrand nach unten schlängelt. Ich weiß, sie ist angriffslustig und gefährlich. Auf der Suche nach einem Opfer durchquert sie das Becken von oben nach unten. Blitzschnell kann sie zubeißen und ihr Biss ist tödlich. Diese kleine Schlange fordert meine ganze Aufmerksamkeit, ich muss wach sein und auf der Hut.

Erst als ich mich an ihre Anwesenheit gewöhnt habe, entdecken meine Augen eine weitere Schlange. Viel größer und ockerfarben, schmiegt sie sich der Länge nach dicht an den Rand des kreisrunden Beckens, den sie mit ihrem gewaltigen Körper zweimal umfasst. Ich sehe ihre Schwanzspitze, die am oberen Beckenrand neben dem mächtigen Körper liegt. Fast bewegungslos umkreist ihr Körper in Abständen das Becken. Es ist, als wäre sie sich ihrer Kraft und Würde bewusst. Seltsam für mich, dieses Tier erst nach einiger Zeit wahrgenommen zu haben. Aber da ist auch immer die Bedrohung durch die kleine dunkle Schlange, die immer in Bewegung ist. Auf und ab! Ich spüre ihre Wut und Aggression fast körperlich ...

Plötzlich werde ich an der Hand genommen und in die Mitte des Beckens geführt. Ich lasse mich führen, weiche nicht aus, nicht zurück. Hier, in der Mitte des Beckens hebt sich der Kopf der großen Schlange vom Boden ab und bewegt sich auf uns zu. Zuerst nehme ich menschliche Züge wahr, dann aber verändert sich ihr Kopf und erscheint mir wie ein Echsenkopf oder Drachenkopf. An den Wangenknochen hängen Haare nach unten. Nicht zottelige, sondern feine, dichte Haare, lang und auch ockerfarben. Die Schnauze der Drachen-Schlange ist lang, das Maul leicht geöffnet und ich kann ihre Zähne erkennen.

Aber den Drachen-Schlangen-Zähnen gilt nicht meine Aufmerksamkeit. Denn meine Begleiterin nimmt meine Hände und der Kopf der großen Schlange legt sich sachte in meine beiden geöffneten Handflächen hinein. Deutlich spüre ich meine Hände unter ihrem Kopf. Unsicher, zögerlich versuche ich, die Situation wahrzunehmen, zu erfassen, was sich da ereignet: Ich halte den Kopf dieser riesigen Schlange! In meinen Händen. Unfassbar! Staunend, fragend, respektvoll und dankbar stehe ich da und halte und komme in Berührung, so nah!

(Christine, K.-G., Dezember 2014)

Dieses Traum-Ereignis ist eine magisch-mythische Kostbarkeit. Angesichts solcher Träume fühle ich – ähnlich wie die Träumerin – Respekt, Dankbarkeit und tiefes Berührtsein. Staunend und demütig stehen wir vor der Weisheit und Größe der menschlichen Seele, vor dem Reichtum und der Schönheit ihrer Archetypen, den ewigen Bildern der Seele. Solche magisch-mythischen Heilungs-Träume ereignen sich meist in Zeiten heftiger seelischer Erschütterungen, bei lebensbedrohlichen Erkrankungen, in tiefen Sinnkrisen, häufig in der Krise der Lebensmitte. Sie lassen sich nicht herbeirufen, nicht ausdenken, nicht machen. Sie sind ein *seelisches Ereignis* und ereignen sich spontan, wenn die Seele dafür reif ist.

Christines Traumserie bedarf eigentlich keiner erklärenden Worte, die archetypische Symbolik berührt die Seelen. Da dieses Buch aber auch als Lehrbuch gedacht ist, möchte ich für diejenigen LeserInnen, welche dies wünschen, eine kleine Symbolkunde anfügen. Sie könnte helfen, ein Gespür für die Bedeutung von Symbolen zu entwickeln.

Zunächst aber muss deutlich gesagt werden: Es gehört zum Wesen der Symbole, dass sie gerade *nicht* zu deuten, nicht zu erklären sind. Ein Symbol ist immer vielschichtig, vieldeutig, und nur aus dem Kontext der erfahrenden Person zu verstehen. Dennoch gibt es universelle Symbolbedeutungen, die aber in der Praxis nur im gesamten Lebens- und Erfahrungszusammenhang der Träumenden wirklich zu verstehen sind. Der Schlüssel zum Verständnis des Symbols ist immer bei der erfahrenden Person.

Hier nun einige der bildhaft-mythischen Symbole aus Christines Traumserie in ihrer universellen und persönlichen Bedeutung, wie sie sich aus der therapeutischen Arbeit erschlossen hat:

Pfeil	– Ziel, Eindeutigkeit, etwas auf den Punkt bringen
Höhle	– Uterus, die alte Heimat, Ort der Transformation, Ort von Geburt und Tod, mütterlichen Schutz und Geborgenheit gebend
Hütte	– Ort der Wandlung
Bär	– weibliches Kraft-Tier, matriarchales Tier-Totem, machtvolle Weiblichkeit, machtvolles Muttertier (Ge-Bär-Mutter)
Zypresse	– Erde und Himmel verbindend, Symbol für Erneuerung und Wiedergeburt
Wasser	– Gefühl, Gefühlstiefe, Tod und Erneuerung, Wasserträume sind Wandlungsträume
See	– Seelen-Tiefe, tiefe Gefühle, Ort der Schattenwesen
Ufer	– Begrenzung, Übergang in eine andere Wirklichkeit
Schlange	– Altes Symbol weiblicher Schöpfungsmacht, zyklische Kraft von Leben-Tod-Leben, als „Alte Schlange" im jüdisch-christlichen Verständnis die Verkörperung des Bösen
Drache	– Weibliche Ur-Kraft, archaische weibliche Macht, im Christentum von Drachentötern vernichtet
Auto	– Das Personale, das Ich oder Ego, personale Freiheit, Dynamik, Bewegung, Autonomie
Kreis	– Einheit, Ganzheit, Heilung

In der erlebnis-orientierten therapeutischen Bearbeitung des Traumes zeigt sich der Mann mit dem Pferdeschwanz als Christines Animus und als ihr innerer Heiler. Die dunkle, kleine Schlange ist der personale Schatten, ihr innerer Widersacher, der die Heilung verhindern will. Die große. kreisende Schlange symbolisiert das Wahre Selbst, als Kreis-Schlange steht sie für die uroborische Einheit von Anfang und Ende. Der rote „Oldtimer“ steht für die überalterte, überflüssige gewordene Ich-Identität von Christine und für ihr Schatten-Ich. Spannend in der Dramaturgie der Traumes: Wie die große Schlange mit der rot-glänzenden Blechkarosserie des Oldtimers ringt. Das Wahre Selbst ringt hier mit dem Ego, dem Schatten des personalen Ich.

Jede wirkliche Heilungskrise ist von einem solchen *inneren Ringen* gekennzeichnet. Wir ringen so lange, bis wir bereit sind, das anzunehmen, was uns am meisten ängstigt. Mit der Angst in Berührung kommen, sie „in die Hände nehmen“ wie Christine den Kopf der Schlange – das ist „Chirotonie“. Chiro-tonie bedeutet „Heilung mit den Händen“ und versinnbildlicht die Heilkraft Chirons, des verwundeten Heilers.

Die energetische Ladung der Archetypen und die Macht ihrer Schatten

Wer kennt das nicht: Wir fühlen uns über die Maßen aufgeregt, ergriffen und bewegt. Ein emotionaler Ausnahmezustand hat uns erfasst, so heftig, dass wir kaum noch einen klaren Gedanken fassen können. Wenn wir uns wieder beruhigt haben, denken wir vielleicht: „Ich weiß gar nicht, was mit mir los war, was mich getrieben hat.“ Wir sagen auch: „Ich weiß gar nicht, was mich geritten hat.“

Was da mit uns im wörtlichen Sinne – wie ein Pferd – „durchgegangen“ ist, ist die vitale, drängende und zuweilen *überwältigende energetische Macht* der Archetypen. Denn die zunächst ungeformten archetypischen Energiemuster besitzen eine große *energetische Ladung,* die unerbittlich auf *Ent*-ladung drängt. Wenn diese archetypischen Energien uns ergreifen und sich entladen, dann erschüttern sie unseren Körper, lassen ihn erzittern, zucken, vibrieren und erbeben. Wir schütteln uns, schlagen oder treten, schreien und brüllen vor Schmerz oder vor Wut. Wir stöhnen, wenn wir den Schmerz oder die Lust nicht mehr „halten“ können. Was für andere dann oft befremdend erscheinen mag, ist für die betreffende Person, für ihr Leib-Seele-System, ausgesprochen heilsam. Eine *kathartische Abreaktion* von archetypischen Energien findet hier statt. In einer ganzheitlichen und körper-orientierten Psychotherapie ist eine solche kathartische Abreaktion sehr erwünscht, ist sie doch eine natürliche Reinigung des stofflichen und energetischen Körpers.

Wenn wir verliebt und kaum in der Lage sind, an etwas anderes zu denken als an den geliebten Menschen, dann sind wir im Bann solch archetypischer Energien. Wenn die Macht der sehnsuchtsvollen Emotionen uns leidenschaftlich-schmerzlich bedrängt, dann hat uns der Archetyp der *Liebhaberin,* des Liebhabers, gefangen oder auch ihr verhängnisvoller Schatten; der aber offenbart sich zuweilen erst am Ende einer solchen Episode.

Wenn aggressive Kräfte uns antreiben und ins Agieren drängen, wir uns nicht mehr „halten“ können vor Wut oder Zorn und andere verbal oder körperlich angreifen, dann hat uns der Archetyp der *Schatten-Kriegerin,* des Schatten-Kriegers, in seiner Gewalt.

Unter dem Einfluss der archetypischen *Königin,* des Königs – hierzu gehören ebenfalls Mutter- und Vaterarchetypus – sind wir bereit, große persönliche Opfer zu bringen für unsere Kinder, unsere Familie, unsere Sippe oder unser ‚Vater‘land. Hierbei aber können wir schnell im archetypischen Schattenbereich landen, dem Reich des tyrannischen Vaters und der tyrannischen Mutter.

Im Banne des Archetypus der Magierin, des Magiers, zu welchem auch Hexen, SeherInnen, HeilerInnen, PriesterInnen und TherapeutInnen gehören, können uns tatsächliche Heilungswunder geschenkt werden. Gerade hier aber lauert der archetypische Schatten gleich um die Ecke: Anmaßung, Machtmissbrauch und narzisstischer Größenwahn ergreifen nur allzu leicht die zum Heilen Berufenen.

Die archetypische Ur-Energie, als *instinkthafte machtvolle Lebensenergie,* kann eine zeitlang im Kollektiven Unbewussten eines Menschen ruhen und erst in schicksalhaften Momenten des Lebens aufbrechen und sich gestalten. Gerade in Krisen, Grenzsituationen, Todesnähe, aber ebenso bei Übergängen in unbekannte Lebensabschnitte wie Pubertät, Heirat, Geburt der Kinder, Krise der Lebensmitte, Alter und Tod zeigen sich die „ewigen Bilder der Seele“ in Träumen und spontanen Visionen, zuweilen in Gestalt geheimnisvoll-göttlicher Wesen, die eine lebenswichtige *Botschaft* überbringen.

Das Wirken der Archetypen mit ihrer starken Ladung wird oft als überwältigend, schicksalhaft und unausweichlich erlebt. Unter dem Einfluss dieser gewaltigen und uralten Mächte werden wir leicht zu Objekten, willenlosen Marionetten. „Etwas treibt mich, ich kann nicht anders", so das hilflose Erleben eines Menschen, der von einem Archetypus ergriffen wird. Menschliches Denken, Fühlen und Handeln, das unverständlich, unmäßig und unangemessen erscheint, unterliegt oft dem Wirken eines *unbewussten* Archetypus, worauf Jung hinweist. Die konstruktiv gestaltende Macht des Archetypus ist in den Schatten gefallen und gestaltet sich destruktiv.

Archetypen sind bipolar, sie haben zwei Seiten, so wie das gesamte Leben auf diesem Planeten. *Archetypen haben einen Licht- und einen Schattenaspekt.* Es ist dieselbe archetypische Macht, die heilen oder aber vernichten kann:

Die *Licht-Aspekte archetypischer Kräfte* können uns Menschen grandiose und heilsame Erfahrungen, hervorragende Leistungen und faszinierende Abenteuer bescheren: mystische Erleuchtungs- und Gotteserfahrungen, ekstatische seelisch-körperliche Liebesfreuden, erfüllendes Mutter-Vater-Glück, hohe künstlerische und kulturelle Leistungen in Literatur, Musik, Architektur und bildender Kunst. Ein weiterer zentraler Aspekt ist die Heil- und Transformationskraft des archetypischen Helden, der Heldin. Der „Heros" einer archetypisch-mythischen Heldenreise scheut keine Herausforderungen und Gefahren des Individuationsweges; er folgt dem Ruf, er folgt seiner seelischen Bestimmung.

Dunkel und Licht. Skulptur v. G. Croissier, 2010, Foto: Tim Besserer

Die Macht der archetypischen Schatten und die Gewaltigkeit ihrer energetischen Ladung kann Menschen in persönlichen oder kollektiven Wahnsinn, in persönliche oder kollektive Schuld, in Verstrickung und Vernichtung treiben. Wahnhafte Zustände, wie beispielsweise Liebeswahn, religiöser Wahn, das Erleben, von Teufeln, Hexen, Dämonen oder Geistern überwältigt zu sein, sich zum Erlöser (Christus-Identifikation) berufen zu fühlen oder zum von Gott berufenen Rächer in „Heiligen Kriegen", sind Ausdruck der Überwältigung durch einen Schatten-Archetyp. Auserwähltheitsvorstellungen, das erwählte „Volk Gottes" zu sein, jeglicher religiöser Fanatismus, Kreuzzüge, Inquisition, Kriege, Faschismus, Mordlust, Völkermord, Entwicklung atomarer und chemischer Waffen, Folter, sexuelle Gewalt und das herrische Ausbeutungsverhältnis zu unserer Erdmutter und ihren Wesen – „Machet Euch die Erde untertan" – entspringen gewaltigen kollektiven Schattenthemen archetypischen Ursprungs.

Heilsam ist es, wenn der archetypische Schatten in unseren Träumen erscheint und bewusst werden darf, dann kann er angenommen und gewandelt werden, ohne dass seine starke Ladung, die ja auf Ausdruck und Entladung drängt, Unheil anrichtet. *Vernichtungs*träume, in denen unsere eigenen mörderischen Schatten-Gestalten ihr Unwesen treiben, können sowohl schmerzlich konfrontierend als auch sehr heilsam sein, so wir denn bereit sind, ihre Botschaft zu hören:

Der schwarze Mann tötet das Pferd

Ich gehe in einer ländlichen Gegend, zwischen Bauernhöfen und Ställen. Da sehe ich auf dem Boden einen abgehackten mit Blut verschmierten Fuß und das Bein einer Ziege. Ich bin schockiert, entsetzt!

Dann biege ich um die Ecke. In einer lichten Sommerlandschaft, unter einem üppig grünenden Baum, sehe ich einen Mann und ein Pferd. Der Mann ist jung, schwarz, wunderschön und hat die langen Haare hinten zusammengebunden. Er ist violett-rosa-glänzend bekleidet. Ich bin geblendet und tief beeindruckt von seiner Schönheit ...

Da sehe ich in seiner rechten erhobenen Hand ein Schlächterbeil, mit dem er gerade zuschlagen will. Sein Opfer ist ein schönes, starkes Pferd, das vor ihm steht. Das hintere linke Bein hat der schwarze Mann dem Pferd bereits abgehackt. Ich bin entsetzt. Diese Wunde wird niemals heilen! Das abgehackte Bein, es wächst niemals mehr nach! Die Verstümmelung wird immer bleiben! ... Ich hoffe nur noch, dass der Mann jetzt fest zuschlägt und das Pferd mit einem einzigen, kräftigen Hieb auf den Kopf schnell tötet.

(G. C., Traum, 1987)

In diesem Traumbeispiel ist die Träumerin zunächst fasziniert, „geblendet“ von ihrem inneren Schatten-Mann, dem dämonischen Animus. Da sie sich seiner mörderischen Energie aber bewusst wird und diese, als sich selbst zugehörig, annehmen kann, wird er keinen Schaden in ihrem Leben anrichten können.

Archetypische Besessenheit

Agiert nun eine archetypische Schatten-Macht unkontrolliert aus dem Dunkel des Unbewussten, aus der Spaltung, und ist sie in besonderem Maße überwältigend, dann können wir von einem Besessenheits-Phänomen sprechen. Aufgrund der Bipolarität von Dunkel und Licht birgt der archetypische Wandlungsprozess auch Risiken und Gefahren, mahnte Jung: [(8)]

> „Die Hauptgefahr besteht in einem Unterliegen unter den faszinierenden Einfluss der Archetypen, was dann am ehesten eintreten kann, wenn man sich die archetypischen Bilder *nicht bewusst macht.* Besteht eine psychotische Prädisposition, so kann es unter diesen Umständen geschehen, dass die archetypischen Figuren, denen sowieso Kraft ihrer natürlichen Numinosität eine gewisse Autonomie eignet, sich von der Bewusstseinskontrolle überhaupt befreien und völlige Selbständigkeit erlangen, das heißt Besessenheitsphänomene erzeugen.“

Seelische Phänomene von Besessenheit – nicht zu verwechseln mit Besetzungen durch Fremdenergie – zeichnen sich aus durch Spaltung, Unbewusstheit, Überwältigung, Maßlosigkeit und massive Zwanghaftigkeit. Immer wenn ungeheure irrationale Kräfte uns antreiben, wir „besessen“ sind von einer Vorstellung, einem Gefühl oder einer Idee, sind archetypische Schattenmächte am Werk: Männer, die Fahnen schwenkend, singend und mit Begeisterung in einen Krieg ziehen, wo sie doch mit großer Wahrscheinlichkeit der Tod erwartet, sind vom Krieger-Archetypus besetzt. Ein Selbstmordattentäter ist besetzt von Schatten des Erlöser- oder Rächer-Archetypus. Und der deutsche Faschismus war nur möglich durch die *kollektive Besessenheit* durch einen finsteren Herrscher-Archetyp und mörderischen Tyrannen. Denn archetypische Besessenheitsphänomene sind ‚ansteckend‘, sie entwickeln sich schnell zu einem Massenwahn mit unabsehbaren Folgen.

Im persönlichen Geburtshoroskop werden Besessenheitstendenzen durch die Stellung von Pluto angezeigt. In jenen Lebensbereichen, die von Pluto aktiviert werden, neigen wir tendenziell zu Maßlosigkeit. Informationen zum Urprinzip Pluto finden Sie in meinem ersten Buch „Psychotherapie im Raum der Göttin". (9)

Archetypen sind nun aber keine „Ausgeburten der Geisteskrankheit", so Jung, sondern universell vorkommende Typen und Bilder der menschlichen Psyche. Jung schreibt hierzu, und das ist zentral wichtig für alle psychotherapeutisch Tätigen: „Das pathologische Element liegt nicht in der Existenz dieser Vorstellungen, sondern in der *Dissoziation des Bewusstseins, welches das Unbewusste nicht mehr beherrschen kann.*" (10)

Das heißt: Nicht das archetypische Bild oder das archetypische innere Erleben an sich ist wahnsinnig und gefährlich, auch wenn es noch so finster, gewalttätig und bedrohlich erscheinen mag. Gefährlich wird es, wenn der Archetyp aus dem Dunkel des Unbewussten das Ich beherrscht, wenn die kontrollierende und ausbalancierende Ich-Instanz von einem Schatten-Archetyp überwältigt, besetzt und ausgeschaltet wird.

In diesem Zusammenhang erinnere ich mich an eine wertvolle Mitteilung von Stanislav Grof in einem seiner Ausbildungsseminare: Nicht die energetische Ladung, die Dunkelheit oder die mörderische Aggressivität von inneren Themen und Bildern beeinträchtige einen Heilungsprozess. Es ist das Maß der Integration, was Heilung möglich oder unmöglich macht. Grof gab hierzu folgendes Beispiel, das ich hier aus der Erinnerung und in meinem Worten zitiere:

Leidet ein Mensch mit einer schizophren-paranoiden Störung unter der Phantasie, sein Nachbar grabe heimlich einen unterirdischen Tunnel zu seinem Haus, um ihn zu vernichten, dann ist diesem Menschen psychotherapeutisch kaum zu helfen. Sein eigener unbewusster Vernichtungs-Impuls ist in der Projektion auf den Nachbarn untergebracht. Da er diesen Impuls nicht bei sich hat, kann er ihn auch nicht beherrschen, er wird von ihm beherrscht. Wäre dieser Mensch aber in der Lage anzuerkennen, dass in seiner eigenen psychischen Unterwelt ein solcher bösartiger Geselle am Werk ist, der es darauf abgesehen hat, ihn zu vernichten, dann könnte er mit therapeutischer Hilfe diesen dunklen Bruder anerkennen und heilsam integrieren.

Hieraus ergibt sich die Notwendigkeit der Integration der unbewussten Inhalte ins Bewusstsein. Die schrittweise Integration vollzieht sich in einem *kontinuierlichen Wandlungsprozess,* den Jung als „Individuationsprozess“ bezeichnet. „Dieser Prozess entspricht eigentlich dem natürlichen Ablauf eines Lebens, in welchem das Individuum zu dem wird, was es immer schon war.“ (11) Es ist ein archetypischer Wandlungsprozess vom Dunkel ins Licht, er ist an sich wertfrei, weder gut noch schlecht, aber er ist *zwingend und unausweichlich.* Es ist der Prozess von Geburt und Tod, der Prozess der Evolution, in dem sich das Göttliche im Irdischen erkennt; und wir Menschen sind ein Teil dieses Prozesses.

Archetypen sind universelle Geschenke des Lebens, verbinden sie uns doch mit dem Urgrund und dem kollektiven Reichtum der gesamten Menschheit, mit der Erde und ihren Wesen. Archetypen sind die Überbringer von Tiefe und Intensität, von Lebensfülle und der gebündelten Weisheit von Körper, Seele und Geist.

Zusammenfassung:

- Archetypen sind Urbilder der Seele.
- Sie sind universell und existieren zu allen Zeiten und in allen Kulturen in der Psyche der Menschen.
- Ihre Eigenschaften sind: numinos, vital, faszinierend, geheimnisvoll, machtvoll, drängend, überwältigend und zuweilen erschreckend und erschütternd.
- Der primäre Archetyp ist das Bild des Göttlichen im Menschen.
- Dieses göttliche Urbild differenziert sich in die beiden Grund-Archetypen: Anima und Animus.
- Archetypen haben einen dynamisch-energetischen und einen bildhaften Aspekt.
- Sie drängen vom Unbewussten ins Bewusstsein und können im therapeutischen Heilungsprozess integriert werden.
- Die energetische Ladung der Archetypen kann stark und überwältigend sein; unkontrolliert kann sie Phänomene von Besessenheit erzeugen.
- Archetypen sind bipolar, sie haben einen Licht- und einen Schattenaspekt.
- Archetypische Bilder und Gestalten erscheinen in Träumen, Visionen, Mythen und Märchen.
- Sie vermitteln uns den Reichtum und die Schönheit der Seele, konfrontieren uns mit unseren personalen und kollektiven Schatten und überbringen heilsame Botschaften aus der Tiefe der menschlich-göttlichen Seele.

Erkenntnis-Fragen:

- Wo und wie erkenne ich das Wirken der Archetypen in meinem Leben?
- Wann und wie habe ich die energetische Ladung eines Archetyps erfahren?
- Welche Tendenzen archetypischer Besessenheit kann ich bei mir wahrnehmen?
- Welche archetypischen Heilungserfahrungen wurden mir im Leben bisher zuteil?

Schlangen-Braut. Skulptur v. G. Croissier, 2007, Foto: Tim Besserer

Den Seelen-Mythos erfinden

Mythen sind Wort gewordene Träume, sie sind symbolisch-verdichtete Geschichten der Seele. Mythen erzählen die Geschichte eines Stammes, eines Volkes, einer Familie genauso wie die persönliche Seelen-Geschichte eines Menschen. In archetypischen (aus dem Unbewussten aufsteigenden) Seelen-Mythen verbinden sich bedeutsame äußere Ereignisse mit inneren Ereignissen; die Entwicklung des individuellen Bewusstseins verbindet sich mit dem kollektiven Bewusstsein. Es verbinden sich die archetypischen Erfahrungen von Geburt und Tod, von Liebe und Schmerz und die Begegnung mit dem Göttlichen, dem Transzendenten, in einer faszinierenden und berührenden Erzählung.

Wir alle tragen solche Geschichten in unserer Seele. Es sind traumartige Bilder-Geschichten, die, wenn wir uns nach innen wenden, auf-geträumt werden können, Worte finden und mitgeteilt werden wollen. In symbolhafter Sprache berichten sie von unserer ganz eigenen mythischen Seelen-Reise in dieser polaren Welt, von alten und bis heute prägenden Ereignissen, von Erschütterungen und Unheil, von Schuld und Vergebung, von Liebe und Schmerz und von dem, was die Seele braucht, damit sie heil werden kann. Sie übermitteln wichtige Botschaften – nicht unbedingt schmeichelhaft, heiter oder bequem –, immer aber heilsam für die Menschen, die bereit sind, die Botschaft ihrer Seele zu hören.

Anleitung und Beispiel aus der Praxis

In einem Seminar meiner ganzheitlich-transpersonalen Ausbildung bitte ich die TeilnehmerInnen, ihre eigene Seelen-Geschichte aufzuschreiben, so wie sie gerade jetzt im Moment aus der Tiefe ihres Unbewussten auftauchen will. Vielleicht, werte Leserin, werter Leser, möchten auch Sie an dieser Stelle Ihre eigene Seelen-Geschichte auf-träumen und aufschreiben.

Hier eine einfache Anleitung:
- Schließen Sie die Augen, wenden Sie sich nach innen und atmen Sie etwas tiefer.
- Lassen Sie nun eine bedeutsame innere Gestalt, die zentrale Person Ihrer Geschichte, vor dem inneren Auge auftauchen. Sie kann weiblich oder

männlich, jung oder alt sein, unabhängig von Ihrem jetzigen Alter und Geschlecht. Achten Sie alles, was und wie es sich zeigt.

- Erzählen Sie nun die Geschichte dieser Person in der Gegenwartsform, mit einem Anfang, einem Höhepunkt und einem Ende.
- Folgen Sie dabei dem Fluss Ihrer inneren Bilder und Ihrer Gefühle, lassen Sie sich von innen her führen.
- Achten Sie alles, was sich zeigt, ohne zu werten.
- Nehmen Sie sich eine halbe Stunde Zeit, fangen Sie einfach damit an.

Am Ende des Seminars erhebt sich eine Person nach der anderen und liest der aufmerksam lauschenden Gruppe ihre eigene Seelen-Geschichte vor. Dieses uralte Ritual des Erzählens der Seelen-Mythen – in alten Stammesgemeinschaften erzählte die Geschichtenerzählerin den Mythos des Stammes – ist sehr bewegend, berührend und bringt so manche Träne ins heilsame Fließen. Hier nun beispielhaft die Seelen-Geschichte eines männlichen Teilnehmers einer Ausbildungsgruppe:

> Die Flötenspielerin
>
> Sarah ist 27 Jahre alt. Sie ist wunderschön, hat lange schwarze Haare und dunkle Augen. Sie trägt ein lilafarbenes Gewand, sitzt an einem Felsen in üppiger Natur und spielt auf ihrer Flöte, einer langen Holzflöte. Sie spielt ihre Melodie im Einklang mit der sie umgebenden Natur. Sie ist die Schamanin eines alten Volkes und besitzt große Heilkraft. Ihr Wissen gibt sie auch an einige Schüler weiter.
>
> Sarah steht auf und läuft durch das prächtige, sattgrüne Gras. Sie hat Angst. Der heilige Berg, an dem sie lebt, wird angegriffen. Es muss sie jemand verraten haben. Sie ist alleine. Sie läuft in eine Höhle, holt ihren magischen Stab und versucht, den Angriff abzuwehren, die Angreifer zu blenden, in die Irre zu führen, um den Berg und die ganze heilige Gegend vor den Angreifern zu verbergen. Doch es ist zu spät. Die Höhle wird gestürmt und sie wird von einem Speer in den Rücken getroffen. Sie sinkt zu Boden und stirbt.
>
> Es hätte nicht passieren dürfen. Sie hätte aufmerksamer sein müssen. Sie hatte eine so große Verantwortung übernommen. Wäre sie aufmerksamer gewesen, dann hätte sie den Angriff verhindern können oder sich wenigstens in der Höhle in Sicherheit bringen können. Sie hat versagt, weil sie sich zu sicher gefühlt hat. Sie hat die bestehende Bedrohung nicht ernst genommen. Sie hat in der Sonne gesessen und auf ihrer Flöte gespielt.

Im Sterben sind ihre letzten Gedanken:
Ich bin es nicht wert, Verantwortung zu übernehmen.
Ich werde mich nie mehr so weit entwickeln, dass es mir möglich ist, das Heilige und das geheime Wissen anzuwenden und zu schützen.

(Jürgen G., Transpersonale Ausbildung, 2011)

Bei jeder Seelen-Geschichte stellen sich am Ende die Erkenntnis-Fragen:

- Was spiegelt mir diese Geschichte?
- Was sagt sie über mich und mein Leben aus?
- Was ist die Botschaft dieser Geschichte für mein Leben *jetzt?*

In Jürgens Seelenmythos, der „Flötenspielerin“, wird der Bezug zum aktuellen Leben sehr deutlich: Jürgen ist Arzt und sein schmerzliches Lebensthema ist Angst. Er hat Angst vor Verantwortung, Angst Fehler zu machen mit schwerwiegenden, schlimmstenfalls tödlichen Folgen für seine Patienten. Er hatte jahrelang nicht als Arzt, sondern als Pfleger gearbeitet, um eine mögliche Schuld zu vermeiden. Er ist zudem voller Menschen-Angst und leidet sehr unter dem aggressiven Verhalten seiner Mitmenschen. Als Kind wurde er von seinen Eltern, insbesondere seiner Mutter, geschlagen und schmerzlich gedemütigt.

Gleichzeitig ist Jürgen ungemein sensibel, feinfühlig und mit einem hoch entwickelten Gefühl für das „Heilige“ gesegnet. Dabei ist er sehr bescheiden und von einer großen und schlichten Herzlichkeit, die alle in der Gruppe immer wieder tief berührt hat. Nach vielen Jahren therapeutischer Arbeit und nach der Annahme seiner Angst-Wunde ist er nun endlich in der Lage, als Arzt zu arbeiten und Verantwortung zu übernehmen, ohne von der alten Versagensangst überwältigt zu werden.

Eine Geschichte von Liebe und Tod

Auch in den Einzeltherapien bitte ich die Menschen manchmal, eine Geschichte zu erfinden, eine Geschichte zu ihrem zentralen Lebensthema. So entstand die Geschichte von Helga, „Eine Geschichte von Liebe und Tod“.

Liebe und Gewalt, Liebe und Verlust, Liebe und Schmerz sind immer wiederkehrende Themen in Helgas Leben. Sie wünscht sich eine verbindliche Beziehung, leidet sehr unter Trennungen und vielleicht möchte sie auch ein Kind, aber aufgrund „alter Überzeugungen“, traumatischer prä-existentieller Prägungen, ist sie selbst immer wieder beziehungs-flüchtig. In einer therapeutischen Sitzung berichtet sie freudig, wie „gut" ihre jetzige Beziehung sei, „wie Flitterwochen", sagt sie. Doch gleich darauf zeigt sich eine wütende innere Gestalt, eine Täterin, welche diese „gute" Beziehung „kaputtmachen, töten, erstechen, vergiften, erwürgen, zerhacken und verbrennen" will. Seltsam, dieses direkte Aufeinandertreffen von Liebe und Hass, es wird aus Helgas Biografie nicht verständlich. Deshalb ermutige ich sie, mit geschlossenen Augen weiter zu erspüren, was da auftauchen will, und alles zuzulassen, ohne zu werten: Wer ist diese innere Gestalt, die „kaputtmachen, töten, verbrennen" will? Warum ist sie so zerstörerisch? Was hat sie erlebt?

Helga durchlebt nun – in der therapeutischen Regression – einen Zustand äußerster Bedrohung. Sie erfährt Gewalt als mächtiges inneres Thema, Gewalt im Zusammenhang mit Liebe und mit Beziehung: „Ich muss mich retten, mein Herz wegtragen, sonst werde ich vernichtet. Deshalb muss ich die Beziehung vernichten, bevor sie mich vernichtet", sind ihre folgenden Sätze. „Allein bin ich sicherer", ist die alte Überzeugung, das alte Überlebensmuster, welches ihr jetziges Erleben und Verhalten bestimmt.

Bevor wir aber mit der therapeutischen Arbeit weitergehen können, hat Helga zunächst eine Entscheidung zu treffen, eine Frage zu beantworten: „Bin ich bereit, die alten Überzeugungen, die alte Überlebens-Strategien zu heilen?" Denn nur, wenn die alten Prägungen von Angst und Vernichtungs-Wut fühlend angenommen sind, wird die Wunde heilen können. Erst wenn Liebe von Tod, Liebe von Hass *entkoppelt* ist, wird sie offen sein für eine erfüllende Liebesbeziehung.

Helga ist einverstanden und formuliert präzise die *alten Überzeugungen,* die ihr jetziges Leben so schmerzlich beeinträchtigen:

- „Ich muss die Beziehung beenden, bevor sie mich vernichtet – allein bin ich sicherer."
- „Wenn ich schwanger bin, dann überleb' ich das nicht."

Ich bitte Helga, als Hausaufgabe zum Thema ihrer alten Überzeugungen eine Geschichte zu erfinden, „die Geschichte von einer Frau, die in einer Liebesbeziehung vernichtet wurde". – Hierzu ein Hinweis: Das Wort er-finden leitet sich ab von ur-finden. Wir können nur erfinden, was ursprünglich, ursächlich in uns existiert. Somit ist eine Er-findung immer eine Ur-findung und wir können ihrem inneren Wahrheitsgehalt vertrauen.

Zwei Wochen später sehe ich Helga wieder. Sie liest mir ihre Geschichte vor:

Geschichte von Liebe und Tod

Elise ist jung. Sie weiß, dass es gefährlich ist, doch ihr Herz zieht sie hin zu dem jungen, stattlichen Handwerksburschen. Er gehört nicht zu ihrer Religion und Nationalität. Sie trifft ihn heimlich und sie lieben sich im Wald, im Heu und in der Scheune. Über Monate hinweg geht diese heimliche Liebe mit großer Hingabe. Sie schmieden Pläne zu fliehen, dorthin, wo sie niemand kennt. Als die Mutter von Martin stirbt, steht der Abreise nichts mehr im Wege. Noch zwei Wochen soll Zeit sein, um alle Vorkehrungen zu treffen, dann kann die heimliche Abreise stattfinden.

Doch Martin verletzt sich lebensgefährlich bei der Arbeit und braucht Wochen, um sich davon zu erholen. Sie können sich in dieser Zeit kaum sehen. Die Abreise verschiebt sich. Einen Teil seiner Ersparnisse braucht er in dieser Zeit auf. Elise verliert ihre Stellung auf dem Gutshof, weil die Ernte so schlecht war. Sie kommt unter bei ihrer Tante im Nachbardorf und arbeitet in deren Schneiderei. Die Tante ist noch konservativer, als ihre Eltern es waren, und sie lebt in einem sehr sozial kontrollierten Familiennetz. Einmal in der Woche kann Elise die eine Stunde ins benachbarte Dorf laufen, um Martin zu sehen. Er kann immer noch schlecht gehen wegen seiner Verletzung, doch er erholt sich langsam.

Dann planen sie erneut die Abreise. In zehn Tagen soll es losgehen. Sie verabreden einen Treffpunkt in der großen Hauptstadt. Damit sie niemand hier auf den Dörfern sieht, werden sie getrennt dorthin reisen. Sie werden sich bis zur Abreise noch zweimal sehen können. Elise verkauft den Schmuck, den sie von ihrer verstorbenen Mutter geerbt hat. Zwei ihrer engsten Freundinnen teilt sie dann ihre Abreisepläne mit und bittet diese, nach ihrer Abreise Abschiedsbriefe an vertraute Personen zu geben und Verschiedenes andere zu regeln.

Eine Woche vor der Abreise bricht ihr Kreislauf zusammen und sie wird ohnmächtig. Dass sie schwanger ist, hat sie bisher nicht einmal Martin gesagt. Ihre Tante aber ahnt, dass etwas nicht stimmt, und lässt sie heimlich von ihrem Vetter observieren. Er verfolgt sie auch beim nächsten Treffen mit Martin, beobachtet ihr Liebesspiel und hört von den Fluchtplänen.

Am Tag der Flucht klappt alles und Elise kann unentdeckt packen, das Haus verlassen und aus dem Dorf verschwinden. Kurz vor der kleinen Stadt, in der der Bahnhof liegt, von dem aus sie in die große Stadt gelangen will, geht sie die Strecke über die Felder, bis zur alten Stadtmauer. Dort muss sie durch das äußere Tor, um die Kleinstadt zu betreten. Hier sitzt unerkannt ihr Vetter, er hat eine Lampe mit Petroleum. Überraschend übergießt er sie von der Stadtmauer aus mit dem Brennstoff. Elise kann nichts mehr sehen und bekommt Atemnot. Jetzt beginnt sie zu brennen und wälzt sich am Boden. Eine Stunde später stirbt sie in der Krankenstation. Ihr Gesicht wurde nicht mehr erkannt, sie konnte nicht identifiziert werden. Niemand hat sie je als vermisst gemeldet.

(Helga M., 22.05.2011)

Bei dieser erschütternden Geschichte handelt es sich vermutlich um die Erinnerung eines unverarbeiteten präexistentiellen Traumas, welches das Leben meiner Klientin schmerzhaft beeinträchtigt, und weniger um einen Mythos. Für die psychotherapeutische Praxis ist es gleich-gültig, ob Seelen-Mythos oder präexistentielle Erinnerung, hier geht es vor allem um die innere Wahrheit, das Anerkennen der Wunde und die Heilungsbotschaft.

Allerdings gibt es in der *therapeutischen Bearbeitung* von Mythos oder präexistentiellem Trauma einen ganz wesentlichen Unterschied:

- *Seelen-Mythen* werden durch ihren *Symbolgehalt* als solche kenntlich. Die Symbolik einer mythischen Erzählung will in der Bearbeitung *entschlüsselt* werden.
- *Präexistentielle Erinnerungen* dagegen sind *wörtlich* zu nehmen. Sie haben eine eindeutige, meist sehr emotionale Sprache und benötigen intensive *Gefühls-Arbeit,* damit die schmerzlichen und aggressiven Gefühle integriert werden können.

Wie eine solche therapeutische Arbeit sich gestalten kann, zeigt der folgende Bericht.

Helgas riesiger Schmerz und die dahinter verborgene und nun aufgebrochene Zerstörungswut können auch in der dritten Therapiestunde noch nicht vollständig integriert und transformiert werden, die alte Wunde ist zu groß. Deshalb schlage ich ihr vor, in einer *Heilungs-Regression* den mörderischen Anschlag auf Elise nochmals voll und ganz im Hier und Jetzt zu durchleben, so als würde das Entsetzliche sich jetzt ereignen. Dies ist deshalb wichtig, weil gerade extrem traumatische Tode nicht *bewusst* erlebt werden, in die Spaltung gehen, im Unbewussten weiter existieren und behindernd in das jetzige Leben hineinwirken.

Vereinfachte Anleitung zu einer therapeutischen *Heilungs-Regression* durch *Identifikation:*

- Schließe die Augen und atme etwas tiefer als gewöhnlich.
- Gehe nun in der Zeitspur zurück, *sei* Elise und erlebe alles, was sie erlebt hat.
- Drücke als Elise alles voll und ganz aus, was sie erlebt und gefühlt hat, ohne zu werten.
- Ich bin bei dir und begleite dich.

Helga ist nun Elise, die zu ihrem Liebsten eilen will und am Stadttor von ihrem Vetter mit Petroleum übergossen wird. Helga-Elise befindet sich nun in absolutem Entsetzen und Fassungslosigkeit, während sie ausruft: „Ich sehe ihn, den Mann! Das darf nicht passieren! Das ist ungerecht!" Sie schreit und schreit: „Die Augen! Das tut so weh!" Dann setzt psychische und körperliche Lähmung ein, kein Atem mehr, keine Worte. Ersticken. Im Sterben fühlt sie nichts, da ist nur Irritation, nur Fassungslosigkeit ..., während ich sie halte, leise zu ihr spreche und die Verbindung in die heutige Zeit repräsentiere.

Wichtig ist nun das bewusste therapeutische Herausführen aus dem alten präexistentiellen Trauma durch Dis-Identifikation. In der *Disidentifikation* ist sie nun wieder Helga und als solche spricht sie zu Elise, sie *bezeugt* ihr den riesigen Schmerz von damals und die riesige Wut. Sie gibt Elise tiefe Liebe und tiefes Mitgefühl. So kann das alte Trauma langsam ausheilen.

Vereinfachte Anleitung zur *Disidentifikation* am Beispiel von Helga:

- Komme nun in der Zeitspur wieder hier in deinem jetzigen Leben an.
- Spüre, dass du jetzt Helga bist und das Entsetzliche lange vorüber ist.
- Sprich als Helga von heute zu Elise von damals. *Bezeuge* ihr, was ihr damals angetan wurde. Gib ihr dein tiefes Mitgefühl und deine Liebe.
- Vielleicht gibt es ein heilsames *Vermächtnis* der Elise von damals an die Helga von heute, etwas, das in dir weiter leben darf und wofür du Elise dankbar bist?

Elises Vermächtnis an Helga ist, in ihren eigenen Worten: „die Macht der Liebe". Helga lebt heute angstfrei in einer „glücklichen" Beziehung mit einem Mann.

6. Die Seelen-Botschaft der Träume

„Träume sind Kunstwerke
und ihre Schöpferin ist die Seele."

C.G. Jung

In der kollektiven Abwehr aber heißt es: „Träume sind Schäume". Dass diese Fehleinschätzung uralt ist, belegt die etymologische Ableitung: Das Wort „Traum" ist aus dem Germanischen abgeleitet und hat die Bedeutung „trügerische Erscheinung". Und so haben viele Menschen unserer Kultur gelernt, die Seelen-Botschaft ihrer Träume als trügerisch zu verwerfen: „Es war ja nur ein Traum!"

Dabei gibt es keinen direkteren und wahrhaftigeren Weg, keine stimmigere Methode, der inneren Wahrheit auf die Spur zu kommen, als über das aktive Träumen. Unsere Erfahrungen und Gefühle können wir rosa einfärben, beschönigen oder rationalisieren. Geführte Traumreisen, Innenweltreisen, selbst den inneren Prozess im Holotropen Atmen können wir teilweise steuern oder umlenken. Auf die Aktivität unserer Träume aber hat das kontrollierende Ego – als Schatten des Ichs – keinen Zugriff. Träume können wir weder kontrollieren noch manipulieren, sie kommen aus den Tiefenschichten unserer Seele und sprechen die Wahrheit, auch wenn wir diese häufig nicht verstehen. Jede im Traum auftauchende Gestalt und jedes Bild kann als ein Aspekt der inneren Wahrheit der träumenden Person verstanden werden. Wenn ein therapeutischer Prozess ins Stocken geraten ist oder die Person im Widerstand festsitzt, dann kann aktive Traumarbeit den seelischen Prozess wieder ins Fließen bringen – falls der Mensch bereit ist, allabendlich die „Traum-Geister" einzuladen, denn die wollen *gerufen* werden.

Warum schreibe ich ein so sehr langes und ausführliches Kapitel über Träume und Traumarbeit?

Keine therapeutische Methode ist so direkt, so authentisch, so erhellend und weg-weisend wie das Arbeiten mit Trauminhalten. Dieser erste Teil des Buches hat die Überschrift „Sehnsucht und der Weg der Seele", wir begegnen hier immer wieder der Frage: „Was will die Seele?" In unseren Träumen können wir Antworten finden; Träume sind direkte *Botschafter unserer Seele.*

Vom 43. bis zum 52. Lebensjahr – es war die Zeit einer großen Wandlungskrise in der Mitte meines Lebens – führte ich ein Traumbuch. Auf 277 handschriftlichen Seiten dokumentierte ich die erinnerten Träume: Große Träume, kleine Träume, kurze Traumrelikte, Traumbilder und verbale Traumbotschaften. Immer wieder hatte ich die Traumbücher später beim Aufräumen in der Hand und wollte sie entsorgen. „Weg mit den alten überholten Sachen", dachte ich forsch und habe es doch nie getan. Jetzt, 20 bis 30 Jahre später, bin ich froh, es nicht übers Herz gebracht zu haben. Meine eigenen Träume – mit G.C. gekennzeichnet – liefern nun vielfältige und lebendige Beispiele zu diesem Kapitel.

Indem ich mich als Psychotherapeutin und Autorin in dieser Weise öffentlich mache, breche ich ein Tabu: Wir TherapeutInnen sprechen und schreiben gewöhnlich *über* die Schatten und Leiden unserer „Patienten" (von gr. = Leidende). Meine Traumbeispiele zeigen mich nun selbst als Patientin, sie dokumentieren meinen eigenen Seelen-Weg, meine Schatten, meine Wunden und deren allmähliche Wandlung. Zu manchen meiner Träume fühle ich durchaus Peinlichkeit und ein wenig Scham. Aber, wie sollten meine Klienten sich mit ihren Schatten offen zeigen können, wenn ich es nicht kann?

Zur Geschichte des Traum-Verständnisses

Seitdem sich der Mensch aus dem primären Einheitsbewusstsein löste und sich seiner selbst bewusst wurde, trat ihm die Traum-Seele als polare und ‚fremde' Kraft entgegen. Seit Menschengedenken lässt sich der Mensch von seien Träumen bewegen, verstören oder auch erheitern.

In der vorhellenischen „Asklepidischen Priestermedizin" und später im Tempel von Epidauros (ab ca. 400 v. Chr.) erlebte der Patient einen heilsamen „Tempelschlaf": Nach intensiver innerer und äußerer Vorbereitung durch Meditation, Reinigungsriten und Rauchopfer machte er sich auf den Weg zum Tempel, um hier zu übernachten. Im Traum bekam er von den Gottheiten Hinweise zu Ursache und Heilung seiner Erkrankung.

In diesem Sinne verstand auch Platon Träume als „göttliche Offenbarungen" und auch sein Schüler Aristoteles (384 - 322 v. Chr.) erkannte Träume als seelische Erscheinungen, die Wahrheiten enthalten. Heute noch bekannt ist das fünfbändige Traumdeutungsbuch des Artemidor von Daldis (2. Jh. v. Chr.), auf das sich auch Jung bezieht.

Dem Vernunftdenken des Rationalismus (17.-19. Jh.) aber galt der Traum als Ausdruck von „dunklem und verworrenem" Seelenleben und die positivistische Naturwissenschaft sieht den Traum als einen durch „Ermüdungsgifte bedingten Defektprozess des Gehirns".

Sigmund Freud verstand Träume vor allem als „Wunscherfüllungsträume", in denen verbotene libidinöse und aggressive Impulse verarbeitet werden, sowie als „Hüter des Schlafes". Den Symbolgehalt der Träume bezeichnete er als „archaische Überreste", denen er wenig Beachtung schenkte.

Carl Gustav Jung hatte sich von Freuds begrenztem Traumverständnis deutlich distanziert und erkannte den Traum als „eine spontane Selbstdarstellung der aktuellen Lage des Unbewussten in symbolischer Ausdrucksform."[(1)] Gerade der archaische Ursprung der Träume war für ihn von großer Bedeutung, weshalb er den Traum auch als „Naturereignis" bezeichnete. Bis heute steht die Arbeit mit Träumen im Zentrum der Analytischen Psychologie von C.G. Jung. Er ist der eigentliche Pionier der psychologischen Traumarbeit und bis heute der wichtigste Lehrmeister einer ganzheitlichen Traumtheorie.

Jungs Erkenntnisse über das Traumerleben befruchteten das gesamte Feld der humanistischen Psychologie und damit auch der Transpersonalen Psychologie. Daher beziehe ich mich in der folgenden Abhandlung wesentlich auf Jungs Erkenntnisse und seine schriftlichen Mitteilungen. Ich nutze die archetypische Traumtheorie als eine Art Gerüst und bebildere sie mit eigenen Traumbeispielen und denen meiner KlientInnen.

Beide, Jung *und* Freud, waren sich darin einig, dass der Traum „der Königsweg zum Unbewussten" ist, denn alle Gestalten und Objekte eines Traumes repräsentieren Anteile der eigenen Psyche. Fritz Perls, der Vater der Gestalttherapie, bezeichnete den Traum zudem als „Königsweg zur Integration". Das folgende Traumbild, in seiner schlichten Eindeutigkeit, ermöglicht der Träumerin die Integration der Polaritäten von Unten und Oben, innerer Düsternis und innerem Leuchten und zeigt ihr den möglichen Weg: Sehnsucht nach Transformation.

Das blaue Zelt

Ich bin auf Reisen in einer bergigen Landschaft. Es ist Winter. Ich schaue aus dem Fenster des Gasthofes: Draußen ist es eintönig, düster und grau. Wie ich aber nach links schaue, da sehe ich oben auf einem Berg, unter einer Steilwand, ein kleines blaues Zelt. Ich wundere mich. Wer wohl im Winter da oben alleine zelten mag?

Das blaue Zelt dort oben leuchtet zu mir nach unten ins Tal. Es leuchtet in strahlendem Blau. Mich packt eine tiefe Sehnsucht nach diesem blauen Zelt.

(G.C., 1991)

Der „Königsweg" der Träume kann sich aber, unter speziellen psychischen Umständen, auch zur „Höllenfahrt der Selbsterkenntnis" gestalten, wie Jung betonte. Weshalb wir dann vielleicht ausweichend, abwehrend oder leugnend doch lieber sagen möchten: „Ach, es war doch nur ein Traum":

Der vergiftete See

Ich bin mit einer Gruppe an einem See, wir wollen baden. Ich gehe mutig voran, nackt wate ich ins Wasser. Zu spät sehe ich, dass der See „vergiftet" ist, braun-lila verfärbt von giftigen chemischen Industrieabwässern. Von rechts fließt in einem kleinen Strom Hühnerblut hinzu, aus einer Hühnerschlachterei.

Zu spät, ich stehe bereits bis zum Unterleib in dem gefährlichen, vernichtenden Wasser. Schnell gehe ich zurück ans Ufer. Aber an meinen Schamlippen, glatt und unbehaart wie die eines Kindes, glitzern lila-braune Wassertropfen.

Ich wache auf in Angst und Panik. (Waltraud B., 2008)

Der Traum von Waltraud ist ein deutlicher Warntraum, ihre Gefühle sind gefährlich vergiftet. Es stellt sich auch die Frage, ob sie als Kind sexuell missbraucht wurde. Aktive Traumarbeit könnte ihr weitere Klarheit und Heilung bringen.

Nun werden einige Leser oder Leserinnen fragen: „Wie soll ich mit meinen Träumen arbeiten, wenn ich meine Träume nicht erinnere?" Wir träumen jede Nacht, besonders intensiv in Zeiten seelischer Krisen, aber viele Menschen können oder wollen sich an ihre Träume nicht erinnern. Wenn das Traumbewusstsein gelernt hat, sich zu verbergen, weil es keine Beachtung findet, wollen die Geister der Träume wieder gerufen und eingeladen werden. Eine Anleitung zum „aktiven Träumen" durch Autosuggestion finden Sie im Anhang zu diesem Kapitel.

Wesen und Gestalt der Träume

Träume sind seelische Erscheinungen im Schlafzustand, die vom Wachbewusstsein erinnert werden können. Es sind komplexe Ausdrucksformen des Unbewussten, die sich ohne Kontrolle eines steuernden Ichs ereignen und vor allem *ausbalancierende* und *integrierende* Funktionen erfüllen.

Das Traumerleben ist durch Visualisierungen, durch die Bildsprache der rechten, analogen, Hirnhälfte geprägt. Träume folgen nicht der linkshemisphärischen Logik des Wachbewusstseins, sondern einer Logik der Gefühle und Affekte. Die träumende Person lebt in einer halluzinatorischen Gefühls- und Bilderwelt, die durchaus einem psychotischen Zustand vergleichbar ist.

Die Traumtätigkeit bedient sich insbesondere der psychischen Mechanismen
– der Verdichtung,
– der Symbolisierung,
– der Traumsprache,
– der Verschiebung.

In der *Verdichtung* eines Traumes können Vergangenheit, Gegenwart und Zukunft zu einem einzigen „aktuellen Seelenbild" verschmelzen. Träume spiegeln nicht irrationale, sondern trans-rationale psychische Wirklichkeiten, in denen die logische Struktur und die Trennung von Subjekt und Objekt aufgehoben ist: Das Ich verschmilzt mit dem Du, eigene Persönlichkeitsanteile verkörpern sich in anderen Traumfiguren. Das Traum-Ich kann sich gleichzeitig als das Eine *und* das Andere, z.B. als Mutter *und* Kind, Frau *und* Mann, Opfer *und* Täter erleben. In seiner inhaltlichen Verdichtung kann die *Gestalt* eines Traumes variieren, vom kurzen Traumbild bis zu einem langen und komplex verdichteten und verwobenen „Traumgespinst".

Traum-Symbole sind bildhafte oder sprachliche Ver-Dichtungen seelischer Wirklichkeiten, wie sie im kollektiven Unbewussten aller Menschen existieren. Traumsymbole wirken Sinn gebend und übermitteln wichtige Botschaften. Die Bildhaftigkeit der *Traumsprache,* die poetische Schönheit von Traumdichtung ist Ausdruck der magisch-mythischen Seelenebene und beeindruckt mit ihrem einzigartigen Zauber. (Mehr dazu in den Kapiteln „Traum-Symbole, Traum-Theater und Traum-Dichtung)

Der Traum bedient sich gerne der *Verschiebung,* hier werden eigene psychische Anteile auf andere Figuren, die als „Deckfiguren“ bezeichnet werden, verschoben. Häufig erscheint das Ich dann verdeckt als „Freundin“, „Schwester“ oder „Bruder“. Dunkle und abgelehnte innere Anteile – wie die „fremde Frau“ im folgenden Traum – können als Diebe, Mörder oder andere Bösewichte erscheinen, die uns oder andere verfolgen, vor denen wir fliehen. Und tatsächlich flieht unser kontrollierendes Ich vor diesen „bösen“ Gestalten, denn es hat gelernt, dass nur „liebe“ Menschen ein Recht haben auf Zugehörigkeit und Leben. Da aber der Weg unserer Seele ein Weg der Ganz-Werdung ist, laufen die abgelehnten dunklen Seelenanteile hinter uns her. Sie verfolgen uns in unseren Träumen, so lange, bis wir bereit sind, sie anzuerkennen und anzunehmen. Dann liegen sie verletzt vor uns, wie in der folgenden Traumszene, und wir müssen uns um sie kümmern:

Die fremde Frau

Eine fremde Frau hackt mit einem Beil auf einen Mann ein, der ein kleines Kind auf seinen Armen trägt. Das Blut spritzt und er bricht zusammen. Dann liegen alle drei, der Mann, die mörderische Frau und das Kind, zusammen auf einer Bahre. Sie sind schwer verletzt. Ich muss mich um sie kümmern, denke ich im Traum.

(G.C., Traum, 1987)

Nicht nur unsere bösartigen und mörderischen inneren Gestalten zeigen sich in Verkleidungen. Auch schwache, bedürftige, erbärmlich kleine Anteile können vor der Zensur eines strengen Über-Ichs nicht immer bestehen. Sie erscheinen dann verdeckt in der Gestalt eines geeigneten Anderen.

Ein Hinweis: Das Traumbewusstsein wählt gerne Deckfiguren, welche die abgelehnten Eigenschaften des träumenden Ichs scheinbar verkörpern.

Klein sein

Mein Nachbar Jorgos will eine Schiffsreise machen. Die Reise geht über einen großen Ozean in ein fremdes Land. Seine Frau legt ihm viele Windelhosen zurecht, packt sie ihm ein und windelt ihn auch noch vorsorglich. Dann ist er auf dem Schiff; hier sind viele weibliche Serviererinnen. Sie alle haben nackte Oberkörper und volle, hängende, nährende Brüste. Eine der Frauen beugt sich nach vorne, über Jorgos. Er „hängt“ an ihren Brüsten und saugt gierig.

(G.C., Traum, 1993)

Wer will schon gerne als ein so kleiner Hosenschisser dastehen; so ängstlich, so bedürftig und auch noch so gierig? Da ist ein solches Traum-Theater wirklich hilfreich: In seiner Verkleidung als Jorgos konnte diese kleine erbärmliche Gestalt zu mir kommen und angenommen werden. Ich konnte sie als mir zugehörig erleben und notierte in meinem Traumbuch: „Nachts habe ich Halsschmerzen und fühle mich sehr klein und bedürftig."

Die innere Wahrheit der Träume

„Ein Gott ist der Mensch, wenn er träumt,
ein Bettler, wenn er nachdenkt."
(Hölderlin, Hyperion)

Aufgrund der gnadenlosen Unbestechlichkeit von Träumen definierte Jung[(2)] den Traum auch „als die Äußerung eines unwillkürlichen, dem Einfluss des Bewusstseins entzogenen, unbewussten seelischen Prozesses, der *die innere Wahrheit und Wirklichkeit so darstellt, wie sie ist;* (...)" und damit als „diagnostisch verwertbare Tatsache. (...) Deshalb ist jeder Traum Informations- und Kontrollorgan und darum das wirksamste Hilfsmittel beim Aufbau der Persönlichkeit."

Tatsächlich gibt es keine Methode, nichts, was die psychische Situation so wahrhaftig und unzensiert abbildet, wie unsere Träume. Wenn eine Therapie stagniert und ich das Gefühl habe, dass wir nicht am Ort der Wahrheit sind, dann frage ich gerne nach Träumen. Sie übermitteln eine untrügliche Botschaft der Seele an das bewusstseinsfähige personale Ich, welches die Traumbotschaft anzunehmen und zu integrieren hat.

Das erlebende „Traum-Ich" – der Teil, der sich träumend im Traum als Ich erlebt – ist die zentrale Verbindungsinstanz zwischen dem *träumenden* Unbewussten und dem *erkennenden* Bewusstsein. Jung[(3)] war der Ansicht, dass in den meisten Träumen Ich-Bewusstsein vorhanden ist, allerdings Bewusstsein eines „eigentümlich veränderten Ichs", oft nur einen Aspekt des bewussten Ichs verkörpernd. Dieser Aspekt fokussiert und spiegelt *eine* tiefere Wahrheit der Persönlichkeit und diese tiefere Wahrheit ist nicht immer schmeichelhaft.

Vorbei an der Zensur des bewertenden bewussten Ichs können über das Traumereignis verdrängte und *verbotene Regungen,* unbewusste oder verleugnete psychische Konflikte ins Bewusstsein gelangen. Die folgenden Traumsequenzen konfrontieren mich, als die Träumerin, mit meinen verbotenen und verleugneten aggressiven Impulsen:

Pissen

Ich sitze unter vielen Menschen. Ich „pisse" und mache alle und alles nass. Ich pisse in einem dicken Strahl und setze alles unter Wasser. Die Polizei kommt, um den Täter zu finden. Sie finden mich nicht, aber ich habe große Angst, entdeckt zu werden.

(G.C., Traum, 1987)

Anspucken

Ich bin in einer Gruppe. Wir gehen alle hintereinander im Gänsemarsch und spucken beim rechten Schritt nach rechts und beim linken Schritt nach links aus. Mir macht es großen Spaß, ganz demonstrativ zu spucken, wenn Passanten vorbeigehen, so dass sie sich gemeint und angespuckt fühlen. Hinter uns spricht dann einer dieser ‚angespuckten' Passanten mit einem „Mann vom Rundfunk". Ich befürchte nun, dass mein aggressives Spucken öffentlich gemacht werden könnte, und habe Angst.

(G.C. Traum, 1991)

Erkenntnis-Fragen:

- Erinnere ich mich an aggressives, verbotenes, peinliches oder unangemessenes Verhalten in meinen Träumen?
- Kann ich dieses Verhalten als eine meiner eigenen inneren Wahrheiten anerkennen?

Inhalte und Bilder eines Traumes werden häufig durch *äußere* sinnliche und optische Reize – beispielsweise durch einen Fernsehfilm, den Inhalt eines Buches, durch körperliche Reize oder unverarbeitete Erfahrungen des Tages – *aktiviert.* Die eigentlichen Inhalte des Traumes aber entspringen *inneren* Quellen, sie dramatisieren den aktuellen seelischen Zustand, die Gefühls- und Affektlage, die Ängste und die Wünsche des Träumenden in seinem lebens- und seelengeschichtlichen Kontext und sind damit Ausdruck der inneren Wahrheit.

Hier ein Beispiel, wie Träume durch äußere Reize aktiviert werden und gleichzeitig einen tiefen Wahrheitsgehalt transportieren: Ich las in einem Fachbuch etwas über „blockierte Chakra-Räder", dies wurde zum äußeren Auslöser für den folgenden Kinderfahrrad-Traum, der mich mit dem unbewältigten „Unrat" und den „Verstopfungen" aus meiner Kindheit konfrontierte. Dieser Traum zeigt, wie auch belanglos erscheinende Träume wertvolle Heilungsbotschaften übermitteln, und wie wichtig es ist, jeden Traum als ein Geschenk der Traumseele zu würdigen.

Das blockierte Fahr-Rad

Ich radele auf einem sehr kleinen Fahrrad, einem Kinderfahrrad, sehr schnell den Weg runter von meiner alten Schule zur Brücke über die Nidda. Ich bin besorgt, weil mit den Bremsen etwas nicht stimmt, die ganze Mechanik des Rades scheint nicht mehr zu funktionieren.

Da kommen zwei männliche Gestalten, ich kann sie nur schemenhaft erkennen. Sie helfen mir. Sie reinigen mein Fahrrad von „Verstopfungen". Aus verschiedenen Löchern holen sie Schmutz und Unrat hervor, welcher die Funktionsfähigkeit meines Rades blockiert hat.

(G.C. Traum, 1991)

Oft sind es *aktuelle* konflikthafte Umstände, welche die Traumarbeit aktivieren, sie sind das Einstiegsloch ins Unbewusste. Diese den Traum *auslösenden* Konflikte kommen meist aus der Alltagswelt des Träumers, gleichzeitig aber verweisen sie auf tiefere, ältere und verinnerlichte Konflikte. Eine Traumbotschaft gab mir hierzu den Hinweis:

Jeder Leidenschaft im Außen
ist ein Innen vorgegeben.

Neben Beziehungskrisen liegen die traum-auslösenden Konflikte häufig im Berufsfeld, in Problemen mit dem Chef, den Kollegen; sie aktivieren die alten Wunden und befördern somit die Reise der Seele. Häufig ist ein Konflikt mit der Herkunftsfamilie, den Eltern oder Geschwistern, der heilsame „Stein des Anstoßes", der die Traumtätigkeit anregt. Es kann auch die aktuelle Familiensituation sein, Sorgen um die Kinder oder die Last mit dem eigenen kranken Körper. Gerade lang anhaltende Probleme dienen der

Heilung, indem sie die Wunden aktivieren und damit die Entwicklung der Seele befördern.

Meine Mutter sagte gerne: „Jeder hat sein Päckchen zu tragen", um sich und andere zu trösten, wenn es um die Bürden des Lebens ging. Irgendwann wird es sich zeigen: In diesem Päckchen, der Lebens-Last, ist ein Geschenk verborgen, der Schlüssel zur Selbsterkenntnis.

Erkenntnis-Fragen und Hinweise:

- Wo liegt der hauptsächlichste, traum-auslösende Konflikt, in Beruf, Familie, Beziehung?
- Ist dies auch mein zentraler Leidensbereich?
- Welche alte Wunde spiegelt sich in ihm?
- Achten Sie gerade diesen schwierigen Lebensbereich mit allen seinen Problemen.
- In ihm liegt der Schlüssel zur Selbsterkenntnis.

Ab hier verzichte ich auf Erkenntnisfragen zum Traumgeschehen. Kapitel 7 „Zur Praxis der Traumarbeit" bietet eine Fülle von Übungen und Anleitungen für die persönliche und professionelle Traumarbeit.

Die ausgleichende Funktion der Träume

Schnell-Zug

Ich bin auf einer Reise und sitze im Schnellzug, im „Transpersonalen Intercity". Aber ich habe ein Problem: Ich habe mein „altes Gepäck" am Ausgangsbahnhof vergessen. Ich muss mit dem nächsten Zug zurück, um es zu holen.

(G.C. Traum, 1989)

Runter vom Gas

Eine Freundin fährt uns in meinem Auto über die Insel. Sie gibt ständig zu viel Gas, fährt zu schnell. In abschüssigen Kurven geraten wir daher in Gefahr, „die Kurve nicht zu kriegen" und abzustürzen. Ich rufe deshalb immer wieder: „Langsam, langsam, runter vom Gas, runterschalten in einen niedrigeren Gang!" (G.C. Traum, 1992)

Die eigentliche Funktion der Träume sah Jung[4] in ihrer ausgleichenden, ausbalancierenden und kompensatorischen Funktion; so verweisen die beiden vorherigen Traumbeispiele auf mehr Langsamkeit und mehr Achtsamkeit. So wie der gesamte psychische Prozess ein ständiger Balanceakt zwischen bewussten und unbewussten Inhalten darstellt, welcher der seelischen und körperlichen Gesunderhaltung dient, so sind auch Träume ein Versuch der Psyche, das *seelische Gleichgewicht* zu erhalten oder wieder herzustellen:

> „Die Seele als ein selbstregulierendes System ist balanciert wie das Leben des Körpers. Für alle exzessiven Vorgänge treten sofort und zwangsläufig Kompensationen ein, ohne sie gäbe es weder einen normalen Stoffwechsel noch eine normale Psyche. In diesem Sinne kann man die *Kompensationslehre* als eine Grundregel für das psychische Verhalten überhaupt erklären. Das Zuwenig hier erzeugt ein Zuviel dort. So ist auch das Verhältnis zwischen Bewußt und Unbewußt ein kompensatorisches. Dies ist eine der am besten bestätigten Handwerksregeln der Traumdeutung. Immer können wir mit Nutzen in der praktischen Traumdeutung die Frage aufwerfen: Welche bewusste Einstellung wird durch den Traum kompensiert?"

Die Kompensation ist für Jung eine „Tatsächlichkeit, die umso tatsächlicher wird, je mehr man sie verdrängt. Durst hört bekanntlich nicht dadurch auf, dass man ihn verdrängt. Der Trauminhalt ist darum zunächst als Tatsächlichkeit ernst zu nehmen" und in das Bewusstsein aufzunehmen. Die balancierende, ausgleichende und ergänzende Funktion vieler Träume besteht in der „Assimilation" all derjenigen Anteile, die vom bewussten Leben ausgeschlossen sind: Gefühle, Affekte, Phantasien, Wünsche, Gedanken sowie persönliche Eigenheiten und Vorlieben wollen anerkannt werden und am bewussten Leben teilhaben.

Positiv-ausgleichende Träume:
Träume können positiv-kompensierend sein: Solche Träume sind bestätigend, ermutigend, aufbauend und ergänzend. Sie heben das Selbstbewusstsein, da wo der Selbstwert schwach ist, und vermitteln dem Träumer Anerkennung und Wertschätzung.

Als ich ein Kind war, hat mein Vater mich häufig gedemütigt, entwertet und als Pfarrer in seinen Predigten vor der ganzen Gemeinde bloßgestellt.

Gleichzeitig galt ich in meiner Familie auch als „besonders" und als „besonders begabt". Entsprechend hatte ich immer wieder die Polaritäten von Groß und Klein, Wertvoll und Wertlos in mir auszubalancieren. Als ich mich später, als Erwachsene, wieder einmal als ungenügend erlebte, hatte ich die folgenden positiv-kompensierenden Träume:

Die Bernsteinkette

Ich bekomme als anerkennendes Geschenk eine Bernsteinkette. Sie besteht aus drei Gehängen übereinander mit dicken, mächtigen, gelb-goldenen Bernsteinen und kleineren dazwischen. Zunächst empfinde ich die Kette als zu groß und zu mächtig für mich, doch dann nehme ich sie dankend an.

(G.C. Traum, 1991)

Lobes-Predigt

Mein Vater hält eine Rede oder eine Predigt vor vielen Menschen. Die Predigt handelt von mir und er lobt darin meine therapeutische Arbeit. Die Zuhörer geben mir mit lautem Klatschen Anerkennung und Beifall. Ich verneige mich nach allen Seiten und bin sehr dankbar für so viel Würdigung.

(G.C. Traum, 1992)

Negativ-ausgleichende Träume:
Negativ-kompensierende Träume sind oftmals reduzierend, „zersetzend, auflösend, entwertend, sogar zerstörend und herunterreißend", schreibt Jung. [5]

> „Jeder Schein von falscher Größe und Wichtigkeit zerfließt vor dem reduzierenden Bilde des Traumes, der mit unbarmherziger Kritik und unter Heraufführung eines vernichtenden Materials, das sich durch eine vollendete Registrierung aller Peinlichkeiten und Schwächen auszeichnet, die bewusste Einstellung analysiert."

Eine solch reduzierende Funktion verdeutlicht Jung am Beispiel des mächtigen babylonischen Königs Nebukadnezar[6]: Dieser sah im Traum einen Baum, groß, stark und sehr hoch, „sein Wipfel reichte bis an den Himmel, seine Krone bis ans Ende der ganzen Erde …" Dieser Baum, der den König selbst repräsentiert, wird von einem himmlischen „Wächter" zerschmettert.

Sein „Cäsarenwahnsinn“ wurde kompensatorisch zerschlagen und laut Bericht des Propheten Daniel endete Nebukadnezar im Wahnsinn.

Im Jahr 1992 hatte ich ein Treffen mit einem Kollegen, der von meiner therapeutischen Arbeit recht angetan war. Wir trafen uns in einer Stadt auf einem Domplatz und besprachen eine mögliche berufliche Zusammenarbeit. Wie der folgende Traum zeigt, befand ich mich nach diesem Treffen in einem narzisstischen Hochgefühl. Gleichzeitig aber hatte ich Angst „abzurutschen“ und in meinem Unvermögen erkannt zu werden. Der folgende, negativ-kompensierende Traum mahnte vor den Folgen meines Hochmutes und verwies auf Mäßigung:

Abrutschen

Ich bin ganz oben auf dem Dach des Hauses, in dem ich wohne. Dieses Haus befindet sich auf dem höchsten Punkt von zwei übereinander stehenden Kirchtürmen, die zu einem Dom gehören. Auf diesen übereinander stehenden Türmen ist obendrauf mein Haus und das Ganze ist zusammen ein riesig hoher Turm. Vom Dach dieses Haus-Turmes führt eine Wendeltreppe Stufe um Stufe hinunter auf den Domplatz. Eine dieser Stufen ist sehr glatt und auf ihr liegen zwei Steine, jeder Stein ist etwa so groß wie zwei Handflächen.

Ich habe furchtbare Angst, diese Steine könnten abrutschen und aus dieser schwindelnden Höhe auf den Domplatz krachen. Die Folgen wage ich mir kaum vorzustellen. Aber ich denke und sehe es bildlich vor mir: Die Steine könnten auf dem Domplatz genau in einen Kinderwagen krachen und das darin liegende Kindchen erschlagen.

Dann denke ich träumend, wie ungefährlich es doch wäre, wenn die Steine aus einer geringeren Höhe fielen, zum Beispiel von einem kleinen Mäuerchen. Dann könnte nichts Schlimmes passieren.

(G.C., Traum, 1992)

Die Seele strebt immerfort nach Wahrheit und Ganzheit. In einem seelischen Balanceakt können sich negativ- und positiv-kompensierende Träume solange abwechseln, bis ein Gleichgewicht zwischen Oben und Unten, Groß und Klein erreicht ist. Denn keine Haltung ist besser als die andere, beide zusammen ergeben die Ganzheit, welche die Seele erstrebt. *Über*hebliche können im Traum kompensatorisch fallen, abrutschen, erniedrigt werden und *Unter*würfige können erhöht werden. Genauso aber können allzu Überhebliche auf verzerrte und lächerliche Weise überhöht und allzu Unterwürfige peinlich gedemütigt werden, worauf Jung[7] hinweist. Der Traum arbeitet also nicht immer mit Ausgleich und Ergänzung des Fehlenden, sondern in hartnäckigen Fällen auch mit dem homöopathischen „simile", dem Gleichen. Der folgende Traum verweist auf einen solchen hartnäckigen Fall und bedient sich daher der methodischen *Verstärkung* des Unheils. Er konfrontiert mich, die Träumerin, mit meinem maßlosen und gefährlichen Verhalten:

> *Steinquader versetzen*
>
> *Ich bin mit meinem Mann in einem Flussbett unter Platanen. Es fließt kein Wasser mehr, nur riesige Steinbrocken füllen das Tal. Diese sind fast quadratisch und haben einen Durchmesser von etwa zwei Meter. Diese riesigen Steinquader rolle und versetze ich mit großem Kraftaufwand und unter großer Gefahr: Hände und Füße könnten leicht zerschmettert werden. Laut krachend bewege ich einen riesigen Felsbrocken nach dem anderen, ohne die Gefahr zu beachten.*
>
> *Mein Mann aber flieht angstvoll und entsetzt.*
>
> *(G.C., Traum, 1992)*

Es gibt es unzählige Möglichkeiten der Kompensation, die aber immer nur im Lebenskontext der träumenden Person zu verstehen sind, woran Jung immer wieder erinnert. Da die ausgleichende Funktion der Träume meist nicht offen, sondern eher *symbolisch* in Erscheinung tritt, ist es eine zentrale Aufgabe der praktischen Traumarbeit, die ausgleichende Botschaft eines Traumes herauszuarbeiten. Und hierzu braucht es ein differenziertes Verständnis *der Traumsymbole.*

> „Das große Werk ist wie ein Traum, der trotz aller Offenkundigkeit sich selbst nicht deutet und auch niemals eindeutig ist. Kein Traum sagt: »du sollst« oder »das ist die Wahrheit«; er stellt ein Bild hin, wie die Natur eine Pflanze wachsen läßt, und es ist uns überlassen, daraus Schlüsse zu ziehen. Wenn einer einen Angsttraum hat, so hat er entweder zuviel Angst oder zuwenig, und wenn einer von einem weisen Lehrer träumt, so ist er entweder zu lehrhaft oder bedarf des Lehrers. Und beides ist subtil dasselbe …" [8]

Traum-Symbole

Die heitere Alte

Ich sitze im überdachten Eingangsbereich eines alten und großen Hauses, unter einem Rundbogen. Es ist sommerlich warm und ich schaue auf einen grünen und blühenden Garten, eine Treppe, ein kleines Holztor, das öffnet und schließt den hinteren Bereich des Gartens. Neben mir sitzen ein oder zwei ältere Frauen. Dann kommen immer mehr ältere, alte und auch sehr alte Frauen – zum Teil auf Gehstöcke gestützt – und setzen sich zu uns. Bald ist der gesamte Vorplatz voll mit alten Frauen. Die Atmosphäre ist heiter. Ich fühle mich wohl in ihrer Gemeinschaft, fühle mich als eine von ihnen. Ich bin eine heitere Alte.

(G.C. Traum, 2007)

Als ich diesen Traum hatte, war ich 64 Jahre alt und befand mich gerade in einer Alterskrise, ich war im Hader mit dem Altwerden und dem Abnehmen der Körperkräfte. Diese positiv- kompensierende Traumbotschaft gab mir Zuversicht, verweist sie doch auf ein erfülltes Alter: wie ein „grüner, blühender Garten". In seiner Schlichtheit ist die Symbolik dieses Traumes doch bemerkenswert. Er enthält eine Reihe universeller Symbole, deren Bedeutung ich hier – so wie ich sie aus meinem Lebenskontext verstehe – mitteilen möchte, damit LeserInnen, die weniger vertraut sind mit der Traumsymbolik, hieraus lernen können.

Dach, überdacht	– Schutz, beschützt sein
Eingang	– Öffnung, Neubeginn
Haus	– Bild für den aktuellen seelischen Zustand
Rundbogen	– Rund bedeutet Ganzheit, auf alten Gemälden sind Madonnen, Heilige unter Rundbögen dargestellt, Hinweis auf spirituelle Entwicklung
Grüner Garten	– Wachstum, Fülle
Treppe	– Aufstieg, Entwicklung
Tor	– Durchgang in neue Lebens-Räume
Stock	– Stab, Phallus, männliches Symbol für die Verbindung von Oben und Unten, als Zauberstab steht er für Wandlung, als Äskulab-Stab (mit der sich um ihn windenden Schlange) ist er Heilungs-Symbol

Jung hatte seinen SchülerInnen immer wieder geraten, so viel wie möglich über Symbolik zu lernen, aber in der praktischen Traumarbeit dann alles wieder zu vergessen. Auch für transpersonale und ganzheitlich arbeitende TherapeutInnen halte ich es für unerlässlich, über symbolisches und mythologisches *Hintergrund*-Wissen zu verfügen und gleichzeitig absolut offen zu sein für die Erfahrungswirklichkeit der Klienten. Es gibt zwar theoretisch „relativ feststehende Symbole", sagt Jung, aber der eigentliche und vielschichtige Symbolgehalt kann nur im Kontext des Träumers entschlüsselt und verstanden werden.

Zur Definition des Begriffes „Symbol":

Symbol, griech. = das Zusammengeworfene; die Anteile dessen, was auseinander gebrochen ist, aber wesensmäßig zusammengehört.

Symbole sind Sinn-Bilder, in denen das Wesentliche seelischer Bedeutungen auf unterschiedlichen Ebenen gleichzeitig in verdichteter, gleichnishafter und bildhaft-anschaulicher Weise ausgedrückt ist.

Symbole sind von *Zeichen* zu unterscheiden, welche vereinfachte Bezeichnungen nur äußerer Zusammenhänge darstellen.

Symbole, im engeren Sinne, heben seelische Inhalte und Bedeutungen auf eine ‚höhere' Ebene und wirken damit *Sinn gebend.* Hierzu gehören die kultischen, magischen, mythischen und spirituellen Symbole. Sie sind Inhalte des kollektiven Unbewussten und erscheinen in den stammesgeschichtlichen Überlieferungen der Menschheit, in Mythen, Märchen, in Träumen, aber auch in psychotischen inneren Bildern. Jung bezeichnet solche Symbole auch als „lebendige Symbole". Für ihn ist das Symbol „ein Gebilde höchst komplexer Natur", weder rational noch irrational, es ist vernünftig und unvernünftig, der inneren und der äußeren Wahrnehmung entsprechend:

> „Das Ahnungsreiche und Bedeutungsschwangere des Symbols spricht ebensowohl das Denken, wie das Fühlen an, und seine eigenartige Bildhaftigkeit, wenn zu sinnlicher Form gestaltet, erregt die Empfindung sowohl wie die Intuition." (9)

Kennzeichen eines „lebendigen Symbols" sind:
- Seelische Bedeutung
- Vielschichtigkeit

- Verdichtung
- Bildhaftigkeit
- Gleichnishaftigkeit
- Wesenhafte (transpersonale) Bedeutungen
- Sinn-Gebung
- Durch Logik und rationales Verstehen nicht erklärbar
- Numinosität, das Unaussprechliche bezeichnend
- Archetypisch, dem kollektiven Unbewussten zugehörig

Die Heilkraft „lebendiger Symbole"

Symbole integrieren und transformieren psychische Energien, sie begleiten den Individuationsweg und fördern die seelische Ganzwerdung, indem sie mit dem „ursprünglichen Geist", wie Jung sagt, dem Wahren Selbst, verbinden. Träume und Innenweltreisen, wie das Holotrope Atmen, beschenken uns mit solch „lebendigen Symbolen". Die Weisheit der Seele offenbart hier ganz „vom Selbst" genau diejenigen Symbole, welche den persönlichen Entwicklungsweg begleiten und die Integration und Transformation psychischer Prozesse unterstützen.

Natürlich können wir auch esoterische, magische oder spirituelle Symbole ausleihen, sie von einer spirituellen Gemeinschaft oder Tradition, der wir uns zugehörig fühlen, übernehmen. Christen tragen das Kreuz oder den Fisch als Christus-Symbol, Sannyasin die Mala, matriarchale Feministinnen die kretische Doppelaxt; ich habe mir den minoischen Seelenvogel als Berufssymbol ausgeliehen. Übernommene Symbole sind eine Art Anker: Indem sie uns einbinden in eine spirituelle Tradition, kann die personale Identität sich mit einer Gemeinschaft identifizieren und über deren Symbolik stabilisieren.

Ungleich bedeutsamer und heilkräftiger aber sind Symbole, mit denen unsere Seele uns spontan beschenkt. „Lebendige Symbole", die wir in Tiefenprozessen, wie dem Holotropen Atmen, aufträumen – auch wenn wir sie vielleicht nicht sofort verstehen –, solche Symbole kommen von der inneren göttlichen Quelle und unterstützen den aktuellen Individuationsprozess.

Martins Atemreise, die hier in seinen Worten wiedergegeben ist, bietet einen visionären, symbolischen Ausblick auf den anstehenden Weg seiner

Selbst-Werdung. Martin „atmete" zum ersten Mal, war emotional sehr offen, erwartungsvoll und bereit für die Wahrheit seiner inneren Erfahrung. Da sein Brustkorb aber muskulär blockiert war, konnte sein Atem nicht tief genug reichen, um den emotionalen Prozess in Gang zu bringen. Atemtherapeuten helfen in diesem Fall – nach vorher eingeholter Erlaubnis – mit einer körpertherapeutischen Intervention, damit der Atem sich vertiefen und frei fließen kann.

Der weiße Turban

Am Anfang habe ich geatmet und hatte das Gefühl, es passiert überhaupt nichts. Gefühlte fünfzehn Minuten lag ich im Atmen und dachte, das ist jetzt alles, na toll, dann langweile ich mich die restlichen zwei Stunden. Aber dann hat mir Gertrude durch Drücken auf meinen Körper Unterstützung gegeben, meine Reise anzutreten. Ab jetzt hat die Reise etwa zwei Stunden gedauert, bis ich wieder im Heute ankam.

Ich fand mich im Weltraum, sehr schnell fliegend, wie in einem Science-fiction-Film. Die Sterne flogen vorbei und machten kleine kometenhafte Schweife. Ich drehte und drehte mich im freien Raum, nach vorne, nach hinten, nach rechts und nach links. Das war ein herrliches Gefühle, das war geil.

Plötzlich habe ich mein Gesicht bis zu den Ohren in einem Bild, in das ich drei-dimensional hineinschaue. Ich empfinde unglaubliche Schönheit in dem, was ich sehe und fühle, *Stille, Frieden, Vollkommenheit.* Ich habe das Gefühl, dass ich innerlich und äußerlich lächele. Ein ganz warmes Gefühl macht sich in mir breit, ich kann das förmlich körperlich spüren, weil es sich so friedlich und vollkommen anfühlt.

Dann bin ich plötzlich komplett in diesem Bild, das ich vorher gesehen hatte. Ich weiß sofort, dass ich am oberen Nil auf einer Anhöhe sitze. In drei- bis vierhundert Meter Entfernung fließt der Nil vorbei. Das Wasser gurgelt leicht, weil es windig ist und das Wasser zu leichten Krönchen aufgekräuselt wird. Das Wasser ist ganz tief blau und fügt sich wunderschön in dieses Flussbett hinein.

Rechts und links vom Nil sind goldgelbe Felder mit Gerste. Ich kann die langen Grannen ganz deutlich erkennen. Diese Gerstenfelder bewegen sich so schön im Wind, das Feld ist vom Wind ganz wunderbar in Bewegung gehalten und ich sehe das Wogen der Ähren. Die Felder sind unregelmäßig gesät, von Hand gesät. Hier gibt es keine Maschinen. Es ist tausende Jahre zurück.

Ich schaue nach links und sehe für einen kurzen Augenblick wie durch ein Vergrößerungsglas den Tempel von Abu Simbel aufblitzen und zwar so deutlich wie auf einer Postkarte, aber er ist sehr weit weg. Ich schaue weiter herum und sehe hinter mir, weiter oben auf dieser Anhöhe, einen Mann sitzend in einem weißen Gewand mit einem überdimensionierten weißen Turban auf dem Kopf. Ich gehe auf den Mann zu und sehe, dass dieser Mann ich ist, nur dreißig oder vierzig Jahre älter. Er sitzt im Schneidersitz, aufrecht, und stützt seine Unterarme auf die Knie. Sein Rücken und sein Kopf sind völlig gerade. Er sitzt ganz aufrecht. Sein Gesicht ist von Wind und Sonne gegerbt und gefurcht, faltig und ganz tief gebräunt.

Wie ich so vor ihm stehe und in sein-mein Gesicht schaue, fühle ich totalen Frieden, totales in sich Ruhen, Lächeln, Freude an seinen Feldern, am Nil und hohe Bescheidenheit, weil es ihm genügt, nur dort zu sitzen und zu schauen. Das ist sein Platz.

Er nimmt seinen großen weißen Turban ab und bietet ihn mir an: „Du kannst meinen Turban haben!" Mein erster Impuls ist, dass ich hingreife, aber in der Reise schon merke ich, wenn ich mir den Turban aufsetze, nehme ich seinen Platz ein. Da wird es mir mulmig und ich spüre meinen alten Kampf. Er bietet mir den Turban drei- oder viermal an, immer mit den Worten: „Du kannst ihn aufsetzen." Ich habe ihn nicht aufgesetzt, ich habe mit mir gerungen: „Soll ich oder soll ich nicht?"

Hier ist die Reise zu Ende. Danach komme ich langsam zurück ...

Jetzt, wo ich das schreibe, fast zwei Wochen später, bin ich schon wieder so berührt, dass mich Dankbarkeits-Weinen, ohne dass ich es halten kann, übermannt. Es fühlt sich gut an ...

(Martin Sch., Juli 2015)

Martins Atemreise enthält kraftvolle, archetypische Symbole. Es sind Objekte der äußeren, real existierenden Welt und gleichzeitig ist ihre Symbolkraft überdeutlich und erschließt sich auch aus Martins Heilungsweg.

Wasser, tief blau	– tiefe, heilsame und klare Gefühle
Fluss, Nil	– fruchtbares Strömen, im Fluss sein
Anhöhe	– seelische Aufwärtsentwicklung
Wind	– emotionale Bewegung, Dynamik der Gefühle
Tempel	– inneres spirituelles Zentrum

Getreide/Gerste	–	Fruchtbarkeit, Fülle
Turban	–	als eine Art Dreieck weist er nach oben, symbolisiert die Verbindung mit dem Göttlichen, Transformation
Farbe Weiß	–	spirituelle Klarheit, Reinheit, Frieden

Im Mittelpunkt der Reise aber steht eine ganz besondere archetypische männliche Symbolgestalt: „der Weise Alte". Sein Geschenk an Martin ist ein „überdimensionierter weißer Turban". Wird er, irgendwann, diesen Turban als Symbol von Wandlung und Heilung annehmen können?

Martin wurde in seiner Kindheit durch die Aggression seiner Eltern sehr tief verwundet, entsprechend ist sein Verhalten mit sich selbst und anderen nicht immer angemessen und heilsam. Er trägt dann den „alten Psycho-Hut", wie er sein destruktives Handeln selbstkritisch bezeichnet hat.

Der friedliche Alte auf der Anhöhe – Martins inneres Wahres Selbst, die Essenz seiner Seele – bietet ihm nun eine neue Kopfbedeckung an, den „weißen Turban". Dieser steht für Transformation und für sein inneres Erleben im Spiegel des Weisen Alten: Ich fühle „totalen Frieden, totales in sich Ruhen, Lächeln, Freude … und hohe Bescheidenheit …" Die Spitze des weißen Turbans zeigt nach oben und verbindet seinen Träger mit der kosmischen Energie. In seiner symbolischen Funktion verbindet der Turban das Große Unten mit dem Großen Oben, das Menschliche mit dem Göttlichen und verweist damit auf das letztendliche Ziel aller Seelenreisen: „Stille, Frieden, Vollkommenheit."

Die „symbolbildende Funktion" der Träume ist für Jung der Versuch, „den ursprünglichen Geist des Menschen" mit dem rationalen Bewusstsein, dem „bewussten Geist" wieder zu verbinden. Dieser „ursprüngliche Geist" kann als das frühe archaische Einheits-Bewusstsein verstanden werden: „Denn in längst vergangenen Zeiten bestand die ganze menschliche Persönlichkeit aus diesem ursprünglichen Geist", schrieb Jung in „Der Mensch und seine Symbole"[(10)].

In der Entwicklung des menschlichen Bewusstseins aber ging die Verbindung des „bewussten Geistes" zu einem Teil des „ursprünglichen Geistes", zu Phantasien, basalen Instinkten, Wahrnehmungen des Unbewussten, archaischem Denken, verloren. Das rationale Bewusstsein hat sich – nach dem Bewusstseinsmodell von Gebser – von dem archaischen, magischen und mythischen Bewusstsein getrennt. Das Unbewusste aber erinnert sich und bringt über Traumsymbole das vergessene kostbare Erbe zurück. Ganzheitliches, integrales Bewusstsein wird somit möglich.

Um wirkliche Integration zu ermöglichen, psychische und körperliche Stabilität und Gesundheit zu erhalten, müssen die *Kräfte des Unbewussten* und die *Kräfte des Bewusstseins* miteinander kooperieren, sich wechselseitig ergänzen und ausbalancieren. Die archaischen und zuweilen unmäßigen Kräfte des Unbewussten wollen sich mit den kontrollierenden und mäßigenden Kräften des rationalen Bewusstseins verbinden. Bleibt diese Verbindung aber dauerhaft unterbrochen, dann entsteht Spaltung, psychische oder körperliche Störungen sind die Folge.

Traumsymbole übernehmen hier eine *Brückenfunktion*, indem sie das Unbewusste mit dem Bewussten verbinden: Verdrängte Themen, abgelehnte Gefühle und Affekte, instinktive und triebhafte Impulse werden in vielschichtiger, verdichteter und bildhafter Weise ins Bewusstsein gebracht und sind damit der Integration ins Ich und einer möglichen Transformation zugänglich:

> „Traumsymbole sind demnach die wichtigsten Mitteilungsträger von den instinktiven zu den rationalen Teilen des menschlichen Geistes, und ihre Deutung bereichert das Bewusstsein, das dadurch die vergessene Sprache der Instinkte wieder verstehen lernt.“ (11)

Botschaften, Themen und Motive des Traumes

Vielleicht konnte bisher deutlich werden, welche seelischen Kostbarkeiten, welche großartigen Geschenke das Traumbewusstsein für unseren Entwicklungsweg bereithält. Wie tief der Traum aus dem Reichtum des Kollektiven Unbewussten schöpft und uns damit persönlich beschenkt, zeigt sich auch in Botschaften und Weisheiten der Träume.

Traum-*Botschaften* sind sehr persönliche Botschaften an die träumende Person, die im Traum zuweilen direkt mit „Du“ angesprochen wird. Traum-*Weisheiten* sind von eher umfassender, allgemeingültiger Bedeutung, sie vermitteln eher universelle Weisheiten. Beide Mitteilungen können in eine Traumerzählung oder ein Traumbild eingebunden sein, oder unabhängig davon als rein verbale Botschaft übermittelt werden. Sie kommen von der

Weisheit der Seele und überbringen eine konkrete aktuell-wichtige Botschaft in einer Symbolik und Sprache, die dem archetypischen Verständnis der träumenden Person entspricht.

Ich erlebe es als tief berührend, dass in mir – wie auch in anderen – eine innere Stimme, eine Traumstimme existiert, die in direkter Rede zu mir spricht. Zeigt dies doch, entsprechend dem mythischen Bewusstsein, dass da ‚etwas' ist, eine Kraft, die größer und weiser ist als wir selbst, der wir vertrauen können: Es war eine innere Stimme, die mich damals nach Ikaria, an den Ort des Tempels der Artemis, gerufen hatte. Ich war dieser Traumbotschaft fraglos gefolgt und das war gut so, denn sonst wäre ich heute nicht hier und ich könnte dieses Buch nicht schreiben. Einige Traumbotschaften und -weisheiten aus der Zeit von 1987 bis 1992 habe ich in meinem Traumbuch notiert:

Traum-Botschaften:
- *„Du musst dich um den Regenzauber kümmern, dann wird alles gut"*
- *„Lass die wenigen Stunden mit ihm ein Tanz für die Große Göttin sein"*
- *„Eine muss noch mal sterben, diesmal aber bewusst"*
- *„Die Felsen sind deine Freunde"*
- *„Deine (innere) Mutter ist eine Sängerin"*
- *„Gebäre die kleine Vassilia" (griech. = Königin)*

Traum-Weisheiten:
- *„Der Liebes-Baum, das ist der Baum der Erkenntnis"*
- *„Lasst den Tod durch die Haustür eintreten, nicht durch die Kellertür"*
- *„Ihr Frauen sollt gemeinsam an der Quelle des Flusses leben"*

Seelen-Botin. Iris, gr. Götterbotin, ca. 500 v. Chr.

Weitere Aspekte unserer Träume sind ihre inhaltlichen Themen und ihre Motive. Es gibt typische und häufig vorkommende Traum-*Themen* und Traum-*Motive,* die, da sie dem kollektiven Unbewussten entspringen, in individueller Ausformung in den Träumen vieler Menschen existieren. Solche häufig vorkommenden Traumthemen sind:

- Wasserträume
- Tierträume
- Träume vom Fliegen und Fallen
- Träume vom Treppensteigen, Bergsteigen
- Reiseträume: Reisen mit Zug, Auto, Flugzeug
- Nacktsein in der Öffentlichkeit
- Toilettenträume

Symbolhaltige Traumthemen und Traummotive – und diese Erkenntnis ist ein Verdienst von Jung – entsprechen den Themen und Motiven in Mythen und Märchen und finden sich mit *derselben Bedeutung* in den Träumen vieler Menschen, auch wenn diese sich niemals mit Mythologie beschäftigt hatten.

Wasser-Träume

Fließen

Ich bin in einer sehr trockenen Landschaft, irgendwo in Griechenland. Dann finde ich ein Flusstal. Überall fließt hier Wasser aus den Felsspalten, es tropft, sprudelt und sprüht ganz sachte. Ein kleiner Wasserfall fließt über einen vom Wasser glatt gewaschenen, großen runden Felsen. Da beschließe ich, wie auf einer Rutschbahn mit dem Wasserfall den Felsen runterzurutschen.

Ich beschließe: „Ich werde mit dem Wasser fließen".

(G.C., 1992)

Das sinkende Schiff

In den Nachrichten wird ein Schiff in Seenot gezeigt. Ich sehe das Schiff. Es ist leuchtend gold-gelb und beeindruckend groß. Der Fernsehsprecher sagt, dass dieses Schiff untergehen muss, es gibt keine Rettung. Denn es ist in Gewässer geraten, in denen kein Schiff mehr fahren kann. Die Wellen sind so hoch wie Berge. Ich sehe den Kampf des Schiffes in den berghohen Wellen. Es kämpft lange, dann geht es unter. Das gewaltige Meer schlägt über ihm zusammen. Auf dem Schiff ist Monika, eine Freundin. Nun ertrinkt sie. Ich bin entsetzt.

(G.C., 1994)

Der unterirdische Strom

Ich gehe auf einem schmalen Pfad durch die Wüste. Es ist warm und sehr hell, alles über mir und um mich leuchtet in gold-gelb-orangenem Licht: die Sonne, der Himmel, die Wüste, der Sand – auch ich erlebe mich lichtvoll durchströmt.

Mein Pfad endet an einer hohen, orange-gelben Felswand. Ein glatter kegelförmiger Felsblock von etwa drei Meter Höhe und zwei Meter Breite tritt deutlich aus der Wand hervor. Im unteren Bereich dieses Felskegels klafft rundum eine tiefe, dunkle Spalte in dem sonst lichten Gestein. „Wie eine Wunde", denke ich träumend. Doch aus dem Riss, der wie ein Kranz den Kegel umschließt, sprudelt Wasser. Wasser! Wie ein sprudelnder, perlender Lichtkranz sieht es aus. Staunend stehe ich vor diesem Wunder.

Das Wasser aus der Felsspalte sammelt sich in einer natürlichen, etwas tieferliegenden Rinne und fließt dann nach unten ab in eine Öffnung, ein Loch im Wüstensand. Aufgeregt folge ich dem Strömen und schaue durch dieses Loch nach unten. Und hier sehe ich, tief unter der Erde, einen Strom, glasklar, blaugrün schimmernd. Sanft plätscherndes Fließen, kleine türkis glitzernde Wellen bewegen die Oberfläche des Flusses, helle und dunkle Kiesel leuchten vom Grund ... Ich überlege, wie ich nach unten komme, denn in diesem Fluss möchte ich baden.

(G.C., 3.März 2017)

Wasser symbolisiert den Gefühlsaspekt der Seele, ist Sinn-Bild für die Tiefe und Intensität von Gefühlen. Zum Wassermotiv gehören Traumbilder, die sich mit Meer, Wellen, Fluss, Bach, Quelle, Teich, mit Fahrten auf Gewässern, Schwimmen im Meer, Sitzen am Ufer eines Flusses beschäftigen. Wasserträume verweisen aber auch auf die Bedrohung, von Gefühlen und Affekten überschwemmt zu werden. Von einer großen Welle überrollt zu werden, mit einem Schiff oder Boot unterzugehen, in einem Gewässer zu ertrinken symbolisiert die Angst oder auch die reale Gefahr, in den eigenen Gefühlstiefen zu versinken.

In der symbolischen Motivdeutung ist das Meer, als Meermutter, der Ursprungsort alles Lebens. Fließende Gewässer bezeichnen den Lebensstrom, während Seen, Teiche und Brunnen eher die emotionale Tiefe der Seele symbolisieren. Und hier, in der Tiefe, auf dem Grund eines dunklen Gewässers, da lauern zuweilen auch gefährlich erscheinende Ungeheuer, eigene innere Schattenwesen. Und manchmal müssen wir tatsächlich „zu Grunde gehen“, um den Schatz, die eigene innere Wahrheit am Grunde der Seele zu finden.

Das Wassermotiv erscheint daher häufig bei Menschen auf dem Weg zur Selbst-Erkenntnis: Wir sind dann „im Fluss“, fließen mit den Wassern oder „tauchen ein“ in das Meer unserer Gefühle und in die Tiefen der Seele. Wenn wir uns unsicher fühlen, dann „schwimmen“ wir vielleicht in einem tobenden Meer, wir werden von Ängsten „überschwemmt“, von einer großen Welle „überrollt“ und wir suchen vergeblich „das rettende Ufer“. Wasser „ist ein lebendiges Symbol für die dunkle Seele“, sagte Jung; er selbst hatte eine jahrelange Heilungskrise zu durchstehen, die er als „Nachtmeerfahrt“ bezeichnete.

„Den Weg des Wassers,
der immer nach unten geht,
muss man wohl gehen,
wenn man den Schatz,
das kostbare Erbe des (königlichen) Vaters,
wieder heben will.“

([12], ergänzt v. G.C.)

Träume vom Fliegen und Fallen

Fliegen

Ich klettere in einem Gebirge über hohe Felsen. Gefährlich sind die Schluchten. Ich stehe vor einem Abgrund. Ein Mann kommt mir entgegen und zückt sofort sein Messer. Es gibt keinen Ausweg, kein Entrinnen ... Da erinnere ich mich, dass ich ja fliegen kann, und springe in den Abgrund. Ich falle sehr tief, fange mich dann und schwebe von dannen. (G.C., 1991)

Über Malströme fliegen

Dämmerung, Zwielicht, das Licht verfinstert sich. Die Stimmung ist bedrohlich. Kreisrunde, blitzende Schlünde und feurige Malströme öffnen sich unter mir. Ich habe Angst, dass sie mich ergreifen, einsaugen und vernichten. Ich fliege, schwebe – nur ganz knapp – darüber hinweg. (G.C., 1991)

In beiden Träumen entkomme ich der Vernichtung – dem Fall in den Abgrund, dem Sturz in die feurigen Malströme – durch Abheben, Schweben, Fliegen. Diese letztendliche Rettung kam von der Wahrheit der Seele, ich habe diese Lösung nicht willentlich herbeigeführt.

Hier stellt sich nun die Frage nach der Bedeutung des *„luziden Träumens“* (Klar-Träumen), das in esoterischen Ratgebern methodisch vorgestellt und als „spirituell“ empfohlen wird. Im luziden Träumen erkennt die träumende Person im Traumereignis, dass sie träumt. Sie ist sich des Träumens bewusst und träumend entscheidet sie, in das Geschehen des Traumes einzugreifen, um eine vernichtende Erfahrung zu verhindern oder eine vermeintlich ‚schlechte‘ Erfahrung in eine vermeintlich ‚gute‘ zu verwandeln. Durch bestimmte, das Bewusstsein aktivierende Techniken, durch intensives Üben, scheint es tatsächlich möglich, das Traumgeschehen nach eigenen Vorstellungen und Wünschen zu kontrollieren und zu beeinflussen.

Ich selbst habe das nie versucht, ich vertraue lieber der Weisheit meiner Traumseele. Wir könnten uns hier fragen: Warum überhaupt will ich meine Träume kontrollieren und beeinflussen? Was will ich vermeiden? Wovor habe ich Angst? Wer, welche innere Instanz sollte über die Inhalte meiner Träume entscheiden? Dient es der Erkenntnis, dient es der Heilung, wenn ich meine Träume manipuliere? Oder vertraue ich lieber der Weisheit meines Wahren Selbst? „Den Weg des Wassers, der immer nach unten geht, muss man wohl gehen“, wenn Mensch Erkenntnis, Befreiung und Heilung erfahren will.

Tier-Träume

Das Tier in uns symbolisiert die frühe, instinktive, unkontrollierte und manchmal auch unbändige psychische Kraft. Dem kontrollierenden Ich ist diese wilde Kraft nicht immer ganz geheuer, es hat Angst, von der tierischen Kraft, der Instinkt-Natur, überwältigt zu werden. In Angstträumen erscheint das Tier dann zuweilen als ein fressendes oder verschlingendes Ungeheuer mit weit aufgerissenem Maul und scharfen Zähnen, als „böser“ Wolf, als riesige Anaconda, wie in Christines Traum. Mein kleiner „gekrönter Fisch“, der sich zu einem Haifisch wandelt, konfrontiert mich mit einer verborgenen und spiritualisierten aggressiven Energie.

Haifisch

Ich bin in einem See. Mit beiden Armen forme ich einen Behälter im Wasser, in dem mein Fisch schwimmen kann. Ich bin entzückt von diesem wunderschönen kleinen Fisch mit dem blauen Krönchen auf dem Kopf. Ich rufe meine Schwester, damit sie kommt, um meinen Fisch zu bewundern. Wie sie so dasteht und meinen Fisch bestaunt, öffnet dieser mit einer aggressiven Geste sein Maul. Das Maul wird riesig und ich sehe seine scharfen Zähne. Ich denke erschrocken: „Ach, das ist ja ein Haifisch!"

(G.C.,1987)

Wilde, animalische und sinnliche Lebenskraft ist in unserer christlichen Tradition nicht gerade wertgeschätzt. So versteckt sich diese vitale Kraft gerne im Schatten und erscheint dann wieder in unseren Träumen als „böses" oder „gefährliches" Tier. In der schwarzen Pädagogik meiner Kindheit war jeder eigenwillige animalische Impuls bei Kindern, insbesondere bei kleinen Mädchen, eine „Sünde", die hart bestraft werden musste. Meine früheren Tierträume zeigen deutlich, wie drastisch das Animalische verboten und verfolgt wurde. Noch ist es nicht vollständig angenommen und integriert, deshalb betteln diese „kleinen Tierchen" um Anerkennung und Nahrung, sie wollen „gefüttert" werden.

Das schwarze Zicklein

Ich sehe einen zugebundenen Leinensack. In diesem Sack zappelt es und ich weiß, dass viele kleine Tiere in diesem Sack gefangen sind.

Dann sehe ich eine kleine, „schwarze" Ziege. Dort, wo ihr einmal große Hörner wachsen werden, sind schon kleine „Huppel" zu sehen. Ich fühle große Liebe zu diesem schwarzen Zicklein.

Da kommt meine Mutter, packt die kleine Ziege und tut sie zu den anderen Tieren in den Sack. Den Sack bindet sie oben zu. Meine kleine Ziege ist gefangen. Dann beginnt meine Mutter mit einer großen, spitzen Metallstricknadel in den Sack zu stechen. Ich weiß, sie will die Tiere im Sack und auch das schwarze Zicklein erstechen. Entsetzt denke ich im Traum: „Das ist doch eine Abtreibung!" – Mit großem, fast unerträglichem Schmerz wache ich auf.

(G.C., 1994)

Dieser Traum offenbart, dass neben der „großen Liebe“ zu der kleinen „schwarzen Ziege“ noch ein anderer, tieferer Anteil existiert. Die mörderische Mutter ist gewiss auch ein Traumbild für die vernichtende Pädagogik meiner Kindheit, auf der Subjektebene aber existiert diese Gestalt in mir selbst, mit der unbewussten Absicht, alles „Schwarze“ und Unliebsame zu zerstören.

Bettelnde Tierchen

Ich bin mit meinem Mann in einem Haus und schaue aus dem Fenster im oberen Stockwerk.

Unten sehe ich einen Zug von jungen Tierchen vorbeiziehen. Ich bin entzückt, wie süß sie sind, die Hündchen, Kätzchen, Zicklein ... Dieser Zug wird angeführt von einem stattlichen Ziegenbock mit einem prachtvollen Gehörn. Der Ziegenbock reiht die kleinen Tiere in einer Linie, in Reih und Glied, vor unserem Haus auf und sie singen oder rezitieren ein Lied oder ein Gedicht. Damit betteln sie um Nahrung. Mir gefällt dieses Betteln nicht. Mein Mann aber findet das Betteln der kleinen Tiere völlig angemessen. Er ermutigt mich, ihnen Nahrung zu geben. Ich mache ihnen belegte Brote.

(G.C., 1994).

Hasenmutter

So viele kleine „schwarze Häschen“ sind verlorengegangen. Ich will sie in Sicherheit bringen und sammle sie in meine große, rote Schürze. Manche fallen mir runter, ich sehe, dass sie verletzt sind. Es ist viel Arbeit, alle Häschen aufzusammeln und vorsichtig in die Schürze zu legen, damit sie nicht runterfallen und sich wieder aufs Neue verletzen. Ich bringe sie alle zurück in ihr Nest unter dem Felsen, zu ihrer Hasenmutter.

(G.C., 1995)

Die Demut der Jaguare

Ich bin in einer Bucht am Meer, Sand, dazwischen kleinere Felsbrocken. Eine blau-schimmernde geistig-ätherische Gestalt ist neben mir. Sie bedeutet mir eindringlich, ich müsse in die andere, dahinter liegende Bucht schwimmen. Aber schnell, bevor es dunkel wird, sonst könne ich mich im offenen Meer verirren.

Ich beeile mich und schwimme nahe der Küste entlang durchs Meer, komme in die zweite Bucht, die hinter der ersten Bucht liegt. Hier sitze ich nun im Sand und „töne", ich lasse meine Empfindungen über die Stimme fließen. Mit mir tönen jetzt viele feinstoffliche Wesen, die um mich versammelt sind, alle bläulich schimmernd. Wir tönen gemeinsam, himmlische Musik, Sphärenmusik erklingt vielstimmig.

Da sehe ich, wie um uns herum riesige Raubkatzen, Jaguare, flach im Sand liegen – völlig hingegeben an die himmlischen Klänge. Es sind sehr viele Jaguare, die nebeneinander, einen Halbkreis bildend, uns zugewandt ausgestreckt im Sand liegen. Ich sehe die anmutigen Gesichter der Tiere, ihre Augen, wie sie zu uns hinschauen, die Ohren gespitzt, lauschend in tiefer Hingabe und demütigem Entzücken. – Ich bin träumend tief berührt von der Hingabe, Demut und Friedfertigkeit dieser wilden Tiere.

Dann stehe ich auf, gehe zwischen den Raubkatzen hindurch und komme an einen offenen Stall. Hier ruhen zwei gewaltige Löwen, ein weiblicher und ein männlicher Löwe, friedlich zwischen den Haustieren, den Kühen, Kälbern und Ziegen.

(G.C., 10.5.2016)

Träume offenbaren die *Magie der Wunde,* die Wandlungs- und Heilkraft der Seele. Traum-*Serien* über längere Zeiträume erzählen fortlaufend die Geschichte unserer seelischen Entwicklung. Sie berichten in symbolischer Sprache von den Abenteuern, Gefahren und Hindernissen unserer Seelenreise, von den inneren Widersachern und den geistigen Helfergestalten. Wenn wir die Serie meiner Träume über den Zeitraum von dreißig Jahren, von 1987 bis 2016, anschauen, dann wird der Weg, seine Abgründe und das allmähliche Ankommen sichtbar: Verdeckte und vernichtende Aggression, Selbsttäuschung, Verwundung, Schmerz, Bedürftigkeit und schließlich Hingabe, Demut und Frieden. Der Jaguar-Traum ist ein „Großer Traum", der unterschiedliche Motive miteinander verbindet; er ist Wasser-Traum, Tier-Traum und vor allem ein Heilungs-Traum.

Das Geschenk der Traum-Heilung

Träume sind seelische Gebilde, die aus dem Unbewussten auftauchen. Ihre noch unerkannten Inhalte können über die Traumbotschaft erkannt und in das Bewusstsein integriert werden. Hier bewirken sie heilsame Prozesse, abgelehnte Seelenanteile können anerkannt, angenommen und „gefüttert" werden – wie „die bettelnden Tierchen" in meinem Traum. Träume sind das einzigartige, kosmische Geschenk, das den Weg der Individuation begleitet und die verwundete Seele heilt.

Jung hat auf Grund dieser Erkenntnis die interessante Erfahrung gemacht, dass Träume *mit zunehmender Bewusstwerdung ihren dramatischen Charakter verlieren und schwächer und seltener werden.*[(13)] In dem Maße, in dem die Seele heilt, träumen wir weniger, unsere Träume sind weniger dramatisch, und – abgesehen von manchen Ausnahmen – auch weniger bedeutungsvoll und weniger faszinierend. Wenn wir am Ende unserer Seelenreise angekommen sind, träumen wir, vermutlich, überhaupt nicht mehr. Solange wir aber noch unterwegs sind, in diesem immer auch wieder schmerzlichen und ängstigenden Prozess der Bewusstwerdung, so lange sind Warnträume, Wiederholungsträume und Heilträume das kostbare Geschenk der Seele.

Warn-Träume

Angesägter Hibiskus

Ich bin in Afrika und bewohne ein Holzhaus, rundum ist tropischer Urwald. Ich sitze auf der Sonnenterasse meines Hauses mit wunderschönen Pflanzen, üppig, groß und stark. Der Hibiskus ist ein Baum mit einem dicken Stamm und er steht in voller Blüte.

Plötzlich verwelken die Pflanzen, der dicke Stamm vom Hibiskus ist umgeknickt; andere Bäume knicken ebenfalls um, nach und nach immer mehr. Ich bin erschrocken und verzweifelt und sehe beim genauen Hinschauen, dass alle Pflanzen und Bäume unten angesägt, fast durchgesägt sind. Nur ein wenig Bast hält Stamm und Krone noch verbunden mit der Wurzel. Die kleinste Luftbewegung wird sie zum Kippen bringen.

Ich ahne es: Ein seltsamer, kaputter, neurotischer Junge aus der Nachbarschaft hat in der Nacht heimlich alle meine Pflanzen und Bäume angesägt.

(G.C., 1987, am Beginn einer lang andauernden Krise)

Dieser Traum ist eindeutig ein warnender Traum. Er macht deutlich, dass etwas im inneren oder auch äußeren Leben zu „kippen“ droht. Das seelische Wachstum ist gefährdet. Noch ist das Ich nicht fähig anzuerkennen, dass es selbst am „eigenen Ast sägt“ und verschiebt die Tat auf eine Deckperson, den „neurotischen Jungen aus der Nachbarschaft“.

Die Traumseele kann über Bilder und Symbole eine mehr oder weniger deutliche Warnung aussprechen. Solche Träume werden als „Warnträume“ bezeichnet. Wenn aber ihre warnende Botschaft überhört oder verleugnet wird, dann kann sich ihr Inhalt bewahrheiten und ein Warn-Traum wird zum „Wahr-Traum“. „Prophetische Träume“ müssen nicht Wirklichkeit werden, wenn wir ihre Warnung hören, sie ernst nehmen und entsprechend unsere innere Haltung oder unser äußeres Verhalten ändern. Jung schreibt hierzu: [(14)]

> „Träume kündigen somit manchmal Situationen an, lange bevor diese wirklich eintreten. (...) Viele Krisen in unserem Leben haben eine lange unbewusste Geschichte. Wir nähern uns ihnen Schritt für Schritt, ohne der Gefahren gewahr zu werden. Doch was wir mit dem Bewusstsein nicht wahrnehmen, wird häufig vom Unbewussten erkannt und durch Träume mitgeteilt. Träume warnen uns oft auf diese Weise; aber ebensooft scheinen sie es nicht zu tun.“

Drohender Vulkanausbruch

Ich bin auf der Insel in Griechenland. Es ist Herbst und recht kalt. Mit einigen Leuten bade ich im Flussdelta, dort wo der Fluss in die Meeresbucht mündet. Wir freuen uns, dass das Flusswasser so schön warm ist. Da sehe ich, dass die alte antike Hafenmauer ganz schwarz ist von einem großen Feuer. Ich bin sehr erschrocken, ich weiß, das warme Wasser und die schwarzen Wände stammen von einem Vulkanausbruch. Ich warne die Anderen, damit sie schnell aus dem Wasser kommen, bevor der Vulkan erneut ausbricht.

(G.C. 1991)

Jung[(15)] spricht in diesem Zusammenhang von der „prospektiven“, vorausschauenden Funktion der Träume als einer „Vorauskombinierung der Wahrscheinlichkeiten“ zukünftiger Ereignisse, die mit der zukünftigen Wirklichkeit identisch sein *kann,* aber nicht identisch sein *muss.* Diese vorausschauende Fähigkeit des Traumes ist, nach Jung, derjenigen des Wachbewusstseins meist deutlich überlegen. Und er weist mehrfach daraufhin, dass, wenn die kompensatorische Warnung eines Traumes nicht gehört oder beachtet wird, körperliche oder psychische Unfälle eintreten können, aber nicht müssen.

Daher sollten TherapeutInnen mit vorschnellen Schlüssen vorsichtig sein. Ganz besonders gilt dieser Grundsatz in Bezug auf prognostische Träume, die eine sich anbahnende seelischen Krise oder gar Todesnähe erahnen lassen. Der Schlüssel zum Verständnis liegt auch hier, wie immer, bei der erfahrenden Person. Dort aber, wo der warnende Charakter eines Traumes eindeutig auf Veränderung zielt und diese Botschaft ignoriert wird, kann eine deutliche Konfrontation möglicherweise lebensrettend sein.

Warnträume warnen zum Beispiel
- vor Unfällen oder Krankheiten, die durch Ausbalancierung vielleicht vermieden werden könnten,
- vor möglichen oder bevorstehenden psychischen Krisen, wie der Traum vom „angesägten Hibiskus“,
- vor einem möglichen Tod, unter Umständen als Folge von exzessivem Verhalten,
- vor seelischer Überflutung, vor Psychosen. (Hier ist eine veränderte therapeutische Erarbeitung erforderlich durch Disidentifikation von den Trauminhalten, s. Kapitel „Zur Praxis der Traumarbeit.)

Warnträume sind häufig „archaische Traumgebilde mit ihrer charakteristischen Numinosität“. Sie erscheinen in Situationen, welche die Grundlagen der Existenz bedrohen, wie in Momenten von Lebensgefahr, bei schweren Erkrankungen, vor oder nach Unfällen, Operationen, Trennungen, Familiendramen, dem Tod von nahen Menschen, in psychischen Krisen und in schwierigen Lebensphasen, wie der Krise in der Lebensmitte, immer dann, wenn eine drastische Veränderung der inneren und manchmal auch der äußeren Situation notwendig wird. Jung[(16)] schreibt hierzu, dass in „vital wichtigen Situationen die Instinktgrundlage der Psyche mobilisiert wird, auch wenn das Bewusstsein keinerlei Einsicht in die Lage besitzt.“

Ich erinnere in diesem Zusammenhang die äußerst bedrohliche Situation einer früheren Klientin:

Seit Jahren lebte die junge, kinderlose Frau in einer abhängigen Beziehung zu ihrem sexuell gewalttätigen Mann. Sie litt sehr unter den sexuellen Demütigungen, aber es schien ihr nicht möglich, sich zu befreien. Stattdessen somatisierte sie die körperlichen und psychischen Kränkungen durch mehrere real-körperliche Todesnähe-Erfahrungen. Eine Brustkrebs-Operation hatte sie bereits vor einigen Monaten überstanden. Mehrfach war sie dem Tod gerade noch „von der Schippe gesprungen".

Dann hatte sie einen bemerkenswerten Warntraum: In einem archaischen Ritual legte sie ihre gesunde Brust auf einen „Opferstein". Ihr Traum-Ich war bereit, auch diese Brust zu „opfern". Für mich war der Traum alarmierend, sie aber war nicht bereit, die deutliche Warnung zu hören.

Auf die Botschaft ihres Traumes hingewiesen, beendete sie in großer Empörung unsere gemeinsame therapeutische Arbeit. Jahre später traf ich sie zufällig wieder. Sie war jetzt zugänglich und berichtete, dass sie sich bald nach dem Therapie-Abbruch von ihrem Mann getrennt habe und sich nun stabil und gesund fühle.

Wiederholungs-Träume

Wiederholungsträume sind wiederkehrende Träume mit identischen oder ähnlichen Traummotiven. In ihrer Wiederkehr sind sie als ein starker Appell des Unbewussten und damit als warnend zu verstehen. Sie vermitteln eine für das Bewusstsein wichtige, manchmal lebenswichtige Botschaft und kehren so lange wieder, bis die Botschaft gehört und im Leben realisiert werden kann.

> Unbewusste Schwangerschaft
>
> Ich bin schwanger und das Kind in mir will wachsen. Aber ich spüre, ich verhalte mich nicht so, dass das Kind gedeihen kann. Ich bin unbewusst mit meiner Schwangerschaft und gleichzeitig nagt das schlechte Gewissen an mir, weil ich (im Traum) um die Bedeutung der Schwangerschaft weiß.
>
> (Christine K.-G., Juni 2016)

Diesen Traum träumt Christine wiederholt und bringt ihn schließlich mit in die therapeutische Arbeit. Ich frage sie: „Was könnte passieren, wenn die Traumbotschaft nicht gehört würde?"

„Eine Fehlgeburt", ist die eindeutige Antwort und wir wissen beide, was „Fehlgeburt" in ihrem Fall bedeuten würde. Christine beschließt, auf unbestimmte Zeit aus ihrem belastenden Alltag auszusteigen, um Zeit und

Ruhe zu finden, für das, was in ihr wachsen und gedeihen will. Es ist eine große heilsame Kraft, mit der sie schon lange schwanger geht, die endlich ins Leben geboren werden will.

Wiederholungsträume sind somit auch Warnträume; die Traumgeister klopfen so lange an, bis sie endlich eingelassen und gehört werden.

In meiner Kindheit quälte mich über lange Zeit ein Wiederholungstraum, er war so einprägsam, dass ich ihn bis heute erinnere: Nacht für Nacht verlor ich träumend den Kontakt zur Erde, wurde von einem tief-schwarzen Universum angezogen und mit rasender Geschwindigkeit eingesogen. Ich erlebte mich getrennt von der Erde, getrennt von allem, was mir Boden gab und Halt. Die schmerzlichen Gefühle von Einsamkeit und kosmischem Verlorensein waren die Antwort auf traumatische Erfahrungen von Verlust, Getrenntsein und Tod. Instinktiv nach Ausgleich und Heilung strebend, suchte ich Heimat bei Mutter Erde und meinen nicht-menschlichen Geschwistern. Ich verbrachte viel Zeit in der Natur, im Wald, hier fand ich Boden und Halt, Annahme und Wärme im Kontakt mit Bäumen, Pflanzen und Tieren.

Heil-Träume

Heilträume haben eine besondere magisch-mythische Qualität, Jung bezeichnete sie daher als „große Träume". Während „kleine Träume" lediglich die täglichen Schwankungen des seelischen Gleichgewichts kompensieren, besitzen „große Träume" eine besondere, große Heilkraft. Sie können in kritischen Übergangsphasen des Lebens oder in schweren Krisen erscheinen und bleiben oftmals ein Leben lang in Erinnerung. *Sie begleiten mit ihrer Botschaft den Individuationsweg des Träumenden.*

„Große Träume" sind in hohem Maße mythologisch und von großem Symbolwert. Sie behandeln häufig das Herosmotiv, Abenteuer sind zu bestehen und dämonische oder hilfreiche Wesen tauchen auf, wie die blau-schimmernden geistigen Wesen in meinem Jaguar-Traum. Manchmal begegnen wir auch archetypischen Gottheiten und machen Erfahrungen von Tod und Erneuerung, wie im Traum „Die Todin mit den drei goldenen Ähren" am Ende dieses Kapitels.

„Große Träume" entstammen nach Jung den tieferen Schichten des kollektiven Unbewussten; sie zeichnen sich aus durch „dichterische Kraft und Schönheit“ und durch Symbole von unendlicher und überpersönlicher Qualität. „Solche Träume ereignen sich meist in schicksalsentscheidenden Abschnitten des Lebens, so in der ersten Jugend, in der Pubertätszeit, um die Lebensmitte (…) und in conspectu mortis.“ (17)

Die blaue Orchidee

Da ist ein zartes, anmutiges rot-braunes kleines Reh. Ich will es füttern. Mit meiner Mond-Sichel habe ich ihm Grünfutter geschnitten und das Futterbündel mit einer Kordel sorgsam umschnürt. Jetzt öffne ich das Grünfutter-Bündel, ich zerschneide das Band mit meiner Mond-Sichel. Das frische Gras fällt auseinander und mitten im grünen Gras liegt eine große indigoblaue Orchidee.

Das tiefe Blau der Orchidee berührt mich tief. „Das ist eine Botschaft“, denke ich im Traum und fühle mich beglückt. (G.C., 1995)

Inkubations-Träume

Inkubationsträume offenbaren die tatsächlich existierende große Heilkraft der Träume. Sie können als *direkte Antwort der Seele* auf aktuelle psychische Konflikte, Lebensereignisse oder Krankheiten verstanden werden. Durch die Methode der „Trauminkubation“, der gezielten Fragestellung an das Wahre Selbst vor dem Einschlafen, kann die Traumseele aktiviert werden und dem Träumenden in symbolischer Form eine Antwort überbringen. Die Trauminkubation ist dem „Tempelschlaf“ von Epidauros ähnlich.

Es ist Sylvester 1992. Ich habe die Traumgeister um einen Weg weisenden Traum für das kommende Jahr gebeten. Die Antwort kam, sie war klar und die Geister bewiesen ihren Humor:

Das zweimal hüpfende Huhn

Ich bin auf einer Reise mit einigen nahen Menschen. Wir wohnen in einem Dorf an einer Meeresküste. Ich sehe das Meer in tiefem Blau, den langen hellen Sandstrand. Stämme von entwurzelten Bäumen liegen hier zu mehreren nebeneinander und aufeinander. Sie sind glatt gewaschen vom Ozean und laden zum Sitzen ein. Wir gehen täglich zu diesem Strand, um hier zu sonnen und zu baden.

Am Ende des Dorfes wohnen ein Mann und eine Frau in einem kleinen grünen Baumhaus. Immer wenn wir hier vorbeikommen, steigen sie von ihrem Baum herab und hängen ihre Handtücher zum Trocknen auf. Ich bewundere ihre abenteuerliche Behausung im Grünen und ihr regelmäßiges, geordnetes Tun.

Einmal sind wir wieder am Strand, ich sitze mit meinen Freunden im Sand. Die Sonne scheint hell, sie steht senkrecht über uns, es ist Mittag. Zu unserer Gruppe gehört ein Mann mittleren Alters. Er steht, während alle anderen im Sand sitzen. Ich sehe ihn sehr deutlich. Er ist groß, sein Körper kraftvoll, muskulös und braun gebrannt. Er ist fast nackt, vielleicht trägt er auch eine Badehose. Sein Kopf ist bedeckt mit seiner sehr weißen Unterhose oder seinem Unterhemd. Sein markantes Gesicht sehe ich im Profil, die Nase ist groß und etwas gebogen.

Dieser Mann zeigt uns, wie man einen Stein wirft, das sollen wir von ihm lernen. Dazu streckt er beide Arme senkrecht nach oben und holt mit seinem rechten Wurfarm weit und kraftvoll aus. Dann lässt er den knapp faustgroßen Stein mehrmals blitzschnell zwischen der rechten und der linken Hand hin- und hergleiten. Dies geschieht so schnell, dass ich es mehr ahnen als wirklich sehen kann.

Der Stein ist nun wieder in seiner rechten Hand. Er holt sehr weit aus. Er wirft! Ich richte meinen Blick erwartungsvoll in die Ferne, weit hinaus aufs offene Meer ... Der Stein aber knallt mit einem harten Aufprall und einem dumpfen, kräftigen Ton nur etwa zwei oder drei Meter vor ihm in den Sand. Was für ein lächerlicher Wurf! Ich bin zutiefst enttäuscht!

Der Mann wiederholt diesen komplizierten Vorgang immer wieder, diese aufwendige Wurftechnik mit dem geringen Ergebnis. Das sollen wir von ihm lernen, uns den genauen Ablauf einprägen. Ich frage aus meiner Enttäuschung: „Wozu denn diese aufwendigen, komplizierten Vorbereitungen, wenn der Stein dann doch nur vor dir in den Sand fällt?" Der Mann erklärt mir: „Genau das ist die Kunst. Es geht darum, den Stein nur so weit zu werfen, wie ein Huhn zweimal hintereinander hüpfen kann."

(G.C., Sylvester-Botschaft 1992)

Als Antwort und wegweisende Botschaft kann ich dem Traum entnehmen:

- Genieße das Meer, die Sonne, Schwimmen und die Gemeinschaft mit nahen Menschen.

- Lebe naturnah, einfach und im Grünen.
- Sorge für regelmäßiges und geordnetes Tun im Alltag.
- *Widme dich mit großer Hingabe und Ausdauer deiner Aufgabe und vergiss dabei nie, dass das Ergebnis, nach dem du strebst, schon immer existiert – es liegt direkt vor deinen Füßen.*

Die zentrale Botschaft des Traumes erinnert an Santiago, den Helden in Coelhos Roman „Der Alchimist": Auf der Suche nach einem verborgenen Schatz reiste dieser durch ganz Nordafrika. Am Ende seiner Reise erkannte er, dass der Schatz, nach dem er unter schwierigen Bedingungen gesucht hatte, schon immer dort lag, von wo er einst losgezogen war. Aber um zu dieser Erkenntnis fähig zu sein, musste er zunächst jahrelang unterwegs sein, herausfordernde Lebensumstände meistern, Prüfungen bestehen und dem Tod begegnen.

Es ist schon immer alles da, in unserer Seele liegt es bereit, und dennoch erfordert die irdische Dimension Mühe und Anstrengung bei der Suche. Manchmal müssen wir uns sehr anstrengen, sehr weit ausholen, wie zu einem „großen Wurf", damit der Schatz, der vor uns liegt, sich zeigen kann.

Traum-Theater und Traum-Dichtung

Die Mehrzahl der vollständig erinnerten Träume folgt einem Muster, einer Struktur, die der des klassischen Dramas ähnlich ist. In der strukturellen Beziehung von Traum und Drama, Traum und Theater, wird deutlich, dass psychische Konflikte nach einem *archetypischen Muster* bewältigt werden. Jede Heilungskrise – als einer inneren Heldenreise – folgt diesem rituellen Muster. Es wird deshalb auch als „Heros-Muster" bezeichnet.

Jungs Erkenntnis der dramatischen Struktur der Träume ist von großer Bedeutung, verweist sie doch auf den gemeinsamen archetypischen Gehalt von Drama, Psychodrama und Traum und damit auf die Tätigkeit des „ursprünglichen Geistes". Zum Verständnis eigener Träume und für die therapeutische Praxis der Traumarbeit könnte es hilfreich sein, diese archetypisch-dramatische Struktur zu kennen. In der folgenden Darstellung orientiere ich mich an dem Muster von Jung,[(18)] vereinfache aber dessen Begrifflichkeit.

Die dramatische Struktur der Träume

Das klassische Traum-Drama-Muster weist fünf aufeinander folgende Schritte auf: Einführung, Verwicklung, Höhepunkt, Umschwung und Lösung. Zur Verdeutlichung nutze ich beispielhaft den „großen Traum" von Christine: „Initiation – Begegnung mit dem Tod" (Kapitel „Wandlungs-Archetypen").

1. Einführung:
Hierzu gehören Angaben über den Ort, manchmal auch den Zeitpunkt der Handlung, die handelnden Personen oder Traumfiguren, die Traumobjekte und die spezielle Ausgangssituation.

Beispiel: „Ich lebe in einem Dorf. Es erinnert in seiner Bauweise, in den Farben der Häuser und Dächer, an die Dörfer in der Toskana."

2. Verwicklung (Konflikt):
Gegensätze werden deutlich, in die sich die Träumerin verstricken kann. Das Problem verdichtet sich und verdeutlicht sich in einer vielschichtigen, bildhaften Traumsprache.

Beispiel: „Die Sonne reflektiert ihre Strahlen auf der Oberfläche eines großen Sees, an dessen Ufer sich das Dorf anschmiegt. (…) Doch der Friede scheint zu täuschen, eine Gefahr wohnt im See. Eine riesige Anaconda durchstreift unruhig den See …"

3. Höhepunkt:
Die Handlung des Traumes wird drängender und bewegt sich auf einen dramatischen Höhepunkt zu, auf dem sich etwas Entscheidendes ereignet. Erfahrungen und Gefühle von Ausweglosigkeit, Angst, Panik ergreifen die Träumenden.

Beispiel: „Und dann der Moment, als die Anaconda direkt auf mich zu schwimmt, das Maul aufreißt, ich sehe die nach hinten gebogenen Zähne im Schlund, das Wasser ist aufgewühlt durch ihren peitschenden Schwanz."

4. Umschwung:
Zuweilen erfolgt an dem Punkt der größten Bedrohung ein dramatischer Umschwung der Ereignisse. Plötzlich passiert etwas Neues, völlig Unerwartetes.

Beispiel: „Packend nah vor meinen Augen taucht ihr Kopf plötzlich unter und das Tier schwimmt in seiner ganzen Länge unter mir hindurch."

5. Lösung:
Die Lösung kann das Resultat, die Antwort der Traumseele sein, die allerdings vom Träumenden im Wachzustand oft nicht verstanden oder auch nicht geschätzt werden kann, da sie nicht immer den Vorstellungen des kontrollierenden Ichs entspricht. Zur Traumlösung gehören insbesondere kompensatorische Funktionen, vorausschauende Hinweise auf Entwicklungsmöglichkeiten sowie auftauchende Heilungssymbole.

Beispiel: „Mein letzter Blick fällt von einer Anhöhe auf den See und ich sehe die mit einem roten Oldtimer kämpfende Anaconda." Der Kampf mit dem „Oldtimer" kann als ein humoriger Hinweis der Traumgeister auf die Absurdität ihres Kampfes mit uralten, längst überfälligen Ego-Themen verstanden werden.

Der Traum als dichterisches Kunstwerk

Die schöpferische Lebendigkeit von Träumen erfüllt mich immer wieder mit Staunen, Bewunderung und tiefer Freude. Ähnlich fühlen sich die Menschen, wenn wir in einer therapeutischen Sitzung einen ihrer Träume spielerisch dramatisierend lebendig werden lassen. Wir spielen „Traum-Theater", indem die träumende Person jede ihrer Traumgestalten übernimmt und spielerisch-träumend agieren lässt.

Wenn im Traumtheater die träumende Person sowohl RegisseurIn ist als auch *alle* mitspielenden Traumfiguren fühlend verkörpert, dann wird deutlich, dass der Schlüssel zum Verständnis der Traumbotschaft immer nur in der träumenden Person selbst zu finden ist. Traumsymbolik und Traumbotschaft sind kontextabhängig, nur im Kontext der Träumerin kann ein Traum wirklich verstanden werden. Nur im Kontext ihrer biografischen Entwicklungsgeschichte, ihrer Seelengeschichte, ihrem sozialen und alltäglichen Lebenskontext, ihrer beruflichen Tätigkeit, ihren Beziehungen, ihrer Sexualität und ihrem aktuellen körperlichen, seelischen und geistigen Zustand entschlüsselt sich das aufgeträumte Seelendrama.

Träume sind dichterische Kunstwerke von großer Schönheit „und ihre Schöpferin ist die Seele". Der Traum als Kunstwerk offenbart die erstaunliche

Schöpfungs-Macht der menschlichen Seele. Das Schöpferische, als ein Aspekt des Göttlichen, gehört zum Menschsein und will im Irdischen erfahren und gelebt werden. Im schöpferischen und künstlerischen Tun erfährt der Mensch sich selbst, er erfährt, wer er ist.

Schöpferische Traumdichtung hat mit Verdichtung von Erfahrungen und Inhalten zu tun, bemerkt der Jungianer Helmut Hark[(19)]. So definiert er Traumdichtung als „die Fähigkeit der Seele (...), ähnlich wie ein Dichter aus den verschiedensten Erfahrungen die wesentlich erscheinenden Bilder zu Symbolen zusammenzufügen und zu verdichten."

Der künstlerische und dichterische Prozess ist dem schöpferischen Prozess des Träumens ähnlich. Beide sind zunächst unbewusste Prozesse, in welchen durch symbolische Verdichtung das Wesentliche Gestalt annimmt und ins Geistige gehoben wird. Dichter genauso wie Träumer schöpfen ihre Bilder und Visionen aus den Quellen des kollektiven Unbewussten. Ihre Sprache ist ein „archaisches Relikt" des menschlichen Geistes, ist gleichnishaft und symbolisch. Archaische Urbilder, erscheinen nach Jung[(20)] in den Träumen der Menschen und den Werken der Künstler immer dann, wenn das Bewusstsein sich in Einseitigkeit verirrt hat und das seelische Gleichgewicht gestört ist. Dann „werden diese »Instinkte« belebt und senden ihre Bilder in die Träume der einzelnen und die Gesichte der Künstler und Seher, um damit das seelische Gleichgewicht wiederherzustellen."

„Die Dichtungen wie die Träume verhalten sich dabei häufig kompensatorisch zum »Zeitgeist« und zu den kollektiven Auffassungen und Überzeugungen, indem sie zum Ausdruck bringen, was in der Gesellschaft ausgespart oder unterdrückt wird. Daher versuchen fortwährend Dichter und Träumer das seelische Gleichgewicht herzustellen und sind damit dem Urerlebnis nahe", schreibt Hark.[(21)]

Als „Urerlebnis" bezeichnet Jung den Zustand von innerer Einheit, bevor das menschliche Bewusstsein sich aus der primären Einheit, dem Paradieszustand, löste. Wenn wir den Traum auf uns wirken lassen wie ein Kunstwerk und wenn wir uns vom Traum gestalten lassen, wie das Werk den Künstler gestaltet, so Jung[(22)], dann kommen wir, wie der Dichter, in die Erfahrung des Urerlebnisses:

> „Und dann verstehen wir auch, was sein Urerlebnis war: er hat jene heilsame und erlösende seelische Tiefe berührt, wo noch kein einzelner zur Einsamkeit des Bewusstseins sich abgesondert hat, um einen leid-

vollen Irrweg einzuschlagen; wo noch alle in derselben Schwingung begriffen sind, und darum Empfinden und Handeln des einzelnen noch in alle Menschheit hinausreicht."

Der folgende Traum war für mich ein solches „Urerlebnis", ich habe ihn niemals vergessen. Er ist immer noch in meinem Bewusstsein lebendig, war er doch ein Geschenk meiner Seele in der Krise der Lebensmitte. (Damals ging Pluto jahrelang über meinen AC im Skorpion.) In dieser bewegenden und heilsamen Zeit fühlte ich den Tod fast immer an meiner Seite. Es war die Zeit, in der sich mein Bewusstsein vertiefte – oft schmerzlich angstvoll und gleichzeitig erlösend.

Noch im Traum konnte ich die Botschaft der auftauchenden Anima-Gestalt fühlend erahnen: „Leben und Tod sind eine Einheit." Ihr Heilungsgeschenk, die „drei goldenen Ähren", symbolisieren das Kultgeheimnis der Eleusinischen Mysterien, der Demeter-Mysterien von Tod und Erneuerung.

Die Todes-Botin mit den drei „goldenen Ähren"

Träumend schaue ich in die Welt. Mein Blick überschreitet den Horizont. Ich sehe eine weite sanft-hügelige Landschaft, saftiges Grün der Wiesen und Täler wechselt mit den Gelb- und Brauntönen der Felder und Anhöhen. Darüber spannt sich die Unendlichkeit eines tiefblauen Himmels. Aus der Ferne hinter dem Horizont, zwischen Himmel und Erde, nähert sich eine Gestalt. In großen Sprüngen den Boden kaum berührend, frei von der Schwerkraft der Erde, fast fliegend, kommt sie direkt auf mich zu. Ich sehe das Flattern ihres leuchtend blauen Gewandes, ein Tuch, das Kopf und Körper ganz umhüllt.

Ich stehe auf einer kleinen Anhöhe, sehe mich selbst dort stehen, sehe mich von hinten. Ich bin die, die von mir selbst gesehen wird und die gleichzeitig in die Welt sieht. Etwas aufgeregt schaue ich in die Weite vor mir, erwartungsvoll, sehe die fremdartige Gestalt, die schwerelos auf mich zueilt … Jetzt ist sie da. Direkt vor mir bleibt sie stehen. Sie nimmt das blaue Tuch vom Gesicht. Ich schaue sie an, sehe ihr Gesicht und ich sehe – die Todin.

Sie spricht zu mir die Worte: „Du bist die, die damals in Paris ertrunken ist." Dabei streckt sie mir ihre rechte Hand entgegen und überreicht mir drei „goldene Ähren".

(G.C., 1987)

Traum-Seele. Skulptur (Detail) v. G. Croissier, 2007, Foto: Tim Besserer

Traum-Seele
Vielgestaltige Botin
Königin der Tiefe
Magierin der Wunde

Traum-Seele
Heilige Ruferin
Gnadenlose Mahnerin
Traum-Dämonin

Traum-Seele
Schenkerin von Wahrheit
Schöpferin von Ganzheit
Kosmische Heilerin

Wir danken Dir!

7. Zur Praxis der Traumarbeit

Wir kennen die Traumkultur der Senoi, eine kleine Stammesgruppe in Malaysia, die bis zum Ende des zwanzigsten Jahrhunderts ihrer Tradition entsprechend lebte. Bei ihnen stand nicht die Arbeit, das alltägliche Funktionieren, sondern die Praxis der Traumarbeit im Mittelpunkt ihres Lebens. Täglich teilten die Stammensmitglieder ihre Traumerfahrungen und fanden mit Hilfe ihrer Ältesten heilsame Lösungen für die Botschaften ihrer Träume. In „Traum-Geschenken" wurde der Symbolgehalt der Träume schöpferisch-materiell von den Menschen gestaltet. Sie erschufen Traum-Objekte, die sinnlich wahrnehmbar in das Alltagsleben integriert werden konnten. Von den Senoi wird berichtet, dass sie weder unter psychischen Erkrankungen noch unter kriegerischen Konflikten zu leiden hatten. Dies ist bemerkenswert, selbst wenn ein wenig ethnologische Idealisierung diese Darstellung mitgeprägt haben sollte.

In unserer Kultur dagegen existiert kein wertschätzendes Traumverständnis. Und so haben wir nirgendwo gelernt, was Träume bedeuten, niemand hat uns gelehrt, dass Träume Heilungsbotschaften unserer Seele sind, die unser Leben bereichern. Und niemand hilft uns, diese täglichen Hilfen ganz praktisch zu nutzen. Selbst in den Therapien der Humanistischen Psychologie, wird die Heilkraft der Träume eher selten in die therapeutische Arbeit integriert. Aber keine Heilmethode, kein psychologischer oder spiritueller Lehrer, kein Weiser oder Magier verfügt auch nur annähernd über die tiefe Weisheit der Traum-Seele.

Traumarbeit in der Transpersonalen Psychotherapie

In der Praxis der Traumarbeit können Interventionen unterschiedlicher therapeutischer Methoden wie Gestalttherapie, Psychodrama, Analytische Psychologie nach Jung, Traumaufstellungen, Traumtheater, Kreative Medien u.a. eingesetzt werden. Bei aller methodischen Vielfalt und Beweglichkeit gibt es doch ein grundlegendes Prinzip: Traumarbeit ist niemals mechanischer Vorgang des Deutens von Symbolen, Traumarbeit folgt keinem festgelegten Muster. Traumarbeit ist, wie Jung es einmal formulierte, „in allererster Linie ein Erlebnis".

Der Traumerlebnis-Prozess ist ein spannendes Abenteuer, bei dem wir als TherapeutInnen die Menschen mit unserer Intuition und Erfahrung begleiten. Wir können nicht wissen, wohin die Traumreise uns führt; häufig beginnt diese mit Irritation und Nicht-Wissen und endet in Berührtsein und Erkenntnis.

Grundsätzlich können Träume auf zwei Ebenen ‚verstanden' und bearbeitet werden, auf der „Subjektstufe" und der „Objektstufe": (1)

1. Die Arbeit auf der *Subjektstufe* versteht alle Figuren des Traumes als personifizierte Züge der Persönlichkeit des Träumers. Jung schreibt: „Die ganze Traumschöpfung ist im wesentlichen subjektiv, und der Traum ist jenes Theater, wo der Träumer Szene, Spieler, Souffleur, Regisseur, Autor, Publikum und Kritiker ist." Subjektive Inhalte werden im Traum meist auf geeignete Objekte, auf andere Personen, auch auf Tiere, projiziert. Somit kann jede Traumgestalt und jedes Traumobjekt als Ausdruck der subjektiven Traumseele verstanden werden. In der Bearbeitung des Traumes geht es dann um die „Rückerstattung" der projizierten Inhalte.

2. Die Arbeit auf der *Objektstufe* – im Traum erscheinende reale Personen betreffend – macht, so Jung, nur begrenzt Sinn, und nur dann, wenn uns mit dem Objekt „ein vitales Interesse verbindet" oder „eine lebenswichtige Beziehung den Inhalt und Grund eines Konfliktes bildet." Selbst „wenn die Projektion einer beim Objekt wirklich vorhandenen Eigenschaft entspricht, so besteht der projizierte Inhalt doch auch beim Subjekt, wo er einen Teil der Objektimago bildet."

Die Imago ist der Abdruck, den das Objekt (z.B. die Mutter) in der Psyche des Subjekts hinterlassen hat. Wenn wir also von Mutter, Vater oder Bruder träumen, dann meint das weniger die äußere reale Person, sondern das Abbild dieser Menschen in der eigenen Psyche.

Auch in der Transpersonalen Traumarbeit gehen wir davon aus, dass sich in jeder Traumgestalt, jedem Traumobjekt, jeder Traumlandschaft, jedem Traumzustand ein seelischer Aspekt der träumenden Person zeigt. In einem therapeutisch begleiteten Traumprozess, in Form von Aufstellung, Theater und Körperarbeit, „übernimmt" die träumende Person in einer *vorübergehenden* Identifikation jede Gestalt und jedes Objekt:

– „Ich bin die gekränkte Mutter, der zürnende Vater …"
– „Ich bin das tobende Meer …"
– „Ich bin der stille, tiefe See …"

Ganz anders aber arbeiten wir bei *latenten Psychosen.* Hier können bedrohliche Traumbilder von Weltuntergängen, Katastrophen, abstürzenden Flugzeugen, einstürzenden Gebäuden, Erdbeben, Feuersbrünsten oder gigantischen Überschwemmungen wichtige Hinweise auf einen bevorstehenden *Ich-Zusammenbruch* geben. Solche unheimlichen, massiv bedrohlichen und destruktiven Träume sollten daher als solche erkannt und das Bewusstsein der Person in „sichere Entfernung vom Unbewussten" gebracht werden, empfiehlt Jung. [(2)] Keinesfalls arbeiten wir in einem solchen Fall mit Identifikationen wie: „Ich bin das abstürzende Flugzeug … das einstürzende Haus" usw. Es könnte aber ein Bild gemalt werden vom dem „abstürzenden Flugzeug", dem „einstürzenden Haus", welches ja den psychischen Zustand des Träumers verdeutlicht. Über das Bild bleibt der Trauminhalt im Bewusstsein, ohne dass der Mensch sich mit ihm identifiziert.

Traumarbeit ist reichhaltig, vielfältig und schöpferisch, somit sind unterschiedliche praktische Zugänge zum Verständnis und zur Erfahrung des Traumes möglich. Im Folgenden gebe ich eine Übersicht über verschiedene Methoden einer ganzheitlichen Traumarbeit, wie ich sie auf der Grundlage von Jungs Traumtheorie, von Gestalttherapie, Psychodrama, Psycho-Synthese, der Traumarbeit von Strephon Williams[(3)] sowie eigenen Erkenntnissen und praktischen Erfahrungen konzipiert habe.

Die folgende Auflistung der Traumarbeits-Methoden ist nicht zum Abarbeiten gedacht, sie will Anregungen und Impulse geben für die therapeutische Arbeit in der Praxis und ebenso für den eigenen Erkenntnisweg. Es können Interventionen aus den einzelnen Rubriken entnommen und mit anderen kombiniert werden, es kann mit ihnen „gespielt" werden, ganz in Abhängigkeit von dem, was gerade gebraucht wird und sich stimmig anfühlt.

Ein Traum-Buch führen

Wenn Sie als Leser oder Leserin einen tieferen Zugang zu ihren Träumen finden wollen, dann führen Sie als erstes kontinuierlich ein Traumbuch. Sie werden staunen, wenn Sie entdecken, wie spezielle Themen, Bilder und

Symbole sich über einen längeren Zeitraum in Ihren Träumen wiederholen, träumend immer wieder neu bearbeitet werden und sich dann träumend wandeln. In solchen „Traumserien“ oder „Traumreihen“ erschließt sich die Symbolik der Traumbilder und Motive und sie können in ihrem jeweiligen aktuellen Konflikt- und Lebensbezug erkannt werden. Das Traumbuch erzählt die Entwicklungs-Geschichte unserer Seele, wir werden Zeuge der magischen Heilung unserer Wunde.

Wenn Sie sich entscheiden, ein Traumbuch zu führen:

- Dann notieren Sie hierin alles Aufgeträumte, ohne zu werten: Traumreste, Traumbotschaften, Traumbilder, kurze oder lange Träume, Traumgefühle.
- Vielleicht haben Sie Lust, kleine Zeichnungen anzufügen.
- Geben Sie jedem Traum eine passende Überschrift.
- Lassen Sie nach jedem Traum genügend Platz für Ihre symbolischen und kontext-abhängigen Deutungen.
- Entdecken Sie, welche Motive, Bilder und Symbole in Ihren Träumen gehäuft vorkommen. Hierüber können Sie mehr über sich erfahren.
- Nach Monaten oder Jahren werden Sie über Ihre Träume die Sinnhaftigkeit ihrer seelischen Entwicklung nachvollziehen können.

Anleitung zum „aktiven Träumen“

- Nehmen Sie sich abends im Bett, vor dem Einschlafen, ein wenig Zeit.
- Legen Sie Papier und Stift griffbereit auf den Nachttisch.
- Schließen Sie die Augen, atmen Sie etwas tiefer, lassen Sie sich sinken.
- Wenden Sie sich innerlich ihrem Unbewussten zu und bitten Sie um Öffnung.
- Sprechen Sie: „Ich bin voll und ganz bereit, meine Träume zu erinnern und ihre Botschaft zu hören.“ (Autosuggestion)
- Wenden Sie sich nun dem Geist Ihrer Träume zu, den „Traumgeistern“, und sprechen Sie diese direkt an: „Ihr meine geliebten Traumgeister, ich grüsse euch herzlich und bitte euch, zu mir zu kommen und mich mit einem Traum zu beschenken. Ich werde euer Geschenk in Wertschätzung und Dankbarkeit annehmen.“
- Wenn Sie in der Nacht oder am Morgen einen Traum oder einen Traum-Rest, eine Botschaft oder auch nur ein Gefühl erinnern, dann schreiben

Sie dies *sofort* auf. In der Nacht reicht es manchmal, sich nur einen zentralen Begriff aus dem Traum aufzuschreiben, um sich am Morgen wieder voll zu erinnern. Auch eine schnelle Zeichnung kann für die Erinnerung hilfreich sein.

- Achten Sie voll und ganz das, was sich zeigt, auch wenn es nur ein Wort oder ein Gefühl ist. Ihr Traumbewusstsein braucht Zeit, um aus der Verbannung aufzutauchen und sich wieder vertrauensvoll zu öffnen.
- Seien Sie geduldig, geben Sie sich Zeit und bleiben Sie bei ihrer allabendlichen Einladung.
- Vergessen Sie nie, sich für das Traumgeschenk zu bedanken, auch wenn es Ihnen noch so unbedeutend erscheinen mag: „Danke, ihr geliebten Traumgeister, danke!"

Selbstverständlich können Sie Ihren eigenen sprachlichen Ausdruck finden, meine Worte sind vor allem als Anregung gedacht. Eine Einladung an die Kräfte des Unbewussten sollte aber immer sprachlich gebündelt, *zentriert* sein und sich *direkt an den Adressaten wenden,* den inneren Heiler, die innere Heilerin oder wie Sie diese Kraft nennen möchten.

Vor vielen Jahren verhalf diese Anleitung einer Lehrerin zum aktiven Träumen. Von dem Ergebnis ihrer Bemühungen war sie so berührt und begeistert, dass sie die aktive Traumarbeit in ihren Lehrplan integrierte. Jeden Morgen brachten die kleinen Schülerinnen und Schüler ihre nächtlichen Träume mit in den Unterricht. Durch Erzählen, Malen oder Dramatisieren der Träume – wie sie es in ihrer Therapie gelernt hatte – half sie den Kindern, einen Zugang zum inneren Reichtum und der Heilkraft ihrer Seele zu finden.

Meditatives Wieder-Erleben des Traumes

- Mit geschlossenen Augen und tief entspannt wieder in den Traum hineingehen.
- Den Traum nochmals träumen und ihn laut in der *Gegenwartsform* erzählen.
- Als TherapeutIn ebenfalls die Augen schließen und in das Traumgeschehen Ihrer Klientin mit eintauchen.
- Durch konkretisierende Fragen das Traumerlebnis *intensivieren.*

- Erweiternde Bilder kommen lassen oder Dialoge zwischen den Traumgestalten anregen, ohne die Traumstruktur und den Trauminhalt zu verändern.
- Die Gefühle des Traum-Ichs und der einzelnen Gestalten herausarbeiten.

Fragen zur Konkretisierung der dramatischen Traumstruktur

Einführung
- Wie sieht die Traumlandschaft aus, der Raum, das Haus, der Ort?
- Ist es im Traum Tag oder Nacht, sonnig oder düster, welche Jahreszeit, ist es warm oder kalt?
- Wie ist die emotionale oder energetische ‚Färbung' des Ortes? Bedrohlich? Oder wie sonst?
- Ist das Traum-Ich körperlich anwesend oder nur geistig? Wie alt ist es, wie sieht es aus?
- Welche Traumgestalten gehören zum Traum? Wie sehen sie aus?

Verwicklung
- Welche Gegensätze erscheinen?
- Welche Polaritäten, Konflikte oder Widersacher existieren?
- Was und wie ist die Verwicklung, der Konflikt?
- Wie zeigt sich dieser Konflikt im realen Leben?

Höhepunkt
- Wie spitzt sich die Situation zu?
- Was sind hier die Gefühle der träumenden Person?

Umschwung
- Was schwenkt plötzlich um? Wie? Und in welche Richtung?
- Ist der Umschwung heilsam oder unheilvoll?

Lösung
- Bietet der Traum eine Lösung, eine Antwort, eine Botschaft an? Welche?
- Was bedeutet die Lösung, die Antwort für das bewusste Leben?
- Wie kann die Botschaft im alltäglichen Leben umgesetzt werden?
- Bei fehlender Lösung sie im Tiefenbewusstsein finden lassen; oder als Hausaufgabe den Traum zu Ende schreiben; die Lösung von der Weisheit des Selbst kommen lassen.

Identifikation mit den Traum-Gestalten

Grundregel: *Alle Traumgestalten sind Repräsentanten von mir selbst.*

- Rückerstattung der projizierten Persönlichkeitsanteile durch *vorübergehende Identifikation.*
  Beispiele:
  „Ich bin dieses kleine verletzte Tier, ich habe Angst und ..."
  „Ich bin der bewaffnete Mann, der Verfolger, ich will mich rächen und ..."
  „Ich bin der Falke und liege starr und reglos in diesem offenen Käfig ..."
- Vor allem die ‚feindlichen' Gestalten, die *Widersacher, anerkennen und übernehmen.*
- Aufstellen des Traumes oder einzelner Traumsequenzen und die Gestalten übernehmen.
- Szenische Darstellung des Traumes, Traumtheater, Psychodrama.
- *Die Identifikation abschließend wieder auflösen durch Disidentifikation,* denn ich „bin" nicht wirklich das verletzte Tier, der bewaffnete Mann usw. Die Traumgestalten sind lediglich bildhaft gewordene Energie *in* mir, die integriert werden will. Ziel ist nicht die Identifikation, sondern das Mit-leben-lassen aller Gestalten, es geht um Beziehung.

Disidentifikation und Herstellen einer Beziehung zu den Traum-Gestalten:

- Als das bewusste Tages-Ich abschließend von *außen* auf die Traumwesen schauen.
- Das Tages-Ich *dankt* den Traumwesen, dass sie sich gezeigt haben.
- Es gibt jeder Traumgestalt einen wertschätzenden Satz vom Herzen her: „Ich bin froh, dass du dich mit deiner ganzen Erbärmlichkeit so mutig gezeigt hast."
- Mit einem zentralen Traumwesen eine Vereinbarung oder Verabredung treffen: „Du geflügelte Schlange, ich lade dich ein in mein Leben."

Kommunikation zwischen Traum-Ich und Tages-Ich

Das *Traum*-Ich ist der Teil, der im Traum als Ich erlebt wird, das *Tages*-Ich der Teil, der im Wachbewusstsein als Ich erlebt wird und jetzt den Traum bearbeitet.

- Wie unterscheidet sich das Traum-Ich vom Tages-Ich?

- Wo entsprechen sich Traum-Ich und Tages-Ich?
- Ist das Traum-Ich ein überdeutliches Zerrbild meines Tages-Ichs?
- Mit welchem Persönlichkeitsanteil konfrontiert mich das Traum-Ich?
- Oder aber: Kann ich vom Traum-Ich etwas lernen? Was?
- Ein positiv-kompensatorisches Traum-Ich im Alltag spielerisch einüben.
- Dem Traum-Ich Fragen stellen:
  „Warum verhältst du dich in dieser Weise?"
  „Was willst du mir damit sagen?"
- Dialog zwischen Traum-Ich und Tages-Ich führen.

Dialoge mit und zwischen den Traum-Gestalten

- Wieder in den Traum eintauchen und einer bedeutsamen Traumgestalt oder einem Traumwesen begegnen.
- Sie oder es anschauen und den Dialog mit einer Frage beginnen, z.B.:
  „Wer bist du?"
  „Warum erscheinst du in meinem Traum?"
  „Wie fühlst du dich in dieser Situation?"
  „Was willst du von mir?"
  „Was willst du mir sagen oder zeigen?"
  „Was brauchst du von mir? Wie kann ich dir helfen?"
- Das Traumwesen übernehmen (vorübergehende Identifikation) und antworten lassen.
- Das fragende Tages-Ich antwortet nun dem Traumwesen, ein Dialog entsteht.
- Dialoge sollten auch *zwischen* den einzelnen Traumgestalten stattfinden, insbesondere den gegensätzlichen.
- Aus der dialogischen Begegnung der einzelnen Traumwesen kann sich ein lebendiger Austausch, kann sich kreatives Traumtheater entwickeln.

Bedrohliche Traum-Erfahrungen – Therapeutische Arbeit mit Albträumen

Grundregel: Den *Traum-Schatten* – das sind Feinde, Widersacher, gefährliche oder mörderische Gestalten oder Erfahrungen – nicht vermeiden, nicht vernichten oder töten wollen, sondern eine *Beziehung* zu den bedrohlichen Gestalten oder Situationen herstellen:

- Sich stellen statt weglaufen. Vor dem Einschlafen beschließen, nicht in Panik wegzulaufen und auch nicht aufzuwachen.
- Den Widersachern, Feinden, Verfolgern begegnen, ihnen *ins Gesicht, in die Augen schauen* und ihnen Fragen stellen z.B.:
  „Wer bist du?"
  „Warum erscheinst du in meinem Traum?"
  „Was willst du von mir?"
  „Was kann ich tun, damit wir uns befrieden?"
- Es kann auch eine *Helfergestalt* (z.B. ein Begleittier) in den Traum gebeten werden.
- In Begegnung mit dem *Tod oder einer Todeserfahrung* dem Tages-Ich folgende Fragen stellen:
  „Warum mache (oder brauche) ich diese bedrohliche Erfahrung?"
  „Was bedeutet sie für mich und mein Leben? Was ist ihr Sinn und Zweck?"
  „Welche innere Haltung gibt meinem Leben wieder Sinn und neue Erfüllung?"
  „Wie finde ich in meinem Leben Ruhe und Frieden?"

Die kompensatorische Botschaft des Traumes erarbeiten

- Frage: „Welche bewusste Einstellung wird durch den Traum kompensiert?" (Jung)
- Was gleicht der Traum aus? Wie gleicht er aus?
- Ist der Traum positiv-kompensierend oder negativ-kompensierend?
- Wie verhält sich das Traum-Ich kompensatorisch zum bewussten Ich?
- Wozu dient der Traum? Was soll er bewirken?
- Wie lautet die kompensatorische Botschaft des Traumes?
- Die ausgleichende Traumbotschaft in Worte fassen und aufschreiben.

Anleitung zu einer Symbol-Meditation

Um das Geschenk eines „lebendigen Symbols" voll zu würdigen und zu integrieren gibt es verschiedene praktische Möglichkeiten. Eine davon ist die Symbol-Meditation, wie ich sie im Folgenden darstelle. Da ich diese Übung ursprünglich für die TeilnehmerInnen eines Traumseminars konzipiert hatte, ist die Anrede hier das Du.

Wenn Sie, werte Leserin, werter Leser, diese Übung praktizieren wollen, finden Sie vielleicht eine einfühlsame Sprecherin oder einen Sprecher, die oder der Sie anleitet. Oder sprechen Sie die Anleitung selbst auf einen Tonträger und lassen Sie sich von Ihrer eigenen Stimme so lange begleiten, bis Sie die einzelnen Schritte der etwas komplexen Meditation verinnerlicht haben.

Selbstverständlich kann diese meditative Übung auch in reduzierter Form praktiziert werden. Dazu können die Schritte 5 und 6 ausgelassen werden.

Finden Sie ein einfaches Symbol, das Sie emotional anspricht, Sie können es aus einem Buch, z.B. aus einem Symbole-Lexikon kopieren oder es aufzeichnen. Legen Sie es vor sich hin.

Anleitung:

1. Entspannung
- Sitze aufrecht und entspannt, atme tief ein und aus und lass den Atem frei fließen.

2. Das Symbol von außen betrachten
- Schaue nun das Symbol im Außen an, betrachte es, ohne etwas damit machen zu wollen.
- Nimm die äußere Erscheinungsform des Symbols genau wahr, so dass du es beschreiben oder zeichnen könntest. Lass dir Zeit dafür …

3. Das Symbol nach innen nehmen
- Schließe nun die Augen und nimm das Symbol visualisierend nach innen.
- Lass es dich nun innerlich schauen … während du weiter atmest.

4. Meditativ mit dem Symbol sein
- Verweile meditativ mit dem Symbol; sei mit dem Symbol, ohne es zu verändern …
- Welche Gefühle löst das Symbol in dir aus? Atme in die Gefühle hinein.
- Welche körperlichen Empfindungen löst das Symbol aus? Wo im Körper?
- Welche Bilder oder Szenen tauchen bei der innerlichen Betrachtung vielleicht in dir auf?

5. Das Symbol beatmen, umkreisen und in das Symbol hineingehen

- Atme nun um das Symbol herum, umkreise es mit deinem Atem.
- Atme nun in das Symbol hinein, durchdringe es mit deinem lebendigen Atem. Es darf sich dabei ausdehnen und erweitern, aber nicht verändern.
- Gehe nun mit deinem Atem in das essentielle Wesen des Symbols hinein.
- Gehe zum Kern, zur Quelle des Symbols und verweile hier still …
- Was zeigt, offenbart sich dir hier im Zentrum?
- Was empfindest du körperlich, wenn du im Symbol verweilst?
- Welche Gefühle löst es in dir aus, im Inneren des Symbols, an seiner Quelle zu sein?
- Welche Bilder oder Szenen tauchen in dir auf?
- Lass alles kommen, alles was sich dir zeigen will, alle Empfindungen, Gefühle und Bilder, ohne etwas damit zu machen.

6. Dem Symbol Fragen stellen

- Richte nun Fragen an das Symbol, zum Beispiel:
  „Woher kommst du?"
  „Welche Gestalten, welche Wesen gehören zu dir?"
  „Was ist deine universelle Botschaft?"
  „Wozu dienst du? Was ist deine Funktion, deine Aufgabe?"
  „Welchen Sinn erfüllst du?"
  „Was möchtest du mir persönlich sagen? Was ist deine Botschaft an mich?"
- Dem Symbol danken: „Ich nehme die Botschaft, dein Geschenk an und danke dir von Herzen."

7. Integration und Abschluss

- Die Erfahrungen aufschreiben.
- Vielleicht ein *Kreis*-Bild von der Symbolerfahrung malen.
- Erfahrungsmitteilung in der Gruppe oder an eine nahe Person (keine theoretischen Analysen oder Kommentare!).

Verbale Traum-Botschaften und Traum-Weisheiten achten

- Die Botschaften und Weisheiten der eigenen Traumseele aufschreiben, zum Beispiel: „Der Liebesbaum, das ist der Baum der Erkenntnis."
- Mit der Botschaft oder Weisheit sein, sich von ihr kontemplativ führen lassen.
- Für dieses Geschenk der Traumseele, den Traumgeistern danken.
- Eine Traumweisheit oder -botschaft als Mantra sprechen, singen, sie künstlerisch gestalten und somit ins Leben integrieren.

Traum-Inkubation

- Vor dem Einschlafen die Traumseele oder die Traumgeister um eine Antwort oder Botschaft zu einem *konkreten Anliegen* bitten.
- Eine Frage klar formulieren, z.B.: „Was ist meine Entwicklungsaufgabe im nächsten Jahr?"
- Gerade in Krisen das Traumbewusstsein anrufen und um eine Traumbotschaft bitten.
- Jede Antwort annehmen und der Traumseele dafür danken.

Meditative Traum-Regression

- In Tiefenentspannung, z.B. in Meditation, oder vor dem Einschlafen in eine heilsame, emotional tragende Traumerfahrung oder ein heilsames Traumbild eintauchen.
- Sich körperlich, sinnlich und emotional ganz in die Erfahrung hineinbegeben und darin verweilen, ohne zu agieren, nur still in der Erfahrung sein.

Kreative Gestaltung der Träume

- Den Traum als Geschichte, Mythos, Märchen gestalten und aufschreiben.
- Den Traum oder einzelne Traumgestalten in einem Kreisbild (Mandala) malen.
- In Ton oder Stein das Traumthema als Skulptur gestalten.

- Das Traum-*Symbol* kreativ gestalten, mit Naturmaterialien, und als ein Geschenk der Traumgeister würdigen.
- Die Botschaft des Traumes in einem Satz fassen und ein Mantra daraus entstehen lassen.
- Aus dem Traum-Mantra ein Seelen-Lied werden lassen. Dieses magische Lied singen oder tönen, vielleicht mit Trommel oder Rassel begleiten.
- Den Traum als magisch-mythisches Theater inszenieren.
- Den Traum tanzen, *Traum-Tänzer* und *Traum-Tänzerin* sein.

Träume sind Kunstwerke und Geschenke der kosmischen Seele. Die Magie der Träume ist wandelnd, sie heilt die Wunde und begleitet uns auf unserer einzigartigen Seelenreise vom personalen Ich zum ganzheitlichen Selbst. Für jeden Traum, jede Botschaft, jedes Symbol verneigen wir uns demütig vor der Größe der Traum-Seele und sagen „Danke!"

> „Ich glaube an die Vision des Wahren
> in den Tiefen des Geistes,
> wenn die Augen geschlossen sind."
>
> W.B. Yeats (4)

Annahme. Skulptur (Detail) v. G. Croissier, 2006, Foto: Tim Besserer

Annahme
Auge und Mund
Sehen und sprechen
Was ist

Teil II

Die magische Wunde - Annahme und Wandlung

Schau deine Wunden an und söhne dich mit ihnen aus.
Die Wunde öffnet dich für dein wahres Selbst.
Die Wunde hält dich lebendig.
Sie zwingt dich, weiter an dir zu arbeiten und zu wachsen.
Die Wunde verweist dich auf Gott,
den wahren Arzt für deine Seele.
Betrachte deine Wunden und entdecke in ihnen das Leben,
das in dir strömt.

Anselm Grün [1]

Kopf der verwundeten Heilerin. Skulptur (Detail) v. G. Croissier, 2009, Foto: Tim Besserer

1. Trauma, Spaltung und Lebens-Angst

Es ist die Angst, die uns Menschen daran hindert, uns den Wunden zuzuwenden, sie anzuschauen, damit sie sich in Kraftquellen wandeln. Es ist die Angst, die uns daran hindert, freiwillig die inneren Räume der Wahrheit aufzusuchen. In den alten Einweihungs-Riten und den antiken Mysterien entschieden sich die Menschen aus freiem Willen für einen Weg der Wahrheit, um hier ihrer Angst vor dem Tod zu begegnen. Sie waren bereit, diese Ur-Angst, die uns – wenn sie unbewusst bleibt – am Leben hindert, anzunehmen und zu transformieren.

Es ist immer die Lebens-Angst, die uns an heilsamer Erkenntnis hindert und an der Liebe: Angst vor Einsamkeit, Angst vor Armut, Angst vor Verlust, Angst vor Krankheit, Angst vor Schmerz. Letztlich, auf der tiefsten Ebene, ist es die Angst vor dem Tod, die uns an einem erfüllten Leben hindert. Und absurderweise ist es diese Angst, die genau das erschafft, was sie zu verhindern sucht: den Tod. Schauen wir auf die Kriegs- und Gewalt-Szenarien überall in der Welt: Es ist die eigene Verlust-Angst, die eigene Todes-Angst, die Menschen dazu antreibt, andere zu töten. Die russische Psychiaterin Olga Kharitidi schreibt [(1)]:

> „Menschen fügen anderen Schmerz zu, wenn sie Angst haben. Das ist das Gesetz. Je mehr ein Mensch andere verletzt, umso größer ist die Angst, die er im Inneren empfindet."

Von daher klingt es vernünftig, die Befreiung von Angst zu postulieren. Die Erfahrung von Freude und Glück bedarf „der Freiheit von Angst, Schuld und Konflikten", schreibt Francis Vaughan [(2)]. Wie aber befreie ich mich von Angst in einer Welt von Leben und Tod? Wenn es dunkel wird und meine kleine Tochter noch nicht zu Hause ist, dann fühle ich als Mutter Angst, selbst bei jahrelanger Meditationspraxis.

Vielleicht geht es gar nicht darum, sich von der Angst zu *befreien?* Angst ist der große polare Gefühlsraum zum Raum der Liebe. Je mutiger wir den Raum der Angst durchschreiten, umso eher erschließt sich der Raum der Liebe. Viele Märchen und Mythen handeln von diesem heilsamen Weg der Angst, dem Weg durch gefährliche, dunkle Wälder, tiefe Schluchten, einsame Gegenden und der Begegnung mit bedrohlichen Wesen. Wirkliche Helden und Heldinnen gehen diesen Weg, bis am Ende der Dunkelheit sich das ersehnte kleine Licht zeigt, der ersehnte Schatz, die Erfüllung der Liebe gefunden ist.

Solange wir noch nicht am Ende unserer irdischen Seelen-Reise angekommen sind, solange kann die Angst eine nützliche Wegbegleiterin sein. Sie sollte uns nicht beherrschen, aber sie könnte uns Dienerin und Führerin sein auf dem Weg der Selbstverwirklichung. Vor etwa 30 Jahren war ich eingeladen zur Praxiseinweihung meiner Freundin und Kollegin Aya. Jedem der Gäste gab sie die folgende schriftliche Anleitung mit auf den Weg, die mir seitdem weg-weisend geworden ist:

> „Und wenn du dein Leben verändern willst,
> geh einfach den Weg der Angst,
> der führt am weitesten.
> Er geht über die Idiotie.
> Und wenn du nicht weiter weißt, frag weiter.
> Was Mensch nicht kann, das verbindet.
> Jeder hat dein Tabu. Sprich davon, zuerst.
> Innenleben muss ins Außenleben,
> damit sie wissen, wer du bist – und du wer sie."
>
> Frederike Frei

Idiotie oder Idiotismus, von griech. eigen, sonderbar; der „Weg über die Idiotie" bedeutet somit vom Wortsinn: der eigene Weg, der besondere Weg, der Individuations-Weg.

Erkenntnis-Fragen:

- Welches sind meine zentralen Lebens-Ängste?
- Erkenne ich die Todes-Angst hinter jeder meiner Angst?
- Kann ich mit vorstellen, die Angst als Wegbegleiterin und Führerin anzunehmen?

Angst als Quelle schöpferischer Kraft

> „Meine Ängste würden mir als Motor dienen,
> mit Bereichen vertraut zu werden,
> von deren Existenz ich noch gar nichts ahnte."
>
> Olga Kharitidi (3)

„Lob der Angst – Sie kann lähmen und krank machen, aber auch inspirieren und beflügeln: Langzeitstudien von Psychologen und Hirnforschern haben ergeben, wie stark die Angst unsere Persönlichkeit prägt. Schon im Kindesalter zeigt sich, wie furchtsam ein Mensch später durchs Leben geht." So die Überschrift eines Spiegel-Titels von 2010.(4)

Angst ist keine Krankheit, sondern ein seelisches „Urgefühl", das unsere Persönlichkeit, unser Verhalten und damit unser Leben entscheidend prägt. Sie ist ein mächtiges, entwicklungsgeschichtlich sehr altes Grundgefühl und existiert in Polarität zur Liebe.

„Fast alle Eigenarten des Menschen hängen mit seinen Ängsten zusammen", sagt der Psychologe J. Markgraf. (5) Angst ist der Motor unseres Lebens, sie treibt uns an, das zu tun, was zum eigenen Leben wichtig ist. Als „Furcht" warnt sie vor real drohender Gefahr, löst den Fluchtimpuls aus und ist damit überlebenswichtig. Ohne die psychische Fähigkeit, Angst oder Furcht zu empfinden, hätte die Menschheit nicht überleben und sich entwickeln können.

Somit „ist die Angst eine der mächtigsten Triebfedern des Lebens. Sie schärft die Sinne, motiviert, treibt vorwärts, weckt Phantasie, Kreativität und schöpferische Kraft." (6) – Es ist meine alte Angst, »es nicht zu schaffen«, die mich heute, an einem heißen Sommertag, zum Schreiben antreibt, anstatt genüsslich an einem Badesee zu liegen. Es ist meine Angst, dass ich sterbe, ohne meine Lebensaufgabe erfüllt zu haben, die mich motiviert, diese einsame und Verzicht fordernde Tätigkeit des Schreibens zu akzeptieren.

Angst weckt die schöpferischen Kräfte, ängstliche Menschen sind häufig kreative Menschen. Sie sind „oft emotionaler, leidenschaftlicher und ausdrucksstärker als andere." (7) Sie sind fühlender und mitfühlender. „Auffallend viele herausragende Denker, Erfinder, Wissenschaftler, Dichter, Musiker und Schauspieler waren oder sind zutiefst furchtsame Menschen. (...) Ein extrem ängstlicher Mensch war auch Charles Darwin. Der Vater der modernen Evolutionstheorie fürchtete sich vor fast allem: Schlangen, Menschenmengen, Festen, Reisen, dem Alleinsein." So weltbekannte Dichter und Schriftsteller wie Johann Wolfgang von Goethe, Bertold Brecht, Franz Kafka, Virginia Woolf, der Komponist Antonio Vivaldi, der bekannte Regisseur Steven Spielberg, Aretha Franklin mit ihrem emotional ergreifenden Gesang – sie alle und viele andere litten unter quälenden Ängsten. Und sie alle nutzten ihre Ängste, um sich schöpferisch beflügeln zu lassen und Großes zu vollbringen.

Angst untersteht dem Urprinzip Saturn: Die Bereitschaft zu Anstrengung und Bemühung, das schöpferische Ringen, dies ist der saturnische „Lohn der Angst".

Nur in der Einheit des Bewusstseins waren oder sind wir frei von Angst. In der Welt der Polarität leiden wir zwangsläufig unter Ängsten, denn hier folgt auf Fülle Mangel, auf Wärme folgt Kälte und auf Leben folgt Tod. Es ist also nützlich, auf der Hut zu sein und die Angst fühlend anzunehmen. Es ist die Angst vor Hunger, die uns antreibt, für Nahrung zu sorgen, die Angst vor Kälte, die für eine warme Wohnung sorgt, und die Angst vor Tod, die den Selbstschutz fördert. Menschen, die keine Angst empfinden, sind in aller Regel psychisch gestört, bestätigt ein bekannter Angstforscher [(8)]. Nur Psychopathen fühlen keine Angst und sie empfinden auch kein Mitgefühl.

Was aber macht nun den Unterschied zwischen kreativ fördernder und pathologischer Angst? Angst als Gefährtin an der Seite kann einen Menschen positiv antreiben und motivieren, aber von Ängsten überwältigt zu werden, lähmt und führt im Extremfall in eine Angst-Starre. Gesunde Angst ist lebens-fördernd, pathologische Angst lebens-behindernd, der Mensch kann sich nicht mehr im Leben bewegen und frei ausdrücken. Zwangsstörungen oder Panikattacken zwingen ihn zu einschränkenden Verhaltensmustern.

Nach einer Studie des Bundesgesundheitsdienstes von 1998 litten bundesweit 14,2 Prozent der Bevölkerung unter einer Angststörung, davon Frauen mit fast 20 Prozent und Männer mit 9 Prozent. „Angststörungen wie Panikattacken, Phobien und generalisierte Angst sind in den Industrieländern die häufigste Form psychischer Erkrankungen." [(9)] Inzwischen sind 17 Jahre vergangen, die Tendenz ist deutlich steigend. Ich vermute, dass sich hinter vielen – vielleicht hinter allen – psychischen Störungen wie Burnout, Depression und psychosomatischen Erkrankungen ein Angstthema *verbirgt.* Angst vor Scheitern im Beruf oder in der Beziehung, Angst vor Verlust, Angst vor dem Leben in seiner unberechenbaren Polarität von Leben und Tod. Es ist nicht die gefühlte und angenommene Angst, es ist die verborgene Angst, die verdrängte Angst, die Menschen panikartig überfällt und sie krank werden lässt.

Ängstliche Menschen aber, die ihre Angst bei sich haben, sind nicht psychisch krank; von der modernen Wissenschaft werden sie als „hochreaktiv" bezeichnet. Sie gelten als „wachsamer, umsichtiger, nachdenklicher" als andere und sie „seien oft auch besser darin, die Gefühle anderer zu verstehen. (...) Außerdem würden sie seltener kriminell, brächten sich nicht leichtfertig in Gefahr und lebten deshalb länger." [(10)]

Wenn dieses Urgefühl Angst also Friedfertigkeit und Mitgefühl bewirkt, schöpferische Impulse freisetzt, Kreativität und Ausdruck fördert, kann es keinesfalls darum gehen, dieses nützliche Gefühl zu bekämpfen, zu unterdrücken, mit Medikamenten ‚wegzumachen'. In der modernen westlichen Gesellschaft aber wird *Angst mit Schwäche gleichgesetzt* und sollte möglichst nicht gezeigt werden. Wir schämen uns für unsere Angst. Wir verbannen sie auf den tiefsten Seelen-Grund, und von hier taucht die Schatten-Angst wieder auf, als gefährliche „Anaconda", die uns zu verschlingen droht – wie im Traum von Christine.

Die moderne Forschung postuliert, dass Angst gewöhnlich nicht erworben, sondern „angeboren" ist.

Dass Angst sich schon früh im Leben von Menschen zeigt, belegen Langzeitstudien der Harvard University. In Versuchsreihen mit vier Monate alten Säuglingen reagierten die ängstlichen Babys – in der Forschung als „hochreaktiv" bezeichnet – auf fremdartige Objekte, fremde Personen, besonders wenn diese ihnen zu nahe kamen, mit Weinen, Schreien, aufgeregtem Zappeln und Strampeln. Diese frühe Neigung zu Ängstlichkeit wird von der modernen Wissenschaft mit einem „angeborenen Temperament" erklärt. Verschiedene Temperamente, so die Ergebnisse, „lassen sich auf angeborene Schaltkreise im Gehirn zurückführen". Dieses „angeborene Temperament verschwindet nicht", so die Forschung, fast die Hälfte der „hochreaktiven" Babys und Kleinkinder hatte bereits mit sieben Jahren „spezifische Ängste entwickelt – vor Gewittern, der Dunkelheit oder Schulversagen." [(11)]

Aus transpersonaler Sicht sind diese Forschungsergebnisse ausgesprochen interessant, belegen sie doch, dass Angst mehrheitlich angeboren ist, also in dieses Leben mitgebracht wird. Aber woher kommt diese angeborene Angst, dieses ängstliche Temperament, diese angeborenen Schaltkreise im Gehirn? Diese Frage wird von der modernen Forschung nicht gestellt, denn sie hat keine Möglichkeit, hierauf eine wissenschaftliche Antwort zu finden. Im nur rationalen Bewusstsein kann es hierfür keine Erklärung geben. Antworten auf die Fragen nach dem Ursprung der Ängste finden wir aber im Prä-Rationalen, in den magisch-mythischen Strukturen des Bewusstseins, in der Entwicklungs-Geschichte der Seele (wie im Teil I dieses Buches beschrieben).

Erkenntnis-Fragen:

- Bin ich vielleicht auch ein ängstlicher, hochreaktiver Mensch?
- Kenne und würdige ich die emotionale und schöpferische Kraft meiner Ängste?
- Wozu motiviert mich die Angst? Wo und wie ist sie mir Motor?

Angst und Spaltung

„Das Angstsystem ist entwicklungsgeschichtlich so alt und primitiv, dass es sich leicht täuschen lässt", so die Aussage eines Wissenschaftlers aus dem oben zitierten Spiegel-Bericht. Erinnern wir uns an Jean Gebsers Bewusstseins-Entwicklungs-Modell (in Teil I):

Angst, als Urgefühl, entstand auf der magischen Ebene des Bewusstseins, dort, wo die Spaltung begann. Als der frühe Mensch sich allmählich aus der primären Einheit des Bewusstseins, aus der Einheit von Himmel und Erde, Mensch und Natur befreit hatte, erkannte er sein Getrennt-Sein. Er wurde sich der Welt als Gegenüber, als das Andere bewusst. Und dieses Andere, Fremde, erlebte er als Bedrohung, es machte ihm Angst. Er wurde sich erstmals seiner Verletzlichkeit und seiner Sterblichkeit bewusst, er erlebte Angst vor dem Tod. Ur-Angst entstand aus der frühen Spaltung der Einheit von Leben und Tod.

Dieses Urgefühl Angst existiert in jedem Menschen und es reagiert auf altbekannte bedrohliche Informationen. Es ist nicht so, dass das Angstsystem sich „leicht täuschen lässt", wie die moderne Wissenschaft annimmt, sondern es reagiert auf *ähnliche* Reize. Das alte Angstsystem ‚erinnert' sich, es wird aktiviert, wenn wir etwas erleben oder wahrnehmen, was in einer früheren Erfahrung bedrohlich, schmerzlich oder gar tödlich war. Angst auf der magischen Ebene des Bewusstseins ist immer Angst vor Schmerz, vor Vernichtung und auf der tiefsten Ebene Angst vor dem Tod.

Es geht darum, diese alte Angst bewusst anzunehmen, bewusst zu erinnern und willentlich in die rationale Struktur zu integrieren, damit sie uns nicht aus dem Dunkel des Unbewussten überfällt. Olga Kharitidi [(12)] schreibt:

> Wenn Menschen „den Schmerz nicht als Teil ihrer persönlichen Erinnerung akzeptieren, lehnen sie die traumatische Erfahrung insgesamt ab. Sie akzeptieren sie nicht als vollständigen Teil ihres Selbst, und dann kommt ein Dämon, schnappt sie sich und sagt: ‚Das gehört mir'. Der Dämon bekommt die Energie, dem Selbst geht sie verloren.
>
> Und schon ist eine Lücke im Gedächtnis entstanden, die von diesem Augenblick an immer als Angst empfunden wird. Wenn wir Angst empfinden, spüren wir die Lücke zwischen dem, was wir als unsere akzeptierte Erinnerung kennen, und dem, was zu einem dunklen Bereich in uns gehört. Die Angst kommt immer wieder und fügt uns Schmerz zu. Durch uns fügt sie andern Schmerz zu, und dadurch nährt sie ihr geheimes Gedächtnis."

Jedes Mal, wenn etwas Traumatisches geschieht und die betroffene Person nicht stark genug ist, die Erfahrung als Teil ihrer selbst zu akzeptieren, entsteht eine solche Lücke in der Erinnerung, eine Bewusstseins-Spaltung. In der traumatischen Lücke führen Bilder und Szenen ein Eigenleben. Die ängstigenden inneren Bilder können nicht mit den früheren traumatischen Erfahrungen verbunden werden, die Psyche nimmt sie als etwas ihr Fremdes wahr. Sie bleiben isoliert, Fragmente des Ganzen, und führen als solche ein Eigenleben. – So geschieht Spaltung.

In der folgenden Erfahrung einer traumatisierten Frau zeigen sich Angst und Spaltung als dramatische körperliche Fragmentierung und massive emotionale Überwältigung. Und sie erkennt schließlich mit Bedauern die jahrelange Verleugnung ihrer schmerzlichen Gefühle:

Spaltung

Ich versuche, tief zu atmen, aber ich komme nur schwer in den Atem-Prozess. Ich merke, wie immer verschiedene Teile meines Körpers unabhängig voneinander unbeweglich sind, so als seien sie aus Eisen. Ich erlebe, wie mir jemand gewaltsam mein rechtes Bein vom Körper reißt, und verspüre einen unbändigen Schmerz, der nicht auszuhalten ist. Ich atme weiter hinein, damit ich durchkomme. Dann wird mir mein rechter Arm an der Stelle des Schlüsselbeins gewaltsam abgerissen. Ich habe das Bild vor Augen, wie man ein Huhn nimmt und ihm gleichzeitig auf einer Seite den Schenkel und den Flügel abreißt.

Ich sehe etwa zehn Menschen in einem Kreis stehen, der aussieht wie ein dunkler Krater. Darüber ist eine Röhre zu sehen, die sich nach oben öffnet und mit hellem Licht erfüllt ist. Dieses Licht fühlt sich gut an. Während ich das sehe, erlebe ich ganz tief die kosmische Ebene der Seele. Die Menschen stehen dort unten und scheinen hoch in die kosmische Seelen-Ebene zu wollen. Die Körper der Menschen erlebe ich als schwer, dunkel, unbeweglich, als ob sie ein Eisenstück in sich haben, das sie in ihrer Bewegung und am Leben hindert. Ich spüre ganz klar, dass sie nicht nach oben ins Licht kommen werden, in diesem Zustand, in dem sie jetzt sind.

Dann laufe ich sehr lange durch einen dunklen Tunnel, der ist dunkelgrau und kalt. Dabei fühle ich nichts, es gibt keinen Sinn, keine Aufgabe, nichts. Ich laufe und laufe stundenlang. Dabei mache ich mir Gedanken, wohin das alles führen soll. Dann wieder ist mir das alles egal und ich laufe unentwegt weiter.

Ich sehe mich in einem sterilen Operationssaal liegen, alles ist weiß gekachelt, wie in einem hoch modernen Operationssaal oder Menschenversuchs-Labor. Es fühlt sich an, als ob dieser irgendwo in Sibirien sein könnte, unter der Erde, wo keiner vermutet, dass es so etwas geben könnte. Ich sehe von oben auf meinen Körper. Um mich herum stehen auf jeder Seite zwei Ärzte, die OP-Kittel tragen. Sie schneiden mir meinen Körper in Stücke, betrachten diese, legen sie daneben auf ein Regal und machen dann weiter: langsam mein Handgelenk, meine Arme, meine Beine sind weg. Ich sehe etwas Blut, aber nicht viel. Ich sehe einfach von oben zu und ich empfinde überhaupt NICHTS.

Ich befinde mich plötzlich in einer Dimension, wo ich alle schwierigen Gefühle, die es gibt, auf einmal spüre. Ich kann kein einzelnes Gefühl identifizieren, spüre aber eine Art Energie um mich herum, in der alle Gefühle drin sind, die es gibt. Es fühlt sich sehr unangenehm an, sehr unter Druck. Ich fühle mich unwohl, weiß aber nicht, wie ich aus diesem Gefühlsstau rauskomme.

Ich stecke fest und atme weiter, aber nichts bewegt sich. Ich bin überwältigt von Gefühlen, die nicht in Fluss kommen, und verliere Kraft. Ich merke, dass mein Verstand nicht mehr funktioniert, ich komme nicht mehr raus. In dieser Gefühlswelle fühle ich mich ekelig und fange an zu husten, als ob ich alles auskotzen wollte – mein ganzer Körper zittert wie Espenlaub. Meine Beine schlackern hin und her, das linke Bein mehr als das rechte.

Ich weiß nicht, wo mir der Kopf steht, und fühle Verzweiflung. Und ich fühle Wut über mich selbst, dass ich es in meinem Leben so weit habe kommen lassen, dass ich die Gefühlswelt weg gemacht habe und nun von diesem Gefühlsstau überwältigt werde.

Ich spüre eine endlose Trauer – ich kann nun weinen und weiß gar nicht warum. Meine Körper sind alle durcheinander, ich weiß gar nichts mehr. Die Überwältigung und Verzweiflung sitzt in jeder Körperzelle – ich fühle das Elend in Perfektion.

(Karin S., Holotropes Atmen, Januar 2005)

Spaltungen manifestieren sich in den drei Körpern und treten hier symptomatisch in Erscheinung. Zur Verdeutlichung einige dieser Spaltungs-Phänomene:

1. Mental- oder Geist-Körper:
   - unzusammenhängendes, fragmentiertes Denken
   - Spaltung in die Extreme von Gut und Böse
   - angstvolle bis paranoide Gedanken

2. Emotional-Körper:
   - Verbot von bestimmten Gefühlen
   - Abwehr und Leugnung von Gefühlen
   - ein vordergründiges Gefühl, z.B. Schmerz, behindert/verdeckt ein dahinter liegendes Gefühl, z.B. Aggression
   - Projektion schwieriger Gefühle

3. Stofflicher Körper:
   - ist nicht bewohnt
   - Lähmungen

- Unterscheidung in extrem gute und schlechte Körperempfindungen
- unkoordinierte Bewegungen, autonome Bewegungen
- Grimassen, Ticks, Körperausdruck, der nicht mit der aktuellen Gefühlslage übereinstimmt

In einer ganzheitlichen Psychotherapie werden die alten traumatischen Bilder und Szenen *aktiviert*, zusammengefügt und mit der traumatischen Erfahrung – soweit sie erinnert werden kann – wieder verbunden. So schließen sich die Lücken in der Erinnerung, die Spaltung kann heilen. Daher geht es niemals um Vermeidung von Angst und Schmerz, nicht um Beschönigung, nicht um Tröstung. Es geht um *Verstärkung* und Annahme des in der Spaltung verborgenen Traumas, wie es die Beispiele meiner KlientInnen in diesem Buch verdeutlichen. In den Therapien tauchen wir ein in diese Gedächtnislücken, ich begleite die Menschen hierbei in die dunkelsten und schmerzlichsten Bereiche ihrer Unterwelten. Die Angst will aus der Spaltung, der Lücke, befreit werden, damit sie zum Motor, zum schöpferischen Impuls werden kann.

Hierzu ein undramatisches Beispiel zum Thema „therapeutische Verstärkung“: Gestern hatte ich ein einmaliges Beratungsgespräch mit einer begabten und vitalen Frau Anfang Siebzig. Obgleich noch immer mit kreativer Neugier auf das Leben ausgestattet, hatte sie Angst vor dem Alter. Die Abwehr ihrer Alters-Angst und deren Projektion nach außen behinderten sie in ihrem Lebensfluss: Sie konnte oder wollte nicht allein (ohne Mann) reisen, allein am Strand oder in einem Restaurant sein. Warum? „Die Leute könnten mich doof finden.“ Warum doof? „Weil ich alt und faltig bin, aber ich weiß, das existiert nur in meinem Kopf“, betonte sie einige Male ihr Altsein abwehrend.

Ihre Angst vor Alter und körperlichem Verfall war in eine emotionale und mentale Spaltung gerutscht, in die Vorstellung, Alter und körperlicher Abbau existierten nur als negative Gedanken in ihrem Kopf. Ich schaute sie an – voller Achtung und Wertschätzung – und sagte zu ihr: „Das ist keine falsche Vorstellung in Ihrem Kopf, das ist die Wahrheit. Sie *sind* alt und faltig, so wie ich, und Sie werden noch älter und noch faltiger werden … Die falsche Vorstellung in Ihrem Kopf ist die Gleichsetzung von: alte Frau = doof.“ Wir entkoppelten Alt-sein von Doof-sein und entwickelten alternative Modelle zum Altsein als Frau in einer Gesellschaft, die dem Jugendkult huldigt: „die heitere Alte“, „die weise Alte“ und die „die wilde Alte“. Meine Klientin ging erleichtert und gestärkt in ihrem Selbstwert und mit dem Heilungs-Satz: „Ich bin bereit, mein Alter anzunehmen."

Da wo Angst uns beherrscht, ist weder Tröstung noch Beschönigung hilfreich. Die Annahme von Angst und Schmerz sind der Schlüssel zur Wahrheit und zur Heilung der Wunde, deren Ursprung die primäre Wunde ist, der Verlust der göttlichen Einheit (wie im Kapitel I beschrieben). Ich vermute, dass Olga Kharitidi etwas Ähnliches meint, wenn sie zu der folgenschwersten aller Erinnerungslücken schreibt:

> „Die Lücke, die alle Menschen meiner Zeit in sich tragen,
> die größte Lücke in unserem Gedächtnis,
> die die mächtigste Angst hervorbringt:
> die Angst, dass wir das Gesicht und den Namen
> der Großen Mutter vergessen haben." [13]

Erkenntnis-Fragen:

- Bin ich bereit, meine Ängste fühlend anzunehmen und sie aus der Spaltung zu befreien?
- Kann ich erkennen, zu welchen alten Traumata meine Angst-Bilder, Angst-Vorstellungen und Angst-Gefühle gehören?
- Wie fühle ich mich mit dieser Erkenntnis?

Angst und der magische Schatten. Afrikanische Holzskulptur (Detail)

Angst und der magische Schatten

Aus einer Pressemitteilung vom 22.2.2014:

> Hexen verboten – In einem Wiesbadener Kindergarten sind magische Verkleidungen nicht erlaubt. Kleine Zauberer, Hexen oder Teufel sind an Fastnacht im Kindergarten der evangelischen Paul-Gerhard-Gemeinde unerwünscht. Der Pfarrer beruft sich auf die Bibel. „In der Heiligen Schrift steht, dass die Menschen von Zauberern und Hexen die Finger lassen sollten", sagte Pfarrer Friedrich-Wilhelm Bieneck am Freitag. „Für Gott ist es ein Gräuel." Deshalb sollten die Kinder der Paul-Gerhard-Gemeinde auf magische Verkleidungen verzichten. (…) Jede Gemeinde könne für ihre Kita ein eigenes Profil entwickeln, meinte dazu am Freitag die Evangelische Kirche in Hessen und Nassau (EKHN). Der evangelische Glauben habe traditionell „ein sehr distanziertes Verhältnis zu allem Okkulten und Zauberhaften", erklärte Pressesprecher Volker Rahn …[(14)]

So spricht und so handelt die Angst. Nach Ansicht von katholischen und evangelischen „Weltanschauungsbeauftragten"[(15)] sei die kirchliche Erwachsenenbildung zu „kritischer Rationalität" verpflichtet. „Magisches Denken ist abzulehnen", so die Forderung der kirchlichen Experten. Gewarnt wird unter anderem vor „Reinkarnationsdenken", „Karmalehre", „Bachblüten-Therapie" und „magischen Heilungsritualen".

Angst, Spaltung und Unwissenheit bestimmen das Denken dieser Kirchenmänner. In ihrer einseitigen „kritischen Rationalität" haben sie die Verbindung zur Ganzheit des Bewusstseins verloren. Das Magisch-Mythische ist damit aber nicht erledigt und verschwunden. Als Teil der Ganzheit existiert es weiter in den Seelen der Individuen, es existiert im Kollektiven Unbewussten der Menschen, es existiert weiter im ‚Gedächtnis' der Institution Kirche. Und hier in der Spaltung, im Dunkeln der Lücke, entsteht der *magische Schatten.*

Die Kirche hat Angst vor dem Tod ihres patriarchalen Vater-Gottes und damit Angst vor dem Tod ihrer Institution. Die Mehrheit der VertreterInnen christlicher Kirchen ist nicht bereit, *die spirituelle Einheit des Lebens* anzuerkennen, das Göttliche als das All-Eine, welches in allen Erscheinungsformen existiert. Solange die Kirche – wie alle monotheistischen Vater-

Religionen – sich der Erkenntnis einer universellen Göttlichen Energie verweigert, erschafft sie Spaltung und damit Angst. Wenn sie sich der Wahrheit nicht öffnet, wird sie – wie auch jedes Individuum – an ihrem eigenen Schatten zu Grunde gehen. Seit dem frühen Mittelalter verharrt die christliche Kirche in dieser Angst erzeugenden Spaltung. Sie weigert sich anzuerkennen, dass das Göttliche Vater *und* Mutter, Himmel *und* Erde, Geist *und* Materie ist.

Da die Kirche, als eine Erscheinungsform des kollektiven Bewusstseins, selbst das magisch-mythische Einheits-Bewusstsein in sich trägt, welches sie aus Angst verleugnet, bleibt sie im magischen Schatten gefangen. Dies gilt für die Gesamtheit der jüdisch-christlich-islamischen Vater-Religionen, insbesondere in ihren fundamentalistischen Ausprägungen. Die christliche Kirche distanziert sich zwar verbal von allem „Zauberhaften", bedient sich aber gleichzeitig uralter magischer Praktiken: Das magische Lamm-Gottes-Opfer am Karfreitag, das magische „Gott-Essen", als das Trinken vom Blut und das Essen vom Leib des „Erlösers" im Abendmahl, entspringt dem Angst-Schatten des magisch-mythischen Bewusstseins.

Magisches Tun war zur Zeit der Inquisition bei Todesstrafe verboten und gleichzeitig waren es christliche Theologen, die sich in magischen Geheimzirkeln trafen und heimlich das praktizierten, was sie öffentlich verteufelten. Bis heute verbietet diese Kirche den Kindern ihr magisches Spiel – welches doch die heilsame Integration der magischen Bewusstseins-Struktur fördern könnte – und sie bedient sich dabei ihrer schwarzen magischen *Macht*, indem sie droht: „Für Gott ist es ein Gräuel."

Aber, es gibt auch kirchliche VertreterInnen, welche die Macht ihres Amtes heilsam gebrauchen, denen Christus nicht „Erlösung vom Übel", sondern „Wahrheit, Licht und Liebe" bedeutet. Ich denke hier in Wertschätzung an all diejenigen Theologinnen und Theologen, die sich mutig der schwarz-magischen Macht ihrer Kirchen-Oberen verweigerten und bis heute verweigern, die von der Wahrheit ihres Herzens her sprachen, schrieben und handelten und deshalb dem kirchlichen Dämon geopfert wurden. Einige, denen ich mich in besonderer Weise verbunden fühle, möchte ich hier vorstellen:

Giordano Bruno

geb. 1548 in Nola, Italien, Dominikaner-Mönch, Priester, Dichter, Philosoph und Wissenschaftler. Beseelt von einem ungeheuren und rebellischen Drang nach Wissen und Wahrheit versuchte er, die beginnenden wissenschaftlichen Erkenntnisse seiner Zeit mit der Mystik und der „Philosophia perennis“, der ewigen Wahrheit, zu verbinden. Als Pantheist, geprägt von einem naturphilosophischen Ganzheitsdenken, wusste er um die Beseeltheit der Materie, um einen beseelten Kosmos und eine alles durchdringende Welten-Seele. Er erahnte bereits die Existenz von unzähligen Welten und einem unendlichen Universum. Giordano Bruno wurde der Ketzerei und Magie beschuldigt und am 17.2.1600 auf dem Campo di Fiori in Rom verbrannt. Sein gewaltsamer Tod wurde vom Vatikan inzwischen als unrechtmäßig erklärt, seine Schriften aber stehen noch immer auf der Liste verbotener Bücher.

Willigis Jäger
geb. 1925, Priester, Benediktinermönch und Mystiker. Willigis Jäger verbrachte viele Jahre in japanischen Klöstern und wurde hier zum Zen-Meister ausgebildet. Er verband östliche mit westlichen Weisheitslehren, Kontemplation und das christlich-mystische Gebet mit der buddhistischen Zen-Tradition. Willigis verweist in seinen zahlreichen Büchern auf eine religionsübergreifende, transzendente Spiritualität, die in der Philosophia perennis, der ewigen Philosophie, gründet, und das Göttliche als „Urgrund“ versteht. Die Glaubenskongregation unter Kardinal Ratzinger (später Papst Benedict XVI) erteilte ihm 2001 Rede-, Schreib- und Auftrittsverbot, 2002 wurde ihm die Ausübung jeglicher öffentlicher Tätigkeit verboten.

Eugen Drewermann
geb. 1940, Theologe, ehemaliger katholischer Priester, Psychoanalytiker und Schriftsteller. In seinen zahlreichen religionskritischen Büchern und Vorträgen beschreibt er eindringlich die Schatten der christlichen Kirche und der christlichen Lehre, benennt die christlich verordnete folgenschwere Trennung von Mensch und Natur und vertritt – statt eines wortwörtlichen Verständnisses – ein symbolisches Verständnis theologischer Inhalte, wie beispielsweise des Opfer-Todes Jesu. In tiefem und beredtem Mitgefühl tritt er ein für den Schutz der Tiere, als beseelte und leidenfähige Wesen. 1991 wurde ihm die Lehr- und Predigtbefugnis entzogen, 1992 wurde er vom Priesteramt suspendiert. 2005 ist Drewermann schließlich aus der katholischen Kirche ausgetreten.

Horst Herrmann
geb. 1940, ehemaliger katholischer Priester, Kirchenrechtler, Professor für katholische Theologie und Soziologe an der Universität Münster, Schriftsteller, Querdenker und mutiger Aufklärer. Radikale, entlarvende und unbequeme Kirchen- und Religionskritik kennzeichnet seine Forschungsarbeiten und Veröffentlichungen: „Sex und Folter in der Kirche. 2000 Jahre Gewalt im Namen Gottes“ ist der Titel eines seiner bekanntesten Bücher. Seine Gesellschafts- und Patriarchatskritik, sein eindeutiges Engagement für Frauen- und Tierrechte führte zur Verurteilung durch die „römische Glaubenskongregation“ (1542 als „Kongregation der römischen und allgemeinen Inquisition“ gegründet). 1975 wurde Horst Herrmann die kirchliche Lehrerlaubnis entzogen.

Jutta Voss
geb. 1942 in Graz, zunächst Buchhalterin, dann Sängerin, evangelische Theologin und schließlich Jungianische Analytikerin. Wegen ihres Buches „Das Schwarzmond-Tabu“, das die Heiligkeit des weiblichen Blutes und ein vorpatriarchales weibliches Gottes-Bild beschreibt, wurde sie von der evangelischen Landeskirche Württemberg der „Irrlehre“ bezichtigt. In einem langwierigen und zermürbenden Lehrbeanstandungs-Verfahren (von 1990 bis 1993, bezeichnenderweise auch „Lehrzuchtverfahren“ genannt), beendete sie ihre Tätigkeit als Pfarrerin und Krankenhaus-Seelsorgerin und war danach als Psychoanalytikerin tätig.

Matthew Fox
geb.1940, amerikanischer Priester und katholischer Theologe, Mystiker und Philosoph. Er ist der wichtigste Vertreter einer neuen „Schöpfungsspiritualität“, die das Göttliche in der Vielfalt der Wesen und der Schönheit der Schöpfung erkennt und verehrt und Schöpfung als einen unendlichen schöpferischen Geburtsprozess versteht. Fox kreierte die „kosmische Messe“, in welcher Musik und christlich-liturgische Elemente sich mit rituellen Elementen indigener und asiatischer Kulturen zu einem ganzheitlichen spirituellen Erfahrungs-Prozess verbinden. Unter Kardinal Ratzinger entzog ihm die „römische Glaubenskongregation“ 1988 die theologische Lehrerlaubnis, 1992 wurde er vom Vatikan aus dem Dominikanerorden ausgeschlossen.

Die schwarze Macht der etablierten Kirchenmänner kenne ich aus eigener Erfahrung: Ich war ein rebellisches Kind, deshalb wurde ich von meinem Vater, einem evangelischen Pfarrer, regelmäßig mit einer Hundepeitsche nackt ausgepeitscht – unter einem Jesusbild. Ich sei „sündig geboren", war die Begründung meines christlichen Vaters. Er meinte es ‚gut' und wollte mich von dem vermeintlichen Bösen mit Gewalt befreien. Dabei sah er sich als rechtmäßiger Vollstrecker eines göttlichen Auftrags. Und das Erstaunlichste: Diese Hundepeitsche, mit den eingeflochtenen spitzen Ledernoppen, hing schon immer, schon vor meiner Zeit, im Pfarrhaus neben der Kellertreppe. Wie viele ‚böse' Pfarrerstöchter und Pfarrerssöhne waren wohl seit Generationen in diesem kirchlichen Haus „gezüchtigt" worden? [(16)]

Die Misshandlung von Kindern in protestantischen Pfarrhäusern scheint Tradition zu haben; erinnern wir uns an den mit vielen Preisen ausgezeichneten Film von Michael Haneke „Das weiße Band", in dem ein protestantischer Pastor seine Kinder auspeitscht. Auch der Pfarrerssohn Tilman Röhrig wurde von seinem Vater im Namen Gottes gezüchtigt. Das Martyrium seiner Kindheit hat er in einem Buch, „Thoms Bericht", veröffentlicht. „Wen Gott liebt, den züchtigt er. Genauso geht es mir auch!", sagte sein Vater, der Pfarrer, zu seinem Sohn. „Der Vater schlägt zu mit der Reitgerte, erst in eine Richtung, so dass alle Striemen nebeneinander lagen, dann von der anderen Seite. Wenn die Striemen sich kreuzen, dann platzt die Haut auf." [(17)]

Ein solches Verhalten entspringt der Angst. Wir erinnern uns an Kharitidis Erkenntnis: „Menschen fügen anderen Schmerz zu, wenn sie Angst haben. Das ist das Gesetz. Je mehr ein Mensch andere verletzt, umso größer ist die Angst, die er im Innern empfindet."[(18)] Das gilt für alle Systeme, Familien, Verbände und religiöse Institutionen. Eine solche Angst ist die Folge von Spaltung, und Spaltung die Folge von ungefühltem Verlust-Schmerz. Schmerz, der nicht angenommen, gefühlt und integriert werden konnte, hinterlässt eine Lücke in der Erinnerung, die sich mit magischer Schatten-Energie füllt.

Die patriarchalen Vater-Religionen haben den Verlustschmerz der ersten Wunde, den Fall aus der Einheit, nie wirklich angenommen. Stattdessen wurde die Urfrau Eva verantwortlich und schuldig erklärt für die sogenannte „Ursünde" und die „Vertreibung aus dem himmlischen Paradies". Der Kreuzes-Tod Jesu sollte die vermeintliche Sünde ausgleichen und der Menschheit Heil und Erlösung bringen. Die Angst vor dem strafenden Vater-Gott aber ist geblieben und erfüllt weiterhin die frommen Seelen.

Wie der magische Schatten im Personalen wirken kann, zeigt das folgende Beispiel: Karin A., eine Frau, die ich einige Jahre therapeutisch begleitete, trägt in sich uralte, schmerzliche Themen von Trennung, Verstoßung, Heimatlosigkeit und Verlust. Auch in diesem Leben hatte sie ein tragisches Verlust-Trauma erlitten, als ihr Mann beim Umbau des gemeinsamen Hauses plötzlich tot umfiel. Dieses Haus sollte ihr nun nach dem Tod ihres Mannes Heimat werden, aber bedingt durch einen Familienkonflikt verlor sie auch dieses bedeutsame Haus. So hatte sie all das, was ihr Sicherheit und Schutz bieten sollte – Mann, Haus, Heimat –, wieder einmal verloren.

Ihre alte Wunde füllte sich mit Bitterkeit und Hass und vergiftete ihr nun durchaus gesichertes und heilsames Leben. Immer wieder, bei kleinen alltäglichen Erfahrungen von Niederlage und Verlust erinnerte sich ihr Angstsystem und der alte Groll erfüllte ihre Psyche. Da sie schon immer bemüht war, ein guter Mensch zu sein, hatte sie lebenslang „geschluckt" und ihre aggressiven Impulse in „einem Gefängnis, im Kerker" festgehalten, wie sie es formulierte. Alte Verbote, Scham und Hemmung behinderten den Ausdruck ihrer wahren Gefühle und blockierten damit ihre schöpferische Entfaltung.

In der Therapie *danken wir zunächst der Abwehr,* ihrer Aggressions-Hemmung. Denn in Anpassung an familiäre Verbote ist Abwehr von aggressiven Impulsen für ein Kind zunächst ein gesunder Schutz, der dem Überleben dient. Nun aber ist Karin stark genug, ihre wahren Gefühle zuzulassen und auszudrücken, ohne sich und anderen damit zu schaden. Als sie beginnt, ihre eingekerkerten Gefühle einzuladen und zu begrüßen, konfrontiert ein Traum sie eindrucksvoll mit ihrer inneren Wahrheit:

Ein „riesiger Züssler" sitzt in vier Buchsbäumchen und frisst diese von innen her auf. Als Träumerin sprüht sie „Gift", aber dem riesigen Züssler ist nicht beizukommen. Die Bäumchen verkümmern und verlieren allmählich ihre grünen Blätter. Alle Anstrengungen sind umsonst, Karin fühlt sich ohnmächtig, ausgeliefert und betrogen.

In der nachfolgenden Traumbearbeitung konzentrieren wir uns auf die Fragen: Wer ist dieser riesengroße Züssler? Was *nagt* an mir, was behindert mein Wachstum und zerstört mein Leben?

Wie sich zeigt, ist es der aus Angst und Ohnmacht entstandene alte, riesige Hass, der sich jetzt gegen die Erben des Hauses richtet. Ich bitte sie, aus diesem nagenden und giftigen Gefühl heraus einen „bösen Brief" an die neuen Hausbesitzer zu schreiben und ihn selbstverständlich nicht abzuschicken, sondern mit in die nächste Sitzung zu bringen. Der Brief, den sie laut vorlas, war eine echte Überraschung:

> Verwünschung
>
> Brigitte, ich wünsche dir in diesem Haus böse Träume und viel Streit mit Hans. Ihr sollt dort keine Freude finden. Die Kacheln sollen von den feuchten Wänden fallen. Die Waschbären sollen sich auf dem Dachboden ausbreiten und alle Kabel anfressen. Hagel soll die Solaranlage kaputt machen, der Wind das Dach abdecken und die Heizung soll dauernd ausfallen. Im Winter sollt ihr dort frieren. Freunde von dir und Hans sollen sich im Haus nicht wohl fühlen und alle Einladungen ausschlagen.
>
> Ich wünsche euch laute und asoziale Nachbarn, die ganz blöde und laute Schlagermusik hören. Die sich ständig streiten, so dass dauernd die Polizei kommen muss, um Streitigkeiten zu schlichten.
>
> Brigitte, du sollst in diesem Haus immer eine große Einsamkeit empfinden. Ich wünsche dir, dass das Haus für dich nie der Ort sein wird, wo du Freude empfindest, sondern immer das Haus bleibt, wo dein Bruder gestorben ist.
>
> (Karin A., 2013)

Bannen, Verwünschen und Verfluchen entspringen dem magischen Schatten. Sie sind die „magische Reaktion“ auf das verzweifelte Erleben von tiefer Angst und Ohnmacht. Da dem magischen Schatten eine starke Macht und Wirkkraft eigen ist, die sich über das Resonanz-Prinzip auch gegen die verwünschende Person selbst richten kann, sollte eine Verfluchung oder Verwünschung unbedingt transformiert werden.

Es brauchte noch etwa drei Monate, bis die enorme emotionale Ladung von Karins Hassgefühlen schwächer wurde. In dieser Zeit machte sie im Holotropen Atmen eine „Reise in die Unterwelt“, in der sie erschütternde und gerade deshalb sehr heilsame Erfahrungen von Heimatlosigkeit, Schmerz, Verrat und Tod machen konnte. Schließlich war sie bereit, die Verwünschung zu lösen und zu heilen. Ein solch magischer böser Zauber kann nur heilsam gewandelt werden, wenn die Wandlung auf derselben Ebene des Bewusstseins stattfindet wie die Ver-wünschung. Satz für Satz müssen die „bösen Wünsche“ bewusst fühlend in „gute Wünsche“ gewandelt werden. Die dunkle magische Kraft kann sich in lichte magische Wunsch-Kraft verwandeln, wenn dies der inneren Wahrheit und dem Wahren Willen der wünschenden Person entspricht.

Auflösung der Verwünschung

Ich wünsche dir, Brigitte, in diesem Haus gute Träume und Frieden mit Hans. Ihr sollt dort glücklich werden und viel Freude finden. Die Kacheln sollen an den Wänden halten. Die Waschbären sollen im Wald leben, sich nicht auf dem Dachboden ausbreiten und keine Kabel anfressen. Die Solaranlage soll funktionieren und kein Hagel soll sie kaputt machen und kein Wind soll das Dach abdecken. Die Heizung soll gut funktionieren und im Winter sollt ihr es warm haben. Freunde von dir und Hans sollen sich im Haus wohl fühlen und eure Einladungen gerne annehmen. Ich wünsche Euch ruhige und soziale Nachbarn, die in Frieden leben und die Musik hören, die euch auch gefällt. Ich wünsche dir, Brigitte, dass das Haus für dich der Ort sein wird, an dem du dich geborgen fühlst und wo du Freude empfinden kannst, obwohl dein Bruder damals hier gestorben ist.

(Karin A. 2013)

Dämonen der Angst

Seelenmythos

Da ist Sarah, sie ist im Grab, sie ist tot, sie ist die Königstochter. Sie war krank, die Heilerin konnte sie nicht retten. Ihre Seele ist wütend, ihre Seele will nicht gehen, sie ist in der Welt, sie erwürgt die Heilerin, sie erwürgt die jungen Frauen, sie erwürgt die Kinder. Sie ist die Rächerin, die Würgerin, sie verbreitet Angst und Schrecken, sie würgt und tötet und würgt und tötet über die Zeiten, über die Generationen.

Vorher, da ist Sarah in ihrem Bett, sie weint, sie weint, sie weiß, dass sie sterben wird, viel zu früh. Gerade hatte sie sich zum erstenmal verliebt, in Ansgar, den Jungen aus dem Wald. Sie hatte ihn im Wald getroffen, Ansgar ist dunkel, hat schwarze Locken, ist mutig … nun ist sie krank, sie will ihn wiedersehen, aber sie kann nicht mehr gehen.

Da sind all die, die aufpassen, die alten Ärzte, der dicke Mönch, der etwas ahnt und sie damit in der Hand hat, der sie nachts betatscht, und wenn sie etwas sagen würde, würde er sie verraten. Dann würden sie Ansgar fangen, foltern und töten.

Die Ärzte geben ihr Medizin, die nicht hilft, die ihr das Leben nimmt, nach jeder Einnahme ist sie etwas schwächer. Da ist ihre Mutter, erstarrt in ihrem Schmerz, keine Hand, die sie hält. Der Vater ist fort im Krieg, die Mutter hat

Trauma-Dämonen. Bilder von Sina E., 2016

nichts zu sagen, der dicke Mönch hat die Fäden in der Hand, die Mutter ist wehrlos. Warum hat sie der Vater so zurückgelassen? Ihr Vater, den sie so geliebt hat, so verehrt hat, er ist gefallen. Niemand wird sie mehr schützen, sie vergiften sie, die Heuchler, und werden sie dann in einer Prozession durch die Stadt tragen. Sie will sie schlagen, sie will sie töten, aber sie ist so schwach, von Tag zu Tag schwächer, niemand hilft, allein, keine Hand, keine Hand, keine Hand, keine Hand ...

Einer kommt in der Nacht, einer, den sie nicht sehen will, eine Hand, die sie nicht fühlen will, eine Hand, die sich in ihr Geschlecht wühlt, Geräusche, Gestank aus einem Mund, einer der sie nimmt, einer der ihre Seele aus ihrem Körper treibt. Ohne es zu merken ist sie drüben, schwebt über diesem Körper, sie will zurück, aber die Pforte ist geschlossen, sie wollte nicht sterben, aber sie findet keinen Weg zurück. Verwirrt irrt sie zwischen den Welten, zu früh gestorben, um den Weg hinüber zu finden. Was bleibt, ist Verwirrung, Trauer, Fragen.

Da ist der Mönch, er legt die Hände auf ihren Kopf, um sie zu segnen.

Sie *zerbricht vor Wut in 1000 Teile,* die sich wütend und rächend über die Erde verteilen.

(Elisabeth M., Tiefenprozess im Ausbildungsseminar 2011)

Traumata (Trauma, von griech. Wunde, Verletzung) sind der Ursprung von Unglück und Krankheit, schreibt Olga Kharitidi.[(19)] Wir alle tragen *„lebendige Verkörperungen des Traumas“* in uns. In der Tradition der usbekischen Traumheiler werden sie „Dämonen des Traumas“ genannt. Traumatisierte Menschen werden leicht zu Verkörperungen ihrer Erinnerungs-Dämonen: Wenn uns etwas verletzt und wir das nicht voll und ganz als Teil unserer persönlichen Geschichte akzeptieren, entsteht eine Lücke in unserer Erinnerung; eine Lücke, die, wenn die Verletzung schlimm genug ist oder häufig wiederholt wird, von einem Dämon besetzt wird, so die Erkenntnis von Kharitidi. Diese „Kreaturen der Nacht“ können im Begriff der neurokognitiven Wissenschaft auch als „Neurotransmitter“ verstanden werden; es sind „nichtintegrierte Verkörperungen“ von Energie, „Manifestationen von Wesen“. Der unbewusste „Impuls“ für destruktives und Schmerz erzeugendes Verhalten kommt von diesen Dämonen des Traumas.

Vermutlich ist jeder Mensch von solchen Dämonen besessen, denn wir alle tragen abgespaltene Erinnerungen in uns, die von den nichtintegrierten Wesen besetzt werden. Sie erzeugen Widerstand gegen das Erinnern der

Wahrheit. Müdigkeit und Desinteresse bestimmen dann das Verhalten, wir tun alles, um Heilung zu vermeiden, wir fixieren uns im alten Trauma. „*Fixierung* ist ein Mechanismus, mit dessen Hilfe die Psyche ihre Spaltung aufrechterhält, und es ist der Mechanismus, den die Erinnerungsdämonen benutzen, um innerhalb verschiedener Erinnerungsbereiche weiter existieren zu können", schreibt Kharitidi. [20] Nicht geheilte traumatische Erfahrungen entwickeln ein Eigenleben und mutieren zu *„Dämonen der Angst"*. Diese Dämonen werden von Generation zu Generation in der „genetischen Gedächtniskette" weitergegeben. „Wenn sie nicht geheilt werden, wachsen sie, verbinden sich miteinander, beschleunigen und verstärken einander und entwickeln sich zu *kollektiven Wesen*," schreibt die Psychiaterin Olga Kharitidi.

In Zeiten von Krankheit und seelischen Krisen werden die Trauma-Dämonen aktiv. Nun können sie erkannt und gewandelt werden, wenn die Menschen um therapeutische Hilfe bitten. Die Erinnerungs-Lücke kann sich schließen, wenn wir die Wurzel des Traumas erkennen und als Teil unserer Geschichte anerkennen. Solange wir noch nicht das Gesamtbild eines Traumas erkennen, fühlen wir uns unsicher, beunruhigt, gestresst und bedroht. Diese unbehaglichen Gefühle helfen uns bei der Suche nach den Details und bei der Transformation von Unbehagen und Angst: „Sie müssen Ihr unangenehmes Gefühl nicht auflösen. Sie müssen es beschleunigen und ihm nachgeben", empfiehlt Kharitidi.[21] Ganz in diesem Sinne verstehe ich mich als therapeutisches Echo und als achtsamer „Verstärker" von altem Schmerz und alter Angst.

Sind die Verletzungen sehr groß, so wie bei Elisabeth, die viele präexistentielle Traumata in sich trägt, dann existieren die Trauma-Dämonen – hier die „Rächerin" und „Würgerin" – im Verborgenen und prägen von hier aus das alltägliche Leben. Der vernichtende Überlebens-Hass der „Königstochter" (sie ist eine innere Opfer-Täter-Gestalt) will angenommen und gewandelt werden. Die im Seminar spontan aufgetauchte Präexistenz-Erfahrung wirkte so nachhaltig und erschütternd in Elisabeth, dass weitere therapeutische Integrationsarbeit notwendig war. In einer Einzelsitzung bitte ich sie, die Gestalt der Sarah noch einmal (vorübergehend) zu übernehmen. „Sei diese wütende Sarah", bitte ich sie:

> Ich wiederhole als Sarah die Sätze „ich würge", „ich töte", „ich würge", „ich töte" ... immer wieder, immer wieder. Ich würge mit meinen Händen und

merke dabei, dass ich nicht die Frauen und Kinder, sondern den fetten Mönch erwürgen will ...

Dann fordert Gertrude mich auf, genau zu beschreiben, was mit mir als Sarah geschieht und was ich dabei fühle: Ich bin Sarah und ich bin 15 Jahre alt. Sie vergiften mich, weil ich die Königstochter bin. Mein Vater ist gefallen, er war ein guter, ein großzügiger König, ich sollte sein Erbe fortführen, deshalb vergiften sie mich. Es wird dunkel werden unter der Herrschaft dieser Kirchenmänner, die Herrschaft meines Vaters war eine helle, unter unserem hellen gelben Wappen, das ist auf meinem Sarg.

Nun liege ich sterbend auf einem Bett. Der fette Mönch liegt auf mir, er geht mit der Hand in mein Geschlecht, er stinkt, er macht Geräusche, er reibt sich an mir ... Er küsst mich ... jetzt bin ich jünger, etwa 4 bis 5 Jahre alt, er ist schon vorher zu mir gekommen, da reibt er sich an mir, ergießt sich auf mir. In einer Nacht dringt er in mich ein, es ist ein so höllischer Schmerz, dass es mich in zwei Teile zerreißt, mein Körper und meine Seele zerreißen von oben bis unten in zwei Teile, wie der Vorhang im Tempel, als Jesus stirbt.

Gertrude fragt mich, was ich als Sarah tun würde, wenn ich könnte. Schreien, treten, würgen. Das tue ich dann, ich schreie, ich trete, ich erwürge den fetten Mönch. Jetzt kann ich sterben ...

Gertrude begleitet mich im Sterben: Da ist mein Vater, er ist im Licht, ich weine, weil ich meine Aufgabe nicht erfüllen kann, mein Vater und ich weinen gemeinsam darum. Ich sage ihm: „Vater ich liebe dich, Vater ich liebe dich, Vater ich liebe dich so sehr“ ...

Als Elisabeth von jetzt spreche ich nun abschließend die Heilungssätze:

„Ich lebe und wachse
und diene dem Leben
und dem Wachsen in mir
und dem Wachsen der Anderen“

(Elisabeth M., 2011)

In einer Holotropen Atemreise begegnet Sabine H. ihrem „Dämon der Macht“, wie sie ihn nennt. Mit großer Betroffenheit erkennt sie, dass sie ihm schon lange freiwillig dient. Nun kann er nicht länger verleugnet werden. Er will gesehen, angenommen und integriert werden, nur so kann Sabine sich aus der Fixierung, der Identifikation, befreien. Sie setzt dem Dämon ein Denkmal in ihrem Garten.

Dem Dämon ein Denkmal setzen

Ich bin auf einer kargen Insel, nur schwarzes Gestein. Direkt vor mir steht ein großer schwarzer Felsblock. In der Wand ist das Gesicht eines Dämons zu sehen, es bewegt sich, ist lebendig, kommuniziert mit mir. Es ist ein Gesicht, dreidimensional, ausdrucksstark, mit ausgeprägten Zügen und rot glühenden Augen.

Dieser schwarze Dämon strahlt Macht aus, eine dunkle Macht. Sie ist bezwingend, unüberwindlich. Ich diene diesem Wesen, ich bin eine junge Frau, in weiße Schleiergewänder gekleidet. Ich umtanze den schwarzen Steinblock mit dem Dämon, ich umschmeichele ihn. Es geschieht nicht unter Druck, sondern ich diene freiwillig.

Ich schaue zu dem Dämon auf und liebe ihn. Es ist ein sehr erfüllendes Gefühl der Zugehörigkeit. Ich bin völlig damit einverstanden, dass dieser Dämon mich als sein Eigen betrachtet, ich gehe in meiner Aufgabe auf.

Nach einiger Zeit wird mein reales Ich ärgerlich. Es kann nicht sein, dass mein jetziges Leben von diesem Dämon, diesem Schatten noch immer bestimmt wird. Ich beginne, mit dem Wesen darüber zu diskutieren, was es erwartet, wenn es mich frei gibt. Es gibt einen Wortwechsel, ich bleibe hart. Der Dämon, mein innerer Schatten, möchte in meiner neuen Heimat auf meinem Anwesen ein Denkmal. Ich soll einen Gedenkschrein für meinen Schatten errichten. Ich sehe es vor mir, ich werde eine Stele in Schwarz mit dem Gesicht des Dämons aufstellen.

Ich gehe wieder zurück in der Zeit. Ich komme an vielen Götzenbildern und Totems vorbei, denen ich allen gedient habe. Es war schon immer so, ich habe einer höheren Macht gedient und habe dafür mein eigenes Leben aufgegeben. Ich tat es immer freiwillig. Am Ende komme ich wieder an meinem Vater vorbei. Auch er repräsentiert diese höhere Macht, der ich mich fraglos unterworfen habe.

(Sabine H., Erfahrung aus einer Atem-Reise, April 2016)

Erkenntnis-Fragen:

- Kann ich mir vorstellen, meinem Trauma-Dämon zu begegnen?
- Bin ich bereit ihn einzuladen, damit er sich zeigt?
- Wie kann ich ihn annehmen, damit er sich wandeln kann?

2. Wandlung - Die Wunde annehmen

„Wandlung bedeutet,
unsere Wunden in Kraftquellen
zu verwandeln."

R. Woolger [(1)]

Wir leben mit unseren Wunden, der Angst, dem Schmerz, so lange bis wir bereit und fähig sind zur *Wandlung*. Das geschieht früher oder später im Leben, wenn das Ich stabil und die Seele reif genug ist für diesen anspruchvollen Prozess der Transformation. Eine ganzheitlich-transpersonale Therapie kann hilfreich sein, Angst und Schmerz anzunehmen, damit sich die hier verborgenen Themen und Traumata zeigen. Nur dann, wenn sie aus dem unbewussten Schatten befreit und ins Licht des Bewusstseins gehoben werden, nur dann können sie sich *wandeln* und zu Kraft-Quellen werden, die das Leben erfüllen.

Menschen-Angst – Beispiel einer Wandlung

„Was kann ich denn machen?" Diese Frage wird immer wieder von Menschen gestellt, die bereit sind, den Weg der Wandlung zu gehen, aber nicht wissen, wo und wie sie beginnen können. Nun gibt es keinen vorprogrammierten Weg, der allen entspricht. Jeder Lebensentwurf und jede Lebensaufgabe ist einzigartig und somit gleicht kein Weg dem anderen. Deshalb gibt dieses Buch zahlreiche Beispiele von Menschen auf ihrem Wandlungsweg, gibt Hinweise und methodische Anregungen, die inspirieren könnten. Im Folgenden das Beispiel einer mutigen Frau, die bereit war, ihrem Angst-Dämon zu begegnen. Wir kennen sie schon aus dem vorigen Kapitel, wo sie bereit war, ihre inneren Opfer- und Täter-Gestalten, die „Rächerin", die „Würgerin", anzuerkennen und zu heilen:

Elisabeth hat eine große Menschen-Angst mit in dieses Leben gebracht, unter der sie sehr leidet. Sicher fühlt sie sich nur in ihrer Berufsrolle als Ärztin, die sie mit großer Kompetenz und großem Engagement erfüllt. Hier der Bericht ihrer therapeutischen Heilungsarbeit zum Thema Angst und Wandlung:

Ich arbeite mit Gertrude. Wir sitzen uns gegenüber, sie fragt mich, wo die Angst im Körper ist. Die Angst ist überall, eigentlich bin ich voll davon. Sie fragt mich, was die Angst mit mir machen will. Ich sehe nach unten, krümme mich zusammen, will mich verstecken, weglaufen:

Ich verstecke mich schon mein Leben lang hinter der erfolgreichen Ärztin, die ich nun bin ... Nun kommen Bilder aus meinem jetzigen Leben: ich schlage, ich tobe als kleines Kind, ich schlage meine Schwester und habe Angst, wenn sie weint. Mein Vater kommt und schlägt sie, ich bin im Klo eingesperrt und schreie, mein Vater droht mich zu schlagen und ich schreie: „Du darfst mich nicht schlagen." Ich renne an die Tafel in der Schule und wische meinen Namen weg und muss dort stehen, bis die Lehrerin kommt ... Wenn ich mich wehre, geht das in die Hose ...

In mir kommt ein Satz:

„Wenn ich mich wehre und die Wahrheit sage, wird mir mein Rückgrat gebrochen." Gertrude wiederholt den Satz: „Wenn du dich wehrst und die Wahrheit sagst, wird dir dein Rückgrat gebrochen." Wir wiederholen den Satz immer abwechselnd. Wenn ich ihn sage, ist da die Angst, ich kann es im Rückgrat spüren, wenn Gertrude es sagt, will ich mich wehren. Ich denke, wehren kann ich mich gut, aber als ich es tun will, merke ich, dass es nicht geht.

Dann bin ich in einer anderen Zeit, da ist meine Mutter, sie sagt: „Wenn du dich wehrst und die Wahrheit sagst, wird dir das Rückgrat gebrochen", sie sagt mir das, um mich zu schützen. Ich wohne mit meiner Mutter im Wald, wir leben dort, wir verstecken uns im Wald, da ist eine große Mutterliebe, sie will mich schützen, ich kann ihre große Liebe spüren und auch ihre große Angst ...

Dann sind da Männer im Wald, das Kind ist gelähmt vor Angst, die Mutter schlottert vor Angst, aber sie wehrt sich nicht, sie rennt nicht weg in den Wald, sie will ihr Kind retten. Ich bin im Wald und verstecke mich, ich habe große Angst, sie holen meine Mutter, ich bleibe allein im Wald, voller Angst, ich lebe dort weiter. Ich traue mich nicht mehr in unser Haus, manchmal gehe ich noch dorthin, aber ich lebe allein im Wald, ich verstecke mich, ich habe Angst. Ich konnte die Mutter nicht beschützen ...

Gertrude fordert mich auf, als Elisabeth von heute auf dieses Mädchen zu schauen:

Es ist 4 oder 5 Jahre alt, „Andl" hat die Mutter sie genannt, ein Kosename.

Als Elisabeth von heute spreche ich zu dem Kind von damals: (Wir gehen in die Disidentifikation, damit Elisabeth von heute sich nicht weiterhin mit der angstvollen, einsamen Andl von damals identifiziert. G.C.)

„Andl, ich sehe deine große Angst und deine Verlassenheit. Du darfst nun zu den Menschen gehen und mit ihnen leben, das ist kein Verrat an deiner Mutter."

Als Elisabeth von heute spreche ich nun zu der Mutter von damals:

„Mutter, ich sehe deinen großen Schmerz, dein Kind allein zurückzulassen, ich sehe deine Angst um dein Kind und ich sehe, wie schwer es dir fällt, sie zu den Menschen zu lassen, die dich verraten haben. Ich Elisabeth werde dein Kind jetzt beschützen."

Ich, als Elisabeth von heute, übernehme die Rolle der Mutter von damals, ich fühle ihren Schmerz und sage zu meinem Kind: „Andl, du darfst zu den Menschen gehen, obwohl sie mich verraten haben, geh jetzt zu den Menschen."

Zum ersten Mal kann dieses Kind in mir ohne Angst sein und das Bedürfnis spüren, mit anderen Menschen zusammen zu sein.

Ich bin die Elisabeth von heute und spreche die heilenden Worte:

„Ich gehe zu den Menschen,
Ich spreche die Wahrheit,
Ich werde mein Wissen nicht mehr verbergen."

Manches in meinem Leben macht jetzt einen Sinn: mein Bedürfnis, im Dunkeln ein Licht brennen zu haben, die Angst, mich unter Menschen zu verraten, mehr Angst unter Menschen zu haben, als allein im Wald zu sein, die Dinge, die ich aus dem Wald in die Wohnung trage, das Gefühl, die Beziehungssprache der Menschen nicht zu verstehen ...

(Elisabeth M., Tiefenprozess im Ausbildungsseminar 2009)

Das COEX – Angst und Trennungs-Schmerz

Vielleicht ist es Ihnen schon aufgefallen: Es sind immer wieder dieselben oder ähnliche innere Themen, die sich durch unser Leben ziehen, wie „ein roter Faden“: Ein spezielles Problem unserer Kindheit taucht im Erwachsenenalter wieder auf, unsere Mutter oder Großmutter hatte bereits damit zu tun, vielleicht entdecken wir dieses Thema perinatal (um die Geburt herum), in einem Tiefenprozess erinnern wir dieses Thema vielleicht aus einer früheren Existenz. Und wenn es nicht gelingt, dieses Schattenthema zu integrieren, dann wird es auch am Ende unseres Lebens, im Sterbeprozess, wieder erscheinen. Wir haben es hier mit einem „COEX-System“ zu tun.

Was ist ein COEX?

- Der Begriff „COEX-System“ ist von Stanislav Grof geprägt und bedeutet: „systems of condensed experience“, „Systeme kondensierter/verdichteter Erfahrung“.
- COEX sind psychische *Ordnungs-Systeme*, welche die Psyche nach spezifischen thematischen Schwerpunkten strukturieren. Sie ordnen Erfahrungen gleicher emotionaler oder körperlicher Qualitäten einander zu, verdichten sie und organisieren sie auf den unterschiedlichen Ebenen der Psyche.
- COEX als innere Ordnungs-Muster der Psyche sind *nicht chronologisch*, nicht in zeitlicher Abfolge geordnet, sondern nach *gemeinsamen Themenbereichen*. „Jedes COEX wird von einem bestimmten Thema charakterisiert.“ (Grof)

  Die in einem COEX verdichteten und emotional geladenen Themen sind zum Beispiel Erfahrungen von Gewalt und gewaltsamem Tod, von Beschämung und Entwertung, von Einsamkeit und Heimatlosigkeit, Verlust und Trennung, von Ohnmacht und Macht, Angst und Ausgeliefertsein, von Opferschaft und Täterschaft. Genauso aber auch von Dankbarkeit, Freude, Liebe, Glück und Ekstase. Jedes dieser Themen ist in einem eigenen COEX-System verdichtet. Fast immer finden wir in unserer Psyche ein *zentrales* COEX, eines, das unser Leben entscheidend prägt oder auch schmerzlich beeinträchtigt. In diesem Fall es ist identisch mit unserer zentralen Wunde.
- Die COEX-Systeme tragen *Erinnerungen und Bilder aus unterschiedlichen Zeiten* unserer aktuellen, biografischen und transpersonalen Existenz.

Diese existieren *gleichzeitig* auf unterschiedlichen Schichten des COEX personaler und transpersonaler Art, auf unterschiedlichen Ebenen der mehr-dimensionalen Psyche.

- „Zwischen den COEX-Systemen in unserer inneren Welt und den Ereignissen der äußeren Welt herrscht ein dauerndes *Wechselspiel.* Äußere Ereignisse können entsprechende COEX-Systeme in unserem Inneren aktivieren. Umgekehrt tragen COEX-Systeme dazu bei, unsere Wahrnehmung von der Welt zu formen."[(2)]
  Beispiel: Menschen mit einem ausgeprägten Angst-COEX werden auf äußere bedrohliche Ereignisse oder Informationen – Nachrichten, Filme, Ereignisse in ihrer Umgebung oder irgendwo in der Welt – mit Angst reagieren. Umgekehrt wird die Ladung ihres Angst-COEX ihre Wahrnehmung von der Welt formen und ihre Lebenswelt entsprechend gestalten, zum Beispiel durch ängstliche Vorsicht, zwanghafte Einschränkungen oder gar durch paranoide Vorstellungen.

Gehen wir noch einmal zurück zu dem vorherigen Kapitel „Menschen-Angst", hier finden wir ein Beispiel: Elisabeths Angst-COEX wird aktiviert, wenn sie unter Menschen ist. Es existiert auf drei Erfahrungs-Ebenen – und vermutlich noch weiteren – *gleichzeitig:*

- Existentielle Ebene: Elisabeth fühlt die Angst aktuell: „Die Angst ist überall, eigentlich bin ich voll davon."
- Biographische Ebene: Elisabeth erinnert die Angst ihrer Kindheit: „Ich schlage meine Schwester und habe Angst, wenn sie weint."
- Präexistentielle Ebene: Elisabeth erinnert sich an die Angst in einer früheren Existenz: „Dann sind da Männer im Wald, das Kind ist gelähmt vor Angst, die Mutter schlottert vor Angst."

Zusammenfassung der Merkmale eines COEX:
- Es ist ein innerpsychisches Ordnungs-System.
- Es ist Träger eines charakteristischen, emotional geladenen Themas aus unterschiedlichen Zeiten der seelischen Entwicklungs-Geschichte.
- Dieses Thema existiert gleichzeitig und verdichtet auf den unterschiedlichen Ebenen des Bewusstseins.
- Es herrscht ein dauernder Informationsaustausch zwischen dem inneren COEX und der äußeren Welt, was Erleben und Handeln ganz entscheidend prägt.

Das Modell des COEX-Systems ist eine große Hilfe zum Verständnis personaler und transpersonaler Prozesse. Die ganzheitliche Betrachtungsweise eines COEX ermöglicht es, problematische Verhaltensweisen, dramatische affektive Entladungen und emotionale Störungen *ohne unnötige Pathologisierung,* wertfrei zu verstehen und angemessen zu begleiten:

Wenn beispielsweise jemand auf die Trennung eines Partners mit einem Suizidversuch reagiert, dann haben wir es vermutlich mit einem Trennungs-COEX zu tun. Bei entsprechender therapeutischer Bearbeitung könnten zahlreiche schmerzliche Trennungs-Erfahrungen ins Bewusstsein kommen, zum Beispiel: Ein intrauterines Trennungs-Trauma wie der Tod eines Zwillings, die Trennung von Freunden, der Verlust eines geliebten Haustiers oder eines nahen Menschen in der Kindheit, im Erwachsenenalter diverse Trennungen von PartnerInnen. Die Eltern oder Großeltern mussten sich vielleicht als Flüchtlinge von Haus und Hof trennen, den Verlust von Heimat verkraften. Und in früheren Existenzen gab es traumatische Erlebnisse von gewaltsamer Trennung von den Eltern, dem oder der Geliebten, Trennung von der Sippe, Erfahrungen von Verstoßung, Ausgesetzt-werden, Zurückgelassen-werden, Erfahrungen von tödlicher Einsamkeit …

Und unter allem, oder hinter allem, existiert die erste schmerzliche Trennung, der Verlust der göttlichen Einheit, die primäre Wunde. Die *aktuelle* Trennung ist nur der auslösende Reiz, der das gesamte Trennungs-COEX öffnet und den alten Schmerz befreit. Alle vergangenen Trennungserfahrungen entladen sich in verdichteter Form in die geschwächte Psyche, welche den Trennungsschmerz nicht halten kann. Ein psychischer Zusammenbruch ist die mögliche Folge.

Widerstand als Überlebens-Muster

Vermutlich hat jedes schwierige COEX auch mit Angst zu tun, mit verdichteter Angstenergie: mit Trennungs-Angst, Armuts-Angst, Verlust-Angst, Krankheits-Angst, Todes-Angst. Im COEX ist die unbewältigte alte Angstenergie der gesamten Seelengeschichte gespeichert, es verhindert, dass Informationen verloren gehen. Wir können davonlaufen, aber der Trauma-Dämon läuft mit und irgendwann holt er uns ein. Denn die Seele will sich *erinnern,* sie will ganz werden. Das ist Heilung.

Leichenbaum

Vor mir steht ein hoher Baum mit mächtiger, grüner Krone. Als ich mir den Baum so ansehe, bemerke ich, dass in ihm eine Leiche liegt oder hängt. So eine gruselige Leiche habe ich noch nie gesehen. Sie hat angefaulte Stellen; Stellen, wo man bis auf die Knochen sieht, eitrige Stellen mit einem seltsamen, süßlichen Geruch nach Verwesung.

Eine Stimme sagt im Traum, dass dieser Leiche massive Gewalt angetan wurde. Als ich an dem Baum vorbeigehen möchte, beginnt die Leiche auf einmal, kleine Teile, Stücke auf mich abzuschütteln. Als die Stücke mich berühren, bekomme ich auf einmal riesengroßes Entsetzen, Panik und übelste Ekelanfälle. Ich will nur noch weg, weg, weg … Ich versuche, die Leichenteile loszuwerden, indem ich mich schüttle, und renne schnell davon.

Diese Szene wiederholt sich mehrmals im Traum. Trotzdem gehe ich davon aus, dass das alles *nichts* mit mir zu tun hat. Da laufen auf einmal demonstrativ mehrere andere Menschen hintereinander an dem Baum vorbei, aber jetzt bewegt sich die Leiche keinen Millimeter und wirft auch keine Leichenteile ab. Als ich das sehe, beginnt mir langsam zu dämmern, dass es vielleicht doch etwas mit mir zu tun haben könnte.

Während ich im Traum noch darüber nachdenke, spricht auf einmal eine Frau zu mir: „Du darfst nicht mehr davonlaufen. Du musst stehen bleiben, die Leichenteile in beide Hände nehmen und sie anschauen!“

Da gehe ich wieder an dem Baum vorbei, die Leiche schüttelt sich, ein Leichen-Stück trifft mich. Ich bekomme riesengroße Ekelgefühle, Panik und Entsetzen, aber ich halte das Stück, wie die Frau mir befahl, fest in meinen Händen, schaue es an und lasse es nicht los. Ich stehe einige Zeit mit diesen schlimmen Gefühlen, bis auf einmal etwas Sonderbares geschieht:

Auf einmal verschmilzt dieses Leichenteil mit mir, wie wenn ein Tropfen Regen auf einen See platscht und mit dem restlichen Wasser eins wird. Es fühlt sich sonderbar an, auch etwas magisch und auf jeden Fall heilend. Diese Szene wiederholt sich dann noch mehrmals und ich fühle mich von mal zu mal immer ganzer und gesunder.

(Yvonne St., Traum, 2010)

Die Stimme im Traum verkündet die Wahrheit: Yvonne wurde „massive Gewalt angetan“ und ihr aktueller psychischer Zustand ist denkbar schwierig, durchaus einer „Leiche“ vergleichbar. Die Traum-Botschaft ihrer inneren Heilerin ist eindeutig: „Du darfst nicht mehr davonlaufen. Du musst stehen bleiben, die Leichenteile in beide Hände nehmen und sie *anschauen!*“

Indem Yvonne den Rat befolgt, wird der Leichen-Baum zum Baum der Erkenntnis. Wunderbar, wie das Traumbewusstsein das ängstigende Todes-Thema in das Leben integriert: „Auf einmal verschmilzt dieses Leichenteil mit mir, wie wenn ein Tropfen Regen auf einen See platscht und mit dem restlichen Wasser eins wird.“

Zunächst aber war Yvonnes Traum-Ich in Leugnung und Abwehr gefangen, das „eklige“ Geschehen hatte vermeintlich nichts mit ihr zu tun. Je größer und schmerzlicher die Wunde ist, umso größer ist gewöhnlich auch die Angst vor der Wahrheit. Um innezuhalten, hinzuschauen und das Entsetzliche anzunehmen, dazu braucht es ein gut entwickeltes, stabiles und gleichzeitig flexibles Ich. Ist dieses Ich aber durch Störungen in der Kindheit geschwächt oder gar durch Traumata schwer beschädigt, dann schützt sich dieses schwache und verletzbare Ich durch psychische *Abwehrmechanismen*, wie Verdrängung oder Verleugnung des Erlebten, Ich-Spaltung, Verschiebung oder Projektion von eigenen Schattenanteilen auf andere Personen.

Abwehrmechanismen haben zunächst eine wichtige *Angst abwehrende Schutzfunktion.* Sie dienen dem psychischen Überleben, indem schmerzliche, konflikthafte, ängstigende und beschämende Erfahrungen und Gefühle aus dem Ich-Bewusstsein ausgeschlossen werden. Damit verändern sich Wahrnehmung, Erleben, Fühlen und Verhalten, eine Entdramatisierung findet statt; das schwache Ich wird geschützt und Anpassung – auch an extrem schwierige Situationen – wird möglich. Die Abwehr ist somit ein trickreicher und schöpferischer Akt der Psyche, der das Überleben in einer polaren Welt sichert. So kann auch ein Kind, das wie Beate jahrelange Vergewaltigungen durch mehrere Männer erlitten hat (vgl. Kapitel 6), überleben, ohne daran verrückt zu werden. Das entsetzliche Geschehen wird zunächst vergessen, es geht in die Abwehr.

Mit zunehmendem Alter aber verlieren die frühen Abwehrformen ihre unterstützende Funktion, denn sie verhindern seelische Reifung, Transformation und Selbstverwirklichung. Wenn die Seele sich weiter entwickeln will, dann regen sich die Trauma-Dämonen, sie erheben sich aus dem Dunkel des Unbewussten und manifestieren sich – falls sie keinen direkten Zugang zum Bewusstsein finden – in Ängsten und sonstigen Störungen oder körperlichem

Leiden. Je mehr eine Seele sich für Wachstum und Reifung entschieden hat, umso stärker wird das verdrängte Leiden sich in der zweiten Lebenshälfte bemerkbar machen.

Im Kontext von Abwehr denke ich an die weinende Managerin, die vor vielen Jahren bei mir Hilfe suchte. Diese Frau, etwa Mitte Vierzig, arbeitete in einem europäischen Unternehmen. Schon die Terminvereinbarung mit ihr war schwierig, da sie mal in London, mal in Amsterdam, Paris oder Berlin unterwegs war. Bei diesen europaweiten Treffen mit Leuten aus der Wirtschaft war sie oft die einzige Frau unter lauter Männern, wie sie mir berichtete. Und zu ihrem eigenen Entsetzen – und vermutlich auch dem der anwesenden Männer – wurde sie neuerdings mitten in den Meetings von heftigen Weinattacken überwältigt, ohne dass es für sie einen äußeren Anlass gab.

Verständlicherweise schämte sie sich sehr und sie war nun zur Therapie gekommen, weil sie hoffte, ich könne ihr helfen, diese peinlichen Anfälle „abzustellen". Ich musste ihr zunächst folgende Information geben: „Diese unkontrollierbaren Weinkrämpfe sind ein heilsamer Reinigungsimpuls Ihrer Psyche, da Sie, offen-sichtlich, einen riesigen Schmerz in sich tragen, der auf diesem Wege ein Ventil findet. Und das ist auch gut so, da sich der innere Schmerz sonst einen anderen Ausweg suchen würde, vielleicht über körperliche Schmerzen. Ich könnte Ihnen dabei helfen, die Ursache ihrer psychischen Schmerzen zu erkunden, die, wie es scheint, etwas mit der Anwesenheit von Männern zu tun hat. Sie könnten *hier* in der Therapie in Ihren Schmerz eintauchen, *hier* Ihre Tränen fließen lassen. Hier könnte ein angemessener und beschützter Ort für den Ausdruck Ihrer inneren Wunde sein."

Dieser heilsame Weg aber behagte ihr nicht, sie wollte überhaupt *niemals* weinen. Es passte nicht zu ihrem Selbstbild, seelischen Schmerz zu fühlen und darüber Tränen zu vergießen. Nach zwei oder drei Sitzungen brach sie die Therapie ab.

Sich der inneren Wunde zu stellen, die heilsame Botschaft eines Symptoms – wie hier die öffentlichen Weinanfälle der Managerin – anzunehmen, ist für manche Menschen eine große Herausforderung. Hilflose, schwache oder gar mörderisch-aggressive Anteile in sich zu tragen, entspricht nicht immer dem persönlichen Selbstbild. Ist das Unbewusste auf entschiedene Abwehr programmiert, dann können wir jahrelang ‚rumtherapieren', an der Oberfläche kratzen, es wird sich kaum etwas bewegen. Nicht selten verkommt die Therapie selbst zu einer Art Abwehr: „Ihr seht es ja, ich mache eine Therapie, ich arbeite an mir …"

Bei einer solchen *programmierten Abwehr* haben wir uns bewusst und willentlich zu *entscheiden*, die eigenen Schatten-Themen „in beide Hände zu nehmen" und sie anzuschauen. Wenn die Angst-Abwehr meiner KlientInnen sehr stark ist, lasse ich manchmal eine solche Entscheidung, nach einer angemessenen Bedenkzeit, schriftlich formulieren. Manche brauchen allerdings Wochen, um sich zu der Annahme ihrer Wunde durchzuringen. In dieser Zeit der Ambivalenz arbeiten wir mit den Erkenntnis-Fragen:

- Was ist meine schlimmste *Befürchtung*, was könnte passieren, wenn die *Wahrheit* sich zeigt?
- Was brauche ich, was kann mir helfen, die Wunde anzunehmen?

Wie auch immer die Antworten lauten mögen, wir nehmen sie ausnahmslos ernst, insbesondere die Ich-Auflösungs-Ängste, und wir arbeiten an ihnen, so lange wie nötig. Wir geben folgenden Befürchtungen Achtung und Raum:

– Typische Befürchtungen, die auf *Angst vor Auflösung* verweisen, sind:
  „Ich könnte einfach verschwinden"
  „Ich könnte verrückt werden"
  „Ich könnte sterben"
– Befürchtungen, die auf eine große Ladung von *aggressiven oder schmerzlichen Gefühlen* verweisen:
  „Ich könnte alles kaputtschlagen"
  „Ich würde nie mehr aufhören zu weinen"
– Befürchtungen, die auf *soziale Ängste* verweisen:
  „Die Anderen werden mich auslachen, ausgrenzen, verachten"
  „Niemand wird mich mehr lieben"
  „Ich werde meinen Job verlieren"

Bei dauerhafter Angstabwehr können Ich-stärkende Interventionen und ressourcen-orientiertes Arbeiten hilfreich sein. Manche Menschen brauchen – in einer positiven Übertragung – die Versicherung, dass der Therapeut, die

Therapeutin, zuverlässig da ist, wenn es „ganz schlimm" wird. Nicht selten wird bei Angstabwehr auch deutlich, dass *alte Überlebens-Entscheidungen*, *alte Überzeugungen* und *alte Glaubens-Sätze* für die aktuelle abwehrende Haltung verantwortlich sind. (Dieses Thema wird in Band 2 ausführlich behandelt.)

Die Entscheidung – eine saturnische Aufgabe

Damit eine aktuelle schwierige Lebenslage sich wandeln kann, braucht es zuweilen eine konstruktive Entscheidung. Keine Festlegung, die einem Schwur gleichkommt, sondern eine *Entscheidung für den Moment*, denn jede neue Situation erfordert neue Entscheidungen. Fortwährend haben wir uns zu entscheiden, in kleinen wie in großen Dingen.

Wir sind ausgestattet mit einem freien Willen. Wir können uns entscheiden. Allerdings erfordert jede Entscheidung eine saturnische Verzicht-Leistung: Entscheide ich mich für A, dann verliere ich B, entscheide ich mich für B, dann verliere ich A. Gleich wie ich mich entscheide, immer erleide ich einen mehr oder weniger schmerzlichen Verlust. Eine Ent-Scheidung verursacht Schmerz, denn Entscheidung hat mit Trennung zu tun. In jeder Entscheidung erleben wir die primäre Wunde, den Verlust der All-Einheit, deshalb leiden nicht wenige Menschen unter Ent-Scheidungs-Schwierigkeiten und verharren in unerträglich gewordenen Situationen. Hilfreich, aber nicht leicht, ist hierbei die folgende Anleitung zum Treffen einer Entscheidung:

Drei Wege der Entscheidung:
- Annahme: Ich liebe die Situation
- Wandlung: Ich verändere die Situation
- Trennung: Ich verlasse die Situation

In einer schwierigen Situation entscheiden wir uns für eine der drei Möglichkeiten. Oft ist es sinnvoll, vor dem „Verlassen" das „Lieben" oder das „Verändern" zu versuchen, um alles getan zu haben.

Wenn dies nicht gelingt, dann ist es heilsam, die unerträgliche Situation zu verlassen, um nicht lebenslang in quälender Ambivalenz zu verharren. Wenn wir uns für eine der drei Optionen entschieden haben, dann bleiben wir möglichst dabei, engagieren uns für diesen Weg und nehmen hierfür die volle Verantwortung.

In der Transpersonalen Psychologie gilt der nicht leicht zu akzeptierende Grundsatz: Für alles, was ich erlebe und fühle, bin ich letztendlich hundertprozentig selbst verantwortlich.

In Lebenskrisen aber, bei heftigen Konflikten, insbesondere in Trennungskrisen wird die Selbst-Verantwortlichkeit gerne geleugnet. Menschen erleben sich als Opfer des Schicksals, andere sind dann Schuld am eigenen Elend. So in der Projektion feststeckend, kann es keine heilsame Wandlung geben. Der therapeutische Prozess kann nicht fließen, Veränderung ist nicht möglich, wenn die Verantwortung außerhalb der erfahrenden Person gesucht wird.

In einer solchen Situation gebe ich als Therapeutin zunächst Raum für alle Beschwerden, für Klagen und Anklagen. Im ersten Schritt ist es wichtig, „Opfer" sein zu dürfen, es dient der Entlastung. Um aber nicht ewig ein armes Opfer zu bleiben, stellen wir uns im zweiten Schritt der unbequemen Frage nach der eigenen „Täterschaft", nach dem eigenen verantwortlichen Tun. Ich bitte die Menschen, eine *„Selbst-Verantwortlichkeits-Erklärung"* zu schreiben und folgende Fragen bezüglich der schwierigen Situation zu beantworten.

Anleitung zur Stärkung der Selbst-Verantwortlichkeit in Lebenskrisen

1. Fragen zur Selbst-Verantwortlichkeits-Erklärung:
- Was wollte ich nicht sehen?
- Warum wollte ich es nicht sehen?
- Was habe ich selbst erschaffen?
- Wofür bin ich selbst verantwortlich?
- Bin ich bereit, mein Leben zu verändern?
- Wie kann/will ich mein Leben, die unerträgliche Situation verändern?

2. Wenn ich erschaffe, kann ich auch verändern. Deshalb treffe ich folgende Entscheidungen:
- Ich nehme die schwierige Situation in voller Verantwortung an.
- Und ich entscheide mich für folgende Erleichterung, Änderung, Handlung oder innere Haltung: …
- Ich bitte meine innere FührerIn, HeilerIn (oder eine andere geistig-spirituelle Instanz) um Führung und Hilfe.

Wenn Menschen über lange Zeit in der Abwehr fixiert bleiben – bei intensiver therapeutischer Bemühung – und sie weiterhin therapeutische Unterstützung wünschen, dann bitte ich sie um eine schriftliche Entscheidung zur *Annahme* ihrer angstvollen inneren Themen und Wunden; andernfalls beende ich die therapeutische Begleitung.

Eine Klientin hatte die Neigung, sich dauerhaft über ihr schwieriges Leben zu beklagen und dabei fortwährend nach Perfektion zu streben. In ihrem Leben ging es nicht um äußere Veränderung, sondern um innere Veränderung, um liebevolle Annahme der inneren Wunde. Nach einer therapeutischen Konfrontation schrieb sie mir einen Brief. Sie hatte die Verantwortung für die Herausforderung ihres Lebens genommen und eine konstruktive Entscheidung getroffen:

Entscheidung

Ich bin bereit und ich habe entschieden:

a. Ich werde die Herausforderung des Lebens in der Polarität annehmen.
b. Ich werde meine destruktiven Denk-, Fühl- und Handlungsmuster anschauen und wandeln.
c. Ich werde in Kommunikation mit anderen meinen Schmerz sowie meine aggressive Gewalt fühlen.
d. Ich werde mich nicht mehr hinter meinen alten Abwehrstrategien verstecken, weglaufen, sondern ich werde hinsehen.

(Karin S., 31.12.2013)

Die Wunde als Quelle der Kraft

Als ich Anfang vierzig war, hatte ich fleißig studiert, gelesen, gelernt. Ich war ausgebildet in analytischer Paar- und Familientherapie, Systemtherapie, Integrativer Körperpsychotherapie, ich hatte meditiert, Körper- Energie- und Ritualarbeit gemacht und so dachte ich mir, ich sei nun genügend vorbereitet für ein neues, erfülltes, quasi paradiesisches Leben. Ich hatte mich getäuscht.

Ich arbeitete damals in einer psychologischen „Beratungsstelle für Kinder, Jugendliche und Eltern" in Rüsselsheim. Es war am Tag meines 42. Geburtstages, ich hatte den Nachmittag frei und war um die Mittagszeit auf dem Nachhauseweg. Für den Nachmittag waren Freundinnen und Freunde zum Geburtstags-Kaffee eingeladen. Schon auf der Autobahn fühlte ich mich zunehmend „komisch". Dieses komische Erleben von mir selbst – ich hatte damals keine Begrifflichkeit für meinen Ausnahmezustand – verstärkte sich rasch: Ich fühlte mich klein, kleiner, hilflos und ohnmächtig ... irgendwie schmerzlich überwältigt. Aber von was?

Die Gäste ließ ich von meinen Töchtern ausladen, ich verkroch mich im Bett unter einem Berg von Decken und Kissen. Hier schrumpfte ich weiter, wurde winzig, litt unter Hunger und Durst, verlor die Sprache, war unfähig mich mitzuteilen. Geräusche von der Straße wurden zum dröhnenden, krachenden, berstenden Höllenlärm, der mich zu vernichten drohte. „Jetzt bin ich verrückt", war mein letzter Gedanke, bevor sich auch dieses denkende kleine Ich auflöste in Todesangst, Schmerz und Panik ...

Am späten Nachmittag – ich hatte kein Gefühl, wie viel Zeit inzwischen vergangen war – begann mein Zustand sich langsam zu normalisieren: Ich wurde wieder die, als die ich mich kannte, der Höllenlärm war normaler Verkehrslärm und ich hatte meine Sprache wiedergefunden. Am Telefon meldete sich meine Mutter, mit leisem Vorwurf und Unverständnis in der Stimme: Dein Vater und ich wollten dir zum Geburtstag gratulieren, aber du warst nicht erreichbar. Da haben wir über deine Geburt gesprochen. Wir hatten dir nie erzählt, dass du während des Bombenangriffs auf Gießen, im Luftschutzkeller der Klinik, geboren wurdest. Teile des Gebäudes wurden getroffen und ich hatte Angst, jeden Moment unter einstürzenden Mauern zu sterben. Die Wehen waren unerträglich, ich verkrampfte mich in Todesangst, konnte nicht loslassen. Schreiend wälzte ich mich stundenlang am Boden ... Du kamst als „schwarzes Kind" auf die Welt, dein Kopf war ein einziger großer Bluterguss, zerdrückt und schief. Und weil du so entsetzlich ausgesehen hast, wurdest du mir nicht gebracht. Du lagst wohl lange allein in einer Ecke im Luftschutzkeller.

Das also war mein heute erlebter Zustand: Krieg, Bombeneinschläge, Schreie, Vernichtung und Todesangst. Wie lange war ich in diesem Inferno von meiner Mutter getrennt, alleingelassen, hungrig? Stunden? Tage? Diese Frage konnte meine Mutter nicht beantworten, sie wusste es nicht.

Dennoch war ich erleichtert. Ich war also nicht wirklich verrückt. Mein Körper und meine Psyche hatten sich erinnert, ich hatte das Trauma meiner Geburt wiedererlebt. Ich hatte die frühe Wunde in meinem Leben erinnert. Und ich hatte sie angenommen.

Die Wandlung aber braucht Zeit, sie ist ein lebenslanger Prozess. Die Art der Geburt ist prägend, noch immer reagiere ich mit Erschrecken auf das Krachen von Feuerwerken und auf Sirenengeheul. (G. C., 1986)

Was mir heute selbstverständlich ist, war damals eine drängende Frage: Wie konnte es sein, dass ich die Umstände meiner Geburt wiedererlebt hatte? Bevor ich eine Antwort bekam, ging es in meinem Leben weiter mit ungewöhnlichen Erfahrungen. Eine Tür war aufgegangen und ich bekam Einblicke in andere Dimensionen und andere Zeiten. Auch einige der KlientInnen rutschten in den körpertherapeutischen Sitzungen in ihre Geburt, in scheinbar andere Existenzen, redeten in unbekannten Sprachen und verhielten sich sonderbar. Ich bekam wieder Angst. Wie sollte ich das verstehen? Wie damit arbeiten? Ich brauchte Verständnishilfen und praktische Hilfen für die therapeutische Arbeit.

Eine Kollegin-Freundin erzählte mir von Stanislav Grof, einem Psychiater, der solche Zustände erweiterten Bewusstseins erforscht hatte. Ich begann, seine Bücher zu lesen und wünschte mir, von ihm zu lernen. Ich hatte großes Glück: Nach weniger als zwei Wochen saß ich in der Schweiz in seiner ersten europäischen Ausbildungsgruppe. Hier waren über vierzig Menschen versammelt – TherapeutInnen, HeilpraktikerInnen, PsychiaterInnen – aus Deutschland, der Schweiz und Holland. Und sie alle waren so ‚verrückt' wie ich selbst, sie alle hatten solche seltsamen Erfahrungen.

Meine heimliche Angst, eines Tages doch noch in der Psychiatrie zu enden, konnte im Kreis dieser Gruppe heilen. In der Ausbildung bei Grof bekam ich eine *innere Landkarte* zum Verständnis ungewöhnlicher, transpersonaler Erfahrungen. Nun hatte ich endlich einen Namen für meine ‚komischen' Zustände: *„psycho-spirituelle Krise"*.[(3)] Ich lernte trans-personale und trans-rationale Phänomene zu verstehen, bei mir und bei anderen, und ich lernte, therapeutisch mit ihnen zu arbeiten. So konnte sich die Wunde meiner dramatischen Geburt in eine Quelle von Erkenntnis und Heil-Kraft verwandeln.

„Nur der verwundete Arzt vermag zu heilen", schrieb Anselm Grün.[(4)] „Die Verwandlung meiner Wunden zu Perlen besteht für mich einmal darin, dass ich diese Wunden als etwas Kostbares verstehe. Dort, wo ich verwundet bin, bin ich auch sensibel für die Menschen. Ich ver-

> stehe sie besser. Und noch mehr: Wo ich verwundet bin, komme ich in Berührung mit dem eigenen Herzen, mit meinem wahren Wesen. Ich gebe die Illusion auf, als ob ich ganz und gar stark und gesund und perfekt wäre. Ich nehme meine Brüchigkeit wahr. Das hält mich lebendig und macht mich menschlicher, barmherziger, milder. Dort, wo ich verletzt bin, liegt auch mein Schatz. Dort komme ich in Berührung mit meinem wahren Selbst und meiner Berufung. Dort entdecke ich auch meine Fähigkeiten. Nur der verwundete Arzt vermag zu heilen – das wussten schon die Griechen."

Die Verwandlung der Wunden zu Perlen bedeutet für Anselm Grün aber noch mehr: Die Wunde ist für ihn der eigentliche Ort der Gottes-Erfahrung. Sie ist das Tor zur Spiritualität, zum spirituellen Raum in uns selbst. Grün schreibt:

> „Wenn ich mich damit aussöhne, dann führt mich meine Empfindlichkeit immer tiefer in mein verwundetes Herz hinein, das sich nach Liebe, nach bedingungslosem Angenommenwerden sehnt. Dann erfahre ich die ‚väterliche und mütterliche Hand' in mir selbst und höre die Botschaft in meinem verwundeten Herzen: ‚Du bist gut so, wie du bist.'"

Erkenntnis-Übung:

- Schließen Sie für einen Moment die Augen und atmen Sie etwas tiefer.
- Stellen Sie sich die Frage: Welche meiner Wunden, seelische oder körperliche, wandelten sich bereits in Kraftquellen? In welche Perlen?
- Wie gebrauche ich diese Kräfte in meinem Leben?
- Danken Sie Ihrer inneren Führung für diesen Segen.

3. Chiron, der verwundete Heiler

> „Plötzlich vernahm er ein Grollen, und er wurde von einem Windstoß von ungeahnter Kraft zu Boden geworfen. Um ihn her war eine riesige Staubwolke, die den Mond fast verdeckte. Vor ihm bäumte sich ein riesiger Schimmel auf, der ein unheimliches Wiehern ausstieß. Der Jüngling konnte kaum etwas erkennen, aber eine Angst überwältigte ihn, wie er sie noch nie gekannt hatte. Auf dem Pferd saß ein Reiter ganz in Schwarz, mit einem Falken auf seiner linken Schulter. Er trug einen Turban und vor dem Gesicht ein Tuch, das nur die Augen freiließ. (…) Der geheimnisvolle Reiter zog sein gebogenes Schwert, das am Sattel befestigt war. Der Stahl leuchtete im Mondlicht auf. (…) Der Gedanke an Flucht kam ihm gar nicht. In seinem Herzen regte sich eine seltsame Freude: Er würde für seine innere Bestimmung sterben." (1)

Wenn Chiron, der verwundete Heiler, in unser Leben tritt, dann laufen wir nicht mehr davon. Dann sind wir bereit zu sterben, bereit, die Wunde anzunehmen, bereit für das Ego-Opfer. Innere Türen öffnen sich und wir finden unseren verborgenen inneren Schatz, unsere Lebensaufgabe. Was nun bedeutet „Chiron", diese magische Kraft, die uns wandelt und unser Leben verändert? Wer war er und wie wirkt er heute in unserem Leben?

Chiron-Cheiron-Kheiron, die griechische Schreibweise ist Cheiron oder Kheiron; die lateinische Schreibweise Chiron ist gebräuchlicher, weshalb ich mich hierfür entschieden habe. Chiron als archetypisches Phänomen und Heilungs-Symbol hat verschiedene Erfahrungsebenen, die ich nacheinander vorstellen werde:

- Chiron als Himmelskörper
- Chiron als historische Gestalt
- Chiron in der Mythologie
- Chiron als Urbild der Seele
- Chiron in der Transpersonalen Psychologie

Chiron als Himmelskörper

Chiron ist ein kleiner planetenähnlicher Himmelskörper, ein „Planetoid“. Er liegt zwischen dem inneren Planeten Saturn und dem äußeren Planeten Uranus und ist damit eine *planetarische Brücke* zwischen den Kräften von Saturn und Uranus.

- *Saturn* steht für Erde, Materie, Begrenzung, Einschränkung, Gesetz, Ordnung, Unterordnung, Annahme, Struktur, Disziplin, für die Mühe des Lebens, für das Alte, für Tradition.
- *Uranus* steht für Kosmos, Energie, Chaos, Befreiung, Freiheit, das Ungewöhnliche, für schnelle, revolutionäre Öffnung in neue Erfahrungen und neue Lebensräume.

Chiron, *zwischen* beiden gelegen, ist somit die *Verbindung zwischen den beiden Kräften,* zwischen Erde und Kosmos, Materie und Geist, Körper und Energie, Ordnung und Chaos, Begrenzung und Befreiung.

Nach Ansicht der wissenschaftlichen Astronomie kam er irgendwann „wie ein Komet von irgendwoher“, wurde von unserem Sonnensystem „eingefangen“, und er könne auch eines Tages wieder aus diesem „herausgeschleudert werden“, so die Annahme.(2)

„Astrologisch repräsentiert Chiron das Thema des Wanderers, Außenseiters, des Einsamen oder Einzelgängers“, schreibt Melanie Reinhart, eine jungianische Astrologin.(3) Da, wo Chiron uns (im astrologischen Radix) berührt, fühlen wir uns immer wieder einsam, verloren, nicht zugehörig und fremd in der Welt.

Am 1. November 1977 wurde Chiron von Charles T. Kowal in einem Observatorium in Kalifornien entdeckt, allerdings war er schon lange vorher von anderen erahnt worden.

> „Die Entdeckung eines neuen äußeren Planeten ist ein folgenreiches Ereignis, denn in diesem Augenblick wird ein archetypisches Muster, eine neue Facette des Göttlichen, in der kollektiven Psyche aktiviert und regt sich, nach Anerkennung strebend, in den Tiefen des Unbewussten. (…) Wenn ein neuer Planet entdeckt wird, spielen sich synchron viele Ereignisse ab, die sein archetypisches Thema zum Ausdruck bringen“, schreibt Melanie Reinhart.(4)

Soziale, politische und kulturelle Ereignisse, Strömungen und aktuelle Trends in der Zeit seiner Entdeckung sind Ab-Bilder seines mythischen Themas und wirken in der kollektiven und in der individuellen Seele.

Beispiele: Nach der 68er-Bewegung, die eher saturnisch-materialistisch motiviert war, begann ab 1977 eine rasche Öffnung in eher uranische psychisch-spirituelle Bereiche. Psychoanalytische Arbeitskreise entstanden. „Sozialismus *und* Psychoanalyse" war das Motto dieser Zeit. Im „Sozialistischen Zentrum Darmstadt" gründeten wir damals eine „sozialistische Grenzerfahrungs-Gruppe". Wir, die wir Marx gelesen hatten – oder dies zumindest vorgaben –, befassten uns nun mit Grenzerfahrungs-Themen und dem Phänomen „Wahnsinn in gesellschaftlichen Zusammenhängen".

Viele zunächst nur politisch motivierte Menschen meiner Generation kamen in dieser Zeit in eine Ego-Krise und suchten Hilfe in den neuen humanistischen Therapieformen. Ich selbst (mit Chiron-Konjunktion-Venus am MC im Löwen) war damals 34 Jahre alt, hatte zwei Kinder, war in Trennung von meinem Mann, noch ohne Beruf, ziellos und ohne Perspektive. Auf dem Höhepunkt dieser Wandlungskrise konsultierte ich einen traditionellen Psychiater, der aber kaum ein Wort mit mir sprach (Saturn). Als er aus dem Untersuchungsraum gegangen war, schaute ich in seinen Bücherschrank. Neben ausschließlich medizinischen Abhandlungen entdeckte ich ein kleines Büchlein: Anna Freud, „Das Ich und die Abwehrmechanismen". Es war das erste und einzige Mal in meinem erwachsenen Leben, dass ich etwas für mich so ungewöhnlich-revolutionäres (Uranus) tat: Ich „klaute" das Buch. Und ich las es. Damit begann etwas Neues. Meinem Zusammenbruch folgte eine rasche psychische Wiedergeburt. Auf der schmerzlichen Suche nach mir selbst kam ich – unbeabsichtigt und fast nebenbei – zu meinem Beruf.

Erkenntnis-Übung:

- Schließen Sie kurz die Augen und atmen Sie etwas tiefer.
- Gehen Sie in der Zeitspur zurück in die Jahre um 1977 – falls Sie hier schon geboren waren.
- Fragen Sie sich: Was geschah in meinem Leben um 1977 – dem Jahr der Entdeckung Chirons – und in den Jahren danach?

Chiron als historische Gestalt

Der historische Chiron soll zwischen 1600 und 1300 v. Chr. im Norden des heutigen Griechenlands gelebt haben. Er war – so lässt sich aus den Mythen ableiten – ein Priester-König der Kentauren, eines alten prähellenischen Stammes, Thraker oder Pelasger, die in den nördlichen Bergen Griechenlands lebten. Die Kentauren waren kleinwüchsige und stark behaarte Menschen, sie bewegten sich vorzugsweise auf kleinen Wildpferden. Nach Ranke-Graves gehörten sie zu einer alten neolithischen Rasse, und Spuren ihrer prähellenischen Sprache seien noch im heutigen Albanien zu finden. Die Hellenen betrachteten die Kentauren als wilde, unbändige und unzivilisierte Menschen. Dunkel und behaart auf dunklen, zottigen Pferden reitend mussten sie fremden Beobachtern als mythische Pferde-Mensch-Wesen erscheinen. Als „haarige wilde Tiere“ wurden sie von Homer bezeichnet.(5)

Chiron war ihr Stammesführer, ihr König, Priester, Heiler, Lehrer, er soll eine Höhle im Pelion-Gebirge in Thessalien bewohnt haben. Chiron war „ein Weiser und ein Prophet, er war Arzt, Lehrer und Musiker“. Die hellenischen Könige „vertrauten ihm ihre Söhne an, damit er sie in der Kunst des Herrschens unterweise und auf ihre künftigen Aufgaben vorbereite“.(6) Viele bekannte griechische Helden sollen seine Schüler gewesen sein (u.a. durch Abbildungen auf antiken Amphoren belegt), so Achilles, Jason, Theseus, Odysseus, Herakles und insbesondere *Asklepios*, der später als „Vater der Heilkunde“ bekannt wurde und die Tradition der Priester-Medizin der Asklepiden begründete.

Kentaurenpaar. Engl. Holzschnitt 1520

Chiron unterrichtete sie in allen zum damaligen Leben notwendigen, traditionell eher männlichen Fertigkeiten wie

Reiten, Bogenschießen, Jagen und den Kampfkünsten, genauso aber auch in den traditionell eher weiblichen Wissenschaften wie Ethik, Medizin, Heilpflanzenkunde und Musik sowie in Ritualführung, Magie und Astronomie. Als astronomischer Forscher soll Chiron sogar einige Sternbilder entdeckt haben. Er gründete, so wird berichtet, auf dem Berge Pelion ein Heilungs-Zentrum, das „Chironium", eine Art Heilungs-Tempel. Hier war er als magischer Heiler und Seher tätig.

Chiron in der Mythologie

Der mythologische Chiron ist Enkel des Himmel-Vaters Uranus und der Erd-Mutter Gaia sowie Sohn des Kronos-Saturn und der Wassernymphe Philyra, die von Saturn in Gestalt eines Pferdes begattet wurde, so berichtet der Mythos. Chiron ist somit ein halbgott-artiges Wesen, welches Himmel (Uranus) und Erde (Gaia) und die Tiefen des Meeres (Philyra) in sich verbindet und im Besitz der göttlichen Unsterblichkeit ist.

Der mythische Chiron verkörpert die archetypische Einheit von Tier und Mensch. Mit dem Unterkörper und den Beinen eines Pferdes und einem menschlichen Oberkörper mit Kopf und Armen ist er ein Pferde-Mensch. Auf der Symbolebene verkörpert das *Pferd* archaische, instinktive und ungezügelte Wildheit sowie vital-animalische, sexuelle Energie. In zahlreichen vorhellenischen Kulten wurde das Pferd als göttliches Wesen verehrt, so zum Beispiel als „pferdeköpfige Demeter", die auch als Mutter der Kentauren galt. Nach Ranke-Graves sollen „Tänzer in Pferdemasken" an den Deme-

Chiron – Einheit von Mensch und Tier. Gr., ca. 500 v. Chr.

ter-Mysterien von Eleusis teilgenommen haben, wenn der Neophyt sich in der Heiligen Hochzeit mit der Göttin verband.[7] Auch die skythischen und nordafrikanischen Amazonenstämme, die nach der mythischen Überlieferung Verbündete der Kentauren waren, verehrten die Göttin in Gestalt eines Pferdes.

Als Pferde-Mensch verkörpert Chiron die Einheit der Polaritäten von Instinkt und Geist, von Wildheit/Chaos und Ordnung, von Dunkel und Licht. Melanie Reinhart schreibt[8]: „Die gegensätzlichen Gestalten von Mensch und Pferd wurden in eine unbehagliche Form gezwungen und auf einen Weg gebracht, der durch die Tiefen der eigenen inneren Natur zu einer Synthese führt." Es war seine tödliche Wunde, das Leiden, welches den mythischen Chiron in die Tiefen seiner eigenen inneren Natur führte und damit schließlich zur Heilung und Ganz-Werdung.

Über die Ursache von Chirons Wunde gibt es unterschiedliche Versionen: Immer aber geht es um Kämpfe, in die er als Unbeteiligter eingreift und in die er verwickelt wird: Ein giftiger Pfeil trifft ihn am Bein oder Fuß, und er erleidet große Schmerzen. Der verwundete Chiron „heulte vor Schmerz" – so berichtet die mythische Erzählung – und zieht sich in die Dunkelheit einer Höhle (Geburtshöhle) zurück. Er erträgt furchtbare Qualen und ist bereit zu sterben. Als Unsterblicher aber kann er nicht sterben und so erscheint seine Qual endlos. Chiron opfert schließlich seine göttliche Unsterblichkeit (im Austausch für die Erlösung des Prometheus) und steigt freiwillig in den Hades, die Unterwelt, das Reich der Toten.

Er ergibt sich dem menschlichen Un-Heil. Es ist diese *Ergebenheit*, die Bereitschaft, den Tod anzunehmen, die ihn zum Heilen befähigt. Erst jetzt kann er zum „Vater der Heilkunde" werden und einen Heilungs-Tempel gründen (das „Chironium").

In seinem freiwilligen Opfer erscheint Chiron als eine dunkle Unterwelts-Gottheit, die uns an die machtvolle Heilkraft der inneren Schatten erinnert. Nach Texten des griechischen Dichters Pindar vermochte Chiron demjenigen, welcher die *Dunkelheit der Krankheit und des Leidens annahm,* sogar das verlorene Augenlicht wieder zurückgeben.[9] Nach neun Tagen (drei mal drei) befreite ihn Zeus aus der Unterwelt und setzte ihn als Sternbild „Centauros" an den Himmel. So wurde ihm die Unsterblichkeit auf einer höheren Ebene zurückgegeben. Chirons Botschaft lautet: „Nimm deine Verletzung an. Achte deine Wunde. Geh den Weg vom Unheil ins Heil."

Chiron als Urbild der Seele

Chiron ist ein Archetyp, er verkörpert das Ur-Bild des inneren Heilers, des Schamanen, welcher immer auch der „verwundete Heiler" ist. Die alte chirotische Heiltradition kann somit auch als eine schamanische Tradition verstanden werden. Sie entwickelte sich aus einer frühen magisch-mythischen Bewusstseinsform, in der Körper und Selbst, Natur und Geist, Instinkt und Vernunft noch nicht getrennt waren. Dieses frühe archaische Bewusstsein ist, so Melanie Reinhart: (10)

> „durch unmittelbaren Kontakt mit jenem Kraftfeld gekennzeichnet, das jenseits der unzähligen von unseren Sinnen erfassbaren, äußeren Formen liegt. Rationales Bewusstsein konzentriert sich auf die Unterscheidung, Analyse und Trennung der Dinge. Dieses andere Bewusstsein aber ist holistisch und fähig, die Bedeutung persönlicher Erlebnisse unmittelbar zu erspüren, es kann das Numinose und die wechselseitige Verbundenheit alles Lebendigen erfassen, also auch die Reiche, die jenseits des physischen Todes liegen. Das sogenannte »primitive« Bewusstsein vereint Paradoxa, die ein lineares, westliches Bewusstsein, das sich auf das Newtonsche oder Kartesische Weltbild versteift, völlig verwirren würden."

Die Trennung des modernen Menschen vom frühen archaischen Einheitsbewusstsein und seine einseitige Fixierung auf der rationalen Ebene des Bewusstseins ist die eigentliche Krankheit und das größte Leiden der westlichen Welt und des westlichen Menschen. Jung schrieb hierzu: „In dem Masse, wie unser wissenschaftliches Verständnis zugenommen hat, ist unsere Welt entmenschlicht worden. Der Mensch fühlt sich im Kosmos isoliert, weil er nicht mehr mit der Natur verbunden ist (...)." Er ist nicht mehr emotional mit den Wesen der Natur verbunden, deren Sprache er nicht mehr versteht:

> „Der Donner ist nicht mehr die Stimme eines zornigen Gottes, der Blitz ist kein rächender Pfeil. Kein Fluss birgt noch einen Geist, kein Baum ist mehr die Verkörperung der Weisheit, keine Berghöhle ist die Wohnstatt eines großen Dämons. Keine Stimmen sprechen mehr aus Steinen, Pflanzen und Tieren zu den Menschen, und auch die Menschen sprechen nicht mehr zu ihnen im Glauben, dass sie gehört

> werden. Dieser Kontakt mit der Natur ist verloren, und mit ihm die tiefe emotionale Energie, die aus dieser symbolischen Verbindung erwächst.“ (11)

Der schamanische Chiron bringt das verloren Geglaubte zurück: Er verbindet uns mit der Natur und lehrt uns wieder die vergessene Sprache der Steine, der Pflanzen und Tiere. Er beschenkt uns mit der emotionalen Kraft, die wir brauchen, um das Leben in der Polarität zu meistern.

Chiron ist der *Mittler* zwischen Erde und Kosmos, Materie und Geist, Tod und Leben. Er ist die Brücke, welche die Ebenen von magisch-mythischem und rationalem Bewusstsein verbindet. Der chirotische Schamane – genauso wie der chirotische Therapeut und die chirotische Therapeutin – ist bereit und fähig, „das Land der Toten zu durchreisen“. Wie Chiron ist er bereit zu ‚sterben‘, wiedergeboren zu werden und in die Alltagswelt zurückzukehren.

Als *Grenzgänger* bewegt sich der verwundete Heiler auf der Schwelle zwischen Dunkel und Licht und bringt somit die Untere Welt des Hades, die Welt der Dämonen und Totengeister, mit der Oberen Welt der Himmelslichter und der lichten Gottheiten in Einklang. Die aus dem Einklang geborene Heilkraft bringt er in die Mittlere Welt des alltäglichen Lebens.

Chiron als „der verwundete Heiler“ ist in der Überlieferung ein männlicher Archetyp. Tatsächlich aber entscheiden sich zumeist Frauen für den chirotischen Weg, die Annahme ihrer Wunde.

Chiron in der Transpersonalen Psychologie

> „Nur der verwundete Arzt,
> vermag zu heilen.“
>
> Anselm Grün

Was bedeutet das Urprinzip Chiron für unseren persönlichen Entwicklungsweg und für die Transpersonale Psychologie? Was hat Chiron mit uns zu tun?

In einem kosmisch-irdischen Kraftfeld, in dem alles mit allem verbunden ist, können wir uns der Berührung Chirons nicht entziehen. Wir können sie leugnen oder verdrängen, dann aber wird sie uns aus dem Schattenreich des

Unbewussten umso mächtiger ergreifen. Unter dem Einfluss von Chirons Transiten erleben wir oft Phasen von starkem innerem oder auch äußerem Druck. In Zeiten von solchen „chirotischen Heilungs-Krisen" „beginnen die frühen Wunden gewissermaßen wieder zu bluten, um unsere Aufmerksamkeit und Fürsorge zu wecken." (12)

Chiron bewegt uns alle, aber er bewegt uns nicht alle gleich und nicht alle gleich stark. Es gibt mehr oder weniger chirotisch geprägte Menschen. Wie machtvoll, unerbittlich, gleichermaßen auch heilsam-transformierend Chiron in unserem Leben wirkt, ist durch die Chiron-Position in unserem Radix angezeigt. Sie markiert den Ort und die Art der Wunde. Von der Macht Chirons „besetzt" zu sein, ist ein zweifelhaftes Geschenk – Segen oder Fluch? – und eine lebenslange, manchmal auch gefährliche Herausforderung, bei der wir allzu leicht in präpersonalen, kultischen und narzisstischen Fallgruben landen können, falls wir nicht bereit sind, die Wunde anzuerkennen und wie Chiron „das Land der Toten zu durchreisen".

Die Bedeutung von Chiron im Radix: (Radix lat. Wurzel, astrologisches Wurzelbild, Horoskopzeichnung)(13)

a. Die *Häuserstellung* des Chiron, bezeichnet das *Wo*, in welchem Lebensbereich wir verwundet, blockiert oder behindert sind. Sie bezeichnet den inneren Hades, die dunkle Höhle, in der wir immer wieder landen. Hier sitzen wir manchmal lange Zeit fest, und die Schmerzen und Qualen, die wir erleiden, „werfen uns auf uns selbst zurück, und dadurch beginnt unsere innere Reise der Heilung", schreibt die Astrologin und Jungianerin Melanie Reinhart.
b. Durch die *Zeichenstellung* des Chiron wird das *Wie* der Heilung angezeigt. Sie zeigt das Heilungsmittel, die Medizin, das was die Wunde braucht, um heil zu werden. Mit Chiron in den Fischen zum Beispiel geht es um die Konfrontation mit dem Ego, um Transformation, um Mitgefühl und spirituelle Wiedergeburt.
c. Die *Aspekte* zu Chiron bezeichnen das *Was*, was uns behindert und was uns fördert. Sie sagen etwas über den Erfahrungsraum, den wir bei unserer lebenslangen inneren Reise durchqueren müssen, die Ungeheuer und Dämonen, die uns zu behindern versuchen, mit denen wir kämpfen, bis wir schließlich aufgeben und uns bereitwillig verschlingen lassen. Genauso aber offenbaren sie die heilsamen Kräfte, die inneren Helfer, die uns auf der lebenslangen chirotischen Reise unterstützend begleiten.

Mit der Annahme Chirons öffnet sich die Tür zu transpersonalen Räumen, er schickt uns auf die innere Reise, einen Einweihungs-Weg. Chiron lehrt uns den Weg vom „Unheil ins Heil" und er zeigt uns die hierfür notwendigen Schritte.

Entwicklungs-Schritte auf dem chirotischen Heilungsweg:
- Annehmen der Wunde
- Ausdrücken von Schmerzen und seelischer Not
- Heilsamer Rückzug in Einsamkeit und Stille
- Eintauchen in die eigene seelische Dunkelheit, die Nachtmeerfahrt, die Bereitschaft den Ego-Tod zu durchleiden
- Erfahrung von Wiedergeburt und schöpferischer Erneuerung
- Das Geschenk der Heilkraft würdigen
- Anerkennung der eigenen MeisterInnenschaft, sie entwickeln, verfeinern und mir ihr dem Leben dienen.

Wenn wir aber die Existenz der Wunde verleugnen, den Schmerz betäuben, uns dem Lärm des äußeren Lebens überlassen, die dunklen inneren Gestalten, die Dämonen, in den tiefsten Hades verbannen, wenn wir den Ego-Tod vermeiden, dann entscheiden wir uns für den Weg des Un-Heils. Dauerhaftes Leiden, chronisches Unzufriedensein und schlimmstenfalls der Verlust von Lebensfreude und Lebenssinn könnten erfolgen.

Chiron in seiner Doppelgestalt von Mensch und Tier lehrt uns „kentaurisches Bewusstsein" (Wilber), die Fähigkeit, die Trennung von Körper und Geist zu überwinden und auf einer höheren Ebene zu integrieren. Melanie Klein schreibt hierzu: „Kentaurisches Bewusstsein ist demnach die Fähigkeit des *Sowohl – als auch: sowohl* differenziertes rationales Denken *als auch* die Verbundenheit mit dem alles umfassenden Kraftfeld, das jenseits der Wahrnehmungsfähigkeit unserer Sinne liegt."[(14)] Das entwickelte „kentaurische Bewusstsein" ist trans-rational und trans-personal.

Nach dem Bewusstseinsmodell von Gebser (vgl. Teil I) würde das bedeuten: Wir haben das archaische, magische, mythische Bewusstsein mit dem rationalen Bewusstsein zu verbinden, um im integralen Bewusstsein die Einheit des Lebens zu erfahren.

Chiron ist der Wendepunkt, er ist der Führer auf dem Weg der Individuation, dem Weg der Ganzwerdung. Er ist der Brückenbauer, in ihm kommt alles

Getrennte in die Einheit: Er ist Mensch und Tier, denkend und fühlend, kosmisch und irdisch, Heiler und Krieger zugleich. In der Erfahrung seiner archetypischen Einheit – in der auch Licht und Dunkel, Gut und Böse nicht mehr getrennt sind – liegt die einzigartige Kraft, die uns helfen kann, die Opfer-Wunde und die Täter-Wunde bereitwillig anzunehmen. Der mythologische Chiron hat Blinde geheilt, das bedeutet: Chiron macht sehend, er hilft uns, die innere Wahrheit zu erkennen.

„Vom Unheil ins Heil" – genau dort, *wo die größte Wunde ist, ist auch die größte Heil-Kraft.* Dies ist die essentielle Botschaft Chirons an uns, seine Schülerinnen und Schüler.

> „Achte auf den Ort, an dem du weinen wirst.
> Denn an jenem Ort werde auch ich (dein Herz) sein,
> und dort liegt dein Schatz begraben." [15]

Erkenntnis-Fragen zur chirotischen Wunde:

- Was ist meine chirotische Wunde, meine tiefste Verletzung, mein Un-Heil?
- Wo und wie spüre ich die Wunde im Körper?
- Wie sieht sie aus und wie zeigt sie sich?
- Welche Gefühle habe ich zu ihr?
- Kann ich den Schmerz fühlen und ausdrücken?
- Welche inneren Bilder, Erinnerungen habe ich dazu?
- Wie ist die Wunde entstanden? Wer oder was hat mich verletzt?
- Wann? Wo? Zu welcher Zeit?
- Wie lebe ich mit dieser Verletzung, dieser Wunde?
- Welche Bewältigungs-Muster habe ich entwickelt?
- Bin ich bereit, die Wunde anzunehmen?
- Kann ich sie in Anteilnahme und Liebe halten?
- Kenne oder ahne ich den „Schatz", die verborgene Heil-Kraft meiner Wunde?

Die Geschenke Chirons

Chiron ist der „verwundete Arzt", der „verwundete Heiler". Das Geschenk der Heil-Kraft wurde ihm durch die Annahme der Wunde gegeben. Auch uns, so wir bereit sind, wird diese chirotische Gabe zuteil: Heilkraft für uns selbst und dann, vielleicht, auch für andere Wesen: Menschen, Tiere, Pflanzen. Heilsam zu sein für uns und die Welt, diese Gabe schläft in manchen von uns. Durch eine Heilungs-Krise kann sie geweckt werden, Un-Heil wandelt sich in Heil.

Häufig ergreift uns ehrfurchtsvolle Scheu angesichts heilerischer und ‚paranormaler' Fähigkeiten wir sind *beeindruckt.* Wir bewundern zuweilen die Heilkraft an Anderen und vergessen dabei, wer wir sind. Über heilerische Begabungen verfügen ausnahmslos alle Menschen – mehr oder weniger ausgeprägt –, nicht nur einige scheinbar Auserwählte, die sich als „SchamanIn" oder „HeilerIn" bezeichnen.

Nicht nur wir Menschen, auch Tiere, Pflanzen, Steine/Mineralien sowie die Elementarwesen Luft, Feuer, Wasser und Erde sind als göttliche Wesen gesegnet mit den Gaben Chirons. Sie alle sind unentwegt heilerisch in der Welt tätig, ohne dass wir Menschen dies bemerken, geschweige uns dafür bedanken. Erst wenn ihre Heilkraft erlischt – weil menschliche Anmaßung, die *allein den Menschen* als Ebenbild Gottes versteht, sie zerstört hat –, erkennen wir ihre Bedeutung für den Erhalt des Lebens auf der Erde. Tiere, Pflanzen, Steine und die Elementargeister dienen uns liebend gern als *Verbündete im Heilungs-Prozess.* Sie stehen uns zur Seite und beschenken uns mit ihrer einzigartigen vitalen Heilkraft, so wir sie in Dankbarkeit anerkennen.

Wir alle haben Chiron und die transpersonalen planetarischen Kräfte von Uranus, Neptun und Pluto in unserem astrologischen Lebensentwurf. Diese Kräfte und die mit ihnen verbundenen Fähigkeiten sind also nichts Besonderes, sie gehören zu unserer *kosmischen Ausstattung.* Wir, so wir diese Fähigkeiten nutzen, sind damit ebenfalls nichts „Besonderes" – im Sinne einer narzisstischen Aufwertung –, wir folgen lediglich unserem Lebensplan und erfüllen unsere heilsame Aufgabe, indem wir dem Leben dienen.

Diese Erkenntnis könnte uns schützen vor narzisstischem Sich-großmachen, aber genauso vor schamhaftem Sich-klein-machen. In keinem anderen Lebensbereich ist der narzisstische Schatten so problematisch und folgenschwer wie in der Esoterik, der Transpersonalen Psychologie und ganz allgemein in Heilberufen: Denn die Spaltung von Groß und Klein verhindert Ganz-Werdung und damit Heilung. Nirgendwo sonst ist daher die Balance von Größe und Kleinheit, Macht und Ohnmacht, Stärke und Schwäche so not-wendig wie im Heilungsgeschehen. Nicht entweder-oder, sondern *sowohl-als-auch* lautet die Botschaft von Chiron, dem verwundeten Heiler.

Wenn sich die Tür zu transpersonalen Begabungen öffnet, ist die Gefahr, in den transpersonalen Schatten zu geraten, recht groß, die „Fallen", in denen wir landen können, sind vielfältig. Wir alle haben ein Ego, das gefüttert werden will. Deshalb möchte ich einige der möglichen Fallen hier aufzählen, damit wir wachsam bleiben:

- Selbstausbeutung
- Grenzverlust, Überschreitung der eigenen Grenzen und/oder der Grenzen anderer
- hilfloses Helfen-wollen
- Missionieren
- Ausübung von Macht und Kontrolle
- Mangel an Mut
- Mangel an Demut
- Abhängigkeit von narzisstischem Gewinn

Das Streben nach narzisstischem Gewinn – in der Rolle des/der Wissenden, Heilenden bewundert zu werden, bedeutungsvoll und ewas Besonderes zu sein – ist verführerisch für unser verletztes kleines Ich. Nicht wenige aber – meist sind es Frauen – sind eher gefangen in einem *narzisstischen Schatten* der besonderen Art: der Angst davor, mit ihren Begabungen hervor-zu-kommen und gesehen zu werden. Sie haben Angst davor, etwas Besonderes zu sein, Angst, bedeutungsvoll zu sein. Für sie könnte der folgende Text von Marianne Williamson(17) hilfreich sein:

> „Unsere tiefste Angst ist nicht, dass wir unzureichend sind.
> Unsere tiefste Angst ist, dass wir über die Maßen machtvoll sind.
> Es ist unser Licht, nicht unsere Dunkelheit, die uns am meisten ängstigt.
> Wir fragen uns, wer bin ich, brillant zu sein, großartig, talentiert
> und sagenhaft?
> Aber tatsächlich, wer bist du, es *nicht* zu sein?
> Du bist ein Kind Gottes.
> Dein Kochen auf kleiner Flamme dient der Welt nicht.

Es liegt nichts Erleuchtetes darin, sich kleiner zu machen,
damit andere sich in deiner Nähe nicht unsicher fühlen.
Wir sind geboren, um die Herrlichkeit Gottes zu offenbaren,
die in uns ist.
Sie ist nicht nur in Einigen von uns, sie ist in *Allen!*
Und indem wir unser eigenes Licht scheinen lassen,
geben wir unbewusst anderen Menschen die Erlaubnis,
das gleiche zu tun.
Indem wir uns von unserer eigenen Angst befreit haben,
befreit unsere Gegenwart automatisch andere!“

Auf der *spirituellen Ebene* sind wir – als Kinder der Großen Lebens-Mutter – einzigartig und großartig, wie jedes andere beseelte Wesen. Auf der *Ebene des Personalen* aber sind wir ein Sandkorn im Meer unzähliger Erscheinungen. Und beides ist letztendlich ein-und-dasselbe. Wichtig ist nur, dass wir uns weder mit unserer göttlichen Größe noch mit unserer menschlichen Kleinheit *identifizieren*, sondern beide Pole in uns balancieren, so lange, bis wir, irgendwann, in der Einheit angekommen sind.

Bei vielen modernen Menschen aber sind die chirotischen Begabungen verschüttet, vergessen und ungenutzt, denn wir leben in einer Kultur des rationalen Bewusstseins, in der sie wenig Achtung erfahren. Bei so manchen aber – und das betrifft die Mehrzahl der Menschen, die zu mir kommen – wurden diese universellen Geschenke über Inkarnationen in heilerischen, schamanischen und priesterlichen Funktionen ausgebildet, geübt, angewandt und drängen nun wieder in heilsames Tun. Dieses heilerische Tun beginnt immer bei uns selbst und dient zunächst der Heilung unserer eigenen Wunde.

Die alte schamanische Erkenntnis, dass *essentielle Heil-Kraft sich erst mit dem Annehmen der eigenen Wunde entfaltet,* der sogenannten „schamanischen Krise“, lässt uns *mutig* sein in der Begegnung mit den eigenen Dämonen und *demütig* im Kontakt mit anderen Menschen und anderen Wesen. Mutig beschreiten wir den Weg der Heldin und des Helden, steigen ab in die *eigene* Untere Welt, holen von hier die *eigenen* verlorenen Seelenanteile und sind dann – ganz schlicht und einfach – präsent in der Mittleren Welt unserer persönlichen Lebensaufgabe.

Die Geschenke Chirons an uns Menschen lassen sich drei Ebenen zuordnen, der personalen, transpersonalen und spirituellen Dimension:

1. Personale Geschenke:

- Gefühlstiefe
- Geistige Klarheit und ordnendes Denken
- Intuition als „gefühltes Wissen, das auf Erfahrung beruht"
- differenzierte Wahrnehmungsfähigkeit
- künstlerische Begabungen
- heilsames Sprechen
- heilsames Tun, dem Leben dienendes Tun

2. Transpersonale Geschenke:

- Sensitivität
- Medialität
- Hellfühligkeit
- Hellsichtigkeit, Chiron macht uns sehend
- schamanische Fähigkeit, unterschiedliche Bewusstseins-Ebenen zu bereisen
- allgemeine Heilkraft und Heilkraft in den Händen
- die magische Fähigkeit des Bündeln und Richtens großer energetischer Kräfte
- Kontaktfähigkeit mit Wesen der Astralwelt und den Geistern der Verstorbenen

3. Spirituelle Geschenke:

- Freisein von Ur-teilen und Bewertungen
- Achtung des Lebens in all seinen Erscheinungsformen
- Verehrung des Göttlichen in jedem Wesen
- Dankbarkeit
- Mut und Demut
- Fähigkeit zu bedingungsloser Liebe
- Fähigkeit zu mystischer Vereinigung mit dem göttlichen Ursprung, der Quelle
- Bewusstsein und Erfahrung von der Einheit alles Lebens
- Mitgefühl für alle Wesen

Chirotische Begabungen lassen sich unterschiedlichen Bewusstseins-Ebenen zuordnen, gleichwohl besteht *keine Hierarchie der Wertigkeiten.* Transpersonale und spirituelle Heilkräfte sind nicht bedeutsamer und wertvoller als personale. Denn, wie heilsam ist ein Medium, das nicht tief fühlen und klar denken kann? Was nutzt der Erde ein Schamane, dessen Arbeit nicht von tiefem Mitgefühl und Liebe getragen ist? Gerade trans-personale und trans-rationale Begabungen sollten eingebettet und *gehalten sein* in einem entwickelten personalen und spirituellen Bewusstsein.

Alle heilerischen Begabungen sind gleich wertvoll, gleichzeitig aber sind sie individuell verschieden und einzigartig, so wie unsere Nasen, Augen und andere Körpermerkmale einzigartig sind und sich von anderen Menschen unterscheiden. Wir können also damit aufhören, andere um ihrer Begabungen willen zu verehren oder sie darum zu beneiden. Wir können aufhören, uns zu vergleichen, aufhören mit der Trennung von groß und klein, wichtig oder unwichtig. Erst wenn uns dies gelingt, sind wir fähig, unsere *eigenen* einzigartigen kosmischen Geschenke zu würdigen: sie anzunehmen, auszubilden, zu verfeinern und schließlich heilsam zu gebrauchen.

Wenn ich freudig anerkenne, dass ich einzigartig bin und mich in dieser Einzigartigkeit von jedem anderen Wesen unterscheide, dann endet jede Konkurrenz: Dann erfahre und ehre ich mich und gleichermaßen die anderen als einzigartige Perle, einmalig in Tönung und Schliff, und gleichzeitig eingebunden in die eine welt-umspannende Kette des Lebens.

Die Gaben Chirons würdigen

- Finden Sie *drei* eigene chirotische Begabungen und schreiben Sie diese auf.
- Stellen Sie sich nun folgende Fragen:
- Welche *Gefühle* habe ich zu jeder dieser Begabungen, Fähigkeiten, Talente?
- Welche machen mir vielleicht *Angst?* Und warum?
- Wie gehe ich mit dieser Angst um?
- Finde ich ein *Symbol* für jede der drei Begabungen?
- Haben sie eine Form, kann ich sie vielleicht als innere *Gestalten* wahrnehmen?
- *Wie* sehen diese Gestalten aus?
- Haben diese inneren Gestalten einen *Namen?* Wie könnten sie heißen?
- Welche Fähigkeiten habe ich bisher *zurückgehalten?* Warum?
- Welche habe ich bisher *angenommen und entwickelt?*
- Wo und wie *wende* ich diese Begabungen bisher *an?*
- In welche *„Fallen“* gerate ich dabei oder habe ich Angst zu geraten?
- *Danke* ich regelmäßig für diese Geschenke?
- Segne ich die Gaben (Erntedank-Fest), damit sie wachsen, gedeihen und *segensreich* wirken?
- Was möchte ich bezüglich meiner chirotischen Fähigkeiten *verändern?*

4. Die schöpferische Macht der Schatten

Der Schatten, als der jeweils andere Pol, gehört zur Welt der Gegensätze: In dieser Welt existieren Tag *und* Nacht, Licht *und* Dunkel, Sommer *und* Winter, Leben *und* Tod, Freude *und* Schmerz.

Jeder polare Aspekt ist hier der Schatten des jeweils anderen Pols: So ist das Dunkel der Schatten des Lichtes, das Licht aber genauso der Schatten des Dunkel. Der Schatten des Kleinen ist das Große und umgekehrt. Jeder Pol existiert nur durch und mit der Existenz des anderen polaren Anteils; beide zusammen sind die Ganzheit, die Einheit der Gegensätze, so wie die Einheit von Yin und Yang.

Entsprechend der Einheit der Gegensätze bezeichnete Jung den Schatten, den jeder mit sich führt, auch als das „sol niger der Alchemisten", als die „schwarze Sonne", den „verborgenen Aspekt der Persönlichkeit, die zu jeder Stärke gehörende Schwäche, die Nacht, die jedem Tag folgt, das Böse des Guten." (1) Im alchimistischen Prozess der Vereinigung der Gegensätze von Licht und Dunkel entsteht eine dritte Kraft: schöpferische Lebenskraft. Deshalb sage und schreibe ich gerne: *„Im Schatten liegt die größte Lebens-Kraft."*

Der Schatten und seine Leugnung

Die Wunde geht in den Schatten, sinkt ab ins Unbewusste und beherrscht von hier aus das Leben und die Welt. Psychische Schatten bilden sich aus allen unangenehmen, allen schmerzlichen, entsetzlichen und ängstigenden, aber auch allen beschämenden und peinlichen Empfindungen, Gefühlen, inneren Bildern und Gedanken, die *dem Ich unannehmbar* erscheinen. Sie unterliegen der Abwehr und werden verdrängt, verleugnet, abgespalten oder in Form von Projektionen beim Anderen untergebracht. Jung(2) schreibt hierzu:

> „Ein Mensch sieht seinen Schatten, (...) aber er wendet den Blick davon ab, flieht, konfrontiert sich nicht, setzt sich nicht damit auseinander, wagt nichts – und rühmt sich dann vor Gott, vor sich, vor den Menschen seines weiß und unbefleckt gebliebenen Kleides, das er in Wahrheit seiner Feigheit, seiner Regression, seinem Angelismus und Perfektionismus verdankt. Und statt sich zu schämen steht er vorn im Tempel und sagt: »Ich danke dir, dass ich nicht bin wie diese da ...«"

Um der schmerzlichen Konfrontation mit dem eigenen Schatten zu entgehen, ist Projektion die beliebteste Abwehrform: Vater, Mutter, der Staat, der Nachbar, der Vermieter, der Partner, die Partnerin sind schuld am eigenen Unglück. Bei jedem großen oder kleinen Missgeschick wird, fast automatisch, nach einem Schuldigen im Außen gesucht. Jung berichtet, dass in den Analysen und Träumen von Amerikanern der Schatten häufig durch einen „Neger oder Indianer“ dargestellt ist. Die Projektion wird gewöhnlich bei denen untergebracht, die anders sind, denjenigen mit anderer nationaler Herkunft, anderer Hautfarbe, anderer Religion, anderem Geschlecht: „Die Frau steht immer dort, wo der Mann seinen Schatten hat, weshalb er sie nur allzu leicht mit diesem verwechselt …“

> „Wir müssen immer noch äußerst vorsichtig sein, um nicht unseren eigenen Schatten allzu schamlos zu projizieren, und sind immer noch überschwemmt von projizierten Illusionen.
> Wenn man sich jemanden vorstellt, der tapfer genug ist, diese Projektionen allesamt zurückzuziehen, dann ergibt sich ein Individuum, das sich eines beträchtlichen Schattens bewusst ist. Ein solcher Mensch hat sich neue Probleme und Konflikte aufgeladen. Er ist sich selbst eine ernste Aufgabe geworden, da er jetzt nicht mehr sagen kann, daß die *anderen* dies oder jenes tun, daß *sie* im Fehler sind, und daß man gegen *sie* kämpfen muss. Er lebt in dem »Hause der Selbstbesinnung«, der inneren Sammlung. Solch ein Mensch weiß, daß, was immer in der Welt verkehrt ist, auch in ihm selber ist, und wenn er nur lernt, mit seinen eigenen Schatten fertig zu werden, dann hat er etwas Wirkliches für die Welt getan.“ (3)

Es ist das menschliche „Ego“, welches die Schatten verleugnet und projiziert. Das Ego ist nicht identisch mit dem personalen Ich; *das Ego ist der Schatten des Ich.* Schattenthemen können daher als Ego-Abkömmlinge verstanden werden. Ein großes Ego will immer fein dastehen, anerkannt sein und geliebt werden; es will bekommen, ohne zu geben. Es will Macht, Reichtum und ewige Jugend, um jeden Preis, es hat riesige (unbewusste) Todesangst, daher kämpft es um existentielle Sicherheit mit allen ihm zur Verfügung stehenden Mitteln. Das unbewusst-aggressive Ego ist voller Gier, Machtstreben, Brutalität und zuweilen auch voller Mord-Lust. Da es unfähig ist zu fühlen, fehlt ihm die Fähigkeit zum Mit-Fühlen, und es geht, wenn nötig, auch über Leichen.

Wenn wir wach bleiben und uns nicht von unseren eigenen Ego-Anteilen täuschen lassen, dann müssen wir anerkennen, dass ein gigantisches kollektives Ego inzwischen die gesamte globalisierte Welt regiert. In Politik, Wirtschaft, Bildungswesen, Gesundheitssystemen, Religionen und ihren Institutionen, überall hat es die Macht ergriffen. Auf unseren Straßen sehe ich viele neue weiße Autos – die Autoindustrie floriert – und eine Energie von rasender Geschwindigkeit, Konkurrenz und Kampf beherrscht den Verkehr. In den Städten hat das Elend sich breit gemacht, die Läden sind überfüllt mit Waren, die niemand braucht, und die Gesichter der Menschen sind gezeichnet von verhärtetem Schmerz, Not, Verzweiflung und Hass. Die Vergnügungsangebote rundum, die Festivitäten, sind so häufig, so laut, so schrill und sie wirken makaber angesichts der tatsächlichen Lebensrealität: ein verrückter Toten-Tanz. Und dabei spreche ich nur von ganz alltäglichen Phänomenen. Ich spreche hier nicht einmal von den Millionen Armuts- und Kriegsflüchtlingen, die enteignet, gefoltert und vergewaltigt in diesem Wohlstands-Wahnsinn gestrandet sind. Ich spreche hier nicht einmal von den einundsiebzig Menschen, die aus dem Krieg in Syrien geflohen und in einem Transporter der Fleischindustrie erstickt sind …

Wir befinden uns in diesem kollektiven Wahnzustand, weil wir nicht wahrhaben wollen, weil wir die Wunden verleugnen und Themen und Lebensumstände in den kollektiven und persönlichen Schatten verdrängen. Der verdrängte Schatten aber verfinstert sich, er wird böse, kommt ans Licht und holt sich seine Opfer: mörderischer Terror überzieht die Welt.

Da reicht es nicht, wenn wir uns meditierend oder philosophierend an die spirituelle Tatsache der „Non-Dualität“ klammern. Solange wir uns in der Welt der Polarität von Licht und Schatten verkörpern, liegt *hier* unsere seelische Entwicklungs-Aufgabe, sonst wären wir an einem anderen Ort. Hier auf Erden haben wir uns der saturnischen Lebensrealität, der Wunde, zu stellen. Das Finstere, das Böse als Polarität zum Lichten und zum Guten, kann sich nur wandeln, wenn es sich zeigen darf, wenn es aus dem Schatten befreit wird. Die Seite des Lichts, der Liebe, der Freude und Dankbarkeit kann hierbei der *Anker* sein, der uns hält, wenn Schmerz und Dunkelheit uns überwältigen.

In der Welt der Polaritäten geht es um Annahme und Integration der verleugneten Anteile, um die *Balance von Dunkel und Licht,* um die Balance von Freude und Schmerz. Diese anspruchsvolle Arbeit des Balancierens und Ausgleichens leistet das personale Ich, das es zu lieben und achten gilt. Die destruktive Energie, die dem Ego-Schatten abgerungen und transformiert werden kann, fließt zurück zum Ich und wird dieses stärken und heilsam erfüllen. Der Heilungsweg geht vom personalen Ich mit seinem Ego-Schatten hin zum Wahren Selbst; Ich-Bewusstsein führt zu Selbst-Bewusstsein und damit letztendlich in Befreiung. Auf diesem Bewusstseins-Weg wird das Licht die Dunkelheit erleuchten.

Erkenntnis-Fragen zu allen Schattenthemen finden Sie in Kapitel 5.

Persönlicher und kollektiver Schatten

> „Der Schatten aber ist ein lebendiger Teil der Persönlichkeit
> und will darum in irgendeiner Form mitleben."
>
> C.G. Jung [(4)]

Dem psychischen Schatten, als Aspekt des Polaritäts-Prinzips, können wir nicht entkommen, solange wir auf dieser Erde leben. Zur *Ganzheit der Persönlichkeit* gehört immer auch der Schatten, gleichgültig wie reif, wie entwickelt wir uns fühlen: Jede und jeder hat einen Schatten, sonst wären wir in der Einheit und nicht in dieser Welt verkörpert.

„Denn das Minderwertige und selbst das Verwerfliche gehört zu mir und gibt mir Wesenheit und Körper, es ist mein Schatten. Wie kann ich wesenhaft sein, ohne einen Schatten zu werfen?", fragte Jung. Menschen ohne Schatten – ohne sichtbare Schatten – sind nicht so großartig, wie sie von sich glauben mögen, sondern *fixiert im Zustand des lieben Kindes.* „Die »lebende Gestalt« bedarf tiefer Schatten, um plastisch zu erscheinen. Ohne den Schatten bleibt sie ein flächenhaftes Trugbild oder – ein mehr oder weniger wohlerzogenes Kind."[(5)] Der Jungianer Strephon Williams[(6)] formuliert diesen Gedanken noch wesentlich radikaler:

> „Guten Menschen darf man nicht trauen, denn sie sind unvollständig. Wenn man schon vertrauen muß, dann jenen, die sowohl dem Licht als auch der Finsternis Ausdruck verleihen. Dann erfährt man beide Seiten, und man kann sich mit beiden auseinandersetzen. Jene

Menschen, die durch bewusste Erfahrung der Totalität ihres Lebens die Gegensätze integrieren, sind besonders vertrauenswürdig. Man erkennt sie an ihrer paradoxen Natur. Sie sind vielseitig und dennoch einheitlich."

Der persönliche Schatten ist der andere, der verborgene Aspekt der Persönlichkeit, der Teil unserer inneren Ganzheit, den wir als unbedeutend, minderwertig, schlecht oder böse erleben und ihn daher verleugnen. Dieser in der Dunkelheit existierende Seelenanteil kann unbewusst, vorbewusst oder auch bewusst sein, immer aber halten wir ihn vor anderen verborgen. *Gerade aber im Verborgenen wird der zunächst noch unproblematische Schatten zum Schatten-Problem.*

Jung schreibt: „Jedermann ist gefolgt von einem Schatten, und je weniger dieser im bewussten Leben des Individuums *verkörpert* ist, um so schwärzer und dichter ist er." Der verdrängte Schatten kann gefährlich werden. Es besteht die Gefahr, dass er in Grenz- oder Ausnahmesituationen – wie Überforderung, Erschütterung, Stress – plötzlich ins geordnete Leben einbricht und hier zerstörerisch wirkt. In jedem Fall ist der verdrängte Schatten ein „unbewusstes Hindernis", welches *die seelische Entwicklung behindert.* Daher, so Jung, ist „die Versöhnung dieser Gegensätze (ist) eines der wichtigsten Probleme, das selbst in der Antike einige Geister beschäftigte."(7) Und an anderer Stelle schrieb er :

> „... der Starke muß irgendwo schwach sein können, der Gescheite irgendwo dumm, sonst wird es unglaubwürdig und entartet zur Pose und zum Bluff. Ist es nicht eine alte Wahrheit, daß die Frau die Schwäche des Starken mehr liebt als seine Stärke und die Dummheit des Gescheiten mehr als seine Gescheitheit?"
> „Die heutige Fragestellung ist nicht mehr: Wie kann ich meinen Schatten loswerden? (...) Vielmehr muß man sich fragen: Wie kann der Mensch mit seinem Schatten leben, ohne daß daraus eine Reihe von Unglücksfällen entsteht? Die Anerkennung des Schattens gibt Grund zu Bescheidenheit, ja zur Furcht vor dem unergründlichen menschlichen Wesen." (8)

Unbewusste *persönliche Schatten* sind *ungehalten* und daher bestrebt, mit anderen persönlichen Schatten in *Resonanz* zu treten, sich zu verbinden, wechselseitig zu verstärken, zu verdichten und so zu einem *kollektiven Schatten* zu werden, der sich immer mehr beschleunigt und mit aller Macht in Aktion drängt – so sind Ausschreitungen bei Demonstrationen, Fußballspielen und anderen Massenveranstaltungen zu verstehen, aber auch eskalierende Konflikte in Gemeinschaften, Gruppen und Familien. Und so entwickelt sich die kollektive Begeisterung für einen Krieg.

Hören wir die Nationalhymnen, die bei Fussball-Europa- und Weltmeisterschaften von den Massen voller Inbrunst gesungen werden.[(9)] Sie haben ihren Ursprung häufig in alten Kriegsliedern. In der Italienischen Hymne heißt es:

> „Lasst uns die Reihen schließen,
> wir sind bereit zum Tod,
> wir sind bereit zum Tod,
> Italien hat gerufen."

Die Identität aus persönlichem und kollektivem Schatten kann ausgesprochen gefährlich werden: „Eine solche Identität produziert unfehlbar eine Massen-Psychose mit ihrer unwiderstehlichen Katastrophenneigung", so Jung.[(10)] Wir erinnern uns an die Massen-Psychose des Hitler-Faschismus sowie den Massen-Wahn der Inquisition, eine kollektive Psychose, die Täter und Opfer ergriffen hatte. In jedem Krieg verbinden sich persönliche mit kollektiven Schatten und produzieren somit eine katastrophische Massenpsychose.

Die französische Nationalhymne, die „Marseillaise", wurde als Kriegslied 1792 von Claude Joseph Rouget geschrieben, als Frankreich Österreich den Krieg erklärte. Sie wird in dieser Fassung bis heute bei feierlichen Anlässen, wie internationalen Fussballmeisterschaften, gesungen. Der Text aktiviert gezielt den persönlichen Angst-Schatten, um kollektive Kriegsbereitschaft, Kriegs-Lust und Mord-Lust, zu erzeugen. Hier ein Auszug:

> „Hört ihr auf den Feldern diese wilden Soldaten brüllen?
> Sie kommen bis in eure Arme, um euren Söhnen
> und euren Gefährtinnen die Kehlen durchzuschneiden."
> Refrain:
> „Zu den Waffen, Bürger, formiert eure Truppen,
> marschieren wir, marschieren wir!
> Unreines Blut tränke unsere Furchen!"

Menschen mit einem *unintegrierten persönlichen Schatten sind anfällig, einem Kollektiv-Schatten zu verfallen.* Wenn sich ein persönlicher finsterer Schatten mit einem finsteren Kollektiv-Schatten verbindet, dann entsteht ein geradezu dämonischer Schatten und brave Zeitgenossen werden zu Folterern, Vergewaltigern und Mördern. Nur ein konsequenter *Individuations-Weg mit Realisierung und Annahme der eigenen Schatten* kann einen wirksamen Schutz bilden gegen die Übermacht der kollektiven Schattenwesen und der damit verbundenen Massenpsychose. Die Beschäftigung mit dem Unbewussten und seinen Schatten wird somit zur persönlichen, kollektiven und planetarischen Überlebensfrage!

Primärer und sekundärer Schatten

Mit Schatten verbinden wir gewöhnlich die Vorstellung vom absolut Finsteren, Bösen und Dämonischen, obwohl der *primäre Schatten* zunächst ziemlich harmlos erscheint: Das Peinliche, Fehlerhafte, Unzulängliche, alle Schwächen, all das, was wir an uns ablehnen und verbergen wollen, geht in den primären Schatten. Er „ist in der Regel nur etwas Niedriges, Primitives, Unangepaßtes und Mißliches und nicht absolut böse. Er enthält auch kindische oder primitive Eigenschaften, die in gewisser Weise die menschliche Existenz beleben und verschönern würden; (...)“ [(11)]

Die einseitige Vorstellung vom absolut bösen Schatten ängstigt uns, haben wir doch gelernt: Nur ein „liebes“ Kind hat ein Recht auf Leben. Also bemühen wir uns lebenslang, lieb und nett zu sein und leugnen die Existenz unserer harmlosen Schattenseiten. ‚Liebe‘ Menschen vermeiden gerne Konflikte, ihre verborgene Wut bereitet ihnen Schuldgefühle. Die lebendige und feurige Zornes-Energie geht in den Schatten, erkaltet hier und wird zu Hass. Hass ist erkaltete, gestockte Wut.

Mit der Leugnung des primären Schattens aber erschaffen wir den *sekundären Schatten:* den dunklen und zuweilen auch finsteren Schatten, das Böse. Der folgende Brief macht deutlich, wie die chronische Vermeidung des primären Schattens zum sekundären Schatten wird: Iris hatte ihrer ungerechten und selbstgefälligen Schwiegermutter niemals widersprochen. Sie hatte viel geschluckt und sich nicht gewehrt. Ihr feuriger Zorn ging in den Schatten, wurde kalt und böse. In einem aktuellen Konflikt konnte sie ihren Zorn-

Hass nicht mehr beherrschen. Ich bat Iris, ihrer Schwiegermutter einen „bösen Brief" zu schreiben, selbstverständlich ohne ihn abzuschicken. Ihr Schatten sollte sich unbehindert und unzensiert zeigen dürfen. Und das tat er erstaunlich deutlich:

Ein böser Brief an meine Schwiegermutter

Du bist meine Schwiegermutter und du bist eine harte, ungerechte, selbstgerechte und dumme Frau. Dein Leben ist trist und du erträgst es nicht, dass andere Leben hell sind.

Du willst, dass andere ebenso leiden wie du. Du kannst nicht lieben, nur herrschen. Ich war immer eine Bedrohung für dich: jünger, klüger, reicher. Das hast du mir heimgezahlt und ich habe es nicht durchblickt. Dafür hasse ich dich, für deine autistisch-böse Raffiniertheit, die du auslebst, wie es dir passt. Rücksichtslos. Undifferenziert. Und noch mal: dumm aber dreist. Nicht merken. Nur drauf haun! Rücksichtslos. Über Leichen gehen. Arsch platt drücken und Böses ausdenken. Schwarze Seele. Und doch abhängig, das ist deine Strafe, gefangen wie die Spinne im eigenen Netz. Fett, kurz und ohne Hals: hässlich. Putze. Ekliges Essen, ekliger Kühlschrank, ekliges Bad, ekliges Haus, eklige alte Frau. Grässliche Wohnung, grässlicher Busen, grässliche Sprache. Übergriffe ohne Ende. Grässliches Gebiss. Falsches Lachen. Grässliche Freunde. Hass. Wut.

Weg mit dir. Du lebst zu lange. Wozu? Wer braucht dich? Du bist unerträglich. Du hast mich manipuliert, verraten, betrogen ... und jetzt bist du bald tot – hoffentlich. Ich will nicht mehr an dich denken. Kein schlechtes Gewissen mehr. Freiheit von der Alten! Zurückschlagen. Kleinmachen zu Kleinholz. Du sollst spüren, dass deine Macht schwindet, dass dein Böses mich nicht mehr erreicht. Ich werde mich wehren, auch wenn du nun alt bist und schwächer scheinst. Du wirst es merken!

Ich verspreche mir: ganz bei mir zu bleiben, wenn ich dich sehe, und Distanz zu üben. Und ich will dir in Zukunft klar widersprechen, wenn es wichtig ist.

(Iris L., 2009)

Iris' angestauter Hass hat eine riesige Ladung. Vermutlich handelt es sich um eine Verdichtung von uralten und aktuellen Mutter-Kind-Konflikten in einem COEX. Alle zurückgehaltene Mutter-Kind-Enttäuschung, all der alte verdrängte Mutter-Kind-Schmerz, all die alte verdrängte Mutter-Kind-Wut verdichten sich in der aktuellen schwierigen Begegnung mit der Schwiegermutter zu einem gewaltigen Hass-Komplex. Hierbei wird deutlich, wie sich die von Iris beklagte Bosheit der Schwiegermutter mit ihrem eigenen Schatten, ihrer eigenen Bosheit verbinden, – was wir bei den meisten kriegerischen Auseinandersetzungen beobachten können. Wo ist das Opfer, wo der Täter?

Nun, da Iris endlich den alten angestauten Mutter-Hass vom Dunkel ins Licht des Bewusstseins gebracht hat, kann sie ihn annehmen und wandeln in die Fähigkeit zu heilsamer Distanz.

Der unbewusste sekundäre Schatten kann eine mörderische Ladung beinhalten und in Grenz- oder Krisensituationen unkontrolliert ausbrechen. Dann sind es nicht selten gerade nette, unauffällige und freundlich erscheinende Leute, die in einem kollektiven Ausnahmezustand zu gefährlichen Tätern werden können. Ich erinnere hier an die Milgram-Studie, ein Experiment zur Erforschung von latenter Gewaltbereitschaft, in dem ca. 80 Prozent aller studentischen Versuchspersonen sich an dem simulierten Foltern mit Stromstößen beteiligt hatten.

Der unbewusste Mensch erlebt sich meist als ziemlich harmlos. „Lassen wir diese harmlosen Wesen aber Masse bilden, so entsteht daraus gegebenenfalls ein delirierendes Ungeheuer, und jeder einzelne ist nur noch kleinste Zelle im Leib des Monstrums, wo er wohl oder übel schon gar nicht mehr anders kann, als den Blutrausch der Bestie mitzumachen und sogar nach Kräften zu unterstützen", schrieb Jung,[(12)] sich vermutlich auf die Gräuel des deutschen Faschismus beziehend.

Individuation und Schatten-Realisierung

> Es zeigt sich, dass die „Ganzwerdung des Menschen
> nur durch die Einbeziehung des dunklen Geistes möglich ist,
> ja daß dieser letztere sogar eine causa instrumentalis
> der erlösenden Individuation darstellt."
>
> Jung [(13)]

Individuation ist Selbst-Werdung, ist Begegnung mit sich selbst, und diese Begegnung bedeutet zunächst immer Begegnung mit den eigenen Schatten und ihren Wesen. In unseren Träumen sind es die dunklen Gestalten,

Mörder und sonstige Bösewichte, die uns verfolgen und ängstigen, bis wir bereit sind, innezuhalten und sie anzuschauen.

Individuation ist ein lebenslanger Prozess vom personalen Ich zum ganzheitlichen Selbst. Damit dieser Weg der Selbst-Verwirklichung und Ganzwerdung gelingen kann, ist die Integration aller Schattenthemen unverzichtbar. Ein nicht integrierter Schatten bindet Lebensenergie und verhindert Selbst-Erkenntnis, Wandlung und Sinn-Findung. Ohne Integration der Schatten sind wir unvollkommen, einseitig, der Lebensfluss stagniert und Heilung als Ganzwerdung ist nicht möglich.

„Hierzu gehört die »Realisierung des Schattens«, das heißt das Innewerden des inferioren Persönlichkeitsteiles, welches nicht in ein intellektualistisches Phänomen umgefälscht werden darf, weil es ein den ganzen Menschen angehendes *Erleben und Erleiden* bedeutet", schreibt Jung. [(14)]

Erleben und Erleiden – die Realisierung der verleugneten Schwächen und Unzulänglichkeiten kann äußerst schmerzlich sein. Sie verursacht Leid, denn mit ihr begegnen wir unserer Wunde. Das Sichtbar-werden des Schattens kann als hoch-not-peinliche, beschämende Angelegenheit erlebt werden, insbesondere wenn die Belichtung des Schattens in der Öffentlichkeit stattfindet. Das eigentlich Peinliche aber ist, dass der Schatten gerade in dem Maße, in dem er verleugnet wird, sich anderen mitteilt und von ihnen gesehen werden kann.

Wir sehen die Schatten der anderen häufig klarer als die eigenen. Dabei kann es peinlich sein, den Schatten eines anderen zu sehen, den er selber nicht realisiert. Als Kinder schämten wir uns für den Schatten unserer Eltern: Je mehr wir einem Menschen verbunden sind, umso betroffener macht uns sein verleugneter Schatten. Ich bezeichne dieses Phänomen als Fremd-Schämen.

Realisieren wir mutig unsere eigenen Schatten, bekennen wir uns beherzt zu unserer Schwäche, der Dummheit, der verborgenen Gemeinheit, dann könnten wir uns zunächst ziemlich schlecht fühlen. Denn, „der Schatten ist allerdings ein Engpass, ein schmales Tor, dessen peinliche Enge keinem, der in den tiefen Brunnen hinuntersteigt, erspart bleibt." [(15)] Schatten-Realisierung bereitet Pein, Schuld und Scham, wir leiden an uns selbst.

Ich als Schreiberin bekenne mich an manchen Stellen dieses Buches offen zu meinen persönlichen Schatten, und ich möchte Sie, werte Leserin und werter Leser, wissen lassen, dass mich diese öffentlichen Bekenntnisse mit Pein und Scham erfüllen. So manche peinliche Stelle habe ich zunächst gelöscht und dann wieder integriert; ich bleibe dabei, es ist eine heilsame Übung. Denn: „Der Schatten (…) ist ein lebendiger Teil der Persönlichkeit und will darum in irgendeiner Form mitleben.“ Dieser Satz von Jung begleitet mich seit vielen Jahren und geht mir sehr nahe. Besagt er doch, dass der Schatten nicht weg-gemacht, nicht „losgelassen“ werden kann, was viele eifrig bemühte Menschen gerne glauben möchten. Es gibt nichts los-zu-lassen, nichts zu ent-schuldigen, sondern nur zu *erkennen*. In Erkenntnis und Annahme geschieht Wandlung. Das ist die Magie der Wunde.

Der Schatten lebt immer mit, bewusst oder unbewusst, freiwillig oder unfreiwillig; als treuer Begleiter ist er stets an unserer Seite. Über alles, was uns aufregt und wir uns ereifern, über alle konflikthaften Begegnungen und Ereignisse macht sich der eigene Schatten – in seiner Spiegelung – bemerkbar. Das freiwillige „Eingeständnis“ des Schattens kommt einer Mutprobe gleich, ein dunkler Abgrund ist zu überwinden. „Ein solches Eingeständnis aber hat den Vorteil der Ehrlichkeit, der Wahrheit und der Wirklichkeit (…).“[(16)] Wie wir wissen, ist *Wahrheit der primäre spirituelle Wert.* In der Bitte um „Wahrheit, Licht und Liebe“ kommt Wahrheit vor dem Licht und vor der Liebe.

Das freiwillige Eingeständnis einer Schwäche bringt große Entlastung und zuweilen sogar Anerkennung: In meinem ersten Vorstellungsgespräch – vor Jahrzehnten in einer Beratungsstelle – war ich so aufgeregt, dass mir die Hände zitterten, wofür ich mich sehr schämte. So bekannte ich mich gleich in den ersten Sätzen zu meiner Angst: „Wie Sie sehen, bin furchtbar aufgeregt“, sagte ich zu all den anwesenden, bedeutungsvollen Herren und Damen. Mit meiner Ehrlichkeit erntete ich Wohlwollen und ich bekam die Stelle, an der ich zehn Jahre tätig war und die meine persönliche und professionelle Entwicklung sehr beförderte.

Früher machte es mir große Angst, auf einem Podium zu stehen und, im Blick von hunderten Menschen, in ein Mikrophon zu sprechen. Hätte ich versucht, diese Angst zu verbergen, sie wäre in den Schatten gegangen, sie hätte mich verkrampft und seltsam erscheinen lassen. Deshalb habe ich es mir zur Gewohnheit gemacht, solch schwierige Gefühlszustände von Kleinheit und Ängstlichkeit mitleben zu lassen und mich zu ihnen zu bekennen. Die Menschen können sich in meiner Hilflosigkeit und Ängstlichkeit selbst erkennen, ihren eigenen Schatten realisieren und annehmen. Hierdurch entsteht ein Klima von wechselseitiger Annahme und Herzlichkeit.

„… denn die Hilflosigkeit und die Schwäche
sind das ewige Erlebnis und die ewige Frage der Menschheit,
und darauf gibt es auch eine ewige Antwort,
sonst wäre der Mensch schon längst zugrunde gegangen.“ (17)

In der Gegenwart eines Menschen, der seine eigenen Schatten nicht realisiert, fühlen wir uns unwohl, peinlich berührt, angespannt oder auch angstvoll. Wir spüren, dass „etwas nicht stimmt“ und können somit nicht sicher sein. In der Gegenwart eines Menschen aber, der seine Schatten bei sich hat und damit *durchsichtig* geworden ist, können wir sicher sein, wir fühlen uns wohl und entspannt.

Daher ist in Beziehungen und Gruppen das Auftauchen und die Bearbeitung von Schattenkonflikten ausgesprochen wertvoll. Denn, ein Konflikt hat immer mit verborgenen und projizierten Schatten aller Beteiligten zu tun und jeder Konfliktpartner hat die herausfordernde Aufgabe, seinen *eigenen* Schatten zu sich zu nehmen. In Beziehungen erschafft das Realisieren und Ansprechen des eigenen Schattens einen stabilen emotionalen Kontakt, es schenkt Vertrauen und Frieden.

Wie eine mutige Frau Angst und Scham überwindet und einen präexistentiellen Schatten realisiert und öffentlich macht, zeigt ein Bericht aus dem Holotropen Atmen. Im „sharing“, dem Mitteilen in der Gruppe, fällt es ihr ungemein schwer, darüber zu sprechen. Ihre Heil-Kraft aber ist stärker als Angst, Schuld und Scham:

Ich lade bewusst meine „schwarzen Gestalten“ ein und ich bitte meine innere Heilerin, bei mir zu sein und mir zu helfen. Ich gehe ins Atmen …

Ich liege auf einer Art Altar aus Stein, vielleicht so 2 Meter lang, 1 Meter breit und 1,30 hoch. Ich schaue um mich herum. Ich möchte wissen, wo ich mich befinde? Ich bin so ziemlich in der Mitte von einem großen Raum, einem großen Saal mit einem Kuppeldach. Angst überfällt mich, ich habe das Gefühl, dass ich geopfert werden soll.

– Ich bin mutig, atme weiter, bin neugierig, möchte mehr wissen und sehen. –

Rechts und links von mir befindet sich eine Rinne, in gleicher Höhe wie mein Altar. Diese beiden Rinnen laufen nach vorne in den Raum, treffen sich dann zu einer größeren Rinne, die dann ausläuft zu der Statue einer Göttlichkeit, die auf einer Erhöhung thront.

Immer noch bin ich unsicher, ob ich geopfert werden soll.

– Ich atme mutig weiter, ich will mehr wissen. –

Rechts und links im vorderen Bereich des Raumes öffnet sich jeweils eine Tür und es treten auf jeder Seite zwei Menschen in den Raum. Sie laufen sehr langsam, voller Andacht und Ehre. Sie tragen lange Gewänder. Auf dem Kopf tragen sie eine Art Helm, so dass ich ihre Gesichter nicht genau erkennen kann. Der Helm, der zum Teil das Gesicht bedeckt, hat oben eine kräftige gewundene Schlange.

– Ich atme weiter. –

Plötzlich sehe ich in den Rinnen rechts und links von mir, jeweils drei Babys liegen, in einem genauen Abstand zueinander. Und plötzlich wird mir bewusst: Ich habe ein Schneidewerkzeug neben mir liegen. Es ist meine ‚heilige' Aufgabe, die Babys im Bauchraum aufzuschlitzen, so dass ihr Blut in die Rinne fließen kann. Ich habe sie zu opfern. In meinem heutigen Bewusstsein packt mich Entsetzen ...

– Und trotzdem, ich atme weiter. –

Ich weiß nun, ich habe dies schon öfter getan. Und ich weiß, dass ich dies auch jetzt wieder tun werde. Ich werde die Babys den Gottheiten opfern.

(Anke Sch., 2015)

Den finsteren Schatten begrüßen

Finstere Schatten, die lange im Unbewussten gefangen sind, bereiten körperliche oder psychische Qualen. Sie suchen uns heim in Schuld-Gefühlen, in Angst-Träumen und sie beeinträchtigen die schöpferische Entfaltung des Lebens. Solche finsteren Schatten *willentlich* einzuladen, zu begrüßen und zu integrieren erfordert heroischen Mut.

Tim, ein Mann, den ich über längere Zeit begleitete, hatte Mühe, seine kraftvolle Männlichkeit anzuerkennen und sich damit in der Welt zu zeigen. Wie bei vielen auffallend „lieben" und sanften Männern existiert ein verborgenes – meist präexistentielles – Thema von *männlicher Schuld.* Die aktuelle Lebensenergie ist im alten Schattenthema gebunden. Sie kann therapeutisch befreit werden, wenn der Mensch bereit ist, seine schwierigen

Gefühle von Schuld und Scham anzunehmen. Tim war dazu bereit. Hier eine seiner präexistentiellen Erinnerungen:

Der Inquisitor

Er wird in einem edlen Hause geboren und wächst behütet auf dem Lande auf. Emanuel di Triano ist der Liebling seiner Mutter, sie überhäuft ihn mit Zuneigung, da ihr Gemahl, sein Vater, oft in der Stadt weilt und sich dort mit den Huren vergnügt.

Als der verhätschelte Sohn heranwächst, verliebt er sich in Barbara, ein junges, hübsches Mädchen aus dem Nachbardorf. Sie aber lacht ihn schändlich aus, als er ihr in seiner jugendlich unerfahrenen Art seine Liebe gestehen will, und etwas zerbricht in ihm. Sein Herz blutet, schmerzt und brennt vor Kummer und er beschließt, sich nimmer mehr einem Menschen zu öffnen – und schon gar nicht einer Frau. Er entwickelt sich zum Frauenhasser.

Nur der Prälat des Klosters, in den ihn seine Mutter aus Verzweiflung über die Verstocktheit ihres Sohnes gesteckt hat, zeigt Verständnis für Emanuels Abneigung. Nur er versteht ihn, mit ihm verbindet ihn ein steigender Hass auf die Andersartigkeit und die Macht der Frauen und auf die Gefahren, die aus der Wollust erwachsen.

Von der Liebe so abgrundtief enttäuscht, entschließt er sich, seinen Hass auf die Verfolgung von Frevlern und Hexen zu richten. Seine ungeheure Selbstdisziplin und Selbstkasteiung unterscheidet ihn schon früh von seinen Mitbrüdern. Er geißelt sich regelmäßig so sehr, dass ihn sein Mentor des Öfteren ermahnen muss, es nicht zu übertreiben. Sein unermüdliches Studium der Schriften und seine Kenntnis der Paragraphen des Codex befähigen ihn zudem, eine Geißel der Worte zu sein: Er verlangt ein immer strikteres Einhalten der Klostervorschriften, fordert einen immer kargeren Speiseplan und Fasten, auch in der Zeit nach Ostern.

Sein besonderer Ruf dringt schließlich bis zum Heiligen Stuhl. Dort beobachtet man seit einiger Zeit mit Besorgnis den sich in der Bevölkerung ausbreitenden Unmut über den Reichtum der Kirche, die verschwenderische und pompöse Lebensweise der Bischöfe, des Pontifex selbst und seiner Entourage, deren Hurerei zum Gespött der Straße geworden ist. Man bedient sich gerne der verbalen Fähigkeiten dieses noch unbekannten Paters aus der Provinz, der sich zum Bußprediger gemausert hat und den Focus nun plötzlich auf die sittlichen Verfehlungen des gemeinen Volkes verlegt. Man gestattet Emanuel per Dekret, durch das Land zu ziehen und im Auftrag Roms über die Zehn Gebote und deren Bedeutung für ein Leben in Gottesfürchtigkeit, Keuschheit und Armut zu predigen. Sein Ruf eilt ihm alsbald voraus und immer mehr Menschen versammeln sich auf den Plätzen der Städte und Dörfer, um seine Predigten und Strafpredigten zu hören.

Von der Welle dieser Zuwendung und der Zustimmung seiner Anhänger getragen, wird Emanuel immer extremer in seinen Ausführungen, immer besessener in den Auslegungen der Codices und der heiligen Schriften. Plötzlich fordert er nicht nur Buße für die schändlichsten Verfehlungen, für Häresie und Unzucht, sondern die Todesstrafe durch Verbrennen. In seinen Augen ist der Mensch von Grund auf böse, von einer „wässrigen Lust“ in seinem sterblichen Körper getrieben, die „des Teufels“ ist. Emanuel wirft sogar die Frage auf, ob der Teufel, den er in allem wittert, am Ende nicht „ein geiles Weib sei“, das sich als Mann verkleide, um die Gläubigen in die Irre und ins Verderben zu führen.

Immer lauter werden die Rufe, Emanuel zu folgen, nicht nur seiner Haltung, sondern auch von Ort zu Ort. Barfuß pilgert er durch die Toskana gen Süden in Richtung Rom.

Der Vatikan ist gezwungen, sich mit seinem wachsenden Einfluss und seiner politischen Macht auseinanderzusetzen und sie in erwünschte Bahnen zu lenken.

Emanuel, nun in Rom, äußert sich entsetzt über das Ausmaß der Dekadenz, die er im Vatikan wahrnehmen kann: den unermesslichen Reichtum, den verschwenderischen Umgang mit den Spenden der einfachen Leute, aber noch mehr über die spürbare Perversität, die Vielweiberei, die Konkubinen der Bischöfe und besonders die Homosexualität der jungen Priester. Emanuel wird von der Kurie unter Druck gesetzt, er darf nicht mehr predigen. Dafür wird er mit der Durchführung und Überwachung von Inquisitionsprozessen in seiner Heimat beauftragt.

Und es ist ausgerechnet Barbara, die man in seinem ersten Prozess vorführt, das Mädchen aus seiner Jungend, seine erste und einzige Liebe. Sie wird in einem zerrissenen, blutverschmierten Büßergewand hereingeschleift. Drei Kinder hat sie nacheinander tot geboren und ihr Mann will sie loswerden. Deshalb setzte er das Gerücht in die Welt, Barbara sei mit dem Teufel im Bunde, und erreicht, dass sie von Nachbarn der Hexerei beschuldigt wird.

Als sie im Inquisitor den Verehrer ihrer Jungend erkennt, beginnt sie, wie von Sinnen zu lachen. Sie spürt, dass sie keine Chance hat, dass ihr Leben verwirkt ist. Vollkommen auf sich allein gestellt ergibt sie sich in ihr Schicksal und gesteht mit hysterischer Stimme alle Anschuldigungen, wobei sie die Augen verdreht, sich die Haare rauft, spuckt, hustet und würgt. Emanuel weidet sich am Anblick seiner ehemaligen Geliebten. Sein ganzer uralter Hass steigt erneut und gebündelt in ihm auf und er befiehlt, Barbara mit dem gefürchteten Glüheisen zu peinigen, denn: „dieses Weib verschweigt etwas". Als die Folterknechte Barbara das glühende Eisen zwischen die Schenkel pressen und ihr Fleisch verbrennt, schreit sie etwas, bevor ihr die Sinne schwinden. Sie schreit, sie sei die Geliebte des Satans gewesen, – meinend, sie könne hierdurch die unsäglichen Qualen beenden. Emanuel setzt durch, dass sie augenblicklich vor den Toren der Stadt gevierteilt und die Reste ihres zerrissenen Körpers in vier Scheiterhaufen verbrannt werden. Seinem verletzten Stolz, seiner gekränkten Liebe und seinem unbändigen Hass scheint hiermit genüge getan.

Durch seine Unerbittlichkeit und Grausamkeit gilt er fortan als unbestechlicher Inquisitor und Vertreter der reinen Lehre Christi. Im Volk erzählt man, dass er der Einzige sei, dem selbst „die Geliebte des Teufels" nichts vorzumachen vermöge. Innerlich aber hat er seine Liebe gevierteilt und verbrannt und er glaubt, sie aus seiner Seele für immer verbannt zu haben. Jetzt bleibt ihm nur noch die immer extremer werdende Grausamkeit, mit der er die folgenden Inquisitionstribunale führt.

Doch die Kurie fürchtet seine Beliebtheit. Sie wird Emanuels bald überdrüssig, als ruchbar wird, dass unter seiner Besessenheit immer öfter auch Adelige und Priester bestialisch zu Tode gequält werden. Man will ihn nun möglichst schnell und für immer loswerden und lässt ihn mit Arsen vergiften. Im Todeskampf spürt Emanuel, dass in dem giftigen Schmerz, der seine Gedärme zerreißt, immer noch ein Rest von Liebe und Sehnsucht für Barbara innewohnt. Mit Schaum vor dem Mund wälzt er sich auf den Steinfliesen seines kargen Zimmers und ruft den Namen seiner Liebsten.

Die Nachwelt wird erzählen, dass der berüchtigte und unerbittliche Inquisitor Emanuel di Triano letztlich doch vom Teufel geholt wurde, denn er habe im Sterben den Namen der Geliebten des Satans gerufen. Rom ist zufrieden.

Emanuels Seele aber beschließt in seinem Todeskampf: „Fortan werde ich allen und allem misstrauen, denn das Böse steckt überall."

(Tim B., Ausbildung 2011)

Ein ungeheuerlicher finsterer Schatten, den Tim hier aufgeträumt hat. Wir machen solche Ausflüge in die Schatten-Reiche unserer Seele nicht zum Vergnügen oder weil es so interessant wäre oder vielleicht so spektakulär. Es geht in der präexistentiellen Erinnerung immer um die Frage: *Was hat diese Erfahrung mit meinem Leben heute zu tun?* Eine Gestalt oder ein Thema, das keine Relevanz mehr für die heutige Existenz hat, würde sich nicht zeigen, das widerspräche der Gesetzmäßigkeit der Psyche. Es taucht nur das auf, was für das Leben jetzt von Bedeutung ist. Dieses sind – neben den Opfer-Wunden – die Täter-Wunden, die unerkannt bluten, weil sie für das heutige Ich unannehmbar erscheinen. Es sind fürchterliche, schmerzliche, oft schuldbeladene Schattenthemen und Gestalten, die erkannt, angenommen und gewandelt werden wollen. Was also hat diese erschreckende Gestalt des Inquisitors mit Tims Leben heute zu tun? Wie zeigt sie sich vielleicht noch immer? Hierzu seine Antwort:

> „Heute zeigt sich der innere Inquisitor in meinem Alltag in der Form eines Beurteilers, der alles, jede Geste, jede Äußerung, jede Bewegung, jedes Wort meines Gegenübers beurteilen, ja fast aburteilen muss. Es spielt dabei immer der Gedanke mit: Wo ist der Fehler?"

Vielleicht aber hat dieses alte schuldhafte Tun des Inquisitors noch mehr mit Tims heutigem Leben zu tun? Im Todeskampf hatte Emanuel die Entscheidung getroffen: „Fortan werde ich allen und allem misstrauen." Und so hat Tim in diesem Leben – in dem er beschlossen hat, ein guter und liebevoller Mensch zu sein – vor allem sich selbst misstraut, seinen Begabungen, seinen Leistungen und insbesondere der heilsamen Kraft seiner Männlichkeit. Er verhielt sich eher schweigsam, angepasst und in seiner männlichen Kraft zurückgenommen.

Deshalb hatte er sich entschieden, alle inneren Teil-Persönlichkeiten kennen zu lernen, die heute seine volle männliche Ausdruckfähigkeit behindern. Beginnend mit einer Bitte um kosmischen Beistand hatte er über Monate, jeden Morgen in der Frühe, sich der inneren Selbst-Erkenntnis geöffnet und die Ergebnisse in seinen Therapieprozess eingebracht. Seine Heldenreise war erfolgreich, es zeigten sich zahlreiche Schatten-Gestalten. Zunächst waren es Opfer-Gestalten: ein Blinder, ein schwarzer Sklave auf den Galeeren, ein verstümmelter und kastrierter Schein-Heiliger und andere. Danach, im Laufe von Monaten, kamen auch die Täter-Gestalten zum Vorschein: ein

Mörder, ein Vergewaltiger und schließlich, als Höhepunkt, der Inquisitor, der am meisten gefürchtete männliche Schatten, gerade für bewusste und spirituelle Männer. Es erfordert viel Mut und viel Heilkraft, ihn zu realisieren. Hierbei ist es gerade die innere Lichtkraft eines Menschen, die dem verborgenen Dunkel erlaubt, sichtbar zu werden. Erinnern wir uns an die Aussage von Jean Gebser[(18)]: „Das Erwachen und die Fähigkeit, das Dunkle zu sehen", gehören zusammen.

Fünf Jahre sind seitdem vergangen, ich sehe Tim noch manchmal in meiner Supervisionsgruppe. Und es ist deutlich zu spüren: Tim ist mit seiner Männlichkeit und seinen Begabungen kraftvoll und heilsam in der Welt.

Dämonen, das Böse und der Teufel

Wenn zahlreiche, finstere und *unbewusst* bleibende, persönliche Schatten sich mit finsteren Kollektiv-Schatten verbinden, entsteht gewöhnlich ein Massen-Wahn, eine Kollektivpsychose. Als Beispiel einer wirklich dämonischen Massen-Psychose zitiere ich einen historischen Bericht aus der psychoanalytischen Studie „Hexen und Hexenangst" der Analytikerin Evelyn Heinemann: [(19)]

> „Man führte die Verurteilten auf diesen freien Platz. Der Züchtiger prüfte die Reißzangen, große eiserne Scheren, die mit ihrem vorderen Teil in der Glut des qualmenden Kessels steckten. Dann trat er vor Anna Pappenheimerin, packte ihr Leinenkleid mit beiden Händen am Kragenausschnitt und zerriss es mit einem Ruck, indem er es über den knochigen Schultern der alten Frau bis zum Gürtel herabzog. Auch den anderen Gefangenen wurde auf ähnliche Weise der Oberkörper entblößt. Mit gesenktem Blick oder schreckgeweiteten Augen standen sie blass zwischen ihren Bewachern. Die Menschen auf dem Platz, von denen nur die nächststehenden diesen ersten Teil der Urteilsexekution sehen konnten, reckten die Köpfe, drängten sich zum Ort des Geschehens, mussten von Berittenen zurückgehalten werden …
>
> Der Züchtiger zog die erste der glühenden Zangen aus dem Kessel und riss damit dem grässlich aufbrüllenden Paulus Pappenheimer sechs tiefe Wunden in Arme und Oberkörper. Schon hatte er das nächste Gluteisen in den Händen und vollzog die grausame Strafe an

Gumprecht. So wurden nacheinander alle Malefikanten »gerissen«. Zuletzt schnitt der Scharfrichter Anna Pappenheimerin die Brüste ab. … Nach den Berichten von Chronisten wurden die abgeschnittenen Brüste sowohl Anna selbst als auch ihren beiden Söhnen »ums Maul gerieben«. Dann packten Amtleute die geschundenen Malefikanten und stießen sie auf die bereitgestellten offenen Karren …

Droben auf dem Galgenberg herrschte Gedränge und Volksfeststimmung. (…) Der Scharfrichter und einer seiner Gehilfen schleppten Paulus Pappenheimer zu dem auf die Erde gezimmerten Balkengatter, legten ihn darauf, banden ihn an Händen und Füßen fest. Dann nahm der Züchtiger mit starken Armen das bereitliegende Rad, ließ erst auf den rechten, dann auf den linken Arm des Verurteilten fallen. Mit knackendem Geräusch brachen dem Armen die Knochen, laut stöhnte er auf … (…)

Dabei hatten sie sich für Paulus Pappenheimer … sogar noch etwas Abscheulicheres ausgedacht: die Spießung. Dies war eine der widerlichsten Strafen, die sich menschliche Phantasie je ausgedacht hat, und selbst zur damaligen Zeit kaum noch gebräuchlich … Welches also geschieht, man steckt einem ein sehr spitzes Holz s.v. in den Hintern, welches mitten durch den Leib, und bisweilen durch den Kopf, auch wohl bei dem Halse wieder heraus gehet … (…)

Den grässlich Stöhnenden, sich am Boden Windenden packten die Hände zweier kräftigerSchergen und schleppten ihn über die an den mittleren Scheiterhaufen gelehnten Holzbohlen, um ihn oben auf Reisigstoß gefesselt liegen zu lassen. Dann wurde Anna auf den daneben aufgebauten Haufen gezerrt und auf einen Holzstuhl gebunden, den man dort zwischen den Reisigbündeln verankert hatte … Pechfackeln wurden entzündet und rasch hintereinander in das dürre Reisig der sechs Haufen gesteckt …

Unter das Prasseln des Feuers, die erregten Rufe aus der Menge, das leiser werdende Schreien und Husten der Gepeinigten mischten sich laut und monoton die Stimmen der Betenden.

»Herr Jesu, dir lebe ich! Herr Jesu, dir sterbe ich! Herr Jesu, dein bin ich, tot und lebendig!«, betete ein Geistlicher vor, und ein Chor von Frommen wiederholte diese Worte … Dicke Qualmwolken verdunkelten den blauweißen Sommerhimmel. Krachend stürzten die Scheiterhaufen, einer nach dem anderen, in sich zusammen …"

In diesem historischen Bericht wird deutlich, wie sich der kollektive Schatten mit den persönlichen Schatten der Zuschauer verbindet, wie hieraus ein dämonischer Schatten und eine grauen-erregende Massen-Psychose entsteht.

Für ein sensibles Gemüt ist es fast unerträglich, sich mit diesem Phänomen zu konfrontieren; es ist eine ungeheuerliche Zumutung, diesen Bericht zu lesen. Aber – wir brauchen diese Konfrontation mit dem realen Bösen, *wir müssen hinschauen* und zur Kenntnis nehmen, dass es existiert, immer noch, immer wieder. Nur was wir bewusst erkennen, mit-leidend erkennen, können wir bewusst wandeln.

Wir brauchen noch nicht einmal in der Zeitspur so weit zurückzugehen: Auch kurdischen Frauen, armenischen Frauen wurden in Völkermord-Szenarien die Brüste abgeschnitten. Im Bosnienkrieg (1992-1995) wurden Frauen Opfer sexual-sadistischer Kriegsverbrechen. Nach einem Fernsehbericht, zur Zeit des Kriegsendes, sollen junge bosnische Frauen verschleppt, von mehreren Männern vergewaltigt und dann vor laufender Kamera geschlachtet worden sein. Brave Familienväter in Europa und Amerika haben sich im Internet an diesen Bildern vergnügt. Schauen wir nach Syrien, sprechen wir mit den Flüchtlingen, soweit diese überhaupt fähig sind, über das erlebte Grauen zu sprechen: Die meisten der Frauen wurden mehrfach vergewaltigt, viele der Männer wurden gefoltert, manche verstümmelt.

Ein Sprichwort sagt: „Was ich nicht weiß, macht mich nicht heiß", es regt mich nicht auf. Wir müssen aber bereit sein, uns emotional auf-regen zu lassen, es muss uns so richtig „heiß" werden angesichts der finsteren Schatten in der Menschenwelt, auch wenn „cool" – was ja emotional unterkühlt bedeutet – zeitgemäßer erscheint. Wir können es uns nicht mehr leisten, „cool" zu bleiben und wegzuschauen. Hinschauen, das Hässliche, das Bösartige, das Grauenhafte wahr-nehmen und darüber mit anderen sprechen, sich mit-teilen im Entsetzen, anstatt zu schweigen, nur das kann unsere Menschenwelt retten. Der dämonische Schatten ist heute so groß wie damals, er muss ins Licht des Bewusstseins geholt werden. Nur in der Wahrnehmung seiner Existenz liegt die Möglichkeit der Transformation, nur das „Ansichtigwerden des abgrundtief Dunklen" ermöglicht die Heilung des menschlichen Bewusstseins. Gebser [(20)] schreibt:

> „Diese Nekyia ist in höchstem Maße Ausdruck der Integrierung der Seele, da sie den Hades im Menschen sichtbar macht und ihm die

Möglichkeit gibt, sich dieser dunklen und somit polaren Entsprechung der lichten Manifestationsform der Seele bewusst zu werden.“

Dämonen-Verständnis in Religion und Mythologie

Im Kontext des dämonischen Kollektiv-Schattens stellt sich die Frage: Was sind Dämonen? Was ist das Böse? Was ist der Teufel?

„Dämonen“ (von griech. Daimon) wurden ursprünglich als übermenschliche Wesen und kosmische Schicksalsmächte verstanden. Sie waren *zwischen* den Dimensionen des Göttlichen und des Irdischen angesiedelt und galten daher als *Mittler* zwischen den Gottheiten und den Menschen. Dämonen waren Helfer-Wesen, sie dienten mit ihren Kräften den Menschen, auch warnend, mahnend und ausgleichend. In diesem Sinne können sie auch als Engel-Wesen verstanden werden.

Ursprünglich noch gehalten in der *Einheit* von Licht und Dunkel gerieten sie zunehmend in die Spaltung von Gut und Böse und wurden, etwa seit der griechischen Antike, immer mehr als böse Geister betrachtet. „Lamia“ war ursprünglich die Liebes- und Todes-Göttin Neth in ihrer Einheit; in der hellenistisch-patriarchalen Mythologie aber gerieten „Lamien“ und „Empusen“ zu verschlingenden weiblichen Dämonen, Gespenstern der Nacht, die den Männern die Lebenskräfte aussaugten. Im Juden- und Christentum wurden Dämonen schließlich zu Verkörperungen des absolut Bösen und Teuflischen. Hexische Frauen wurden im christlichen Mittelalter als vom Teufel besetzte „Lamien“, als Dämonen, bezeichnet und deshalb „ausgerottet“.

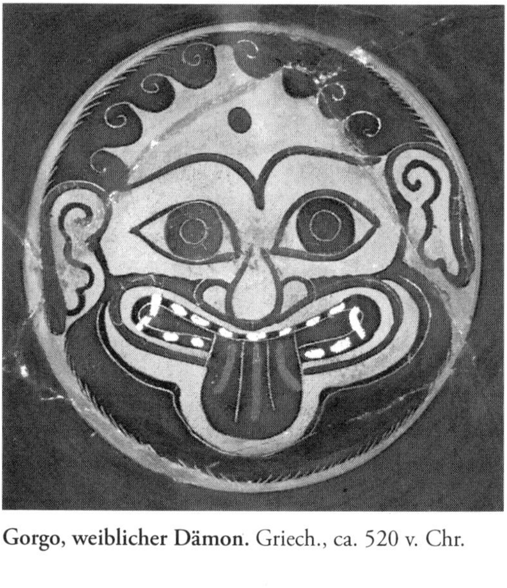

Gorgo, weiblicher Dämon. Griech., ca. 520 v. Chr.

Dämonen-Verständnis in der Transpersonalen Psychologie

Auch in der Transpersonalen Psychologie wird das Dämonische zunächst als das Böse, das Finstere, verstanden. Es entsteht, wie bereits dargestellt, aus der *Spaltung* der primären Einheit von Gut und Böse. Indem wir das vermeintlich Böse vermeiden wollen, um gut zu sein, verlieren wir den Kontakt zu unserem Ursprung, der Einheit, als der Quelle des gesamten Lebens von Licht und Dunkel. Das sogenannte Böse aber, als Polarität zum Guten, ist unvermeidbar. Das *ausgegrenzte* Böse lebt in der Spaltung weiter, verfinstert sich und beeinträchtigt als Schatten-Wesen, als Dämon, unser Fühlen, Denken und Handeln.

Wenn sich dieser persönliche Schatten immer mehr verfinstert – was insbesondere durch nicht integrierte *Traumata* geschieht – und wenn sich dieser Schatten mit dem Schatten von Mutter, Vater, einem anderen Familienmitglied oder dem gesellschaftlichen Trauma-Schatten (z.B. durch Krieg) verbindet, dann entsteht eine verdichtete „böse“ Schatten-Energie, der „dämonische Schatten“. Ein dämonischer Schatten kann sich bei entsprechender energetischer Dichte auch körperlich manifestieren und sichtbar werden. Olga Kharitidi schreibt[(21)], „dass nicht geheilte traumatische Erfahrungen, die ein Eigenleben entwickeln und zu Dämonen mutieren, von Generation zu Generation weitergegeben werden. Wenn sie nicht geheilt werden, wachsen sie, verbinden sich miteinander, beschleunigen und verstärken einander und entwickeln sich zu kollektiven Wesen“, zu Trauma-Dämonen.

Wir können unseren Dämonen nicht entkommen. Erst, indem wir ihnen begegnen, wandeln sie sich in das, was sie ursprünglich schon immer sind: *heilsame kosmische Wesen, welche die polare Einheit von Licht und Dunkel repräsentieren und unseren seelischen Entwicklungs-Weg begleiten.*

Was ist der Teufel?

Im Jahr 2014 wurde in Darmstadt ein zwanzig Jahre alter Mann verurteilt. Der hochintelligente und sozial integrierte Sohn eines Arztes hatte im Wahn zwei Menschen erschlagen.[(22)] „In beiden Fällen hatte er sich für einen Sendboten des Guten gehalten und in seinen Opfern das Böse erblickt.“ Er hielt es für „seine Aufgabe, das Böse aus der Welt zu entfernen.“ Als er in einer Frau, mit der er einen Abend verbrachte, das Böse zu entdecken glaubte, floh er entsetzt nach Hause. Dort schlug er die Bibel auf und las den Satz: „Du sollst die Hexe nicht leben lassen.“ Er fuhr wieder zu der Frau und erschlug sie.

Es ist die Spaltung von Licht und Dunkel, die das Böse erschafft. Die ganzheitlichen Gottesbilder der östlichen Traditionen und der alten Heilkulturen, in denen die Gottheiten das Lichte und das Dunkle in sich vereinigten, wurden im monotheistisch-jüdisch-christlichen Gottesbild auf einen nur noch „lieben Gott“ reduziert. Das Dunkle, als das vermeintlich Böse, wurde vom Lichten, dem Himmlischen, getrennt, dem Weltlichen zugeordnet und mit dem Weiblichen identifiziert, mit Eva, der alten Schlange. So heißt es in der Offenbarung des Johannes: „die alte Schlange, die Teufel oder Satan heißt und die ganze Welt verführt“. (vgl. Croissier [23])

Der Teufel, als metaphysische Gestalt, galt ursprünglich als integraler Bestandteil des Göttlichen und wurde erst im jüdisch-christlichen Verständnis zum „Widersacher Gottes“ und einer wesenhaften bösen Macht, die sich nun im Menschen, insbesondere in Frauen und Tieren – als den ‚seelenlosen‘ Geschöpfen – verkörperte, so die Annahme. Im patriarchalen Mythos der Ursünde wurde die Urfrau Eva zur „Teufelsbuhlin“ und zur Verkörperung des Teufels. Bis heute werden in der katholischen Kirche und in fundamentalistischen Sekten Teufelsaustreibungen praktiziert. (vgl. Croissier [24]) Der primäre Archetyp, das Bild Gottes im Menschen – einst verstanden als das „Große Runde“, die Göttliche Einheit – zerfiel in den „lieben Gott“ und den Schatten-Archetyp, den „bösen Teufel“.

Pan mit Flöte. Griech. Fruchtbarkeitsgott

Satan mit Katzen- u. Schlangenkörper. 16. Jh.

In der Analytischen Tiefenpsychologie nach Jung wird der Teufel als der verdichtete Schatten eines Kollektivs verstanden: „Dieser Kollektivschatten ist die Summe aller gesellschaftlichen Tabus. Das Extrakt dieser Summe, die Quintessenz des Schattens, erscheint symbolisch in der Gestalt des Teufels. Der Teufel ist das personifizierte Böse einer Gesellschaft“, schreibt der Theologe und Jungianer Rolf Kaufmann.[(25)] Die beiden zentralen kollektiven Tabus unserer christlichen Gesellschaft, die in den Schatten verdrängt wurden, sind nach Kaufmann:

1. Die vitalen, erdhaften und sexuellen Kräfte, symbolisiert durch den griechisch-arkadischen Naturgott *Pan* und seine wilden Nymphen (im Mittelalter „Teufelsanbeterinnen“ genannt).
2. Die Kräfte der Eigenwilligkeit, Durchsetzungsfähigkeit und Rebellion, verkörpert durch den hebräischen *Satan*.

„Pan und Satan zusammen ergaben in der christlichen Kultur den Teufel in Person.“

In unserer christlich-jüdischen Tradition gelten sexuelle Freuden (Pan) genauso wie Eigen-Willigkeit und Eigen-Mächtigkeit (Satan) als schlecht und schmutzig: „Pfui Teufel!“ – „Du sollst dich schämen!“

Somit verzogen sich diese vitalen Lebenskräfte in den Schatten, verfinsterten sich fürchterlich, wurden über die genetische Gedächtniskette von Generation zu Generation weitergegeben, verbanden und beschleunigten sich und erschufen somit einen teuflischen Kollektiv-Schatten, der die Welt erzittern lässt und zuweilen die Hölle auf Erden erschafft: Etwa 80 Prozent aller Männer in unserem Kulturraum konsumieren regelmäßig Schatten-Sexualität; mörderische sexuelle Gewalt an Frauen, Kindern und Tieren ist alltägliche Realität; die Erfindung und der Einsatz von atomaren, chemischen und biologischen Waffen beherrscht die Welt.

Attentate

Es ist der 15. November 2015 und Volkstrauertag. Die Toten aus zwei Weltkriegen werden betrauert, die Trauer soll sie ehren. Und auch zum Frieden mahnen – wird gesagt. Die Hörner der Bläser, in Uniform, spielen einen Trauermarsch. Er klingt feierlich und auch ein wenig traurig.

An diesem Wochenende finden Treibjagden statt, in Wiesen, Wäldern und Feldern. Treiber und abgerichtete Bluthunde hetzen Rehe, Hasen, Feldhühner und Wildschweine in den Tod. Wilde Horden im Angriff. Lautes Brüllen im Stakkato. Hart wie Trommelschläge.

Die Jäger erwarten die Opfer mit angelegten Gewehren. Die mörderischen Schüsse fallen. Wieder erklingen die Hörner. Jagd-Hörner. Ich kann sie hören. Auch diesmal klingt es feierlich. Und triumphal. Wir haben gewonnen! Wir sind die Sieger! Sieger über hilflose Wesen, Rehe, Hasen und Hühner.

Opfer werden zu Tätern, und Täter werden zu Opfern. Kriege in Syrien, Kriege in der Welt, Kriege in den Wäldern – es sind unsere Kriege.

Attentate in Paris, Istanbul, Nizza, München ... Attentate in Wiesen und Wäldern ... Attentate in unseren Herzen und Seelen. Ich weine in tiefem Schmerz und ohnmächtiger Wut.

(G. C. 2015/2016)

Im Schatten ist die größte Lebenskraft

„Was der heutigen Erfahrung und Erkenntnis als böse oder wenigstens als sinn- und wertlos erscheint, kann einer höheren Erfahrungs- und Erkenntnisstufe *als eine Quelle des Besten* erscheinen, wobei natürlich alles davon abhängt, was für einen Gebrauch einer von seinen sieben Teufeln macht", schrieb Jung. [(26)]

Einer könnte seine „sieben Teufel" verleugnen, in der Projektion bei anderen unterbringen, sie mit der AfD auf die Straße tragen oder für den IS in die Luft sprengen ... Wir könnten aber auch einen anderen Gebrauch von unseren „sieben Teufeln" machen, indem wir sie als „eine Quelle des Besten" nehmen, sie integrieren und ihre starke Kraft heilsam gebrauchen.

Der Schatten hat eine große energetische Ladung, der sich in den Schatten-Archetypen verdichtet. Daher ist jeder Versuch, ihn für immer in den Hades zu verbannen, zum Scheitern verurteilt. Der Schatten kommt immer wieder zurück, er drängt ins Licht des Bewusstseins. Er erscheint auf kollektiver Ebene in Ereignissen, Unruhen, Auseinandersetzungen und Kriegen. Auf persönlicher Ebene zeigt er sich in Form von körperlichen oder seelischen

Störungen und Symptomen. Aber auch in Träumen, kleinen Fehlhandlungen, Versprechern und in der Art, wie wir uns in der Welt zeigen oder uns vor der Welt verbergen, kommt der Schatten ans Licht. Wir können ihm nicht entkommen.

Der Schatten hat etwas *Drängendes.* Er erinnert mich immer wieder an die Penetranz eines mutterlosen Kätzchens, das dringend einen Ort der Heimat sucht und nun jede offene Tür, jeden Fensterspalt nutzt, um hereinzukommen – was vor vielen Jahren meinem kleinen, schwarzen Kater Hermes auch gelungen ist. Die *schöpferische Kreativität der Schatten-Wesen,* die alles tun um heimzukommen, um mit-zu-leben, beeindruckt und erheitert mich immer wieder aufs Neue.

Die befreiten Schattenkräfte, „als eine Quelle des Besten", können wir dankbar nutzen, zur heilsamen Gestaltung des eigenen Lebens und des Lebens auf der Erde. Denn, im Schatten, mit seiner drängenden energetischen Ladung, existiert enorme Lebenskraft. Der Nutzen integrierter Schattenenergie besteht in:

1. Stärkung der Ich-Kräfte
Der Schatten, als Ego-Abkömmling, kommt aus der Kraft des personalen Ich. Je mehr Schatten in die Unterwelt verbannt sind, desto schwächer wird das Ich. Daher sind traumatisierte Menschen, die ihre Opfer-Täter-Schatten nicht integrieren konnten, meist extrem Ich-schwach. Schatten-Integration aber lässt die Energie zurückfließen zum Ich und gibt ihm neue Nahrung und heilsame Stärkung.

2. Lebendigkeit und Lebensfreude
Jung schrieb zur Lebendigkeit des Schattens. „Er enthält auch kindische und primitive Eigenschaften, die in gewisser Weise *die menschliche Existenz beleben und verschönern* würden; aber man stößt sich an hergebrachten Regeln. Das gebildete Publikum, die Blüte unserer gegenwärtigen Zivilisation, ist etwas von seinen Wurzeln abgehoben und ist im Begriffe, seine Verbindung mit der Erde zu verlieren."[(27)]

„Reite deinen Tiger", so lautete einst der Titel eines Handbuches zum Umgang mit der vitalen aggressiven Lebensenergie. Die „primitive", archaische Tiger-Energie ist eine impuls-gebende Kraft. Wenn wir sie zu uns nehmen und lernen, auf ihr zu „reiten" – was heißt, sie konstruktiv zu beherrschen –, dann könnten wir mehr Leichtigkeit, Freiheit und Freude erleben.

3. Entwicklung des Bewusstseins
„Durch die Assimilation des Schattens wird der Mensch gewissermaßen körperhaft und damit tritt seine animalische Triebsphäre sowohl wie die primitive oder archaische Psyche in den Lichtkegel des Bewusstseins …"[(28)] Die Konfrontation mit dem Schatten, der nun aufbrechende *Konflikt* und das hieraus resultierende bewusste Leiden befördert die Entwicklung des Bewusstseins.

4. Erfahrung von Einheit
Der bewusst geführte und erduldete innere Kampf zwischen den Polen von Dunkel und Licht ist ein alchemistischer Prozess der Heilung. Er mündet in die *Vereinigung der Gegensätze,* die „Chymische Hochzeit". In der Sprache der Mysterien ist es der „Hieros Gamos", die archetypische „Heilige Hochzeit". In ihr wird die Einheit von Weiblich und Männlich, Gott und Mensch direkt erfahrbar.

5. Geburt einer schöpferischen dritten Kraft
Die Vereinigung zweier polarer Kräfte (wie auch die sexuelle Vereinigung von Frau und Mann) ist ein schöpferischer Akt und führt zur energetischen Geburt von etwas Drittem. In einer „mystischen Vereinigung", in der zwei polare Elemente sich verbinden, finden die zuvor polaren Kräfte in die Einheit des Dritten. Wenn sich also das Eine mit dem Anderen verbindet, z.B. innere plutonische Gewalt mit innerem Frieden, dann entsteht eine dritte Größe: Gewalt wandelt sich in gewaltige Lebens-Kraft.

Das Tier in mir – Befreiung der wilden Schatten-Macht

Tier in mir,
du bist
blütenweiß, Zärtlichkeit
mit seegrünen Augen;
schimmerndes Fell,
samtpfotene Liebe.

Tier in mir,
du bist
rabenschwarz, Zorn
mit giftgrünen Augen;
Erdschrei und Blutrunst,
wildwütende Wehr.

Tier in mir,
schön bist du,
wie
eine Tänzerin auf dem Eis,
ein Tornado in der Flaute,
ein Regenbogen im Sturm.

Tier in mir,
heißtobende Wildheit,
meichelnde Grazie,
grellschreiende Angst,
hellsprudelnde Freude.

Tier in mir,
ich bin grau,
verzagende Angst,
skeptische Freude,
verzweifelnde Resignation,
verstaubte Liebe.

Tier in mir,
ich lass dich frei,
sehnsüchtig wünschend,
dass du in Freiheit
Freundin wirst. (Elke P.P., 2004)

„Heißtobende Wildheit", „sanftschmeichelnde Grazie", „hellsprudelnde" Freude; das Tierische, als das evolutionär Frühe, die „kindischen und primitiven Eigenschaften" der Psyche können die Lebenskräfte befreien und wieder beleben.

Dazu aber müssen wir bereit sein, den Schatten, den wir aus der Menschen-Welt auf die Tier-Welt projizieren, zurückzuholen. Die Tier-Reiche sind dem Menschen ein Raum, in dem er gerne seine abgelehnten Persönlichkeitsanteile unterbringt: dreckiges Schwein, alte Sau, geiler Bock, dumme Kuh, blöde Ziege, dummer Esel, dummes Huhn … oder Bestie Tier.

Eine Frau, mit der ich vor einigen Jahren therapeutisch arbeitete, litt unter chronischer Kolitis. Im Holotropen Atmen visualisierte sie eine autoaggressive innere Teil-Persönlichkeit, ein „wildes Tier", eine Raubkatze, die im Darm saß und diesen blutig riss. Im Kontext ihres therapeutischen Heilungsprozesses erschuf sie von diesem Schatten-Tier eine eindrucksvolle Tiermaske und integrierte es – über das Abbild der Maske – in ihr Leben. Das Tier, repräsentiert durch die Maske, lebte fortan in ihrem Zimmer und schlief in ihrem Bett. Der Höhepunkt dieser heilsamen Versöhnung von Mensch und ‚Bestie' war ein gemeinsames Festessen, welches sie nur für sich und ihr Tier zelebrierte. Hierdurch wurde der aggressive reißende Schatten aus dem unterirdischen Gefängnis ihrer Psyche befreit, die Projektion ihrer Aggression wurde zurückgeholt und in den inneren Raum der Liebe genommen. Ihr Körper konnte dauerhaft heilen.

Sphinx – das Tier in mir. Gr. Vasenmalerei, 6. Jh. v.Chr.

Die Erfahrungsbeispiele von Elke, einer transpersonalen Kollegin, zeigen, wie sich tierische Schattenkräfte heilsam verwandeln, wenn sie befreit und angenommen werden:

1. Das schwarze Tier

Ich habe eine schwarze Höhle im Bauch, gefüllt mit Bösem. Im Bedürfnis, das Böse loszuwerden, atme ich das Dunkle durch die Chakren hoch. Während ich atme, beginnen Töne aus mir hochzusteigen, Grollen, Knurren, Fauchen. Es formt sich immer mehr ein Tier, das hochsteigen will. Ich habe das Gefühl, es ist wild und böse, wird gefährlich sein, wenn es rauskommt. Als ich es bis oben geatmet habe, bin ich auf allen Vieren.

Aber das Tier ist, sobald es draußen ist, nicht mehr gefährlich. Im Gegenteil, es fühlt sich ganz stark und friedlich an. Ich sitze schließlich ganz ruhig. Als ich mich wieder hinlege, höre ich die erhebende Musik und habe Visionen von wunderbarem Licht. Aber das Tier schreckt davor zurück, als würde es vom Licht vernichtet, wenn es sich zeigt. Ich sehe nun eine fröhliche Feier und das Tier, in Gestalt eines schwarzen Wolfes, schleicht am Rande der Gesellschaft herum. Es hat Angst, wird immer schwächer. Schließlich liegt es elend und erbärmlich in einer dunklen Höhle. Seine Bosheit ist nur noch wenig zu spüren, sein Lebensfunke erlischt. Es hat Angst und Sehnsucht nach Erlösung.

Plötzlich berührt ein sanfter und zärtlicher Lichtfinger das Tier, er spendet Gnade und Erlösung, sogar die Erlaubnis, ‚böse' bleiben zu dürfen. Es muss sich nicht auflösen, nicht verschwinden, es darf sich in Liebe wandeln. In mir ist ein tiefes Gefühl von Erleichterung und Freude.

2. Das schwarze Tier

Ich befinde mich in einem Kokon. Das ist erst einmal gut, schützend, aber dann wird es mir zu eng. Ich reiße den Kokon Stück für Stück auf, schiebe die Reste von der Matte (auf der ich liege). Ich bin frei.

Ich bin nun ein zartes kleines Mädchen auf einer Wiese. Ich freue mich über die Freiheit, darüber, einfach hell und unschuldig sein zu dürfen, sitze einfach und genieße. Plötzlich bekomme ich Angst, dieses kleine Mädchen ist ja völlig schutzlos ohne den Kokon. Trotzdem habe ich das dringende Bedürfnis, die Reste des Kokons loszuwerden, aber ich weiß, ich darf ihn nicht einfach vernichten. Diese Aufgabe scheint unendlich schwer zu sein, ich möchte am liebsten die Szene verlassen. – Nun sehe ich, dass das Mädchen fast aussieht wie eine Elfe. Irgendwie wirkt sie magisch. Aber sie ist verzweifelt, weil sie immer noch nicht weiß, was sie mit den Resten des Kokons machen soll.

Plötzlich taucht ein großes dunkles Tier auf, wie ein schwarzer Wolf. Er verschlingt die Reste des Kokons, das Mädchen ist erleichtert. Es steht auf, legt eine Hand auf den Rücken des Tieres und die beiden gehen los. Sie gehen endlose Wege durch die ganze Welt, durch weite Landschaften, durch Wind und Wetter, durch Städte und gefährliche Situationen aller Art. Und es ist erstaunlich: Das Mädchen ist gemeinsam mit dem dunklen Tier unverletzlich.

3. Das weiße Tier

Ich bin Frau, ganz erotisches Weib und tanze. Plötzlich spüre ich einen dunklen Knoten im Bauch, eklig, schleimig. Ich will ihn wegatmen, aber plötzlich fällt er beim Tanzen einfach heraus und kullert auf den Boden. Ich freue mich, dass er draußen ist, trete dagegen, tanze, aber da höre ich aus dem Knäuel heraus ein Miauen. Mittendrin im Dreckknäuel steckt eine kleine magere Katze. Ich befreie die Katze liebevoll, säubere sie. Sie wird strahlend weiß und beginnt zu wachsen, bis sie riesig groß ist. Ich tanze mit der Katze, bin Weib, bin stark. Während des Tanzes findet eine Art Verschmelzung mit der Katze statt, ich bin Weib, ich bin Katze, ich bin Göttin.

(Elke P.P., im Holotropen Atmen 2004)

Wenn wir das Tier in uns befreien und am Leben teilhaben lassen, beschenkt es uns mit Zärtlichkeit, Sinnlichkeit und großer Lebenskraft. Anke, Mutter von drei Kindern, fühlt sich durch ihre aktuellen Lebensumstände sehr begrenzt. Sie hungert nach Freiheit und Lebendigkeit. Im Holotropen Atmen erlebt sie sich auf dem Rücken eines Pferdes und fühlt „unglaubliche Freiheit“. Ihrer Kehle „entweicht ein lebenshungriger Genussschrei: Aieieieieiei!“ Sie atmet weiter und erfährt ihre wilde animalische Kraft:

Ich atme weiter ... Ich bin wieder in der Savanne. Ich bin ein Tier. Ich laufe auf vier Beinen, nein, ich laufe nicht, ich renne, nein, es fühlt sich so an, als ob ich über den Boden gleite. Ich bin so schnell und so leicht, dass meine vier Pfoten kaum den Boden berühren. Es ist ein sehr schönes Gefühl von Leichtigkeit und Schnelligkeit ...

Ich atme weiter ... Wieder Savanne. Ich fliege. Deutlich spüre ich, dass meine Finger nicht mehr Finger, sondern Flügel sind, sie sind gespreizt und irgendwie miteinander verbunden und mit Federn umhüllt. Ich gleite friedlich dahin und genieße das Gefühl des Fliegens, Gleitens und auf den Boden unter mir zu sehen ...

Ich atme weiter ... Ich bin ein Elefant, ein weiblicher Elefant. Ich spüre meine dicke Haut und ich spüre, dass meine Brüste voll mit Milch sind. Ich habe ein Baby, es steht ganz nahe bei mir. Wir stehen an einem Wasserloch und wollen uns baden, Hautpflege machen. Ich fühle mich friedlich und schön.

(Anke Sch. 2015)

Zusammenfassung der wichtigsten Thesen zum Schatten

Die Entstehung und das Wirken der Schattenkräfte ist ein sehr komplexes und vielschichtiges psychisches Geschehen. Da es einer starken Abwehr unterliegt, entzieht es sich immer wieder der Kontrolle unseres wachen Bewusstseins. Wir streben nach dem Licht und der Schatten geht ins Vergessen. Es kann aber nur licht werden, wenn wir die Schatten durchlichten, wenn uns ein Licht aufgeht, und daher scheint es mir wichtig, das Phänomen Schatten zu auch zu *verstehen*. Deshalb versuche ich eine vereinfachte Zusammenfassung der wichtigsten Thesen zum Schatten:

- Der Schatten als lebendiger Teil der Persönlichkeit will mitleben, ins Leben integriert werden.
- Nicht der Schatten selbst, sondern das Verbergen des Schattens ist das eigentliche Problem: ein harmloser „primärer Schatten“ wird erst durch Leugnung und Abspaltung zu einem gefährlichen „sekundären Schatten“.
- Ein persönlicher unintegrierter Trauma-Schatten in Verbindung mit einem kollektiven Trauma-Schatten erzeugt einen dämonischen Schatten, welcher Massenpsychosen aktivieren kann.
- Der verdrängte Schatten hat eine riesige energetische Ladung, er ist be-drängend und zeigt sich in unterschiedlicher Gestalt, meist in psychischen oder körperlichen Störungen.
- Notwendige Schatten-Realisierung kann beängstigend, schmerzlich und beschämend sein; daher wird der Schatten abgewehrt, gerne auf andere projiziert und hier stellvertretend bekämpft.
- Selbst-Verwirklichung (Individuation) ist ohne Integration der Schatten nicht möglich, denn der Schatten verbindet das personale Ich mit dem ganzheitlichen Selbst.
- Im Schatten festgehalten sind Lebens-Kraft und Lebens-Freude, denn alle Impulse kommen aus der einen göttlichen Quelle, dem Selbst; der Schatten ist ein Aspekt des ganzheitlichen Selbst.
- Schattenintegration ist daher unerlässlich zur Erschaffung von Bewusstsein, Lebenssinn und Heilkraft.

5. Schatten-Arbeit in einer ganzheitlichen Psychotherapie

Körperliche und seelische Symptome und Erkrankungen – Neurosen, Psychosen und insbesondere Frühstörungen wie Borderline und Narzisstische Störungen – entwickeln sich aus einem erheblich verdichteten Schatten. In der Psychotherapie geht es darum, einen Weg zu finden, „auf welchem die bewusste Persönlichkeit und der Schatten *zusammenleben können* (…) Eine bloße Unterdrückung des Schattens ist ebenso wenig ein Heilmittel wie Enthauptung gegen Kopfschmerzen“, schrieb Jung. (1)

Es geht *nicht* primär darum, den Schatten zu *wandeln* – das tut er von selbst, wenn er eingeladen und gesehen ist. Es geht darum, eine angemessene, sozial-verträgliche Form zu finden, ihn am Leben teilhaben zu lassen. Dies kann zu einer alltäglichen Herausforderung und Mut-Probe werden und möglicherweise in eine Krise führen:

Wenn der Mensch realisiert, dass nicht der Andere schuld ist an seinem Missgeschick, dass der Feind nicht außen, sondern in seinem eigenen Inneren sitzt, wenn er erkennt, dass er „selber eine Zweiheit, ja sogar eine Vielheit von Gegensatzpaaren ist, (…) dann „tritt die »Verfinsterung des Lichtes« ein“, seine Persönlichkeit wird aufs tiefste erschüttert. Dies kann eine Sinnkrise, ein wirklich „finsterer Durchgang“ werden [(2)]:

Die „dunkle Nacht der Seele“ beginnt dann, wenn die alten Abwehrformen nicht mehr greifen, weil die Seele nach Erkenntnis und Ganz-Werdung strebt. Nun fallen die Masken der Pseudo-Persönlichkeit, die Fassaden brechen zusammen, der Mensch versinkt im Chaos seiner Fragmente, eine innere Leere kann sich auftun. Nur so aber, in der Zerstörung des Alten, wird der Weg frei für wahrhaftige Selbst-Erkenntnis. Ein solcher Mensch ist in einer *Heilungs-Krise.*

Dennoch ist er – selbst jetzt – nicht unbedingt bereit, seine eigenen Schatten anzunehmen, um sich selbst zu erkennen. Denn in Selbsterkenntnis, der Begegnung mit dem eigenen Schatten, liegt seine tiefste Angst: Wer bin ich, wenn ich nicht der gute Mensch bin, für den ich mich hielt? Schattenarbeit in der Psychotherapie erzeugt daher häufig psychischen *Widerstand.* Dieser Widerstand ist die nachvollziehbare Verweigerung von schmerzlicher Selbst-Erkenntnis. (Vgl. hierzu das Kapitel „Widerstand als

Überlebens-Muster“.) Wir gehen so lange mit dem Widerstand, sitzen mit den Menschen so lange auf der Schwelle, bis die Tür sich öffnet, bzw. eine Entscheidung getroffen wurde.

Im Folgenden habe ich einige Ansätze und Entwürfe für die psychotherapeutische Schattenarbeit zusammengestellt, wie ich sie selbst in meiner Arbeit einsetze. Vielleicht kann der eine oder andere Hinweis die professionelle oder auch individuelle Arbeit inspirieren.

Der therapeutische Schatten

Dass sich die therapeutisch begleitete Schatten-Integration oft so mühsam gestaltet, liegt auch daran, dass *der Schatten des Therapeuten oder der Therapeutin* aus der Therapie traditionell ausgeschlossen ist. TherapeutInnen sind scheinbar „Menschen ohne Schatten“. Der therapeutische Schatten aber lebt unerkannt mit und verdunkelt – zusammen mit dem Schatten des Patienten – das gemeinsame Energiefeld. Psychotherapeutische Arbeit hat mit Erkenntnis, Wahrheit und klarem innerem Sehen zu tun. Wie aber kann *„… jemand klar sehen, wenn er nicht einmal sich selbst und jene Dunkelheit sieht, welche er unbewusst in alle seine Handlungen mithineinträgt?“*, schrieb Jung. (3)

Therapeutische Arbeit ist *Spiegel-Arbeit.* Wie aber kann ich Spiegel sein, wenn mein eigener Spiegel, mein eigenes Wasser trübe ist? Im „Spiegel des Wassers“ erkennen wir den eigenen Schatten:

> „Der Spiegel schmeichelt nicht, er zeigt getreu, was in ihn hineinschaut, nämlich jenes Gesicht, das wir der Welt nie zeigen, weil wir es durch die Persona, die Maske des Schauspielers, verhüllen. Der Spiegel aber liegt hinter der Maske und zeigt das wahre Gesicht. Dies ist die erste Mutprobe auf dem inneren Weg …“ (4)

Diese „erste Mutprobe auf dem inneren Weg“, nämlich in den eigenen Spiegel zu schauen, haben wir TherapeutInnen zunächst zu bestehen, bevor wir in der Lage sind, unsere KlientInnen heilsam zu begleiten. Die Arbeit am eigenen Schatten ist daher eine unerlässliche und lebenslange Pflichtübung für alle, die therapeutisch und heilerisch arbeiten.

Erfahrungs-Ebenen psychischer Schatten

Schatten existieren meist auf mehreren Ebenen gleichzeitig:

- Der persönliche Schatten zeigt sich im Aktuellen, in der Familie, am Arbeitsplatz usw., nicht selten durchzieht er auf der *biografischen* Ebene, von Geburt an bis jetzt, das gesamte Leben.
- Im *intrauterinen* Schatten verbindet sich der eigene karmische Schatten mit dem Schatten der Mutter und dem System-Schatten der Familie.
- Kollektive *Schatten aus Systemen* (Familien, Gemeinschaften, religiösen, politischen und anderen Gruppen) werden von Einzelnen übernommen – in der Systemtheorie als „Indexpatient“ oder „Sündenbock“ bezeichnet. Hier verbindet sich ein persönlicher Schatten mit dem Schatten einer Gemeinschaft.
- *Trans-generative Schatten* (aus der Generationen-Kette, über Jahrhunderte) können von einem der nachfolgenden Kinder übernommen werden (z.B. die Vergewaltigung einer Großmutter auf der Flucht wird von einer Enkelin innerlich als eigene Erfahrung erlebt).
- Schattenthemen aus dem gesamten *äußeren, gesellschaftlichen Lebensraum,* der Ebene des *kollektiven Bewusstseins,* können sich innerpsychisch abbilden und hier erlebt werden. Mit zunehmender Wahrnehmungsfähigkeit kann es immer schwieriger werden, sich von äußeren Erfahrungen und Ereignissen abzugrenzen.
- Schatten-Wesen aus der Dimension des *Kollektiven Unbewussten* können auftauchen: Schatten-Archetypen, dunkle Urbilder der Seele erscheinen als böse Zauberin, tyrannischer Herrscher, schwarze Königin. In psychotischen Episoden und in *psycho-spirituellen Krisen* drängen diese archetypischen Schatten-Gestalten ins Licht des Bewusstseins.
- Unverarbeitete schmerzliche Ereignisse, Opfer- und Täter-Gestalten, aus früheren Leben, *präexistentiellen Traumata,* prägen mit ihren Schatten unsere heutige Existenz, was viele Beispiele in diesem Buch belegen.
- Alle Schatten können sich *körperlich, emotional, geistig und auch ‚spirituell‘* manifestieren.

In der Praxis der Transpersonalen Therapie sollten Schatten möglichst auf mehreren Ebenen bearbeitet werden, da sie die Tendenz haben, sich wechselseitig zu verstärken Wir beginnen gewöhnlich dort, wo die größte energetische Ladung bzw. der größte Leidensdruck ist. Hierbei ist es wichtig, den Schatten *bedingungslos* anzunehmen und zu würdigen:

Der Schatten wird *eingeladen*, gerufen und gebeten, sich zu zeigen. Wir *visualisieren* eine dunkle Teil-Persönlichkeit, geben dieser Persönlichkeit einen *Namen* – zB. „die innere Bettlerin“, „der innere Dämon“ – und sprechen sie direkt an. Wir umwerben sie wie einen Freund, den wir ungerechterweise entwertet und verstoßen hatten, und gehen nun eine möglichst *liebevolle Beziehung* mit dieser Gestalt ein. Wir laden das Schatten-Wesen ein, an unserem Leben wieder teilzuhaben. Wie im Gleichnis vom „verlorenen Sohn“ wird dem verlorenen Selbstanteil ein Fest bereitet. Die Tiefenpsychologie spricht auch vom „dunklen Bruder“ und der „dunklen Schwester“, die wieder heimgeholt werden.

Erkenntnis-Fragen zum Schatten (im Bezug auf die Themen der einzelnen Kapitel):

1. Leugnung der Schatten
- Bin ich bereit, meine eigenen Schatten zu sehen?
- Welcher verborgene Schatten bedrängt oder beschämt mich am meisten?
- Wem möchte ich mich mit meinem Schatten mitteilen?
- Wo ihn öffentlich machen?

2. Schatten-Projektion
- Welche meiner Schatten projiziere ich am ehesten auf andere? Warum?
- Kann ich meine Projektionen beobachten?
- Bin ich bereit, sie zurückzunehmen?
- Welche heilsamen Erfahrungen habe ich gemacht, wenn ich bereit war, meine Schatten-Projektion zurückzunehmen?

3. Der persönliche Schatten
- Welche einseitigen Vorstellungen bezüglich meines Schattens habe/hatte ich von mir selbst?
- Welches sind meine primären, harmlosen Schatten?
- Kenne ich meinen sekundären, finsteren Schatten?
- Kenne ich die Angst, „böse“ zu sein oder zu erscheinen, wenn mein Schatten sichtbar wird?

4. Der kollektive Schatten
- Bin ich selbst einmal einem Kollektiv-Schatten, Kollektiv-Wahn verfallen?
- Welcher meiner persönlichen Schatten geht am ehesten in Resonanz mit anderen Schatten, verbindet sich mit dem Kollektivschatten?

- Welcher Kollektivschatten hat Macht über mich? Hat mich gepackt, infiziert?

5. Individuation und Schatten-Realisierung

- Wie behindere ich meine Selbst-Entwicklung, indem ich meine Schatten verleugne?
- Wie fühle ich mich, wenn mein abgelehnter Schatten durch Begegnungen oder Ereignisse in mein Leben tritt?
- Kenne ich das Erleben und Erleiden der Schatten-Realisierung?
- Wie fühle ich mich in der Anerkennung meiner Schatten?

6. Das Böse, Dämonen und der Teufel

- Bin ich schon einmal Dämonen oder Teufeln begegnet?
- Gibt es in mir einen „dämonischen Schatten", einen Dämon?
- Wodurch ist er entstanden, durch welche persönlichen Traumata?
- Durch welche transgenerativen oder gesellschaftlichen Traumata?
- Wie zeigt er sich?

Schatten-Realisierung. Mandala v. Willi K., 2011

- Resultieren meine finsteren Schatten eher aus *pan-ischer* Verleugnung, der erdhaften, wilden und sexuellen Energie?
- Oder resultieren sie eher aus *satan-ischer* Verleugnung von Eigen-Willigkeit und Eigen-Mächtigkeit?
- Oder aus beidem?

7. Im Schatten ist die größte Lebens-Kraft
- Kenne ich die drängende energetische Ladung meiner Schatten?
- Mit welchem Schatten und in welchen Situationen erlebe ich dieses Drängen am Stärksten?
- Gibt es in mir eine wilde Schattenmacht, die befreit werden will?
- Habe ich den Nutzen integrierter Schattenenergie schon erlebt? Als zunehmende Ich-Stärkung?
- Lebensfreude? Bewusstseins-Entwicklung? Erfahrung von Einheit? Schöpferischer Kraft?

8. Schattenarbeit in der Psychotherapie
- Arbeite ich engagiert mit den Schattenthemen meiner KlientInnen?
- Wie fühle ich mich selbst dabei?
- Welche Ängste fühle ich als TherapeutIn, wenn ich den Schatten meiner Klienten begegne?
- Welche der Klienten/Patienten-Schatten ängstigen mich am meisten?
- Was hat dieser ängstigende Schatten mit mir zu tun?
- Was möchte ich, bezüglich der Schatten, in meine Arbeit integrieren? Was verändern?

Methoden der Schatten-Arbeit

Alle tiefenpsychologischen Methoden sind geeignet, um Schattenaspekte zu integrieren:
- Die Arbeit mit *Träumen* ist die direkteste und radikalste (radikal = an die Wurzel gehend) Methode zur Anerkennung der Schatten.
- In inneren *Reisen* können der „dunkle Bruder“ und „dunkle Schwester“ belichtet und angenommen werden.
- In *Systemischer Arbeit* und dem Familienstellen achten wir die dunklen Vermächtnisse des Systems, nehmen den eigenen Schatten und geben das zurück, was nicht zu uns gehört.

- In der *Körperarbeit* werden abgespaltene energetische Schatten-Impulse wieder in den Körper integriert.
- Mit *Gestalttechniken* wird zu Schatten-Figuren dialogisch eine Beziehung hergestellt.
- Als „Alchimistische Meditation" wird in der *Archetypischen Psychologie* nach Jung das Ausbalancieren der polaren Schatten praktiziert.
- Im *Psychodrama* werden die Schatten-Gestalten spielerisch dramatisierend integriert.
- In der *Präexistenztherapie* werden Schatten-Fixierungen aus früheren Inkarnationen erkannt und im Hier und Jetzt durch Integration ins Bewusstsein geheilt.
- Im *Holotropen Atmen,* im Zustand des veränderten Bewusstseins, werden die unterschiedlichsten Dimensionen der Schatten erkannt und können im Atemprozess transformiert werden.
- Projizierte Schatten werden in *Übertragungs-* und *Gegenübertragungsarbeit* zurückgeholt.
- Das *„Dämonen füttern"* wurde aus der buddhistischen Tradition entwickelt. Wenn wir das Konzept nicht einfach durchziehen, sondern viel Zeit nehmen für Gefühls- und Körperarbeit (was hierin nicht vorgesehen ist), dann kann sich ein sehr heilsamer Prozess entfalten. [(5)]
- In *Heilungs-Ritualen* werden Schatten ins Licht gebracht, gewürdigt und gewandelt.
- Durch die Gestaltung mit *Kreativen Medien* wird der Schatten wesenhaft, er bekommt Form und wird sichtbar im „Tanz der Schatten", im Bild, der Skulptur, der Dichtung, dem Schatten-Theater.

Wir arbeiten bevorzugt mit den Methoden, die wir gelernt haben, die uns entsprechen und uns Freude bereiten, immer aber sollten sie erlebnis-orientiert sein. Jung weist darauf hin, dass es nicht möglich ist, Archetypen, und damit auch Schatten-Archetypen, nur über den Verstand zu integrieren, da sie relativ autonome Inhalte darstellen. Sie können „nicht einfach rational integriert werden, sondern verlangen ein *dialektisches Verfahren*", eine innere Auseinandersetzung. [(6)]

Dabei geht es um die integrale Bearbeitung der beiden polaren Seiten als Aspekte der einen schöpferischen Ganzheit. Ein solches dialektisches Verfahren bezeichnete Jung als „alchemistische Meditation". In einem alchemistischen Umwandlungsprozess entsteht aus zwei Grundstoffen etwas

Drittes, Gold als Symbol des Ewigen. Ich vermute, dass die „alchemistische Meditation“ die einzige Form einer Meditation darstellt, mit der seelische Störungen geheilt werden können.

Im Zentrum jeder therapeutischen Arbeit mit dem Schatten steht *„das Bekenntnis“* des Schattens, „das *völlige Bekenntnis,* und zwar nicht nur die intellektuelle Feststellung eines Tatbestandes durch den Kopf, sondern auch die Auslösung der zurückgehaltenen Affekte, die Feststellung des Tatbestandes durch das Herz“, schrieb Jung. (7)

Eine innere Reise zur zentralen Schatten-Gestalt

Zu „Phantasie-Reisen“ habe ich eine eher kritische Distanz. Sie geben Bilderreihen vor, der eigene seelische Bildhintergrund der erfahrenden Person kann sich nicht entfalten. Deshalb bevorzuge ich einen Selbsterkenntnis-Weg, der mehr Raum gibt für *eigene* Impulse und *eigene* innere Bilder. Dennoch sind „Phantasie-Reisen“ in Gruppen weiterhin beliebt und sie kommen denjenigen entgegen, die noch Mühe haben mit dem selbständigen Visualisieren.

Wenn ich mit der Methode einer „inneren Reise“ arbeite, dann ist es mir wichtig, *keine feststehenden Bilder und Szenen vorzugeben,* sondern lediglich mit gezielten Fragen den eigenen schöpferischen Prozess der TeilnehmerInnen zu *aktivieren.* Eine innere Reise erscheint mir nur heilsam, wenn die Psyche nicht fremdbestimmt vorgegebenen Bildern folgen muss, sondern sich die innere Wahrheit in einer eigenen archetypischen Bilderwelt entfalten kann.

Betrachten Sie daher die folgende Anleitung nicht als Festlegung, sondern lediglich als Anregung und folgen Sie ihrer eigenen inneren Wahrheit. Da ich diese Reise für die Arbeit in einer Gruppe entworfen hatte, ist die Anrede hier das Du.

Reise zum inneren Schatten:

- Sitze aufrecht und atme etwas tiefer als gewöhnlich …
- Verbinde in dir das Große Oben mit dem Großen Unten – durch Visualisierug, deinem lebendigen Atem, mit der Bewegung deiner Hände, wie du möchtest …
- Mach dich nun auf den Weg ins *Reich deines „zentralen Schattens“.*

- Finde deinen *eigenen Zugang:* zum Beispiel über eine Treppe, ein Boot über einen Fluss, Brücke, Steg, das Öffnen eines Tores … Lass ein Bild kommen …
- Du betrittst nun *eine andere Welt:* das innere Reich deines Schattens.
- Schau dich hier um:
  Was *siehst* du?
  Wie sieht die *Landschaft* aus?
  Welche *Wesen* leben hier?
  Wie ist ihr *Aussehen*?
  Gehen sie in *Kontakt* zu dir?
  Wie? *hilfreich* oder *hinderlich*?

- *Ziel* deiner Reise ist die Begegnung mit deinem zentralen Schatten.
- Welches *Gefühl* steigt auf, wenn du dich diesem Ziel näherst?
- Was empfindet dein *Körper*? Wie reagiert er?
- Du kommst deinem Ziel nun langsam *näher* – vielleicht verändert sich die Landschaft?
- Die *Behausung* deines Schattens wird allmählich sichtbar.
- Wie/wo wohnt er/sie? *Haus, Hütte, Höhle, Palast?*
- Du *trittst* ein und kannst nun, vielleicht, dein Schatten-Wesen *sehen.*
- Schaue es an. *Wie sieht es aus?* Achte jede Gestalt, *jede Erscheinungs-Form!*
- Er/sie ist dein *„dunkler Bruder“*, deine *„dunkle Schwester“*, ihr kennt euch schon lange.
- Ihr habt einen gemeinsamen *Ursprung* und ihr wurdet einmal getrennt.
- Was fühlst du, wenn du deinen Schatten siehst? Atme in dein Gefühl hinein.
- Begegne deinem Schatten-Wesen mit Achtung und *Wertschätzung*. Vielleicht magst du dich vor ihm oder ihr verneigen?
- Du erinnerst dich: diese Schwester, dieser Bruder hat dir durch ihr/sein Verbergen geholfen, bestmöglichst *zu überleben.*
- Vielleicht magst du ihr/ihm dafür *danken.*

- Beobachte nun – ohne Wertung – wie das Wesen dir begegnet.
- Ist *Kontakt zwischen Euch* möglich?
- Vielleicht spricht dein Schatten-Wesen zu dir? Was?
- Möchtest du ihm antworten?
- Vielleicht kann ein *Dialog* zwischen euch entstehen …

- Bitte dein Schatten-Wesen nun um *ein Geschenk für dich.*
- Das Geschenk kann ein *Objekt*, ein *Symbol*, ein *Bild*, oder eine *verbale Botschaft* sein.
- Achte jede Form und nimm das Geschenk *dankend und wertschätzend* an.
- *Verwahre* es gut bei dir, vielleicht an einem Ort deines Körpers; vielleicht nimmst du es dir zu Herzen.

- Wie möchtest du *die Beziehung* weiterhin halten und stärken?
- Magst du deinen dunklen Bruder, deine dunkle Schwester, zu dir nach Hause *einladen*? Du könntest sie bitten, in deinem *Alltag* zu erscheinen und mit-zu-leben oder in deinen *Träumen* zu erscheinen.
- Vielleicht möchtest du ihn oder sie wieder in seiner/ihrer Behausung besuchen: „Ich komme bald wieder."
- Wenn du möchtest, dann treffe eine *Verabredung*.
- *Danke* deinem Schatten-Wesen und verabschiede dich nun, sage *„Auf Wiedersehen"* und verbeuge dich vor ihm.

- Mach dich nun auf den *Heimweg*, mit dem Geschenk nahe bei dir.
- Beschließe für dich, *das Geschenk ins Licht zu bringen und in der Welt wirken zu lassen.*
- Öffne die Augen, atme tief, strecke deinen Körper und sieh dich im Raum um.
- Vielleicht möchtest du ein Kreis-Bild von der Begegnung mit deiner inneren Schatten-Gestalt malen?
- Schreibe deine Erfahrung auf, damit sie nicht ins Unbewusste absinkt.
- Möchtest du vielleicht deine Erfahrung einem Menschen mitteilen, damit sie *gehört* wird?

Komm zu mir –
Schwarzer Bruder,

der mich umbringt,
    zerfleischt,
    zerstückelt,
    beengt,
    mir den Mund verbietet,
    mich spaltet,
    mir die Augen aussticht,
    die Zunge lähmt …
    damit ich schweige.

Warst Du doch einst
    Schutzengel,
    warst Warnung,
    warst Bitte,
    warst Flehen,
    warst Angst,
    dann Panik.

Komm zu mir
schwarzer Bruder!
– sei wieder Engel –

und
Schweigen – Lauschen – Sprechen
Alles Sei.“

(Ursula Bresch, 2006)

Toten-Hölle. Mandala v. Dorothee B., 2005

6. Weg durch die Toten-Hölle

„So wünschen wir uns, in das Dunkel zu kommen,
das über alles Licht hinaus ist.
Und wir wünschen uns, durch Nicht-Sehen und Nicht-Erkennen
das zu sehen und zu erkennen,
was alles Anschauen und Erkennen übersteigt."

Dionysius Areopagita [1]

Inzwischen ist das finstere Schattenthema von Kinderschänder- und Kinderporno-Ringen voll in den Medien angekommen. Was vor wenigen Jahren für viele Menschen noch „unvorstellbar" und „kaum zu glauben" war, ist inzwischen in jedem dritten Fernsehkrimi spannend-lockere Unterhaltung geworden.

Ganz anders geht es uns mit diesem Thema, wenn es erfahrbare Wirklichkeit ist, wenn wir selbst oder eine nahe Person das Opfer sind. Der folgende umfangreiche Traumabericht einer Klientin ist erschütternde „unglaubliche" Wirklichkeit. Über drei Jahre habe ich Beate C. auf ihrem Weg begleitet, bei ihrem allmählichen Abstieg, ihrem Durchschreiten der „Toten-Hölle" – was sich in einer einzigen Atemreise ereignete –, und dem folgenden allmählichen Aufstieg. Oft war ich zutiefst betroffen, gleichzeitig aber positiv berührt und immer sicher: Es wird alles gut werden.

Der folgende Bericht ist erschütternd und für manche, vielleicht, eine emotionale Zumutung. Aber, wie soll sich die Menschenwelt jemals heilsam wandeln, wenn wir nicht bereit sind, das tatsächlich existierende Dunkel zu sehen?

Für ganzheitlich arbeitende Therapeutinnen und Therapeuten ist es unerlässlich, sich in dieser ganz konkreten Weise mit Schattenthemen, Gewalt und sexueller Gewalt zu konfrontieren. Denn nur wenn wir bereit sind, uns der tatsächlichen Hölle zu stellen, nur dann öffnet sich der Heilungs-Raum, nur dann kann Heilung geschehen. Nur wenn wir bereit sind, uns mit dem Bösen, Entsetzlichen, Grausamen, Ekelhaften, Widerlichen zu konfrontieren, nur dann wagen sich die dunklen Gestalten aus ihren Kerkern, nur dann kann Wandlung geschehen. Es ist unsere heilige Aufgabe als Erben Chirons, als verwundete HeilerInnen, Räume der Liebe zu öffnen, in denen das Finstere ins Licht des Bewusstseins kommen kann.

Trauma (griech) bedeutet *Wunde, Verletzung.* Wir sprechen dann von einem Trauma, wenn die verletzende Erfahrung so schwerwiegend und tiefgreifend ist, dass die Psyche sie nicht mehr verarbeiten kann. Die Grenze dessen, was ein Mensch erleiden und bewältigen kann, wird in der traumatischen Erfahrung überschritten. Die üblichen Abwehr- und Schutzfunktionen greifen nicht mehr, schwerwiegende psychische und körperliche Schäden sind die Folge.

Durch Amnesie, Abspaltung der traumatischen Erfahrung aus dem Bewusstsein, wird das Überleben gesichert, das Trauma geht in den Schatten. Daher haben etwa ein Drittel aller traumatisierten Menschen keine Erinnerung mehr an das traumatische Geschehen. Die Folgen aber beeinträchtigen das psychische und körperliche Erleben. Je jünger das Opfer und je näher die persönliche Bindung an den Täter ist und je länger die traumatische Erfahrung andauert, umso gravierender sind die zukünftigen Folgen.

Ein Heilungsbericht

Beates Trauma-Bericht (aufgetauchte Erinnerung in einer etwa dreistündigen Holotropen Atemsitzung – unterstützt mit evokativer Musik – in einer Therapiegruppe von Freitagabend bis Sonntagabend) gibt differenzierte Einblicke in die Überlebens-Strategien von Gewaltopfern. Er verdeutlicht, wie traumatische Erfahrungen bewältigt werden, deshalb veröffentliche ich ihn hier in aller Ausführlichkeit; er sollte von TherapeutInnen und auch von Betroffenen nicht ausgelassen werden: Er belegt, dass traumatische Erfahrungen eins zu eins im Körper-Bewusstsein gespeichert sind, zeigt anschaulich, wie körperliche und psychische Spaltung entsteht und wie Spaltung das Überleben im Trauma sichert.

Und er zeigt beispielhaft, dass Heilung möglich ist.

Mein Heilungs-Weg

Am Nullpunkt angekommen

Heute ist es Sonntag, eine Woche nach diesem bodenlos traurigen, auf dem Tiefpunkt, auf dem Nullpunkt ankommenden „Holotropen Atmen“, das meine ganze bisherige Welt vollends zum Einstürzen bringt und gleichzeitig alles, wie ich bisher war, so unumwindbar erklärt. Ich habe mir ein Handtuch unter die Tastatur meines PCs gelegt, weil so viele Tränen fließen. Ich war diese

Woche zu Hause und krankgeschrieben und schaffte es bis heute nicht, Worte zu finden, zu schreiben, für das, was ich gesehen und erlebt habe.

Wahrheits-Pflöcke in die Erde rammen

Gertrude gab mir die Hausaufgabe, den Prozess aufzuschreiben und ihn nahestehenden Menschen, denen ich vertraue, vorzulesen. In allen Details, nicht nur in einer gröberen Ablaufbeschreibung, wie ich sonst innere Prozesse aufschreibe. Nein, dieses Mal in allen Details, damit ich es nicht wieder verdränge und auch, damit die Menschen mir glauben. Denn wenn ich ihn vorlesen werde, dann werden meine Gefühle hochkommen, ich kann sie aus mir herausholen, heraus zum Ausdruck bringen und die Menschen werden mir glauben. Ich bin jetzt froh über diese Aufgabe, denn sonst hätte ich es vermieden, alle Details aufzuschreiben, weil ich es kaum aushalte, das zu tun. Es ist so, als würde ich Wahrheits-Pflöcke, Mahnmale in die Erde rammen, an denen vor allen Dingen ich, und auch sonst keiner, mehr vorbeischauen kann.

Ich habe mir das kleine Handtuch aus dem Prozess, mit dem ich mir das Sperma von meinem Körper wischte, auf meine Brust und meinen Bauch gelegt. Ich habe es bis heute noch nicht gewaschen. Es ist mein Mahnmal und mein größter Schatz.

Gollum, mein gnadenloser Führer

Ich liege auf der gleichen Matratze im Atemraum wie im März, als ich den Missbrauch zu Hause, mit meinen Eltern, erinnert habe. Wie sich auf einmal die Bedeutung von zu Hause so sehr wandelt. Ja, das war einmal mein zu Hause.

Ich habe wieder einen inneren Teil von mir dabei, meinen Führer, der mich auch im März schon zielsicher führte. Ich nenne ihn „Gollum“ und er sieht so aus und verhält sich auch tatsächlich so wie der Gollum im Film „Herr der Ringe“. Er sitzt rechts oberhalb von meinem Kopf auf der Matte und führt mich dieses Mal gnadenlos durch die Erinnerung. Gnadenloser Imperativ! Ich bin vollkommen sicher, dass es ein eindeutig guter Teil von mir ist und bin deswegen dankbar für sein deutliches Anschreien, was zu tun ist im Prozess und seine Fragen, die unumwindbar und unmissverständlich eine Entscheidung von mir fordern. Er stellt mich vor meine Wahrheit. Es gibt kein Ausweichen mehr. Jetzt nicht mehr. Er ist absolut. Er geht im Prozess nicht von dieser Stelle weg.

Druck und Angst

Ich stehe unter solch einem inneren Druck und solch einer massiven Anspannung. Ich liege auf dem Rücken. Noch bevor die Musik beginnt, presse ich meinen unteren Rücken unterhalb der Taille in den Boden. Mein Becken schiebt sich dadurch nach oben und meine Beine werden damit angezogen. Der komplette Unterkörper steht unter massiver Kraftanstrengung. Ich denke noch, vielleicht wäre es richtig, die Beine im rechten Winkel aufzustellen, aber noch ist es nicht so weit. Mein Becken bildet mit meinem Bauch zusammen eine sich zusammenziehende Höhle. Bauch und Hüfte wollen sich komplett zusammenziehen und die Höhle schließen, was natürlich anatomisch nicht geht, aber der Körper fordert diesen Impuls so sehr.

Der rechte und auch linke Oberarm liegen dicht am Körper, die Unterarme gebeugt, alle Finger in der Pfötchenhaltung nach innen zu meiner Brust hin verkrampft. Auch der Oberkörper ist komplett verkrampft und ebenso weit wie möglich nach innen zur Brust hin verschlossen und zu, ebenso wie unten. Es ist unfassbar, unendlich anstrengend. Ich habe solche Angst, wo es mich hinführen wird.

Mein Kopf scheint beweglicher. Ich schaue ein wenig in die Richtung von Gollum und wimmere immer wieder verzweifelt seinen Namen: „Gollum, was soll ich tun, Gollum, Gollum, Gollum?“ Ich kann nicht richtig deutlich sprechen. Bei fast allem Sprechen im Prozess sind meine Lippen nach innen über die Zähne gezogen, so dass ich nicht deutlich sprechen kann. Ich habe unter meinem Kopf ein orange farbenes Handtuch liegen, dessen rechte Ecke hinter mir ich immer wieder verzweifelt greife, so als wäre es Gollums Hand: Ich wimmere und rufe immer wieder: „Gollum, Gollum, Gollum! Du bist der einzige hier, der mir helfen kann, sag mir was soll ich tun? Ich bin so so so voller Angst.“

Ich höre Schritte

Ich liege im Keller der Familie Schöll, in Hösels Einzelbett. Hösel, ein hochrangiger Kriminalbeamter, hat ein Einzimmer-Appartement in Schölls Keller und es steht am Wochenende oft leer, da er zu seiner Freundin oder Frau, die anderswo wohnt, fährt. Sein Bett steht an der Wand gegenüber von der Gartenwand.

Es ist ein Haus in Hanglage, so dass die Räume unter dem Hauseingang Kellerräume sind und die Räume zum Garten Fenster im Erdgeschoss haben.

Hösels Zimmer hat eine Tür zum Keller hinein und eine Terrassentür zum Garten. Ich liege an der Wandseite hin zur Toilette und zum Flur im Keller. Es ist fast dunkel im Raum. Es muss draußen auch schon dunkel sein, denn heruntergelassene Rollläden machen es am Tag niemals so richtig dunkel in einem Raum, wie es jetzt ist.

Ich höre Schritte auf der Treppe im Treppenhaus. Panik bricht aus in mir: *Ich höre Schritte!!!* Mehrere. Mehrere Personen. Sie kommen zu mir. Sie sind betrunken, feixend. Es gibt bei ihnen keine einzige Spur von Bewusstsein und Ernsthaftigkeit, über das, was gleich passieren wird, das weiß ich. Sie sind übermütig, haben ein Gefühl von herrischer Überlegenheit, lachen, nehmen jetzt gleich einen „kleinen Sex-Snack vom Tablett" dieser zwanglosen Party. Fühlen sich komplett im Recht, sich am Kinder-Buffet zu bedienen. Ich höre sie innerlich sagen: „Du brauchst es doch."

Oben im ersten Stock in der Wohnung von Schölls wird laut gesprochen, gelacht und ausschweifend mit mehreren Familien in mehreren Räumen gefeiert, es fällt nicht richtig auf, dass einige Männer in den Keller gehen.

Soll ich abdrehen? Ich will flüchten, ich will mein Bewusstsein verlieren. Tränen der ahnenden Verzweiflung schießen mir in die Augen. Gollum antwortet mir kurz und knapp: *„Nein!!!"* Ich spreche kurzatmig, hysterisch, panisch zu mir selbst: „Bleib wach, bleib wach, bleib wach, bleib wach. Du darfst nicht das Bewusstsein verlieren. Nicht weinen. Auf gar keinen Fall weinen. Bleib klar in Kopf." Das gelingt mir. Ich kriege einen ersten erschütternden Eindruck davon, wie unendlich gut ich meine Fassade halten kann. „Bleib wach, bleib wach." – Ich verstehe heute noch nicht richtig, weshalb das so wichtig war.

– Damit ist die Vergewaltigung im wachen Bewusstsein und kann deshalb heute sehr klar erinnert werden. –

Masken

Die Männer gehen zielgerichtet in den Keller Richtung Hösels Zimmer herein. Sie kennen sich aus. Es ist nicht das erste Mal. Drei Männer stehen um das Bett herum.

Gollum fordert: „Richte dich auf! Setz dich! Sieh sie dir genau an! Erkenne sie!" Ich frage: „Warum soll ich mich setzen?" Aber ich weiß, es ist richtig, Gollum zu folgen. Ich schleppe mich in die Sitzhaltung mit gebeugtem Rücken und zusammengezogenen Fingern. Ich habe keinerlei Macht und ich bin auch nicht in meiner Kraft, sondern gebeugt, in Angst, in Entsetzen vor der Leichtigkeit, mit der die Männer an meinem Bett stehen.

Ich fange an bei dem Mann, der am Fußende des Bettes steht. Es war ein Bett ohne Fußteil. Ich nehme leicht den Zeigefinger meiner rechten Hand heraus und zeige unterwürfig mit zitternden Fingern auf ihn. Er trägt eine Maske. Schölls waren im Fasching sehr aktiv und hatten eine Menge Verkleidungs-Requisiten. Er hatte eine Clownmaske auf. Aber es war weder für sie noch für mich strittig, wer es war. „Du bist Heiner, mein Patenonkel." Warum also die Masken? Ich weiß es nicht. Ich erschrecke mich selbst darüber: Ich könnte heute noch die Beine der drei Männer im Detail beschreiben, welchen Hautton sie haben, welche Form, wie die Behaarung aufgebaut ist. Ich habe ein Bild ihrer Beine in mir eingeprägt. Sie waren oben bekleidet und unten nackt. Ich glaube, die Maske hat es ihnen leichter gemacht. Daneben an der Seite auf Höhe meines Bauches: „Du bist Hösel." Er hatte die Maske einer alten Oma auf. Daneben auf der Höhe meines Mundes: Mein Vater, ohne Maske.

Im Hintergrund kommt einer und geht einer. Die Männer im Hintergrund sprechen ganz zwanglos irgendetwas am Sex-Buffet, als ob es in diesem Raum um nichts ginge. So als ob es nicht um die Zerstörung eines Kindes ginge. Herr Reinhard, Heikes Vater denkt: Wenn ich *nur zuschaue,* dann ist es schon nicht so schlimm. Ach komm, das geht schon.

„Bitte, nicht sprechen"

Ich höre mich immer wieder während des ganzen Prozesses kauderwelschen und aus der völligen Unterwerfung bittend, flehend, sogar bettelnd sagen: „Bitte nicht sprechen, bitte nicht sprechen, bitte nicht sprechen, bitte nicht sprechen, bitte nicht sprechen, bitte nicht sprechen ..." Ich war vollkommen bereit, mich zu fügen. Ich hatte nur den Wunsch, dass nicht gesprochen wird. Wie die Henkersmahlzeit vor der Hinrichtung. Es war gut, dass ich nicht so viel sehen konnte, und ich wollte auch nichts hören. Ich hätte mich leichter wegbeamen können, wenn ich nichts gehört hätte.

Dadurch, dass sie so zwanglos sprachen, obwohl gleichzeitig das Schlimmste in meinem Leben passierte, fühlte ich mich wie ein Stück Dreck, abgrundtief wertlos, eine Sache, ein Nichts mit zwei Löchern. Durch ihr Sprechen war unbewusst klar für mich, es gibt keinen Funken von Zweifel bei Ihnen, von Respekt, von Mitgefühl für mich. Nicht bei einem von ihnen. Das Sprechen war für mich seltsamerweise so sehr schmerzhaft und kaum auszuhalten.

Runterschlucken

Inzwischen liege ich wieder. Mein Kopf dreht sich nach links und mein Mund formt sich nach vorne gehend zu einem O. Ich spreche zu mir selbst: „Decke alle Zähne ab. Du musst alle Zähne abdecken. Sei eng genug, dass es gut reibt." Und direkt dringt der Penis meines Vaters im meinen Mund ein. Ich muss mich nicht bewegen. Ich bin starr.

Er bewegt sich. Ich halte den Rückstoß. Seltsamerweise kann ich währenddessen nicht atmen, auch nicht durch die Nase. Ich lasse die geformte Röhre meines Mundes in der engen Position, so dass keine Luft hereinkommen kann, wenn der Penis darin steckt. Ich halte die Luft an, er stößt 3, 4 x, ich habe das Gefühl zu ersticken und würge. Er nimmt seinen Penis heraus. Ich sammle, so schnell ich kann, jeglichen Spucketropfen und Schleim aus meinem Mund zusammen, ziehe die Flüssigkeit in meinem Mund zusammen nach unten und schlucke gründlich. Es darf kein einziger Tropfen zu viel im Mund bleiben, weil ja gleich wieder mehr nachkommen kann. Sperma nachkommen kann.

So mache ich es immer wieder. Runterschlucken. Es ist ein geübter, eingespielter Vorgang. Das einzig Gute ist, dass jeder bei Würgeerscheinungen von mir den Penis aus dem Mund nimmt, so dass ich hysterisch Luft holen kann.

Ich habe außer dem bedrängenden Gefühl des Erstickens keine Gefühle. Kein einziges. Noch nicht einmal einen Anflug von Wut oder Hass. *Nichts. Nichts. Nichts.* Das macht mich jetzt gerade beim Aufschreiben auch so traurig. Da liegt noch ein langer Weg vor mir, daran zu kommen.

Klappmesser

Alle drei Männer agieren nacheinander und nicht gleichzeitig. Sie geilen sich beim Zuschauen aneinander auf. Gollum sagt dann: „Mache deinen unteren Rumpf locker, dann wird es leichter für dich. Nimm die linke Hand von der Brust weg, dass sie rankommen." Ich weiß es, dass er Recht hat.

Ich mache es direkt und bin so maßlos entsetzt darüber, wie gut es mir gelingt, den Unterkörper vom Oberkörper abzukoppeln. Unten ist entspannt, oben bleibt die Anspannung. Der linke Arm wird abgeklappt. Ich muss mich anscheinend nicht so groß anstrengen, diesen Ratschlägen zu folgen, es gelingt ganz leicht. Ich bin in Übung. Ich liege auf dem Rücken, meine Beine winkeln sich an, weiten sich, stellen sich gut auseinander. Danach geht zuerst meine rechte Fußspitze Richtung Kopf, so dass ich wie ein Klappmesser liege und dann auch mein linkes Bein. Beide Beine sind jetzt in Richtung Oberkörper gezogen. Jetzt bin ich maximal weit geöffnet in meinem Schoß und es liegen keine störenden Beine im Weg herum. Es ist wohl für ihn, wie auch für mich gut, meine beiden Beine im Gesichtsfeld zwischen seinem und meinem Gesicht zu haben. Ich hätte es nicht ertragen, ihn beim Orgasmus zu sehen, weil er so teuer erkauft ist. Ich habe alles dafür geopfert. *Alles. Alles. Alles.* – Mir fällt gerade voller Traurigkeit ein, dass ich es auch so schlecht ertragen konnte, meinen Mann bei seinem Orgasmus anzusehen.

Abgeklemmt

Ich lege dann meine rechte Handfläche an meine linke Halsseite und meine linke Handfläche an meine rechte Halsseite, so dass sich praktisch meine Arme vor bzw. unter meinem Gesicht überkreuzen. Ich versuche, dass sich meine Fingerspitzen hinten am Hals berühren. Ich fange an, in ganz hohen Tönen leise zu singen, einzelne Töne von mir zu geben. Ich bin so vom Hals an abwärts abgeklemmt und lenke mich durch die hohen Töne ab. Die überkreuzten Arme sind die Wand, die meinen Kopf vom Rest des Körpers abschneiden. Ich fühle so nichts mehr unterhalb von meinem Hals. *Nichts. Nichts. Nichts.*

Im Atemprozess weiß ich kurz nicht, ob es gut oder schlecht ist, nichts zu fühlen. Ich muss doch Schmerzen gehabt haben? Oder konkretere Bilder über die Dauer und die Art des Einstoßens? Ich habe sie nicht und ich bin gerade beim Schreiben so traurig darüber, weil ich weiß, dass die Eindeutigkeit des Abklemmens des Geschehenen im gleichen Zusammenhang mit meiner heutigen körperlichen Schwere steht und dass da noch ein Weg vor mir liegt, auch an diese Körpergefühle heran zu kommen. Jetzt gerade bin ich sicher, dass ich die Schmerzen irgendwann spüren muss, um tatsächlich damit abschließen zu können.

Erniedrigung

Oh Gott und ich habe so große Angst davor. Bevor die drei Männer begannen, hatte ich noch den Impuls, aus meinem Körper, als Seele vielleicht, herauszugehen und nur noch meinen Körper in Hösels Zimmer liegen zu lassen, aber ich kam wieder zurück zu meinem Körper, bevor alles losging, und ich verstehe es jetzt noch nicht, weshalb.

Hösel zog an meinen Brustwarzen und ejakulierte auf meinen Bauch und meinen Schoß. Ich verstehe es noch nicht, aber in diesem Moment war das das Schlimmste von den dreien für mich. Es war die höchste Form der Erniedrigung, so als würde ich angespuckt.

Sie waren fertig mit mir und verschwanden alle wieder zügig. Ich war ein Snack für zwischendurch. Sonst wäre es auf der Feier aufgefallen. Ich weiß bis heute nicht, wie das Signal zum Beginnen für mich gegeben wurde. Ich weiß nur, dass ich früher so sehr meinem Vater gedient habe und ihn glücklich machen wollte, so dass ich auch beim Übergang zu den vielen Männern keinen Widerstand geleistet habe.

Warum habe ich nicht um Hilfe gefragt, gefleht? Bezüglich meiner Mutter kam die Antwort direkt als nächstes im Prozess. Und bezüglich meiner Patentante hörte ich im Raum bei Gertrude eine andere Teilnehmerin wimmern und klagen, wie es gefühlt auch Irma, meine Patentante tat. Und ich fragte mich, war Irma beteiligt? Die Antwort war ganz deutlich: „Nein", aber sie ertränkt ihre Probleme im Alkohol. Und von ihr kann ich keine Hilfe erwarten. Eindeutig.

Warum ich?

Nach dem Verschwinden der drei Männer konnte ich mich kurzfristig komplett entspannen. Es war klar, für den Moment war es vorbei. Perverserweise kam mir dieser Entspannungsmoment so vor, wie der nach einem Orgasmus. Vielleicht drückt sich darin nur diese höchste Differenz zwischen dem Anspannungs- und dem Entspannungsniveau hinterher aus.

Warum ich? Gibt es noch andere Kinder, mit denen sie das machen? Gollum antwortet: „Nein. Es gibt keine anderen Kinder. Du bist das Kind der schwächsten Familie in diesem Kreis und deine Eltern werten sich mit dir auf. Sie bekommen Anerkennung, wenn sie dich den anderen Männern anbieten, und das ist ein Ausgleich für die Ohnmacht und die Respektlosigkeit, die sie oft von Schölls und den anderen gespürt haben und die ihnen entgegengebracht wurde."

Sauber machen

Ich spreche zu mir selbst: „Ok, jetzt nicht lange verschnaufen. Das geht nicht. Setz dich. *Jetzt, setzt dich hin! Sofort!* Und mach dich sauber und gehe raus." Es darf keinem auffallen, dass ich zu lange weg war von der Feier. Ich nehme mein kleines Handtuch – das jetzt gerade beim Schreiben als Beweisstück vor meiner Brust und meinem Bauch liegt –, und wische meinen Körper, meinen Bauch, meinen Schritt sauber und trocken.

Ziehe mich an. Richte die Haare. Die ordentlichen Haare sind wichtig! Völlig eingeübt, schnell, exakt und ohne Zeit zu verlieren. Meine Gefühle der Panik über das Geschehene dürfen nicht hochkommen. Das hätte meinen Automatismus gestört und mich zusammenbrechen lassen.

Ich stelle mich auf die Beine. Ich schwanke, sammle mich, finde relativ gut Stand. Ich kriege den massiven nächsten Eindruck davon, wie unendlich gut ich meine Fassade wieder herstellen kann. Ich bin unter Schock und gleichzeitig hätte ich sofort auf „Normalbetrieb" umgeschaltet, wäre mir jemand begegnet. Ich gehe relativ zügig zur Tür des Raumes, öffne sie, gehe durch die nächste Abteilungstür in diesem Keller. Jetzt bin ich im Treppenhaus im Keller. Ich biege links ab, gehe an den drei holzverschlagenen offenen Kellern der drei Wohnparteien in diesem Haus vorbei. Meine rechte Hand streicht langsam über das grob gehobelte, unbehandelte Holz der Gitterstäbe. Jetzt bin ich in der Waschküche. Ich biege nochmal links ab und stehe vor der letzen Tür, die mich aus dem Haus in den Garten führt. Ich sammle mich kurz, um nach dem Tür öffnen vollständig die Fassade zu halten.

Hilfe! Mama!

Ich öffne die Tür. Ich erschrecke und erstarre, weil ich direkt rechts neben der Tür meine Mutter sitzen sehe. Sie sitzt vor der Eingangstür zum Keller wie ein Kartenabreißer, der kontrolliert, dass nur die reingehen dürfen, die ordnungsgemäß bezahlt haben. Ich weiß nicht, weshalb sie wirklich dort alleine gesessen hat.

Meine Sprache ist erstickt. Ich frage verzweifelt innerlich meine Mutter: *„Mama, was machst du hier? Warum sitzt du hier?"* Ich strecke meine rechte Hand mit nach oben geöffneter Handfläche zu meiner Mutter hin. Noch habe ich tatsächlich Hoffnung auf einen Funken Hilfe. *„Hilfe! Hilfe! Mama!"*

Die Tränen schießen mir aus den Augen, meine Hand vibriert maßlos davor, weil mir jetzt klar wird, dass meine Mutter mithilft und ich keine Hilfe von ihr erwarten kann.

Ich flehe sie mit meiner kindlichen Verzweiflung an, in der Hoffnung, dass ich irgendeine Geste bekomme oder sehe, die mich zweifeln lässt an ihrer hundertprozentigen Beteiligung. Aber es gibt keinen Hoffnungsschimmer. *Keinen. Keinen einzigen.* Es gibt keinen Hoffnungsschimmer! Sie dreht ihren Kopf zur Seite und mir ist klar, es gibt keine Hilfe für mich. Ich ziehe meine offene Hand zurück und gehe direkt Richtung Garten, richte noch einmal meine Haare, gehe hinaus in den Garten *und lächle und halte die Fassade.*

Schlucken oder spucken?

Ich gehe auf die Schaukel und schaukle, schaukle und schaukle. Gefühlt ein Drittel der Zeit vom Atemprozess. Das Schaukeln beruhigt mich. Die Schaukel steht gegenüber vom Fenster von Hösels Zimmer. Es gibt auf der Schaukel keine Impulse, bis ich mich auf einmal massiv verschlucke. So stark, dass ich Schleim in die Luftröhre bekomme, nach Luft japse. So schlimm und bedrohlich ist es mir noch nie passiert. Ich bringe die Spucke aus der Luftröhre, ich weiß es nicht mehr, vielleicht drei, viermal und spucke was kommt in Tücher. Dann ist keine Flüssigkeit mehr in meiner Luftröhre. Ich bemerke aber panisch und gleichzeitig so klar, dass sich in meinem Mund ganz viel Schleim und Flüssigkeit sammelt. Ich beuge meinen Kopf leicht nach vorne, damit ich die zusammenlaufende Flüssigkeit im Mund sammeln kann. Ich habe nun so einen starken Widerstand, sie herunter zu schlucken. Ich weiß nicht, was ich tun soll. Ich will nicht schlucken, ich will auch nicht ausspucken. „Golllllluuuum, was soll ich tun?"

Er schreit mich an. Keine Kompromissbereitschaft, unmissverständlich und völlig klar: „Du musst dich *jetzt* entscheiden! Willst du weiter schlucken oder spuckst du es jetzt endlich aus? Es ist ein Wendepunkt und du musst dich *jetzt* entscheiden!"

Das Unfassbare ist, dass ich es nicht konnte. Aus dem Verstand heraus, jetzt hier am Tisch, wo ich schreibe, würde ich sagen, na klar, ich höre damit auf. Im Atemprozess rang ich so sehr mit dieser Frage: schlucken oder spucken? Der Mund lief immer voller mit Schleim. Ich fragte mich: Was würde passieren, wenn ich es ausspucken würde?

Gollum gibt mir die Antwort: *„Du wirst niemanden mehr haben. Vollkommen alleine sein. Alle werden dich fallen lassen. Alle, vollständig alle. Du wirst dich schämen. Es wird der härteste Weg sein, aber der einzigste Weg zu dir selbst. Wenn du weiter schluckst, wirst du innerlich sterben. Entscheide dich."*

Entscheidung

Irgendwann nach langer Zeit des Ringens strecke ich beide Arme gerade nach vorne aus und leicht in die Höhe und schreie in den Gruppenraum: „Gebt mir ein Tuch! Ich habe mich entschieden. Ich will es heraus bringen. *Alles. Alles. Alles!*“

Eigentlich weiß ich, dass ich keine Wahl habe, wenn ich in mein eigenes Leben kommen will. Was bin ich aber, wenn das alles von mir abgetragen ist? Und gleichzeitig bin ich so entsetzt darüber, wie sehr ich mich verpflichtet fühle und wie schwer mir die Entscheidung fällt.

Dann spucke und rotze ich mir die Seele aus dem Leib. Anfänglich steht Gertrude neben mir, hält mich an den Schultern und sagt: „Bring es heraus!“ Ich kann es einige Male im Stehen aushalten, dass sie mich hält. Weil ich auch so sehr davon abgelenkt werde und weil es mich so bedrängt, ich nicht gescheit Luft bekomme, deshalb stoße ich sie vehement weg. Ich vertraue ihr wirklich und gleichzeitig ist es im Prozess noch unmöglich für mich, geholfen zu bekommen.

So war meine Welt nicht. In meiner Welt hat mir *niemand* geholfen. Jeder der mir vordergründig hatte helfen wollen, hatte eine persönliche für mich negative Absicht dahinter, wollte mich manipulieren. Ich kenne Gertrude und ihre therapeutische Vorgehensweise der Unterstützung, um eine Retraumatisierung durch fehlende Unterstützung zu vermeiden. Ich weiß es vom Verstand, aber mein Kindheitsgefühl hat verlangt, sie gnadenlos wegzustoßen.

Befreiung

Dann 50, 60 mal ein lautes, mechanisch, monotones, blechernes oder hölzernes Schleim-heraus-husten von ganz unten. Ich ziehe mir den Schleim aus der Kehle hoch und spucke ihn heraus, genau so, wie ich es bei Männern oft zum Kotzen finde. Immer und immer wieder. Meine immer wieder fordernd und laut schreienden Worte: „Ich brauche ein Tuch!“, haben einen solchen Befreiungscharakter. Immer wieder ziehe ich mir den Schleim aus allen Zellen der Mundhöhle und spucke ihn aus. Solange bis ich das Gefühl habe, dass sich kein fremder Schleim, kein Sperma mehr in meiner Mundhöhle oder im Rachen befindet.

Ich freue mich sogar, weil ich es eindeutig spüren kann, dass der Zeitpunkt erreicht ist. Wie viel mehr Raum jetzt in meiner Mundhöhle ist, wie viel weiter jetzt mein Rachen ist! Oh Gott, wie schön! Ich liege auf den Knien auf der Matratze und bin völlig erschöpft. Ich bin der Frau, die mich im Atemprozess begleitet hat, so dankbar, dass sie meine voll gespuckten Tücher nehmen konnte, so dass ich da das Gefühl haben konnte, nicht aussätzig zu sein.

Hohlkreuz

Vielleicht ist es jetzt vorbei. Gollum aber meldet ich vehement: „Geh wieder rein ins Zimmer! Sofort!" Ich frage ungläubig flehend und bettelnd: „Noch einmal in den Raum, jetzt? Neieieieieieieeinnnnnnnn! Ich will nicht wieder rein!" Ich wimmere: „Bitte nicht. Bitte nicht. Bitte nicht." Gollum fordert: „Du musst komplett da durch. Geh jetzt rein."

Ich gehe zurück in das Zimmer, gehe auf alle Viere, nehme die Knie auseinander. Ich weiß, dass Hösel gleich alleine kommen wird. Alleine, dass die anderen nicht sehen, wie sadistisch er ist. Ich mache einen runden Rücken ähnlich einem Katzenbuckel. Noch bin ich alleine im Raum. Gollum sagt: „Beate, gehe ins Hohlkreuz. Du musst es tun, dann wird es leichter für Dich. Im anderen Fall wendet er mehr Gewalt an." Ich will nicht ins Hohlkreuz gehen, wehre mich dagegen.

Dann kommt er in den Raum und ich tue es wieder. Gehe ins Hohlkreuz, entspanne meinen Unterkörper, um es leichter und erträglich zu machen. Ich wackle ganz massiv mit meinem Kopf von rechts nach links, hin und her. Ich gebe wieder leise Stimmen von mir, diese Mal anders, irgendwie zart und relativ leise. Wieder ist alles unterhalb meines Halses von mir abgeklemmt. Er nimmt mich hart und drückt mein Hohlkreuz mit seiner Hand so sehr nach unten, dass ich Angst habe, es könnte brechen. Obwohl ich schon in der maximalen Krümmung bin, drückt er seine Hand noch weiter herein. Er will seine Pracht, die in mich hinein stößt, maximal gut sehen können. Es geht schnell, dann geht er wieder. Ich habe wiederum keine Wut, Hass oder Aggression. – Jetzt auch nicht.

Gerichtet – ungerichtet

Ich beginne genau wie zuvor, mich zu säubern und trockenzureiben. Ich ziehe monoton meine Sachen an und richte die Haare und bin im Begriff aufzustehen, um gerichtet nach draußen zu gehen. Ich zweifle, weine, realisiere, wie sehr ich in der Lage bin, mitzumachen und die Fassade zu wahren.

Gollum fordert nun zum zweiten Mal eine Entscheidung von mir: „Willst du so wie bisher herausgehen und so tun, als ob nichts passiert wäre?“ Ich weiß, dass ich mich dagegen entscheiden muss, um aus dieser Toten-Hölle herauszukommen, und dennoch gibt es solch eine starke Kraft, die bleiben will, weil sie es nicht anders weiß oder nicht anderes für möglich hält. Nach einiger Zeit des zehrenden verzweifelten Ringens, sage ich zu Gollum: „Ich will nicht so rausgehen wie immer, gerichtet. Nein. Ich gehe jetzt so raus, wie ich bin.“

Das Vorstellungsbild aber, von der Welt so erbärmlich gesehen zu werden, wie ich ungerichtet aussehe, halte ich nicht aus. Also sage und bekräftige ich zu Gollum in voller Konsequenz: *„Ich gehe gar nicht mehr heraus.“* Und innerlich steigt eine solche bodenlose Traurigkeit in mir auf, weil ich genau diese Entscheidung mein Leben lang verfolge oder mit immens großen auszehrenden Kräften dagegen kämpfe. Aber es erscheint mir in diesem Moment einfach nicht möglich, mich mit all meinem Dreck an mir und in mir der Welt zu zeigen. Ich bin verzweifelt an diesem Punkt und weiß nicht, wie es nun weitergehen soll.

Tür aus der schwarzen Hölle

Ich frage: „Gollum, was soll ich bloß tun in diesem Dilemma?“ Ich entscheide mich und sage: „Ich gehe erst einmal zu meiner Mutter.“ Ich pflege nichts mehr an mir und mache mich, so wie Hösel mich zurückgelassen hat, auf den Weg zur Tür des Zimmers.

Ich vibriere und zittere innerlich, denn zum ersten Mal sehe ich bewusst, das es eine *Tür aus dieser schwarzen Hölle* gibt. Ich habe ein zartes vorsichtiges Hochgefühl, weil ich mich, so wie ich bin, auf den Weg zu dieser Tür mache. Und ich habe auch eine große Angst davor, dass etwas mit mir passieren wird, wenn ich draußen gesehen werde, so wie ich bin. Ich habe mir zuvor noch das kleine Handtuch genommen, das ich benützte, um mich sauber zu machen nach den Vergewaltigungen, und halte es mit meiner linken Hand zusammengeknäuelt in die Mitte meiner Brust. Ich weine vor tiefer berührender innerer Freude darüber, dieses Tuch bei mir zu haben. Dieses Tuch ist meine Geschichte und es gehört wahrhaftig zu mir. Ich werde es immer bei mir tragen. Es ist ein Teil meines Gewandes. Gewand ist nicht nur Kleidung für mich, sondern äußeres Zeichen meiner Innerlichkeit. Ich verstehe es gerade noch nicht, aber ein Teil von mir liebt dieses Tuch inniglich und es ist für mich, als würde ich einen großen Schatz mit auf die zaghafte Reise in die Welt nach draußen nehmen.

Als ich den Türgriff vorsichtig in die Hand nehme, hätte ich das „Ave Maria" hören mögen. Es war ein zarter großer Moment des Heraustretens einer geschundenen schwachen Seele, aber immerhin ein Heraustreten. Es hat noch bei weitem nichts von Kraft, Würde, Stärke und Aufgerichtet-Sein. Es ist wie ein schleichendes Hinaustasten.

Ich biege vorsichtig nach links ab und taste vorsichtig und ganz bewusst mit den Fingern meiner rechten Hand jede einzelne Holzleiste der drei Wohnungskeller ab: *Ich verlasse mein Gefängnis. Es gibt eine Tür der Befreiung.*

Die Schwelle überschreiten

Am Ende der Gitterstäbe halte ich das kleine Tuch längs vor meine Brust und meinen Bauch. Meine beiden Hände halten es rechts und links oben in den Ecken fest und tragen es ca. 10 cm vor meinem Körper, wie ein Mahnmal der Erinnerung. Niemals wieder wird jemand diese Pflöcke der Wahrheit herausreißen! Ich stehe nun vor der Tür, die endgültig aus dem Haus führt, an der meine Mutter rechts sitzen wird.

Ich öffne sie langsam und zögerlich, es kostet mich massive Überwindung. Nach diesem Türblatt kann die Welt mich sehen. Ich halte das Tuch mit meiner rechten Hand an meiner Brust fest und lege meine Hand um den Türgriff der Tür. Es scheint mir, als gäbe es eine Schwelle, die ich zu überschreiten hätte, die ich bei dem ersten Herausgehen nicht erinnerte. Jetzt gibt es eine Schwelle, vielleicht 20 cm hoch. Ich stehe vor der Schwelle der geöffneten Tür eine ganze lange Zeit lang. Dieses Heraustreten, so wie ich bin, mit all dem Schmutz in mir und auf mir kostet so große Überwindung. Ich hebe langsam einen Fuß und bringe ihn über die Schwelle und auch den nächsten Fuß. Ich bin schwerfällig und zittrig und habe Angst vor dem da draußen.

Trennung und Liebe

Dann drehe ich mich nach rechts und stehe meiner sitzenden Mutter gegenüber. Sie sitzt auf dem Boden mit ihrem Gesicht von mir abgewandt zur Wand hin. Und ich muss so jämmerlich weinen, weil mir die Wahrheit wie Schuppen von den Augen springt:

„*Mama, wir teilen dieses Schicksal!* Jetzt weiß ich es. Und ich weiß jetzt auch, wo ich dich so am Boden zusammengekauert sitzen sehe, dass ich nichts mehr für dich tun kann. Ich kann dir nur noch mein Gewand zu deinem Schutz geben."

Ich knie im Gruppenraum vor Gertrudes Woll-Klotz, den sie zum Sitzen benützt, und empfinde, dass er der Gestalt meiner Mutter entspricht. Ich habe ein Knie rechts um ihre Gestalt und eines links davon, so dass sie praktisch ein wenig in meinem Schoß kauert. Ich lege ihr innig mein Tuch/mein Gewand auf den Rücken, streiche es zart glatt und streiche ihr mit meiner Hand über ihren Körper, über ihren Kopf und ihre Wirbelsäule herunter. Ich umhülle sie mit einem energetischen Schutzmantel rund herum.

Dann schließe ich am Ende, mit meinen beiden Händen von rechts und links kommend, ihre Energie, dann schließe ich meine Energie, indem meine beiden Handflächen sich aufeinander zukommend, ähnlich dem Beten, treffen und sich dann schließen. Jetzt sind unsere beiden Energiekreise in sich geschlossen und *die Verbindung zwischen uns ist endgültig getrennt.*

Ich bin nun voller Liebe für meine Mutter und fühle Verständnis für ihr Verhalten und ihre Mittäterschaft. Und gleichzeitig bin ich auch froh darüber, dass ich meinen Energiekreis von ihrem abschließend getrennt habe. Denn es hat mich so viel Kraft gekostet, meine Mutter retten zu wollen und es doch gleichzeitig nicht zu vermögen.

„Ich gebe dir mein Gewand und bete für uns. Für uns geschundenen Frauen."

Zusammenbruch, Leere und Überlebenswille

Da stehe ich nun dort, hinter der Schwelle, mit der Frage: „Was soll ich denn jetzt bloß tun?" Ich fühle mich nicht in der Lage, auch nur irgendeinen einzigen Schritt zu tun.

Keinen einzigen! Es war schon so eine große, alle Kraft kostende Leistung, auf dieser Schwelle zu stehen und dann drüber zu gehen. Es herrscht totale Leere in mir nach diesen zwei kleinen gemachten Schritten. Mein bisheriges System ist total zusammengebrochen und ich habe keine Ahnung, wer ich nun bin, keine Ahnung von meiner mir ureigenen Essenz.

Meine Mutter sagte meine ganze Kindheit hindurch zu mir: „Beate, du hast solch einen starken unbeugbaren Willen." Ich habe es nie verstanden, weil ich mich nicht so empfand. Es war und ist mein Überlebenswille, der mir geholfen hat, mein großer Schatz. Ich bin dankbar, dass ich überlebt habe und dass sie mich nicht eingesperrt haben.

(Beate, C., 25.5.2014)

Die Geburt des Wahren Selbst

Ich habe mich immer wieder gefragt, wie es sein konnte, dass Beate so schlicht, so klar und heilsam durch das Wiedererleben dieses ungeheuerlichen Traumas gehen konnte, *ohne* zu dissoziieren, ohne verrückt zu werden, ohne sich zu betrinken oder sonstwie abzugleiten. Was ist Resilienz, die Widerstandskraft, extreme Traumata psychisch zu überleben? Warum schaffen es die Einen und die Anderen schaffen es nicht? Die aktuelle Resilienzforschung hat darauf keine Antwort.

Ja, ich habe Beate gestützt, so gut ich konnte. Als sie „auf dem Tiefpunkt" angekommen war und die ganze Höllen-Erfahrung komplett erinnerte, hatten wir immer wieder integrierende Krisensitzungen und zwischen den Sitzungen häufige Telefonate. In der dreijährigen Transpersonalen Ausbildungsgruppe, in der Beate Teilnehmerin war, wurde sie – aufgrund ihrer besonderen transpersonalen Fähigkeiten – von den Menschen sehr geachtet und aufgrund ihrer großen Herzlichkeit wurde sie von allen geliebt. Das alles zusammen war sicher sehr hilfreich.

Und dennoch, die Hilfe von außen war es nicht vor allem, was sie psychisch und körperlich im Leben gehalten und immer weiter ins Leben gebracht hat. Es war eine Kraft *in* ihr; sie selbst bezeichnet diese Kraft in ihrem Bericht als „mein Überlebenswille". Ich nenne es innere Führung oder innere Heilerin, was letztendlich alles das Gleiche ist: Gnade, Seele, das Wirken des Göttlichen im Irdischen.

„Es wird kein Stein auf dem andern bleiben", hatte Beate häufig gesagt und immer wieder beteuert, dass sie bereit sei, alles anzunehmen, was auch immer geschehe. Jetzt, während ich an diesem Buch schreibe, lese ich rückblickend meine Therapie-Aufzeichnungen und Beates Protokolle von den Holotropen Atemsitzungen aus den beiden Jahren *vor* ihrem heilsamen Zusammenbruch. Ihre Erfahrungsberichte machen deutlich, wie sie langsam, Schritt für Schritt, von ihrer inneren Führung auf dieses erschütternde Heilungs-Ereignis, den „Nullpunkt", vorbereitet worden war. Es war ein Einweihungs-Weg: Abstieg in die Unterwelt, Tod und Erneuerung und schließlich Wiedergeburt in ein neues Bewusstsein.

Ein solcher Prozess geschieht in vier aufeinander folgenden Schritten, die ich hier nur stichwortartig benenne:

1. Wahrnehmung der Pseudo-Identität, Wahrnehmung des Falschen Selbst, Beginn der Heilungskrise
2. Zusammenbruch des Alten, Chaos, Verwirrung, Erinnern und Annehmen der Wunde, Schmerz, Ego-Tod
3. Innere schmerzliche Leere und die Frage: „Wer bin ich, wenn ich nicht die oder der Alte bin? Wie will ich sein? Was ist meine Essenz?
4. Wiedergeburt des Wahren Selbst, Integrität, Authentizität, in Liebe und Mitgefühl *in* der Welt sein

Dieser Weg ist voller Herausforderungen und auch tatsächlicher Gefahren. Dunkle Widersacher-Mächte stellen sich in den Weg und behindern den Fluss des Lebens. Die Gefahr, sich in den inneren Schattenreichen zu verlieren, abzustürzen in die innere Dunkelheit, in den alten Dramen hängenzubleiben, ist mögliche Realität. Kundige Wegbegleitung kann hier hilfreich und manchmal sogar unerlässlich sein. Menschen, welche die Wege des Unbewussten kennen, weil sie diese Wege selbst gegangen sind, können hilfreiche BegleiterInnen sein.

Noch wichtiger als äußere HelferInnen aber sind die inneren geistigen Helfer-Gestalten. Sie existieren im Seelenraum der Menschen und warten nur darauf, erkannt, gerufen und gebraucht zu werden. Im Prozess des Aufträumens extrem traumatischer Erfahrungen sind sie unverzichtbar, denn ihre Existenz und allzeitige Gegenwart ist sicher. Meine räumliche Gegenwart als Therapeutin ist zeitlich begrenzt und meine emotional-geistige Präsenz immer auch abhängig von meiner eigenen menschlichen Befindlichkeit.

Daher suchen wir in den Therapien nach diesen inneren Helfergestalten, laden sie ein, begrüßen sie und bitten um Beistand und Führung. Es sind dies geistig-energetische Kräfte, die sich in den unterschiedlichsten Gestalten und Formen zeigen können, immer in Abhängigkeit von dem, was der jeweilige Mensch braucht und annehmen kann: Tier-Helfergestalten wie Rabe, Schlange oder Pferd, religiöse und archetypische Gestalten wie Jesus, Maria, Buddha, die Grüne Tara, die Weise Alte oder seelische Kräfte wie die Kräfte der Hingabe, des Mitgefühls, der Liebe, des Vertrauens können den Weg der Wandlung begleiten. Für viele Menschen stimmig – gerade auch solche, die sich selbst nicht als „spirituell" definieren – sind die geistigen Größen „Lebens-Mutter" und „innere Heilerin", „innerer Heiler".

Beate hatte einige solche Verbündete im Heilungsprozess: eine „innere Heilerin", eine „Vertraute", die „Kraft des Vertrauens", einen „Indianer", den sie als „mein guter, lichter, weiser Begleiter“ bezeichnet, und eine archetypische „Kriegerin“. Ihren „Weg durch die Toten-Hölle“ – so nannte sie selbst diesen Weg – begleitete „Gollum“, ihr „gnadenloser Führer“. Zudem bekam sie im Holotropen Atmen drei Geschenke mit auf den Weg. Diese Geschenke Chirons, zusammen mit den Helfergestalten, machten es möglich, den Weg bis zum „Nullpunkt“ zu gehen, ohne abzustürzen. Sie ermöglichten Heilung und die Wiedergeburt des Wahren Selbst.

Wie ich aus Beates umfangreichen Atem-Protokollen entnehmen kann, waren es insbesondere drei Geschenke, die ihren Weg vom Dunkel ins Licht begleiteten:

- das Geschenk des Feuers
- das Geschenk der Magie
- das Geschenk des Zentauren

Diese Erfahrungen lagen mehr als ein Jahr *vor* dem „Nullpunkt“, sie bereiteten den *Boden* für die dann folgende Heilungs-Krise, das vollständige Erinnern des Traumas. Ich zitiere nun auszugsweise aus Beates Aufzeichnungen und fasse manche Passagen mit meinen Worten zusammen:

Das Geschenk des Feuers

In ihrem vierten Holotropen Atmen erlebte Beate – wie bereits viele Male vorher – zunächst körperliche Vernichtung durch drei mörderische Männer:

> Für mich ist vollkommen klar, wenn sie kommen, wird es für mich zum Tode führen. Ich weine viel vor Verzweiflung und habe fortwährend große Anspannung zum Zerbersten im Gesicht und im ganzen Körper. Dann kommen sie: drei Gestalten, Männer.

Sie pendelt lange zwischen Widerstand und Unterwerfung, Annahme des Unvermeidlichen. Sie balanciert hiermit die Polaritäten von Macht und Ohmacht, bringt sie in die Mitte und bereitet sich somit bereits auf eine psychische Erneuerung vor.

> Ich versuche mich aufzurichten, aber es gelingt mir nicht. Ok, jetzt geht es los. Der rechts von mir stehende Mann schlägt mit voller Wucht brachial

zu ... Ich ringe innerlich um Lösungswege, um am Leben zu bleiben. Gut, ich gehe vollständig in die Defensive, in eine Unterwerfungshaltung und gebe innerlich auf. Ich lasse mich hängen, bin willenlos, mache alles mit, was mir gesagt wird, und bin völlig ohne Energie. Ich ergebe mich.

Opferhaltung war all die Jahre ihre Strategie im äußeren Leben: Anpassung, Selbstverleugnung und Unterwerfung. Als aber nun einer der Täter von ihr „aktive Nachfolge" und Einhaltung seiner Gesetze fordert, regt sich ihr Widerstand. Was im sexuellen Trauma ihrer Kindheit unmöglich war, ist nun in einer korrigierenden inneren Erfahrung heilsame Möglichkeit: Aktiver Widerstand. Sie ballt beide Fäuste:

Ich schreie dreimal mit aller Macht, tiefer Stimme und vollständiger innerer Überzeugung und Entschlossenheit, so laut ich noch nie in meinem Leben geschrien habe: *„Nein!", Nein!", „Nein!"* Ich stehe eindeutig und zu hundert Prozent zu mir, auch wenn es mich das Leben kostet! Für mich ist es eindeutig, klar und ganz einfach: Ich lasse meinen Körper töten und mein Wesenskern bleibt unversehrt. *Ich stehe zu mir!*

Ich wehre mich nicht mehr, gebe auf, gebe mich den Schlägen hin. Ich spüre eine große Entspannung in meinem Körper, weil ich keinen äußeren Widerstand mehr leiste und weil das, was ich tue, richtig ist: „Lasse los und werde neu" ... Völlige süße Entspannung. Mein Körper liegt da, tot und zertrümmert. Ich frage meine Kraft des Vertrauens: „Was soll jetzt sein?" ...

Der gesamte Körper ist ohne Haut, besteht aus rohem, wundem Fleisch. Sanft, zart und voller Liebe öle ich jede einzelne Stelle meines Körpers ein, die Vertraute salbt meinen Rücken. Durch das Ölen schließt sich das rohe Fleisch. Meine Wunden können langsam abheilen und zu einer gesunden Haut werden ... Mein Körper wird in Leintücher geschlungen und in eine Felshöhle gebracht.

– Salbung und Grablegung entsprechen einem archetypischen Ritual und erinnern an die mythologische Grablegung Christi. –

Dann wechselt die Musik, die zu Beginn mit einer Art Knall startet. In diesem Moment kommt völlig überraschend ein runder, feuriger Energieball in meinen Rumpf. Das ist eine Initialzündung. Ich halte meine Hände schützend mit etwas Abstand um meinen Bauch, um diese warme wunderbare Feuerkugel zu beschützen. Ich habe die Hoffnung, sie könnte sich in meinem Körper ausbreiten und ihre Energie verströmen, aber das gelingt nicht. Ich weine verzweifelt und bitte, ja flehe immer und immer wieder tausendmal zur Vertrauten an meiner rechten Seite und zur Heilerin an meiner linken Seite: *„Hütet mein Feuer. Bitte, bitte hütet mein Feuer. Es ist so klein und zart."* Ich muss viel weinen aus Angst, mein Feuer wieder verlieren zu können. Ich flehe wiederum: „Bitte, bitte, bitte schützt mein Feuer. Ich kann es selbst nicht schützen, ich bin so erschöpft."

Beide halten die Hände nun schützend über meinen unteren Körper: „Ja, du kannst sicher sein, wir hüten dein Feuer." Da habe ich eine kurze Vision, wie es werden kann: Mein Feuer vergrößert sich, nimmt den ganzen Körper ein, wird groß, prächtig und kräftig glühend. Es ist kraftvoll wärmend und wird nie wieder ausgehen.

Beide, die Vertraute und die Heilerin bekräftigen: „Dein Feuer wird von nun an nie mehr ausgehen. Niemals!" Die Vertraute sagt zu mir: „Du musst nichts tun, es einfach nur größer werden lassen, denn dein Feuer wird gut genährt in Dir." Und beide halten weiterhin die Hände in Halbkreisform über meinen Bauch und schützen mich.

– Durch die jahrelange sexuelle Traumatisierung waren Beates Körper, der Energie-Körper und der stoffliche Körper, abgestorben, energetisch ‚tot'. Der heiße Energieball, der im Atemprozess in sie fährt, kann als feurige Lebenskraft verstanden werden, die den feinstofflichen Körper neu belebt und beseelt. Auch ihr stofflicher Körper hat sich in den letzten Monaten sichtbar verändert: Beate ist schlanker geworden, sie hat ihre Anmut und Schönheit entdeckt und zeigt sich damit in der Welt. –

Dann liege ich in der Mitte meines Heimatstammes und die Frauen tanzen im Kreis. Ich weine Unmengen von Freudentränen, weil ich wieder zu Hause angekommen bin. Alle Frauen sind nackt. Ich habe Fetzen an. Sie sind nackt und doch nicht entblößt, sondern gut gewandet in ihrer gesunden heilen Haut. Sie sind stolz, voller Natürlichkeit und ohne Scham! Sie tanzen im Kreis bei den Händen gefasst und geben mir so viel Sicherheit.

Es wird dunkel und mein kleines Feuer ist das einzige, das brennt. Ich spreche innerlich den Satz und halte ihn in meinen Händen vor meinem Gesicht, wie eine Kostbarkeit, wie einen Diamanten von unschätzbarem Wert: *„Mein Feuer ist angezündet, es wird fortwährend brennen und niemals mehr ausgehen.*

Niemals! So ist es. Jetzt weiß ich es.“ Ich weine vor großer Freude und bin voller Ehrfurcht vor dem, was hier gerade passiert.

Dann öffnen die Frauen den Kreis, gehen in einer Schlange weiter und nehmen mich am Ende der Kette auf. Sie gehen zu einem See. Es ist Vollmond. Alle Frauen legen sich mit dem Rücken auf das warme Wasser, in den Vollmond, und lassen sich vom Wasser tragen. Ich habe meine Fetzen abgelegt und kann immer mehr dem Wasser vertrauen, loslassen, entspannen und im Mondlicht baden. *Das ist Vertrauen!*

Zum ersten Mal in meinem Leben spüre ich, was vollkommenes Vertrauen ist. Alle Zellen legen sich ab und vertrauen sich vollkommen dem Wasser an. Der Mond streichelt sanft über meine Haut und heilt sie. *Ich kann vollkommen loslassen, entspannen, und das unter Menschen!* Das ist so neu und einzigartig für mich. Ich vertraue mich noch eine ganze Weile dem Wasser und dem Mond an. Dieser unsagbare Zustand des Entspannens und Vertrauens ist so großartig, initialisierend, neu und bahnbrechend für mich. Das ist ein heiliger Moment!

Im Sharing (dem Teilen der holotropen Erfahrung in der Gruppe) lautet der Satz aus meinem Herzen:

„Ich folge meiner Wahrheit
und meiner inneren Führung“

(Beate, 4. Holotropes Atmen, November 2012)

Diese Innenwelt-Reise war eineinhalb Jahre vor dem kompletten Erinnern ihres Traumas und dem völligen Zusammenbruch ihrer Pseudo-Identität. Mit dieser Erfahrung wurde bereits der Boden geschaffen, auf dem etwas Neues sich gestalten konnte: Das Balancieren von Macht und Ohnmacht, die Annahme von Zerstörung und Tod, die Entscheidung für die eigene innere Wahrheit, die Beseelung des Körpers durch das Geschenk des Feuers und schließlich die Erfahrung von tiefer Hingabe und Vertrauen in die innere Führung waren grundlegend für Beates weitere heilsame Entwicklung.

Das Geschenk der Magie

Ich kenne keinen Menschen, der so absolut an die magisch-mythische Bewusstseins-Dimension angeschlossen ist, wie Beate. Kaum hat sie die Augen geschlossen – auch in den Einzelsitzungen – und schon bewegen sich die Augäpfel heftig hinter den geschlossenen Lidern. Augenblicklich ist sie in Trance, in der Anders-Welt des magischen Erlebens, völlig ohne Induktion. Ihre Atemreisen gleichen magischen Ritualen, voll von magisch-mythischer Symbolik und aktiv körperlich zelebriert mit magischen Gesten und Handlungen.

Dieses magische Tun kommt aus den Tiefen ihres Unbewussten, *ergreift* ohne bewusstes Zutun ihren Körper und ihr Erleben und gestaltet sich in einem umfassenden Heilungs-Ritual, ohne dass sie zunächst selbst weiß, was sie da tut. Ich, als ihre Therapeutin, stehe staunend vor diesem Phänomen und weiß zuweilen auch nicht, was das, was sie da mit den Händen und dem gesamten Körper tut, zu bedeuten hat. Ihr magisches Tun ist kein nur innerlich geschauter oder gefühlter Prozess, sondern wird minutiös, absolut präzise und hoch differenziert, über ca. drei Stunden in Körperausdruck, Hand- und Fingergesten sowie mit Stimme ausgedrückt. Es ist magisches Psycho-Drama, magisches Theater von ungewöhnlicher Schönheit, Sinnlichkeit, Zärtlichkeit und Kraft und wir, die BegleiterInnen, stehen „wie gebannt“ davor und schauen ihr zu.

Anfänglich war ich besorgt um Beate, ich hatte die Befürchtung, sie könne in diesem magischen Raum ‚hängenbleiben‘, dekompensieren, verrückt werden. Ich hatte mich allerdings sehr getäuscht. Schon nach zwei oder drei Einzelsitzungen konnte ich erleben, wie sie mühelos in diese Dimension eintauchte und genauso mühelos – tief beglückt und dankbar für die Erfahrung – wieder auftauchte.

Allerdings geriet sie in heftigen emotionalen Aufruhr und heftige Ablehnung, als ich in meinen mühsamen Erklärungsversuchen die Begriffe „Hexe“ – von Hagazussa, der Frau an der Grenze des Bewusstseins [(2)] – und „magisches Bewusstsein“ benutzte. Mit Hexen und Magie wolle sie wirklich nichts zu tun haben, äußerte sie aufgebracht. Ihre tiefe Betroffenheit und Angst vor magischen Themen waren überdeutlich und verwiesen gerade deshalb auf eine Schatten-Erfahrung im magischen Bewusstsein. Daher hielt ich mich mit entsprechenden Begriffen und Informationen lange Zeit zurück und lernte stattdessen ihrer inneren Weisheit und Führung ganz und gar zu vertrauen. Ich lernte verstehen, dass hier eine Heilkraft am Werke war, die größer ist als mein geschulter und pflichtbewusster Verstand, eine Heilkraft, welche die Themen dann ins Bewusstsein bringt, wenn das Ich dafür stark genug ist:

> Die Hexe (meine Kraft der Befreiung) sitzt hinter mir und gibt mir Rückendeckung. Wir sind in der Natur. Wir werden verfolgt … Wir schlagen uns durch die Wälder und essen, was wir finden. Wir sind Geächtete …
>
> Nun sitzt die Hexe mir gegenüber. Ihr Aussehen wechselt von anmutig, sanft, gütig zu einer alten, körperlich verbrauchten Hexe. Doch dann überzieht ihren Kopf und Hals ein Schrecken erregendes Abbild. Ihr linkes Auge fehlt, die Oberlippe ist abgeschnitten, das linke Kiefergelenk ist gebrochen, die Knochensplitter sind durch die Haut spürbar, beide Mundwinkel sind eingerissen. Links am Hals gibt es eine tiefe, aufgeplatzte, wulstige Narbe. Schnittwunden im Gesicht. Die Haare fehlen fast komplett. Die linke Seite ist verbrannt, rechts kommen einfach keine Haare mehr.
>
> Ich gehe sanft und mit allergrößter Behutsamkeit und zärtlich mit meinen Händen über das von Narben durchzogene, verletzte Gesicht, habe an ihr gerochen und mit dem Mund geschmeckt. Ich habe auch einmal mein Ohr an ihren gebrochenen Kiefer gehalten. Ich habe ganz viel versucht, sinnlich Kontakt mit diesem gepeinigten Gesicht aufzunehmen. In die schlimmsten Wunden, wie die leere Augenhöhle, lege ich meinen mit Spucke benässten Daumen sanft hinein. Die Wunden gehen nicht weg und dennoch heilt etwas.
>
> Dann strecke ich meinen Kopf voller Wut so nach oben, so dass ich senkrecht in den Himmel schaue. Ich möchte schreien, um diesen unendlich großen Peinigungsschmerz zum Ausdruck zu bringen. Ich kann nicht laut schreien, es würde uns unser Leben kosten. Ich tue es still. Ein langer, lauter und verzweifelter Schrei, um diesen unfassbaren, erschütternden Schmerz in die Welt zu bringen. Hört den Schrei! So ist es!
>
> Ich halte meine gepeinigte Hexe wie eine Mutter ihr Kind in meinen Armen und Händen und tröste sie. Voller großer, großer Liebe. Danach habe ich mich in Demut vor ihr verneigt …

– Nachdem Beate ihre gefolterte und verstümmelte Hexe angenommen hat, folgen viele komplizierte Körperhaltungen, Arm- und Handgesten, die der weiteren Heilung und Integration dienen. –

Ich weiß viele Bewegungen nicht mehr, aber es gab eine, die war besonders wichtig: Die Arme ganz gestreckt nach oben strecken, fast senkrecht und wie ein V zu öffnen. Voller Stolz, empfangendem Stolz. Nicht anmaßendem Stolz, sondern demütigem Stolz ...

Wir beide haben Hüte, meine Hexe und ich. Diese sind so besonders wertvoll, ich würde sagen, so wertvoll wie eine Krone. Die Krempe ist fast waagrecht und fast 15 cm tief und geht in einen spitzen Kegel über ... Ich setze ihr den Hut ganz behutsam und voller Achtung wieder auf. Dass es auch einen Hut für mich gibt, ist so unfassbar groß für mich!

Es gibt diesen Schatz auch für mich! *Das ist so eine große Befreiung für mich* ... Ich weine vor tiefer, tiefer Freude. Es gibt einen Hut für mich! Ich bin eines Hutes würdig!

– Der spitze Hut ist ein Symbol der Magier und Magierinnen. Mit seiner Dreiecksform, dem spitzen Kegel, symbolisiert er die Verbindung von Erde und Himmel. Er verbindet die irdische Trägerin mit der kosmischen Kraft. Nachdem Beate ihre Wunde angenommen hat, wird ihr das wertvolle Geschenk der Magie, in Form des Hutes, zuteil. *Magie bedeutet vor allem die Fähigkeit zur Wandlung,* zur Wandlung des Bewusstseins: Beates devote Unterwerfung unter den Willen anderer – als Folge ihrer Traumata – kann sich nun wandeln in Befreiung und Würde. –

Dann sagt die Hexe zu mir: „Folge der Schwerkraft. Lege dich nieder." In Zeitlupe lasse ich Stück für Stück los. Ich liege auf dem Bauch, vielleicht so, als wäre ich gerade geboren worden ... Die Hexe sagt immer nur: „Lasse die Schwerkraft wirken. Du musst dich nicht anstrengen, lasse es einfach wirken." ...

Auf einmal, ganz plötzlich werde ich ergriffen, werde erfasst von einer zündenden, inneren riesengroßen Kraft und mein gesamter Körper streckt sich in die Länge. Die Finger sind geöffnet und die Fingerspitzen sind vollkommen ausgestreckt. Die Handflächen der vollkommen ausgestreckten Hände liegen parallel nebeneinander.

Selbst die Füße bis in die Zehenspitzen, alles ist vollkommen gestreckt an diesem Körper. Die Beine fangen vor Anspannung massiv an zu zittern, über einen sehr langen Zeitraum hinweg. Und das ist es! Es durchfährt mich! Das Hexesein hat mich in Besitz genommen!

Das ist meine erste Geburt! ...

Nach einiger Zeit sehe ich auf einmal meine rechte Hand vor meinen Augen und denke: Oh Gott, es ist eine neue Hand, eine völlig neue Hand! Eine gute, zarte und heilsame Hand. Sie wird nicht morden und keinen Schaden anrichten. Sie ist eine wohltuende und eine gütige Hand. Dann habe ich diese Hand auch beschnuppert, liebevoll mit den Lippen berührt und geküsst, liebkost, versucht zu erfassen. Ich habe sie genau betrachtet und gedacht: „Oh Gott, das ist eine neue Hand! Tatsächlich! Ich freue mich so sehr über meine gütige, heilende Hand, weil ich nun sicher sein kann, dass sie nicht mehr morden wird.

– In ihren ersten Atemreisen hatte Beate ihre eigene mörderische Täter-Energie erfahren. –

Das ist eine lichte Hand, keine Schattenhand. Diese Hand wird mein Leben verändern.

Dies ist meine zweite Geburt! ...

Ich führe die Handflächen zusammen und forme einen Kelch. Sobald sich der Kelch aus meinen Händen gebildet hat, füllt er sich von oben mit einer roten Flüssigkeit. Ich weiß nicht, ob es Blut ist, jedenfalls ist es eine Flüssigkeit, die Leben spendet, die Kraft spendet.

Sie ist ein Symbol für die Lebenskraft. Ich nehme diesen Kelch an meinen Mund und trinke ihn komplett aus. Ich weiß, diese Flüssigkeit wird jetzt meinen Körper erfüllen.

Und dann kommt es wieder, dass sich jeweils rechts und links die Fingerspitzen von Daumen, Zeige- und Mittelfinger zusammentun, die Fingerspitzen sich berühren. Dann lasse ich die rechte auf die linke Hand zugehen und sich finden, so dass sich sechs Fingerspitzen vor mir berühren. Und es entstand ein Feuer zwischen den Fingerspitzen, wie eine energetische Ladung, oder Blitze.

Und dann denke ich, jetzt bringe ich mein Feuer, das ich zwischen den Fingerspitzen entzündet habe, in meinen Körper. Ich lege mich dann auf den Rücken und bewege ganz langsam die drei Fingerspitzen der rechten Hand nach oben und berühre meine Lippen. Die drei Fingerspitzen meiner linken Hand führe ich zu meiner Vulva. All dies tue ich in vollem Bewusstsein, in voller Konzentration und mit ganz viel Anteilnahme. Ich lasse die Fingerspitzen oben und unten ganz lange liegen und das Feuer wirken. Und plötzlich weiß ich: Oh Gott, es ist jetzt soweit. Mein Oben und Unten hat sich verbunden.

Das ist die dritte Geburt! ...

Ein solcher in sich schlüssiger und sinnhafter Heilungs-Prozess kann nicht willentlich gemacht werden. Er kommt von der inneren Weisheit, wenn die Seele dafür bereit ist, und er ist dem personalen Ich oft noch fremd. Von der erfahrenden Person kann eine derart magisch-mythische Erfahrung als positiv überwältigend erlebt werden und eine heftige und heilsame Erschütterung auslösen, ein „Tremendum" (= Zittern, Beben), wie Jung es nannte. Im Tremendum erzittert das personale Bewusstsein vor der gewaltigen Größe, Macht und Schönheit der Seele. Etwas Ähnliches erlebte Beate am Ende ihrer Atemreise, sie versuchte Worte zu finden, um das Unfassbare und Unbeschreibliche zu beschreiben:

Den ganzen Prozess über habe ich nicht überlegt, sondern bin einfach dem, was kam, oder dem, was der Körper machen wollte, gefolgt. ... Es wirkte so, als ob es ein ganz sinnhafter und stimmiger Zusammenhang war, der da abgelaufen ist, obwohl ich es noch gar nicht verstehe. Dann hörte ich irgendwann am Schluss, als ich mit meiner Hexe im Gras lag, das „Ave Maria" und ich musste sehr anfangen zu weinen. Es war ein massives Nachbeben, eine komplette psychische und körperliche Erschütterung über dieses Geschenk. Obwohl ich es noch nicht verstehe, muss ich darüber weinen, dass da etwas ganz Großes passiert ist. Ich kann es überhaupt nicht erklären. Es war so als ob ich, jetzt da ich geboren bin, als ob ich jetzt zulassen kann, dass da ein Fluss stattfindet in mich hinein, von all dem, was schon immer zu mir gehörte und doch so lange verdrängt war ...

Im Sharing fragte mich Gertrude: „Was bedeutet es für dich, wenn Du sagst, dass Du mit deiner Hexe in Kontakt bist?" Darauf habe ich gesagt: „Weil meine Hexe mich befreit, weil sie mich massiv zu mir selbst bringt. Und Hexen sind wahrscheinlich, ohne mich da auszukennen, nicht bequem und nicht angepasst, Hexen sind keine lieben Mädchen." ...

(Beate, 5. Holotropes Atmen, April 2013)

Der Atemprozess fing damit an, dass meine Kriegerin an meiner Seite war. Sie kam auf ihrem Pferd. Es war eine Stute ... Sie war abgestiegen und ich habe dieses Pferd sinnlich erfasst: Den großen kräftigen Pomuskel gestreichelt, das weiche Fell, diese pulsierende Kraft und Vitalität im Körper gespürt. Das Pferd hat sich dann vor mir auf die Seite gelegt, in völliger Ruhe, ohne jegliche Anspannung.

Ich gehe jetzt auf die Knie und massiere den gesamten Körper der Stute, streiche alles mit den Händen aus. Die Vorder- und die Hinterbeine nehme ich ganz vorsichtig in beide Hände, knicke sie zart ein, so dass es ganz angenehm ist für das Pferd ... Dann beginne ich wieder auszustreichen, vom Hals herunter, den Bauch entlang bis hinten über den Unterbauch und die Scheide. Ich streiche alles komplett aus und es fühlt sich grandios an, dieses zarte Fell und diese sorglose, völlig hingegebene, in Ruhe seiende Stute. Einfach wundervoll. ...

Und dann lege ich mich bäuchlings auf dieses Pferd. Auf diese massige, große, kraftvolle, vitale Tiergestalt. Und es ist warm, es atmet, lebt und es ist völlig belebend für mich.

Wunderschön! Wie ich mit dem Pferd im Kontakt bin, entwickele ich mich selbst halb zum Pferd, meine linke Seite, und bleibe auf der rechten Seite halb Mensch. Später bin ich dann eindeutig und komplett ein Pferd.

Die Kriegerin war einfach an unserer Seite, hat uns in Ruhe begleitet und ich konnte sie immer fragen: „Was soll ich tun, was soll ich tun?"

Ich stehe dann von der Bauchlage auf und knie mich vor die liegende Stute. Meine Scheide liegt direkt vor der Scheide der Stute, sie berühren sich, als ob sie sich küssen würden.

Ich mache eine Wiegebewegung mit den Händen zum Bauch der Stute hin und dann zu mir. Das war so, als ob ich die Energie der Stute zu mir ziehe und die Energie von mir zur Stute gebe. Als ob ich die Energien in den Bauchräumen mische. Über die Scheiden wurde die Energie übertragen. Das ging dann in eine größere Wiegebewegung über und es war irgendwann so, dass die gesamte Energie der Stute mit meiner vermischt war. Es fand ein kompletter energetischer Austausch statt. In dem Moment war es mir überhaupt nicht klar, um was es da ging. ...

Nach dem Energieaustausch war ich richtig schachmatt und lag da, wie hingeworfen. Ich würde sagen, es war eine Geburt. Ich bin als Fohlen auf die Welt gekommen und auf den Stallboden geworfen worden ... Also, ich war tatsächlich ein Fohlen und habe versucht (auf meiner Atemmatratze) auf die Beine zu kommen. Und es hat ganz viel Zeit in Anspruch genommen, aufzustehen und meine Beine zu sortieren. Sie waren ganz wackelig und unsicher, haben sich ausprobiert und sind immer wieder eingeknickt. Das Fohlen ist immer wieder umgekippt, ich habe es immer wieder probiert ...

Meine Stuten-Mama hat gesagt: „Ja, du stehst auf. Na klar, du stehst auf. Natürlich, steh auf! Du kannst aufstehen. Probiere es immer wieder." ...

Dann habe ich das irgendwann so halbwegs hingekriegt und es war so wackelig wie auf einem Schiff, nach vorne und nach hinten und auch zur Seite. Dann habe ich die Vorderbeine und ebenfalls die Hinterbeine weit auseinandergestellt, dass ich Stabilität bekomme, und irgendwann stand ich aus eigener Kraft. Und ich bin immer wieder an die Seite meiner Mutter gegangen und habe mit ihr gekuschelt. Dann habe ich als junges Fohlen die Beine hochgeworfen und Sprünge auf der Weide gemacht. Das war wunderschön, diese Kraft in mir zu spüren, dass ich mich aufrichten kann, dass ich springen kann und dass ich solche Lebensfreude in mir habe. ...

Auf einmal hatte ich wieder Hände und ich habe meine rechte Hand ganz liebevoll unter den Unterkiefer meiner Mutter gelegt, unter ihre Schnauze und sagte zu ihr: „Mama, wo ist mein Vater? Ich brauche meinen Vater! Ich brauche meinen Vater! Wo ist mein Vater? Du musst mir meinen Vater zeigen!" Dabei habe ich liebevoll ihren Kopf gehalten und sie gekrault. ... Meine Mutter schob meinen Kopf etwas nach rechts und sagte: „Hier, dort steht er. Das ist dein Vater!" Ich schaue auf die Weide und ein paar Meter rechts von mir steht mein Vater. Es ist ein schwarzer Hengst, er ist wunderschön.

Im nächsten Moment kommt in der Musik – die das Atmen begleitet – eine Donnersequenz.

Da ist der schwarze Hengst auf die Hinterbeine gegangen und hat alles, was von außen eindringen will, verjagt. Er schützt meine Grenzen, absolut. Ich kann als Fohlen im Gras liegen und weiß, mein Vater schützt die Grenze für mich. Er hält Unheil von mir ab.

Und auch im Miteinander zwischen ihm und mir überschreitet er keine Grenze. Er achtet auch da meine Grenze! Er ist ein gütiger und kraftvoller Vater, ein liebender Vater und gleichzeitig entschlossen und abwehrend im Bezug auf das Böse, das auf mich zukommen sollte. Er schützt mich so gut und mit vollkommener Entschlossenheit, dass ich als sein Kind entspannt im Gras liegen kann und nicht ständig wie ein aufgezogenes Männchen um mich herum gucken muss, was bloß wieder kommen könnte. ...

Und das ist genau das Gegenteil von meinem Vater im realen Leben. Er hat die Grenzen überschritten, mich nicht geschützt. ...

Als er dann alle Eindringlinge verjagt hat und etwas Ruhe einkehrt, schaut er mich an und ich schaue ihn von unten an, denn er ist groß gewachsen, kraftvoll und vital, muskulös, einfach so kraftvoll und gütig. Wir schauen uns tief in die Augen, voller Zuneigung, und er sagt zu mir: „Ich liebe dich, mein Kind!" Oh Gott, das war so voller Liebe, voller erwartungsfreier Liebe. Nicht um mich irgendwohin zu bringen, mich zu manipulieren, zu bedrängen, sondern es war erwartungsfreie Liebe. Ach, ... wunderschön!

Die Art und Weise, wie sanft und zugewandt er dies zu mir sagte: „Ich liebe dich. Du bist mein Kind. Ich liebe dich und ich beschütze dich!", das ging mir durch Mark und Bein und ich musste so sehr weinen vor Berührung. Da habe ich ihn umarmt, bin ihm um den Hals gefallen und es war einfach wunderschön und es war vollkommen rein.

– Während in der letzten Atemsitzung der rechte Arm und die rechte Hand geheilt wurden, waren Beates linker Arm und ihre linke Hand (von der Hexen-Folter) immer noch beschädigt. Durch die Liebe und den Schutz von Vater Hengst konnten nun auch der linke Arm und die linke Hand heilen. Mit ihren beiden gesunden Händen formte sie nun wieder einen Kelch: –

Ich knie und führe ganz ganz langsam meinen Kelch zum Himmel und folge diesem Kelch mit meinem Blick. Und ich weiß in diesem Moment, er würde gefüllt werden mit Lebensenergie. Und so ist es auch, als er ganz oben ist, wird er gefüllt. Ich spüre die Heiligkeit dieses Momentes. ...

In voller Konzentration und ganz langsam nehme ich diese Lebensenergie zu mir. Und das erschüttert meinen ganzen Körper. Er zittert und vibriert. Ich zittere und vibriere so stark, dass ich das Gleichgewicht verliere und umkippe. Aber dann sitze ich wieder kerzengerade und in edler Haltung und bin mir dieses heiligen Momentes völlig bewusst.

– Es folgen komplizierte magische Hand- und Finger-Gesten. –

Und dann ist es so, dass ganz sanft, zart und behutsam sich alle Fingerkuppen in der Mitte treffen und berühren und meine Hände ein Dreieck, ein Dach bilden. Da denke ich staunend und demütig: Ich kann den Menschen ein Dach geben, ich kann den Menschen Schutz geben. Ich kann ihnen Zuflucht geben. Und dann halte ich das Dreieck über meinen Kopf und spüre: Ja, ich kann auch mir ein Dach geben! Ich kann mich selbst schützen! Im nächsten Moment kommt mir der Gedanke, es könnte auch eine Krone sein. Ich bin eine Königin. ...

Und dann verbeuge ich mich in Demut vor dieser Heilung, die sich hier ereignet hat. Ich beuge mich tief nach unten zur Erde und bedanke mich. Dabei stehen die Mutterstute, der Vaterhengst und die Kriegerin im Dreieck um mich herum und strecken ihre Hände nach vorne aus. Ihre sechs Hände treffen sich in der Mitte über meinem Körper und sie sagen: So sei es.

(Beate, 6. Holotropes Atmen, Juni 2013)

Heilung – Pferd und Adler. Mandala v. Dorothee B., 2005

Heilungs-Verlauf

Im Mai 2012 kam Beate zum therapeutischen Erstgespräch, sie hatte innere Bilder von „toten Kindern". Bereits drei Monate später öffnete sich langsam die Tür zu den verborgenen Erinnerungen von sexuellen Annäherungen durch den Vater. Es waren zunächst eher noch ‚harmlos' erscheinende Erinnerungen von Grenz-Überschreitungen: Klapse auf den Po, der Vater sieht der Tochter beim Pinkeln zu, macht Fotos von dem Kind in der Badewanne …

Schon im folgenden Monat fühlte sie in sich den Widerspruch von Liebe, Vertrauen einerseits und Hass, Ekel und Abwehr andererseits, was sie zunächst in große emotionale Verwirrung brachte. Der Vater ist so hilflos, schwach und bedürftig, wie sie sagte. Das Kind will ihm helfen, ihn retten: „Papa, du kannst alles von mir haben, alles, alles, alles! Vielleicht geht es dir dann besser … dann bin ich frei."

Das Aufträumen sexueller Gewalterfahrung geht weiter: „Ich bin komplett ergeben, bin noch sehr klein, ich halte und lutsche seinen Penis statt des Daumens." Direkt nach dieser Erinnerung erlebte Beate in der therapeutischen Einzelsitzung einen ersten Zusammenbruch, einen Schwächeanfall. Sie musste sich hinlegen und wurde lange von heftigem Weinen und Schluchzen geschüttelt. Wir rufen ihre innere Heilerin, die ihr im ersten Atmen begegnet war, „die ist durch und durch gut". Ihr vertraut sie sich nun an und erlebt daraufhin ein starkes Zittern im Bauch. Ihr Körper zieht sich krampfartig zusammen und öffnet sich energetisch nach unten: „Ströme von weißer Flüssigkeit fließen ab", wie sie sagt. Sie weiß genau, was das ist: „Sperma", sagt sie. Die männliche, gewaltvolle Energie fließt nach unten ab und von oben atmet sie – mit meiner therapeutischen Unterstützung – frische, grüne Pflanzen-Energie in ihren verwundeten Schoß.

In der folgenden Woche bekommt Beate im Holotropen Atmen das Geschenk des Feuers. „Ich folge meiner Wahrheit und meiner inneren Führung", mit diesem Leitsatz aus dem Atmen geht ihr Heilungsweg rasant weiter. Schmerzliche Erfahrungen und Bilder von Verrat, Tod und auch eigener präexistentieller Schuld tauchen schnell nacheinander auf, so dass es ihr auch manchmal „zu viel" wird und wir nicht immer mit Regressions-Arbeit in alle diese Themen einsteigen. Ihre psychischen und körperlichen Spaltungen werden schmerzlich spürbar, ihr Zerrissensein. Ihre äußeren Beziehungen, vor allem die zu den Eltern, verändern sich dramatisch. Der Zusammenbruch des Alten hat begonnen, die Zeit von Chaos und Verwirrung. Panik, der Kampf zwischen Licht und Dunkel, der Kampf der Dämonen wird stärker, Bilder von sexuellen Übergriffen werden deutlicher. „Es bleibt kein Stein auf dem anderen", sagt sie immer wieder und ist bereit. Stärkende und Mut machende Traum-Bilder und Traum-Botschaften helfen ihr – und auch mir! –, ihrer inneren Führung voll und ganz zu vertrauen.

Es brauchte noch ein Jahr bis zum vollständigen „Tiefpunkt" und der Erneuerung. Meine Frage, wie Eine das alles aushalten und halten kann, ohne verrückt zu werden, beantwortete sich durch die „Geschenke", die sie im Atmen erhalten hatte. Was ist Resilienz? Warum schaffen es die Einen und die Anderen nicht? Die Antwort liegt vielleicht im Angeschlossen-Sein an die Dimension des magisch-mythischen Bewusstseins, in der Macht der inneren, der spirituellen Führung.

Die drei Geschenke ermöglichten einen inneren Stabilisierungs- und Heilungsprozess und bereiten damit ein Fundament, das in der Lage war, das personale Ich, auch im völligen Zusammenbruch ihrer alten devoten Kind-Identität, zu halten:

– *Das erste Geschenk des Feuers* war der Beginn einer eigenständigen Kraft, der feurigen Kraft ihres Willens. Es stärkte ihr Vertrauen in die innere Führung und belebte ihren stofflichen Körper.
– *Das zweite Geschenk der Magie* befreite sie – mit Hilfe der archetypischen Hexen-Macht – aus kindlicher Ohnmacht und Abhängigkeit. Ihr eigenes karmisches Schuldthema, die mörderische Hand, wandelte sich in eine liebende Hand. Und die extremen Spaltungen in ihrem geschundenen Körper fügten sich zusammen, er begann zu heilen.
– *Im dritten Geschenk des Zentauren* scheint Chiron persönlich, in seiner Einheit von Mensch und Pferd, in ihr lebendig geworden zu sein. Im Energie-Austausch mit der Stute ereignete sich eine magische Wandlung, die Wunde konnte nun, in der zeitlichen Abfolge vorweggenommen, langsam heilen. Beate erlebte Wiedergeburt und Erneuerung in ihrer Geburt als Fohlen und erfuhr Schutz und bedingungslose Liebe von ihren inneren „Guten Eltern", von „Mutterstute und Vaterhengst".

Dann, im Mai 2014, erlebte sie in einer Holotropen Atemsitzung den völligen „Tiefpunkt“, den „Nullpunkt“, das Unglaubliche. Die „Wahrheits-Pflöcke“ wurden eingerammt: Beate durchlebte körperlich, emotional und geistig das gesamte Trauma ihrer Kindheit, die jahrelangen Vergewaltigungen durch eine Gruppe betrunkener Männer. Bis auf die Ebene des Zell-Bewusstseins wirkte die Erschütterung des Zusammenbruchs: Es blieb kein Stein auf dem anderen.

Beate war nun nicht im Paradies auf Erden angekommen, das Leben mit seinen ständigen Herausforderungen ging weiter. Wir arbeiteten noch ein Jahr bis zum Abschluss der Therapie. Es folgte eine lange Zeit der Leere. Die falsche alte Kind-Identität war zerbrochen, Erschöpfung und grenzenlose Müdigkeit bestimmten ihren Alltag.

Dann, endlich, kochte eine rasende Wut in ihr hoch, feuriger Zorn gegen die Täter von damals: „Die haben mir *alles* genommen“, war ihr Satz aus Resignation und Wut. Wie geht es nun weiter? Und schließlich die entscheidende Frage: *„Wie kann ich authentisch sein?“*

Dann kam langsam die Kraft, „der erste Baustein zu meinem neuen Haus“, dann das Vertrauen, der zweite Baustein, und schließlich, als dritter Baustein, sinnliche Weiblichkeit und der Wunsch nach Nähe mit einem Mann. Ihr Heilungs-Satz zum Ende ihrer Therapie lautet: „Ich liebe mich.“

> „Wir finden die Erleuchtung nicht,
> indem wir uns Lichtfiguren vorstellen,
> sondern die Dunkelheit
> ins Licht des Bewusstseins bringen.“
>
> C.G. Jung [(3)]

7. „Zeige deine Wunde" - vom Un-Heil ins Heil

„… und hätten nur Kraft
schöpfen können,
wenn sie eingewilligt hätten,
im Erdreich ihres Schmerzes
Wurzel zu fassen."

Albert Camus, Die Pest

Vor Jahrzehnten in einem Seminar mit einer Gruppe von Frauen und Männern rutschte eine der Teilnehmerinnen in ein altes präexistentielles Trauma, eine Erfahrung von extremer sadistischer Gewalt durch Männer, von Schändung und Vernichtung ihrer Weiblichkeit. Der rasende Schmerz der betroffenen Frau und die schmerzliche Betroffenheit der Anwesenden fanden kein Ventil, erstarrten in sprachlosem Entsetzen.

Wie eine dunkle Glocke lagen die blockierten Gefühle von Ohnmacht, Schmerz, Wut und Verzweiflung über der Gruppe und hielten alle in einem Raum des Todes gefangen. Auch ich fühlte mich hilflos, unfähig und sprachlos. Es fehlten die Worte, um die Gefühle von unsäglichem Schmerz auszudrücken. Hier gab es nichts mehr zu sagen, es tat so schrecklich weh!

Was nun tun? Wie die Energie der Gruppe wieder ins Fließen, ins Leben bringen? Vielleicht war es die Antwort auf den Hilferuf, den ich ins Universum schickte, vielleicht einfach ein schöpferischer Geistesblitz und ein Erinnern an das Klagen der Ereschkigal, der sumerischen Göttin der Unterwelt. Jedenfalls bitte ich alle anwesenden *Frauen*, sich im Kreis um die betroffene Frau zu setzen, die nun wimmernd am Boden liegt. Wir schlagen mit beiden Handflächen fest auf den Boden, die Erde, und dann mit beiden Händen fest auf unsere Brust, auf den oberen Brustraum, dort wo die Gefühle festsitzen. Wir schlagen gemeinsam, klatschend, im Rhythmus und rufen gemeinsam den uralten Klageruf der Frauen: „Oh weh!"

Hart auf die Erde: „Ohhh!"
Hart auf die Brust: „Wehhh!"
Klatschend auf die Erde: „Ohhh!"
Klatschend auf die Brust: „Wehhh!"
Im Rhythmus, im Stakkato, gemeinsam,

kräftig und laut klagen wir Frauen:
„Oh weh! Oh weh! Oh weh!"

Ohmacht, Schmerz und Wut können sich lösen, kommen ins Fließen. Wir können gemeinsam weinen, dann lachen, das Leben kommt zurück. Schmerz und Trauer wollen sichtbar werden, die schmerzliche Klage will hörbar werden. Weinen, Trauern, Klagen können *kollektive Ereignisse* sein, Erfahrungen, die Boden geben, Kraft für neues Wachstum und die Schmerz in Freude wandeln.

Wahres Sein – Wahres Fühlen

> „Der Trauerschmerz muss durchlitten werden.
> Wenn Du deine Tränenquellen zuschüttest,
> werden Deine Gefühle verdursten."
>
> Jorgos Canacakis [1]

Selbst-Erkenntnis ist nicht vor allem ein geistiger Vorgang. Ohne das fühlende Verstehen gibt es kein geistiges Erwachen. Gefühle – und nicht der Verstand – offenbaren die Wahrheit der Seele. Gefühle werden dem weiblichen Prinzip, dem Mutterprinzip, zugeordnet und existieren in Frauen und Männern gleichermaßen. Gefühle, die angenommen und *bewegt* werden, verbinden sich mit Geist, Intellekt – als dem Vaterprinzip –, im menschlichen Herzen zu einer schöpferischen Einheit.

Aus der Verbindung von Weiblich und Männlich, Gefühl und Geist entsteht das, was wir als „emotionale Intelligenz" bezeichnen, ich nenne es auch „beseelte Intelligenz". Aus dieser Einheit gestaltet sich menschliche Schöpfungs-Macht. Sie ist die einzigartige Fähigkeit, das Leben der eigenen *inneren Wahrheit* entsprechend heilsam zu gestalten. Heilsame Manifestation, tätiges Wirken in der Materie, kann nur in der Abfolge der fünf aufeinander folgenden Schritte der Wahrheit gelingen.

Die „Schöpfungs-Formel" lautet:
> Wahres Sein (Seele/Wahres Selbst)
> Wahres Fühlen

> Wahres Denken
> Wahres Sprechen
> Wahres Tun

Wenn etwas trotz aller Anstrengung nicht gelingt, dann liegt das meistens an einer Störung im Bereich des „Wahren Fühlen“ oder bereits im „Wahren Sein“. Wenn ein wichtiges Projekt, das gründlich geplant und vorbereitet war, dennoch nicht gelingt, dann kann es nützlich sein, die fünf Schritte des Schöpfungs-Weges, einen nach dem anderen, nacheinander zu gehen und zu erspüren, wo die Störung liegt.

Ich denke hierbei an eine Kollegin, die ich therapeutisch begleitete. Sie war gründlich ausgebildet, hatte ein professionelles Erscheinungsbild erarbeitet und veröffentlicht, Praxisräume angemietet aber niemand kam. Wir stellten die Schöpfungs-Formel auf und auf dem Platz des „Wahren Fühlen“ wurde ihre Störung deutlich mit etwa folgenden Sätzen: „Ich fühle mich hier unsicher“, „ich fühle Angst, weiß nicht, ob ich das überhaupt kann“, „ich habe Angst zu versagen“. Wenn Sein, Fühlen, Denken, Sprechen und Tun nicht *synchron* und im Einklang sind, kann ein Projekt nicht wirklich gelingen, der innere Widerspruch wird sich immer wieder zeigen und das Werk kann sich nicht gestalten.

Gefühle oder Emotionen beruhen auf energetischen Schwingungen des Emotional-Körpers. Je durchlässiger und schwingungsfähiger der Emotional-Körper ist, umso größer ist die Fähigkeit zu Fühlen, die Gefühls-Tiefe. In der therapeutischen Arbeit sollten Emotionen/Gefühle unbedingt unterschieden werden von körperlichen Empfindungen, geistigem Spüren und insbesondere vom Denken. Denn Rationalisieren ist eine beliebte Abwehrform, Denken wird häufig mit Fühlen verwechselt. Ein Beispiel aus der Therapie:
TherapeutIn: „Was fühlst du, wenn du diese schwierige Erfahrung erlebst?“
KlientIn: „Ich denke, ich sollte endlich etwas tun?“
TherapeutIn: „Was ist dein Gefühl *hinter* dem Gedanken, dass du etwas tun solltest?“

Um die Wunde zu heilen, den Schmerz zu fühlen und wandeln zu können, braucht es einen schwingungsfähigen Emotional-Körper. Aber, während der Geist-Körper (als Vater-Prinzip) in unserer Kultur hoch entwickelt ist, bleibt der Emotional-Körper (als Mutter-Prinzip) eher unterentwickelt.

Gefühle haben wenig Ansehen, sie werden häufig als unangemessen, störend und peinlich erlebt. Es ist schon erstaunlich: Täglich werden wir über die Medien mit erschütternden und schmerzlichen Bildern von Gewalt und Tod konfrontiert. Aber der leidenschaftliche emotionale Ausdruck von Schmerz und Klage ist gleichzeitig tabuisiert. Wohin mit all dem mit-erlebten Grauen?

In seinem Buch „Ich sehe Deine Tränen" bedauert Jorgos Canacakis die Gefühlsbehinderung vieler Menschen angesichts von Verlust und Tod: „Viele wissen gar nicht, wie behindert sie in ihrem Gefühlskörper sind." Und an anderer Stelle schreibt er: „Oberflächliche menschliche Beziehungen, klischeehaft und unpersönlich, die Solidarität und Hilfsbereitschaft unmöglich machen, sind Folgen der unterdrückten, normierten und tabuisierten Emotionalität." (2)

> „Sollten wir aus irgendeinem Grund versuchen, das Fließen eines Gefühls zu blockieren, weil es nicht erlaubt ist, dann blockieren wir diesen Weg auch für andere Gefühle und stören damit das Gleichgewicht und die selbstregulierenden Energien des sinnvollen Ganzen. Der Damm lässt das Wasser nicht fließen. Wir fühlen uns gefühlsarm und entfremden uns unseren Gefühlen. Wir haben Angst, wenn wir an diese Gefühle herankommen.
> Wenn unser Gefühlssee keinen Abfluss findet, sind wir in der Gefahr, in unseren eigenen Gefühlen zu ertrinken. Der Druck an unseren Rändern nimmt zu. Wir empfinden Schmerzen, weil wir mit Gegendruck arbeiten, wir machen uns hart, so dass wir letztlich gar nichts mehr empfinden. Die Gefahr einer Auflösung der Blockade oder eines Dammbruchs lässt uns in dauernder Angst leben. Ein Bruch würde Vernichtung bedeuten (in unserer angstvollen Vorstellung, G.C.) – für uns und für alle, die in unserer Nähe leben." (3)

„Gefühle sind nicht voneinander zu trennen. Sie sind alle Teil einer einzigen Energiequelle." (4)

Diese Quelle ist identisch mit dem Ursprung, der kosmischen Einheit sowie der menschlichen Seele. Mit Gedanken und Worten können wir uns selbst und andere täuschen, Gefühle aber offenbaren die Wahrheit der Seele. Deshalb gibt es keine Heilung, keine Wandlung der schmerzlichen Wunde, ohne die Bereitschaft zum Wahren Fühlen.

Anleitung zum Wahren Fühlen

- Treffen Sie zunächst die *Entscheidung*, Ihre Gefühle ganz anzunehmen und tief zu fühlen.
- Schießen Sie nun die Augen, atmen Sie etwas tiefer und spüren Sie nach innen.
- Spüren Sie, welches schwierige Grundgefühl – Angst, Schmerz, Trauer oder Wut – Sie aktuell am ehesten wahrnehmen können und widmen Sie sich zunächst diesem Gefühl.
- Erkennen Sie ihr *Gefühls-Abwehr-Muster* gegen dieses schwierige Gefühl: Wie vermeide ich dieses Gefühl? Was tue ich, wenn ich voller Schmerz, Trauer, Wut oder Angst bin? Telefoniere ich dann? Gehe ich an den Kühlschrank? Schalte ich den Fernseher ein? Surfe ich im Internet? Gehe ich Einkaufen? Suche ich Streit mit meinem Partner? Oder?
- Entscheiden Sie sich nun dafür, dieses Gefühl ganz anzunehmen und sprechen Sie beispielsweise den Satz: „Ich bin bereit, den Schmerz anzunehmen und tief zu fühlen.“[(5)] Schreiben Sie diese Entscheidung auf, um sie nicht zu vergessen.

- Warten Sie nun, bis durch eine aktuelle Situation in ihrem Leben dieses Gefühl in Ihnen ausgelöst wird.
- Gehen Sie nun nicht in die Vermeidung, sondern widmen Sie sich voll und ganz diesem Gefühl.
- Geben Sie sich ihm hin. *Atmen* sie in das Gefühl hinein.
- Erspüren und empfinden Sie das Gefühl im *Körper*. Wo im Körper können Sie es am ehesten wahrnehmen? Legen Sie eine Hand auf diese Stelle.
- Halten Sie hier im Körper das Gefühl und atmen Sie hinein. Geben Sie ihm ihren lebendigen Atem, damit es stark werden kann. Atmen Sie weiter in dieses Gefühl hinein, lassen Sie das Gefühl sich im Körper *ausdehnen*, geben Sie ihm Raum.
- Lassen Sie nun das Gefühl, die Emotion, sich im Körper *bewegen*. Wie will die Emotion sich bewegen? Wie will sie sich über den Körper ausdrücken? Wie schwingen?
- Zittern, Zucken, Beben, mit den Füssen treten, mit den Händen um sich schlagen – erlauben Sie sich jeden energetischen Ausdruck über den Körper, lassen Sie die Bewegung stark werden. Eine solche Katharsis, (Reinigung) ist heilsam für Leib und Seele.

- Nehmen Sie nun die *Stimme* dazu. Die Stimme ist die Brücke der Gefühle von innen nach außen:
- Lassen Sie mit jedem Ausatmen einen Ton vom Gefühl her kommen. Mit jedem Ausatmen das Gefühl tönend schwingen lassen: Wimmern, weinen, schreien, brüllen, wie es will …
- Atmen und tönen und bewegen Sie sich in dieser Weise so lange, bis die emotionale Ladung ganz von selbst weniger wird, absinkt …
- Vielleicht wandelt sich nun der Bewegungs-Impuls, vielleicht will der Oberkörper sich nun weiten, wollen die Arme sich ausbreiten oder nach oben strecken. Vielleicht wollen die Knie sich in Demut senken. Vielleicht möchten Sie sich auf den Boden knien. Folgen Sie jedem Ausdrucks-Impuls.
- Auch das Tönen verändert sich, wird leiser, weicher, wandelt sich vielleicht in einen Sing-Sang, ein Lied, ein Seelen-Lied, ein Dankes-Gebet.

Die Wunde zeigen. Mandala v. Dorothee B., 2005

Die Wunde zeigen

„Von den Überlebenden einer metaphorischen Pest sagt Albert Camus in seinem großen Roman, sie scheiterten »zwischen Abgrund und Gipfel, schwankten mehr als sie lebten, richtungslosen Tagen und unfruchtbaren Erinnerungen preisgegeben, irrenden Schatten gleich, und hätten nur Kraft schöpfen können, wenn sie eingewilligt hätten, *im Erdreich ihres Schmerzes Wurzel zu fassen.*«" (6)

Schwanken nicht auch wir zuweilen, „zwischen Abgrund und Gipfel", gleich „irrenden Schatten"? Gehen wir durch eine deutsche Großstadt, durch ein Kaufhaus, ein Großteil der Menschen, die wir hier sehen, scheint von dieser metaphorischen Pest gezeichnet.

Auch wir haben verlernt, im Erdreich unseres Schmerzes Wurzel zu fassen. Die gesellschaftliche Verpflichtung, glücklich zu erscheinen, hat uns geprägt. Wir nehmen uns zusammen. Wir haben gelernt, den Schmerz runter-zu-schlucken. Schmerz kann aber nicht verdaut werden, und so setzt er sich im Körper *fest* und macht uns krank. Die Wunde ist in den dunklen Schatten gefallen.

Von Chiron, dem verwundeten Heiler, heißt es in der mythischen Erzählung: Er zog sich in die Höhle, ins Erdreich, zurück und „er heulte vor Schmerz". Wir, die wir ebenfalls verwundete HeilerInnen sind, könnten dies von ihm lernen: Rückzug, Einsamkeit und Ausdruck der Gefühle, Ausdruck von Schmerz. Wir könnten die schmerzliche *Erschütterung* zulassen, dem Körper erlauben, was er zur Befreiung tun will: zittern, zucken, beben. Nur so kann sich die im Körper gestaute Energie entladen. Nur so – in der Bewegung, der E-motion – kann sich die chirotische Wunde wandeln.

Bei den Yoruba in Westafrika sowie im Candomblé, einem synkretistischen afrobrasilianischen Kult, geht es ganz speziell um die Integration der inneren Schatten, um die Annahme der schmerzlichen Wunde. Das Dunkle, das Böse, das Schmerzliche, das Hässliche, Obszöne, Kranke und Abartige wird hier nicht tabuisiert und ausgegrenzt, sondern erfahren und rituell geehrt. Die Yoruba bezeichnen ihre dunklen Anteile als „Gottheiten" – wir nennen sie Schatten-Archetypen, Seelen-Anteile, Teil-Persönlichkeiten oder Elementale. In „Besessenheits-Tänzen" werden diese „Götter" bei ihren Namen gerufen und in die Körper der Tanzenden eingeladen. Über die *Verkörperung* des Menschen kommen die dunklen Gottheiten ins Licht des Bewusstseins und können sich so erfahren. Sie drücken sich aus über tänzerische Bewegung, Vibrieren, Schütteln und Zucken. Hierdurch und über ihr fürchterliches Schreien, Weinen und Klagen können sie sich heilsam wandeln.

Kaye Hoffmann beschreibt in ihrem Buch „Von Göttern besessen"(7) ihre Erfahrungen als Tänzerin mit dem afrobrasilianischen Schatten-Kult, dem Candomblé. Vor etwa dreißig Jahren hatte ich die Gelegenheit, bei ihr ein Seminar zu besuchen. Die dort gemachten Erfahrungen und ihr Buch haben meine therapeutische Gefühlsarbeit – zusammen mit anderen Ansätzen – nachhaltig geprägt. Ich habe noch einmal tiefer verstanden, wie bedeutsam es ist, Emotionen über den Körper auszudrücken und zu bewegen.

In der modernen westlichen Kultur haben solche archetypischen Heiltraditionen und Zustände erweiterten Bewusstseins wenig Ansehen. Sie gelten als Aberglaube, Verrücktheit und Wahnsinn. In den alten Traditionen als „heilig" erlebte Zustände erfahren in unserer Kultur Verachtung und Psycho-Pathologisierung. Der moderne Mensch fürchtet sich vor der dunklen magisch-mythischen Wandlungs-Kraft seiner Psyche.

Im Candoblé ist „Omulu", der Gott, der die Welt mit Wunden schlägt, krank, hässlich, eklig. Er ist der Schatten-Heiler, sein Tanz ist ein Tanz voller Schmerz, Leid und Klage. Omulu, der Klagegott, zeichnet „die von ihm Besessenen mit der Besessenheit des Leidens". Und gleichzeitig bietet er die Auflösung der Besessenheit an, „die darin besteht, *das stumme Leiden und Erleiden in lautes Klagen, in leidenschaftlichen Ausdruck zu überführen.*"

> „Erst im Wahrnehmen und Wahrhaben des Leidens, in der ausdrücklichen Klage, die zugleich Bekenntnis wird und sich das Leiden als Eigentliches zu eigen macht, erst im Anhören der Gebrechen entziffert sich die Sprache des verschleppten Zusammenbruchs, der nun, richtig verstanden, zum Durchbruch, zur Wende werden kann." (8)

Omulu erinnert an Chiron, den verwundeten Heiler, und dessen Wandlungs-Kraft vom Unheil ins Heil. Zusammenbruch – Durchbruch – Wandlung sind die Schritte in einem ganzheitlichen Heilungs-Prozess, der das Leben wandeln kann. So erstaunt es nicht, wenn Kaye Hoffmann über die Anhänger des Omulu-Kultes schreibt: „Ich erkannte sie sofort an einer erdigen, tiefschwingenden Ausstrahlung, die Ehrfurcht und manchmal auch

Angst einflößte. (…) Bei einem Mann erinnere ich mich besonders an seine Augen. Aus ihnen schien die Erde selbst mich anzusehen.“ [9]

Es scheint, dass diese Menschen tatsächlich Kraft schöpfen können, weil sie eingewilligt haben, „im Erdreich ihres Schmerzes Wurzel zu fassen“. In diesem Sinne könnten sie uns Vorbild sein für unseren eigenen Heilungs-Prozess. Omulus Botschaft an uns lautet: *„Zeige deine Wunde!“*

Kaye Hoffmanns Trance-Tanz-Anleitungen[10] dienten mir als sprachliches Modell für eine therapeutische Anleitung zum Ausdrücken von großem Schmerz:

„Zeige deine Wunde“

Einen langen, dunklen Tunnel des Schmerzes betreten,
eintauchen, in die Tiefe des Schmerzes gehen.
Abstürzen in den Schmerz,
im Zusammenbruch tiefer sinken,
zu Boden gehen, zu-Grunde-gehen.

Mit dem Ausatmen einen Ton kommen lassen,
seufzen, jammern, klagen, brüllen vor Schmerz.
Worte, Sätze … ein Klage-Lied singen,
„endlos die Litaneien der Klagen“ …
klagen, anklagen, „warum“ fragen …

Eine „Jammergestalt“ sein,
die Wunden mit Armen und Händen zeigen:
die aufgehaltenen Handflächen zeigen,
das verwundete Herz zeigen,
den verwundeten Schoß zeigen …

Gesten der Trauer zulassen:
sich auf die Brust schlagen,
die Hände ringen,
die Haare raufen,
die Kleider zerreißen,
den Schmerz fließen lassen:
Schütteln – Zittern – Zucken …

Dies sind tiefe archaische Ausdrucksformen in existentiell ausweglosen Situationen. In ihnen steckt die volle Kraft der Wandlung, sie öffnen den Emotional-Körper und befreien den Schmerz. In Griechenland sah ich alte Frauen, die sich bei einem Waldbrand, der ganze Landstriche und Dörfer zu verschlingen drohte, die geflochtenen Zöpfe lösten und sich schreiend die Haare „rauften", was an-den-Haaren-reißen bedeutet. Vor Jahren begleitete ich eine Frau im Holotropen Atmen durch ein extremes, kürzlich erlebtes Gewalt-Trauma. In einem Zustand von unkontrollierter, schmerzlich-aggressiver Raserei zerriss sie mit ungeheurer Kraft ihre Kleidung. Es war gerade dieser aggressive Gefühls-Ausdruck des *Reißens* und *Zerreißens*, der entscheidend zu ihrer Heilung beitrug.

Im sumerischen Inanna-Mythos stimmt Ninschubur eine dramatische „Wehklage" um Inanna an, in der es heißt [(11)]:

> „Sie riß an ihren Augen;
> zerrte an ihrem Mund;
> riß an ihren Schenkeln."

Uns patriarchal konditionierte Menschen mag eine solch dramatische Ausdrucksweise vielleicht peinlich berühren. „Nimm dich zusammen", „mach so kein Theater", „sei nicht so hysterisch", sind Sätze, die das Verhalten von Frauen immer noch prägen. Als „hysterisch" bezeichnet zu werden, klingt schmerzlich entwertend für eine Frau, so nimmt sie sich zusammen und hat ihre Gefühle fest im Griff.

Hysterie – abgeleitet von dem griechischen Wort „hysteros" = Gebärmutter – ist ein veralterter psychiatrischer Begriff für eine psychische Störung, die um 1895 von Freud und Breuer beschrieben und vor allem Frauen zugeschrieben wurde. Frauen, die (scheinbar) „über körperliche Beschwerden ohne erkennbare Ursachen klagten" und „oft zu Gefühlsausbrüchen neigten", wurden als hysterisch bezeichnet. Die heutige Psychoanalyse ist immerhin bereit, die Ursache der Hysterie in einem Extrem-Trauma zu sehen und die hysterische Störung als „posttraumatische Stressverarbeitung", als Ausdruck einer „Posttraumatischen Belastungsstörung" zu verstehen. Aus Sicht der Existenzanalyse (nach Viktor Frankl) entwickelt sich die Hysterie aus chronischer Entwertung, Grenzverletzung und tiefem ungefühlten, verdrängten Schmerz. [(12)]

Schmerz will sich ausdrücken, wenn aber extreme und lebensbedrohliche Erfahrungen, körperliche und seelische Qual, durch Menschen verursacht wurden (Terror, Vergewaltigung, Folter), dann ist der körperliche und emotionale Ausdruck meist durch die Täter behindert. Der dem Trauma aktuell angemessene, aber verbotene Ausdruck von Schreien, Beißen, Treten, Schlagen wird im Leib-Seele-System eingefroren und kann später zu verzerrter Wahrnehmung, extremem Unbehagen, Phobien, Panik, Amnesien, „posttraumatischer Sprachlosigkeit", Suizidalität, Depressionen, Suchtverhalten und Dissoziationen führen. Über einen aktuellen körperlichen, sinnlichen oder emotionalen Reiz kann sich die einstmals blockierte Trauma-Energie nach Jahrzehnten – im zeitunabhängigen präexistentiellen Kontext sogar noch nach Jahrhunderten oder Jahrtausenden – dramatisch entladen. Die russische Psychiaterin Olga Karithidi spricht hier von „Trauma-Dämonen", die befreit werden wollen und die sich gewaltsam selber befreien, wenn wir sie an ihrer heilsamen Befreiung hindern.

„Zeige deine Wunde!", ist die Botschaft Chirons: Lass den Schmerz, die Wut hörbar und sichtbar werden im Schreien, Brüllen, Toben, Klagen. Kaye Hoffmann zitiert eine junge Frau, die mit ihrer schweren Krankheit haderte[(13)]: „Aber endlich einmal klagen, laut klagen zu dürfen, das hat mich unendlich befreit und irgend etwas in mir berührt, was ich nie zeigen oder berührt wissen wollte – etwas wie eine tiefe Wunde, die sich nie geschlossen hat."

Auf diese Weise ehren wir Chiron, den verwundeten Heiler, die verwundete Heilerin, in uns. Im Holotropen Atmen können wir erfahren, wie Schreien aus allertiefster Not sich wandelt – ganz „vom Selbst" – in ein Gebet, einen schamanischen Gesang, ein Heilungs-Lied. In manchen Heil-Kulturen war das Finden des eigenen inneren Heilungs-Liedes wesentliche Vorbedingung für die Aufnahme in den Kreis der Erwachsenen. Unser christliches „Halleluja" war ursprünglich ein präverbaler, rudimentärer Schrei aus allertiefster Not, der sich im Ausdrücken zum Lobgesang wandelte.

„Zeige deine Wunde!", dies ist die uralte Botschaft Chirons für eine moderne Transpersonale Psychotherapie. Wie die Wunde sich wandeln kann, wenn sie angenommen und ausgedrückt wird, sich magisch verwandelt in Stille, Frieden und Liebe, das zeigt die folgende Erfahrung aus der Zeit meiner psycho-spirituellen Krise:

Den Schmerz zelebrieren – eine Erfahrung

„Erhebt über die Berge hin
Weinen und Klagen,
über die Weideplätze der Steppe
ein Totenlied!“

Jeremia 9, 9

Vielleicht wollte ich nur ein wenig leichter, sorgenfreier und freudiger leben. Deshalb war ich auf die Insel gekommen. Aber es kam anders: Nicht leichter, sorgenfreier und freudiger wurde mein Leben, es wurde schwerer, sorgenvoller und schmerzlicher. In mir existierte die Ahnung: Ich war nicht zum Vergnügen – Sonnen, Schwimmen, Am-Strand-liegen – hierher in die Einsamkeit gekommen.

Der innere Schmerz, der Seelen-Schmerz, war stark, nicht auszuhalten, nicht zu halten, manchmal. Dann stieg ich hinab in die Schlucht des Flusses mit dem Namen „Chalaris“, hier hatte ich in einer sandigen Nische, zwischen den Felsen, einen Steinkreis gebaut, einen Heilkreis. Hier konnte ich den Schmerz „zelebrieren“, ihn annehmen, ihn „feiern“.

So sitze ich an jenem Tag, wieder einmal, schmerz-erfüllt, ungeschützt und bloß, in meinem Kreis. Ich beginne, leise zu wimmern, mit jedem Ausatmen ein kleines Wimmern, ein kleines Tönen, tönen einer grenzenlosen, einer uralten Not ... einatmen und ausatmen, das Wimmern wird lauter, heftiger, stärker. Einatmen und ausatmen, wimmern und tönen, einatmen und ausatmen ... Weinen, starkes befreiendes Weinen. Fließen, Strömen, ein Meer aus Tränen. Klingt so die Nachtmeerfahrt der Seele?

Ich schlage die kleine Trommel, ihr Klang hält mich, hält die Seele im Körper. Ich atme tiefer, – loslassen – fliegen mit dem Schmerz. Schmerz will den Körper schütteln. Schmerz will beben. Schmerz will bewegen. Schmerz will leben. Geschüttelt im Rhythmus der kleinen Trommel beginnt es zu schreien, beginnt es zu klagen ...

Tiefe, kehlige, wilde, uralte Klage-Schreie entringen sich meiner Kehle. Meiner? Die Stimme klingt fremd, kreischend, klingt viel-stimmig. Bin ich das? Wer schreit hier? Ich höre Gebär-Schreie und höre Geburts-Schreie, Kinder-Schreie, Angst-Schreie, Schmerzens-Schreie, Todes-Schreie und Lebens-Schreie. Bin ich das, alles? Ist das alles in mir?

Ich höre das Schreien der Kinder, das Schreien der Alten, das Schreien der Verstoßenen, der Einsamen, der Verzweifelten, der Gequälten, das Schreien der Gefolterten. Bin ich das, alles? Ist das alles in mir?

Ich höre das Schreien der Tiere, das Schreien der Bäume, das Schreien der Wasser, das Schreien der Täler und das Schreien der Berge. Ich höre das Schreien von Mutter Erde. Bin ich das alles? Ist das alles in mir?

Und dann beginnt das Brüllen. Es brüllt aus mir, es brüllt aus altem un-aus-halt-barem Schmerz. „Lass es brüllen, lass es brüllen“, sage ich mir sanft, lege die Trommel zur Seite und werfe mich bebend vor Schmerz in den Sand. „Lass es brüllen, lass es brüllen“, sage ich mir zärtlich – immer wieder, immer wieder ...

Das Beben wird weniger, das Brüllen wird leiser. Brüllen wird Schreien, Schreien wird Weinen, Weinen wird Wimmern. Wimmern wird Tönen, Tönen wird Rufen, Rufen wird Singen, Singen wird Beten. – Singen ist Beten. Ich sitze im Sand, schlage die Trommel und singe mein Lied, ein Lied für die Große Mutter. Die Mutter von Leben und die Mutter von Tod.

Einige Tage später traf ich einen Mann aus Deutschland, einen Urlauber. Er erzählte mir, wie er kürzlich beim Wandern, in der Schlucht, ganz furchtbar erschrocken war, weil da jemand – oder etwas? – so furchterregend brüllte. Er schlich sich, wie er mir berichtete, an diese Stelle. Und er sah eine Frau, weinend, klagend, laut schreiend, nackt auf der Erde. Und dann hörte er sie singen und er hörte sie beten. „Ich war tief erschüttert und tief berührt“, sage er. „Ich danke Dir.“

(G.C., Ikaria 1991)

Der Schrei.
Skulptur (Detail) v. G. Croissier, 2009, Foto: Tim Besserer

Anleitung zur Transformation von starkem psychischem Schmerz

- Den Schmerz im Körper spüren und stärker werden lassen.
- Ihn in die Mitte der Brust, in den Bereich der *Thymusdrüse* ziehen (Herzchakra).
- Hier den Schmerz halten und atmend verstärken.
- Mit dem Aus-Atem ausdrücken, tönend fließen lassen.
- Dabei jeden emotionalen und körperlichen Ausdruck – Weinen, Schreien, Zittern, Beben usw. zulassen.
- In der therapeutischen Praxis diesen Ausdruck unterstützen, mit wenigen Worten oder dem dem monotonen Schlag der Trommel.
- So lange im körperlichen und stimmlichen Ausdruck bleiben, bis es vom Selbst still wird.
- Fühlend in der Stille verweilen, danken, beten …

Aus meiner jahrelangen Erfahrung sind „Bach-Blüten“ eine große Hilfe zur Transformation starker Emotionen, die psychisch kaum mehr zu halten sind: Es gibt allein vier Essenzen für Angstzustände und „Sweet Chesnut“ hilft bei großem seelischem Schmerz.

Speise des Lebens – Wasser des Lebens

> „gib mir die gabe der tränen gott
> gib mir die gabe der sprache
> gib mir das wasser des lebens“
>
> Dorothee Sölle [14]

Dorothee Sölle (1929-2003), evangelische Theologin, Dichterin, Feministin, Friedens- und Ökologie-Aktivistin, war eine radikale Frau, die Wahrheit an der Wurzel packend. Sie war bereit, sich in ihrer eigenen Kirche unbeliebt zu machen – um der Wahrheit willen. Sie entmystifizierte das patriarchale personale Gottes-Bild vom guten Vater im Himmel und predigte einen Gott, der durch uns wirkt: „Gott hat keine anderen Hände, als die unseren.“ In diesem Sinne vertrat sie eine radikale politische Theologie. So schrieb sie in ihrem Buch „Gegenwind“ (1995): „Theologisches Nachdenken ohne politische Konsequenzen kommt einer Heuchelei gleich. Jeder theologische Satz muss auch ein politischer sein."

Sie hatte promoviert, habilitiert, viele Bücher veröffentlicht und dennoch blieb ihr in Deutschland ein Lehrstuhl verwehrt. Radikale, kluge und kämpferische Frauen sind im patriarchalen Wissenschaftsbetrieb nicht sonderlich beliebt; so blieb sie zeitlebens „umstritten". Die schonungslose Radikalität ihrer sprachlichen Mitteilungen provozierte bei den Zuhörern Betroffenheit und bei denen, welche die Wahrheit nicht hören wollen, vermutlich auch Ablehnung und Feindseligkeit. Mitteilungen wie die folgende, in einem Vortrag vor dem Ökumenischen Rat der Kirchen 1983 in Vancouver, lassen niemand kalt:

„Ich spreche zu Ihnen als eine Frau, die aus einem der reichsten Länder der Welt kommt; einem Land mit einer blutigen, nach Gas stinkenden Geschichte. (...) Reich ist die Welt, in der ich lebe, vor allem an Tod und besseren Möglichkeiten zu töten." [(15)]

Wie sehr Dorothee Sölle unter ihrer radikalen Wahr-Nehmung der gesellschaftlichen Schatten-Realität gelitten haben mag, können wir nur erahnen. Ihre Bitte „gib mir die gabe der tränen gott" und ihr „Klagegebet" (zitiert am Beginn des folgenden Kapitels) verweisen auf ihr schmerzliches Ringen um befreienden emotionalen Ausdruck. Dorothee Sölle starb im Alter von 73 Jahren an einem kranken Herzen.

Dorothee Sölles Suche nach den „Brunnen lebendigen Wassers" und ihre eindringliche Bitte: „gib mir das wasser des lebens", verbinden sie mit der matriarchalen Theologie, der Thea-logie der Großen Lebens-Mutter. Denn, Wasser verweist auf das Fühlen als Mutter-Prinzip, verweist auf emotionale Tiefe und einen heilsamen Tränen-Strom, der Wandlung und Heilung bewirken kann.

Im sumerischen Mythos von Inannas Abstieg in die Unterwelt ist das „Wasser des Lebens" das einzigartige Geschenk, welches Erneuerung und Wiedergeburt bewirkt: Inanna, die „Königin von Himmel und Erde", steigt hinab in die Unterwelt und erleidet den Tod. In der Mythe heißt es von ihr [(16)]: „Hoch droben im Großen Oben stellte Inanna die Ohren auf und horchte auf das Große Unten." „Aus höchster Höhe" steigt sie „hinab zum tiefsten Grunde". Hier, in der Unterwelt, liegt Inannas dunkle Schwester, Ereschkigal, die „Königin der Unterwelt", in den Wehen.

Vater Enki erschafft zwei Geschöpfe: ein „kurgarra" – ihm gibt er „die Speise des Lebens" – und ein „galatur"– diesem gibt er „das Wasser des Lebens“. So, mit den Kräften des Lebens ausgestattet, schickt er die beiden in die Unterwelt und beauftragt sie, Ereschkigal in ihrer Not beizustehen und Inanna aus der Unterwelt zu befreien:

„Ereschkigal, die Königin der Unterwelt, liegt dort und stöhnt vor sich hin.
Mit Schreien, wie sie Frauen ausstoßen, die kurz vor der Geburt stehen.
Kein Leintuch ist über ihren Leib gebreitet.
Ihre Brüste sind unbedeckt.
Die Haare schwirren um ihren Kopf herum wie Lauchringe.
Wenn sie schreit: »Oh! Oh! Mein Inneres!«
Schreit mit ihr: »Oh! Oh! Dein Inneres!«
Wenn sie schreit: »Oh! Oh! Mein Äußeres!«
Schreit mit ihr: »Oh! Oh! Dein Äußeres!«
Darüber wird die Königin sich freuen.
Sie wird euch ein Geschenk anbieten.
Bittet sie nur um den Leichnam, der vom Haken an der Wand herunterhängt.
Eins von euch wird ihn mit der Speise des Lebens besprengen.
Das andere wird ihn mit dem *Wasser des Lebens* besprengen.
Inanna wird auferstehen.“

Kurgarra und galatur schlüpfen durch die Öffnungen der Tore in die Unterwelt.

„Sie gelangten in den Thronraum der Unterweltskönigin.
Kein Leintuch war über ihren Leib gebreitet.
Ihre Brüste waren unbedeckt.
Die Haare schwirrten um ihren Kopf herum wie Lauchringe.
Ereschkigal stöhnte:
„Oh! Oh! Mein Inneres!“
Sie stöhnten mit ihr:
„Oh! Oh! Dein Inneres!“

Sie stöhnte:
„Ohhhh! Oh! Mein Äußeres!“

Sie stöhnten mit ihr:
„Ohhhh! Oh! Dein Äußeres!"

Sie ächzte:
„Oh! Oh! Mein Bauch!"
Sie ächzten mit ihr:
„Oh! Oh! Dein Bauch!"

Sie ächzte:
„Oh! Ohhhh! Mein Rücken!"
Sie ächzten mit ihr:
„Oh! Ohhhh! Dein Rücken!"

Sie seufzte:
„Ah! Ah! Mein Herz!"
Sie seufzten mit ihr:
„Ah! Ah! Dein Herz!" (…)

Ereschkigal hielt inne.
Sie starrte sie an.
Sie fragte:
„Wer seid ihr,
Die ihr mit mir stöhnt, ächzt und seufzt?
Wenn ihr Gottheiten seid, will ich euch segnen.
Wenn ihr Sterbliche seid, will ich euch ein Geschenk geben.
Ich will euch die *Wasser-Gabe* schenken, den Fluß in seiner Fülle." (…)

Kurgarra und galatur bitten Ereschkigal um den Leichnam der Inanna.

„Der Leichnam wurde ihnen übergeben.
Das kurgarra besprengte den Leichnam mit der Speise des Lebens.
Das galatur besprengte den Leichnam mit dem *Wasser des Lebens.*
Innana stand auf …" [(17)]

Kopf der verwundeten Heilerin. Skulptur (Detail) v. G. Croissier, 2009, Foto: T. Besserer

Ur-Wunde,
verlorene Einheit und
Schmerz des Lebens.

Trauern und Klagen,
zu Grunde gehen,
– in Stille sein –

Ur-Grund
und Einheit erfahren:
Wandlung, Heilkraft
und Segen.

Schmerz wird Freude
Angst wird Liebe
Tod wird Leben.

8. Trauern, Klagen - Stille sein

Ein Klagegebet

Gott unsere Mutter
an den Wasserflüssen Babylons sitzen
unsere Freunde und weinen
Verschleppte, Vertriebene, Flüchtlinge,
die wir Asylanten nennen,
die die Spuren der Angst und des Leidens
und des Heimwehs an ihren Körpern tragen
sitzen bei uns in Babylon
wo wir die Türme in den Himmel bauen
und die Tiefflieger aufheulen lassen
zwischen Himmel und Erde
sitzen sie und weinen

Gott unser Vater
auch wir sind nicht ganz zuhause hier in Babylon
zwischen unseren Atomfabriken und Atombomben und Atomherren
auch wir weinen, wenn wir an Zion denken
Deine Stadt voller Brunnen mit unverseuchtem Wasser
und voller Gerechtigkeit
auch wir hängen unsere Harfen in den Wind
weil wir nicht singen mögen
nicht Deutschland über alles und nicht
Kein schöner Land kommt über unsre Lippen

Gott unser Bruder
du hast die Traurigkeit gekannt
du hast Angst gehabt wie jeder von uns
sogar deine Freunde haben dir Angst gemacht
sogar deine Familie und dein Land
das besetzt war wie unseres
hat dir Angst gemacht
und deine Kirchen haben dir keinen Schutz geboten

Gott du Geist des Mutes
gib, daß wir unsere Traurigkeit leben
ohne aufzuhören dich zu lieben
gib, daß wir mitten in Babylon
die Brunnen lebendigen Wassers suchen
und laß uns nicht verdursten nach Gerechtigkeit (…)

Dorothee Sölle, auf dem Aachener Katholikentag 1986 (1)

Trauer – Sitzen auf dem Stein ohne Lachen

Demeter, die alte kretische Lebens-Mutter, die stetig sich wandelnde Göttin von Fruchtbarkeit, Wachsen und Blühen und genauso von Welken, Sterben und Vergehen, sie sitzt „auf dem Stein ohne Lachen". Sie trauert um ihre Tochter Persephone (ihr eigener Unterwelts-Aspekt), die von Pluto in den Hades, die griechische Unterwelt, entführt wurde. In ihrer göttlichen Ganzheit überlässt sie sich dem Schmerz über den Verlust ihrer geliebten Tochter:

„Scharf wie ein Stachel traf sie das Leid ins Herz;
Ihre lieben Hände zerfetzen den Schleier auf ihren ambrosischen Haaren,
Beide Schultern behing sie sich dann mit dunkler Umhüllung,
Raste fort übers Feste und Nasse, wie Vögel es können,
Immer suchend. (…)
Neun lange Tage durchwandelt das Land die waltende Deo,
Brennende Fackeln trug sie in Händen,
In leidvoller Stimmung wies sie ambrosische Speisen zurück,
Verschmähte des Nektars honigsüßes Getränk
und badete niemals den Körper." (2)

Das Leben in irdischer Polarität bringt Fülle *und* Mangel, die Erfahrung von Verlust ist alltäglich. Verlust-Schmerz ist hierauf die natürliche Antwort der Seele, wir sind traurig, wir sind in Trauer. In seinem Buch „Ich sehe deine Tränen" schreibt der griechische Opernsänger, Psychologe und Gestalttherapeut Jorgos Canacakis (3) über die Trauer:

„Sie ist ein Gefühl, das mit uns geboren wird und gleich im Geburtsschrei zum ersten Mal in Erscheinung tritt. Wir trauern auch, wenn unsere Zeit gekommen ist und wir vom Leben Abschied nehmen müssen. Dieses Gefühl ist immer da und weicht selten von unserer Seite … Trauer ist immer da und zu unserer Verfügung, wenn wir vor Erfahrungen der Trennung, des Abschiednehmens und des Verlusts stehen."

„Da wir für Verluste von Natur aus vorprogrammiert sind, hat uns die Evolution so ausgestattet, dass unser Organismus damit auch fertig werden kann. Wir sind mit Fähigkeiten ausgerüstet, Verluste und Trennungen aller Art zu bewältigen. Diese Fähigkeit ist das Trauernkönnen. Wir besitzen sie unser ganzes Leben lang, von der Geburt bis zum Tod. *Trauer ist also eine spontane, natürliche, normale, und selbstverständliche Antwort unseres Organismus, unserer ganzen Person auf Verlust.* "

Wenn uns „scharf wie ein Stachel" der Schmerz mitten in Herz trifft, dann können wir erleben, wie aktives Trauern und aktives Klagen den Schmerz mildern und die Wunden heilen kann. Dann können wir die Fähigkeit zum Trauern, Klagen und die Gabe der Tränen als ein Geschenk der Göttin erfahren:

„Wenn ihr Sterbliche seid,
will ich euch ein Geschenk geben.
Ich will euch die Wasser-Gabe schenken,
den Fluß in seiner Fülle."

Die „Wasser-Gabe" ist das göttliche Geschenk an uns Sterbliche. Mit dieser Gabe könnten wir den Tod transformieren und „ewiges Leben" erlangen, die Bewusstheit der Einheit von Leben und Tod. Demeters und Inannas aktive Trauer-Prozesse könnten uns ermutigen, die eigene Trauer anzunehmen, den eigenen Trauer-Schmerz hörbar und sichtbar werden zu lassen. Sie könnten uns Vorbild sein, für die Gestaltung eigener heilsamer Trauer-Rituale. Für „Trauerrituale, die uns den Weg durch die Trauer zeigen, das Gefühl der Sicherheit auf diesem Weg geben, die Erlaubnis und die Solidarität der anderen enthalten und die durch symbolische Handlungen den Weg durch die Trauer ebnen können." (4)

Die Wasser-Gabe, das Weinen, als ein göttliches Geschenk anzuerkennen, davon sind wir in unserer Kultur allerdings weit entfernt. Tränen haben kein hohes Ansehen, bei Tränen schauen die meisten lieber weg. Vor allem Männer erleben heftiges Weinen und den leidenschaftlichen Ausdruck von Schmerz meist als peinlich: Hier erinnere ich mich an einen Kollegen, mit dem ich früher in Co-Therapie mit Familien arbeitete. Immer dann, wenn die Ehefrau weinte, begann mein Kollege mit dem Ehemann ein Gespräch. So schützten sich Männer vor der Peinlichkeit weiblicher Gefühlsäußerungen.

Ein Hinweis von Canacakis ist bemerkenswert: dass Tränen, als etwas körperlich Fließendes, dem gleichen Tabu unterliegen wie andere Körper-Flüssigkeiten[(5)], wie Blut, Speichel, Sperma und Scheidensekret. Warum? Und warum neigen gerade die Menschen im nördlichen Europa dazu, ihren Ausdruck von Schmerz und Trauer zu begrenzen, während die Menschen im südlichen Europa ihn eher und auch ausdrucksstärker fließen lassen?

Dabei haben wir gerade in dieser Zeit so viel zu betrauern, so viel zu beweinen: Gestern, am 22.3.2016 wurden Terroranschläge in Brüssel verübt, mehr als 30 Menschen starben. Die Menschen klagen, weinen und halten sich in den Armen. Es braucht offensichtlich aktuelle und dramatische Trauer-Anlässe, damit der alte und der neue Schmerz gefühlt, ausgedrückt und mit Anderen geteilt werden kann. Damit die Wunde heilen kann, haben wir die Gabe der Tränen anzunehmen, Weinen wirkt befreiend, erlösend, es dient der seelischen Gesundheit. Es dient aber auch der *körperlichen* Gesundheit, indem mit Schleim und Tränen Giftstoffe aus dem Körper geschwemmt werden. Weinen und Klagen ist heilsam für Seele und Körper[(6)]:

> „Sorge für einen einwandfreien Tränenfluss und für die Wandlung Deiner Tränen. Freie, fließende Tränen sind meistens ein Zeichen für die volle Anerkennung des Verlusts. Tränen helfen uns, das Unwiederbringliche der Verlustsituation zu verstehen und damit die Realität des Verlusts anzunehmen.
>
> Wenn der Schmerz sehr groß ist und man merkt, daß man überschwemmt zu werden droht, dann sollte man für das Fließen nach außen sorgen. Wenn Du das Fließen nach innen richtest, wird Dein Herz belastet werden. Tränen gehören nach außen und nicht ins Herz."

Klage-Gesänge und rituelle Toten-Klagen

„Schrei laut zum Herrn,
stöhne, Tochter Zion!

Wie einen Bach laß fließen die Tränen
Tag und Nacht!

Niemals gewähre dir Ruhe,
nie laß dein Auge rasten

Steh auf, klage bei Nacht,
zu jeder Nachtwache Anfang!

Schütte aus wie Wasser dein Herz
vor dem Angesicht des Herrn!“

Klagelieder des Jeremia, 2, 18-19

In der alten Zeit gab es Kulturen, in denen das aktive Trauern in das gesellschaftliche Leben, in seine Traditionen, seine religiösen Kulte und auch in seine Kunstformen integriert war. Die *griechische Tragödie* entwickelte sich aus den uralten rituellen Totenklagen, den Thrénos. Die Tragödien der antiken Tragiker, Aischylos, Sophokles und Euripides enthalten erschütternde dramatisierte Totenklagen. Wir wissen, „daß sich die Menschen der Antike in den Trauerschmerz hineinbegaben und diesen auch vor und mit anderen zum Ausdruck brachten. Das half ihnen, die Angst vor dem Tod und der Unterwelt zu verringern, den Verlust als real zu erleben und den Abschied zu wagen.“[7]

Trauer und Klage in antiken Tragödien

In der „Orestie“ des Aischylos [8] wird dem von Ägistes getöteten Agamemnon das Totenopfer gebracht, während der Chor ruft:

„Vom Hause zum Grabe
Ein klagender Zug
Mit Spenden der Toten,

Mit schlürfenden Schlägen:
O purpurne Risse der Wange,
Frischblutende Furche der Nägel!
O endlos Gestöhne
Unstillbaren Jammers!
Flatternde Fetzen der Kleider,
Von Schmerzen zerrissen,
Des Brusttuchs Falten,
Vom finsteren Unglück zerzaust!

Durchdringendes Rufen,
Haarsträubend ein Schrei (…)“

Und ebenfalls von Aischylos, „Die Perser“ (9): Der besiegte Perserkönig Xerxes kehrt heim, nach verlorener Schlacht. Die Schlussszene ist ein großartiges rituelles Klagen. Ich zitiere Passagen aus dem dramatisch sich steigernden Dialog zwischen Xerxes und dem Chor (kursiv im Original):

Xerxes: „Es schreit, schreit mir in den Gliedern
Drinnen das Herz!
(…)
Mein Kleid zerriß ich ob des Missgeschicks!
(…)
Weine, weine des Leids und geh zum Haus!
Chor: Ich weine mich naß, jammervoll!
Xerxes: Schreie nun dumpf zur Erwiderung mir!
(…)
Lass schrillen den Sang mit mir zugleich!
Otototoi!
Chor: Otototoi! (…)
Sie schlagen sich die Köpfe.
O-ih! auch dieses schmerzt sehr!
Sie schlagen sich weiter
(…)
Xerxes: So kreische jetzt mit Heulen!
Ototototoi!
Chor: Ototototoi! (…)

Schlagen sich das Haupt
O-ih! der jammervolle Hieb!
Schlagen sich weiter
Xerxes: Auch die Brust schlage und schreie dazu
Das Mysische Lied!
(…)
Und rauf mir das weiße Haar dir am Kinn!
Chor: Dreinkrallend, krallend, gar jammervoll!
Raufen sich mit gespreizten Händen.
Xerxes: Und schreie schrill!
Chor: Auch das, ich wills!
Xerxes: Das Kleid zerreiße an der Brust
Mit der Hände Spitzen!
(…)
Und raufe das Haar und klag um das Heer!
Chor: Dreinkrallend, krallend, gar jammervoll!
Raufen sich die Haare
Xerxes: Laß überströmen die Augen!
Chor: Tränennaß bin ich schon!
Xerxes: Schreie nun dumpf zur Erwiderung mir!
Chor: O-ih! o-ih! O-ih! o-ih!
(…)
Xerxes: *mit höchstem Ausdruck*
Äh äh! Äh äh! Auf den dreirudrigen,
Äh äh! Äh äh! den Schiffen
Die Umgekommenen!!!
Stille
(…)
Chor: So gebe ich dir das Geleit
Mit mißtönenden Klagen!

Beeindruckend, dieser vielfältige Ausdruck von Trauer- und Klage-*Lauten*: Durchdringendes Rufen, Weinen, Stöhnen, Jammern, schrilles Schreien, dumpfes Schreien, Kreischen, Heulen, O-ih! o-ih! O-ih! o-ih!, misstönendes Klagen!

Und ebenfalls beeindruckend, dieser Reichtum an Trauer- und Klage-*Gesten*: Schlürfende Schläge, Zerkratzen des Gesichts, Zerreißen der Kleider, die Köpfe anschlagen, auf die Brust schlagen, den Bart raufen, die Hände verkrallen, sich die Haare raufen!

Dieser hochdramatische, lebendige und *kollektive* Ausdruck von quälendem Schmerz wirkte befreiend, reinigend und heilend. Er sicherte das emotionale und körperliche Überleben eines Volkes und der einzelnen Menschen nach einer kollektiven oder persönlichen Katastrophe. Der Trauer-Schmerz wurde nicht verdrängt, nicht abgespalten, nicht ins Körperliche verbannt. In einem kollektiven Psycho-Drama durfte er sich voll entfalten und exzessiv entladen.

In einem Trauer-Ritual wird die dramatische Klage gleichzeitig aktiviert *und* gehalten. Der Chor, als das Echo der eigenen inneren Stimme, wirkt als Verstärker, wirkt konfrontierend, manchmal mahnend, wirkt *aktivierend* und *begrenzend*. Das *kollektive Ritual* bietet einen schützenden Rahmen, gibt Erdung sowie zeitliche und räumliche Begrenzung. Der aktive Ausdruck von Schmerz findet hier schließlich seine Erlösung in der Stille. In der Tragödie des Aischylos folgt auf den höchsten Ausdruck von Xerxes' Klage – *Stille.*

Diese Stille ist der magische Moment nach einem tiefen Aus-Atmen und vor dem nächsten Ein-Atmen; in ihm liegt die Erfahrung von Einheit, Erfahrung von Glückseligkeit. Aktives und kollektives Trauern verhindert chronisches Leiden und schenkt neuen Lebens-Mut!

Ich fühle gerade Betroffenheit und auch Resignation angesichts der dramatischen Verarmung von Trauerfähigkeit in unserer ‚zivilisierten' Gesellschaft. An Stelle einer Einladung zu einem gemeinsamen und verbindenden Abschiedsritual ist dies die Erwartung an die Trauergemeinde: „Von Beileidsbekundungen am Grab ist abzusehen, Kondolenzliste liegt aus."

Statt Verbindung wird hier Trennung verordnet; Bei-Leid, Anteilnahme am Leid der Trauernden ist untersagt. Das Echo der Mit-Trauernden, die kollektive Verstärkung des eigenen zurückgehaltenen Schmerzes erzeugt Angst. Wo es aber keinen Ausdruck von Schmerz geben darf, da kann es auch keinen Ausdruck von Liebe geben und keinen Ausdruck von Freude. Denn alles Fühlen kommt aus einer Quelle.

Totenklage in den griechischen Myroloja

Die Trauer- und Klagerituale des Alten Griechenlands und ihre dichterische Ausformung in den Tragödien der Antike wirkten fort in den zeitgenössischen griechischen Totenklagen, den „Myroloja", wie sie noch bis zum Ende des zwanzigsten Jahrhunderts auf der Halbinsel Mani und in manch anderen ländlichen Regionen Griechenlands zelebriert wurden. Der griechische Sänger und Psychotherapeut Canacakis hat die traditionelle *Myrolojakunst* der Mani – die meist von Frauen, den „Myrolojistra" ausgeübt wird – erforscht und in seinem Buch beschrieben: [(10)]

> „Die Myroljistra (Klagende) verhält sich wie die Protagonistin in den Tragödien der Antike. Sie ist fähig (...), konzentriert und in Halbtrance ihre Gefühle, ihre Erfahrungen, ihre Beziehung zum Verstorbenen, die momentane Verfassung der Anwesenden, ihr Gedicht, ihre Trauer, ihre Stimme, Melodie und Rhythmus in einem kreativen Prozess zu einem zusammenhängenden Ganzen zu bringen (...)."
> „In griechischen Totenklagen wird liedhaft und lyrisch gedichtet und gesungen, wird beklagt und angeklagt. (...) Die Klage wird durch rhythmische Bewegungen der Hände, des Kopfes und des ganzen Körpers begleitet. Wenn das Gefühl und die Betroffenheit verstärkt in den Vordergrund treten, ändert sich die Lautstärke; Rhythmus und Melodie machen den Eindruck eines trance- oder ekstaseähnlichen Zustandes. (...), der Kopf wird entblößt, und die Haare bedecken dann das ganze Gesicht. Wenn der Trauerschmerz stark wird, schlagen sich die Trauernden auf die Brust, ziehen sie an ihren Haaren, reißen sich manchmal sogar die Haare aus. Sie steigern sich oft in laute, unartikulierte, herzzerreißende Klagerufe und schwenken mit den Händen das Kopftuch hin und her. Die übrigen Klagenden sitzen um den Toten und beteiligen sich an der Klage (...): durch Mitsingen, durch Wehklage-Rufe am Ende eines jeweiligen Reimes. Diese klingen wie ein weiches Stöhnen."

Die Klagelieder des Jeremia

Auch im *Alten Testament* finden wir Texte berührender Trauerklagen, *„die Klagelieder Jeremias"*, die diesem Kapitel beispielhaft voran- und nachgestellt sind. Tatsächlich stammen diese Texte, dem Propheten Jeremia zugeschrieben, aber von verschiedenen Autoren, die zwischen 587 und 539 v. Chr. diese lyrische Trauerklage verfasst hatten. In ihr wurde die Zerstörung Jerusalems durch die Kaldäer beklagt und sie diente ebenfalls der mahnenden Erinnerung an die Katastrophe des Untergangs und der folgenden Babylonischen Gefangenschaft. Das lyrische Versmaß folgt dem Rhythmus der „Qênâh", der traditionellen hebräischen Totenklage, und bedient sich gleichzeitig einer „beschwörenden Ausdrucksform", die sich allerdings nur im hebräischen Originaltext wirklich vermittelt. (11) Dennoch, auch die deutsche Übersetzung berührt uns in ihrer Dichte und emotionalen Eindringlichkeit.

„Begreift es! Ruft die Klagefrauen herbei!
Schickt nach den weisen Frauen!
Sie sollen kommen.

Schnell sollen sie kommen
und Klage über uns anstimmen,
so daß unsere Augen von Tränen fließen
und unsere Wimpern von Wasser triefen.

Da, horch, ein Klagelied ist aus Zion zu hören:
Ach, wie sind wir misshandelt,
in große Schande gestürzt!

Wir müssen die Heimat verlassen,
unsere Wohnungen hat man zerstört. (...)

Lehrt eure Töchter die Klage,
eine lehre die andere das Totenlied:

Der Tod ist durch unsere Fenster gestiegen,
eingedrungen in unsere Paläste.

Er rafft das Kind von der Straße weg,
von den Plätzen die jungen Männer.

Die Leichen der Leute
liegen wie Dünger auf dem Feld,
wie Garben hinter dem Schnitter;
keiner ist da, der sie sammelt."

Jeremia 9, 16-21

„Ach, wäre mein Haupt doch Wasser,
mein Auge ein Tränenquell:
Tag und Nacht beweinte ich
die Erschlagenen …"

Jeremia 8, 23

Solche Klage-Gesänge, in ihrer Eindringlichkeit und ergreifenden emotionalen Schönheit, sind uns heute verloren gegangen. Mit zunehmender Patriarchalisierung wurden die weitgehend von Frauen zelebrierten Trauer- und Klagerituale als „barbarisch" erlebt. Die frühen Kirchenväter reagierten mit Entwertung auf die archaischen Klagerituale der Frauen, die nun als „heidnisches Brauchtum" diffamiert und verboten wurden: „Verhaltensweisen wie starkes Schreien, längeres Weinen, Auf-die-Brust-Schlagen, Kratzen des Gesichts, so daß es blutet, sowie das Entkleiden von Armen und Brüsten sind zu unterlassen."[(12)]

Die „schrille Totenklage", der leidenschaftliche Ausdruck von Trauer-Schmerz, wurde von den Kirchen-Oberen untersagt. Diese Verbote wirken weiterhin in unserer Psyche, mit fatalen Folgen für die körperliche und seelische Gesundheit.

Klage-Rituale in der Psychotherapie

Der dramatische und heilsame Ausdruck von Verlust-Schmerz, wie er über die Mythen, die antiken Tragödien, die Klageliedern des Jeremia und die Myrolojakunst der Mani überliefert ist, ähnelt in erstaunlicher Weise dem, was uns auf einer geschlossenen psychiatrischen Abteilung begegnen kann:

Schwere psychiatrische Symptome, wie beispielsweise unentwegtes lautes Schreien, sich Schneiden, blutig Kratzen, sich Beißen, die Haare Ausreißen, können als unbewusster und unkontrollierter Ausdruck von altem, verdrängtem und dramatischem Verlust-Schmerz verstanden werden. Eine dramatische Verlust- oder Gewalt-Erfahrung verlangt einen ebenso dramatischen und gewaltigen Ausdruck über Körper und Stimme. Die emotionale, aggressive Ladung, die sich ausdrücken will, entspricht der emotionalen, aggressiven Ladung der traumatischen Opfer-Erfahrung. Ist die emotionale Ent-Ladung aber verboten oder wird sie gewaltsam behindert – wie bei Gewaltverbrechen und Folter – dann bleibt diese aggressive Ladung im Leib-Seele-System stecken und mündet in schwere körperliche und seelische Störungen.

Vor Jahren befreite ich in einer Nacht-und-Nebel-Aktion meine geistig behinderte Schwester aus einer psychiatrischen Hölle: Nacht für Nacht tobten und randalierten hier extrem traumatisierte Kriegsopfer, Männer aus Afghanistan. Was sie dringend gebraucht hätten – und was unzählige weitere Kriegsflüchtlinge heute dringen bräuchten – wären kollektive Klagerituale, gehaltenes und kontrolliertes „Aus-Rasten"; stattdessen werden sie „ruhiggestellt", mit unabsehbaren Folgen auch für die kommenden Generationen. Denn: Opferschaft wandelt sich in Täterschaft.

Für den Heilungsprozess kann eine *erneute Erschütterung* notwendig sein, damit die alte Wunde aufbrechen und die blockierte Energie sich lösen kann. In manchen traditionellen oder schamanischen Kulturen wurde mit äußeren – manchmal auch schmerzlichen und Angst auslösenden – Reizen eine solche erschütternde Heilungs-Krise provoziert, in der die alten Verletzungen sich zeigen und abheilen konnten. Im Holotropen Atmen(13) ist es die evokative Musik und die beschleunigte Atmung, welche Körper und Bewusstsein dieser heilsamen Erschütterung aussetzen, die alten verhärteten Themen und Emotionen in Bewegung bringen und somit Transformation und Heilung ermöglichen.

Wie heilsam der archaische und *dramatische Ausdruck* von Schmerz sein kann, erlebe ich immer wieder in meiner therapeutischen Arbeit: Eine Klientin, welche vor vielen Jahren die gewaltsame Entführung im Kofferraum ihres Autos, Knebelung und lang andauernde Vergewaltigung überlebt hatte, zerriss in einer rasenden emotionalen Entladung (im Holotropen Atmen) ihre Kleidung. Dies war der entscheidende Durch-Bruch, nun konnte die Heilung beginnen.

Kürzlich arbeitete ich mit einer Mutter, deren jugendliche Tochter sich umgebracht hatte: Sie schrie und brüllte vor Schmerz, riss sich an den Haaren, biss sich in Hände und Arme und warf sich schreiend auf den Boden meines Therapieraumes. Und dann wurde sie langsam ruhig, in ihr wurde es still. Zum ersten Mal nach der Verlust-Katastrophe spürte sie so etwas wie Erleichterung.

Das Sich-nieder-werfen auf die Erde ist ein uralter archetypischer Heilungs-Impuls unseres Körpers, wenn der Schmerz nicht mehr zu halten ist.

Was hält uns noch, wenn wir uns absolut halt-los fühlen? Nur unser aller Mutter-Erde.

Es ist erstaunlich und beglückend, zu erleben, wie uralte Befreiungs- und Heilungs-Impulse in unserem kollektiven Unbewussten existieren und zum Vorschein kommen, wenn sie geachtet und zugelassen sind.

Solche spontan entstehenden emotionalen Ausbrüche unterstütze ich mit der Trommel. Der tief schwingende, monotone Schlag der Trommel wirkt als emotionaler Verstärker, ermutigt zum ungebremsten Ausdruck durch Stimme und körperliche Bewegung. Gleichzeitig hält der rhythmische Puls die Protagonistin im Hier und Jetzt, gibt heilsame Begrenzung und verhindert somit ein möglicherweise unheilvolles entgrenzendes Außer-sich-sein. Die Trommel ist hier Transportmittel und Anker gleichzeitig, sie ritualisiert den Trauerprozess und gibt ihm Gestalt und Struktur.

Wie die Schamanin, die mit dem Ton ihrer Trommel in die Untere Welt reist, so reist die oder der Klagende in die eigene innere Hölle ihrer oder seiner Schmerzen und befreit auf magische Weise die tief verwundeten Seelen-Anteile. Die Klage wird *zelebriert* und kann sich zum Ritual, zum Heiligen Drama *gestalten*. Zelebrierter Schmerz bekommt Form und verhindert, dass wir im Schmerz zerfließen; er kann zum Gebet werden, wie ich es selbst erlebt und in dem obigen Text „Den Schmerz zelebrieren" beschrieben habe. Danach wird es innerlich still, fried-voll. Licht erfüllt die Dunkelheit. Vielleicht kann dies als eine momentane Erfahrung von Erleuchtung bezeichnet werden?

Depression, die aktuelle psychische Volkskrankheit, resultiert aus blockierter, nicht bewegter aggressiver und schmerzvoller Energie. In der Blockade verdichten und verhärten sich Schmerz und Wut und führen in seelische und körperliche Lähmung. Nur die Annahme und der volle und bewegte Ausdruck von Schmerz und Wut können einen depressiven Zustand heilen oder lindern. Hierzu braucht es therapeutische BegleiterInnen, die ebenfalls bereit sind zur Annahme aller Gefühle, die nicht beschwichtigen, nicht schön-reden. Ganzheitliche Psychotherapie braucht Söhne und Töchter Chirons, Menschen, die ihre eigenen Wunden annehmen, ausdrücken, wandeln und den Seelen ihrer KlientInnen dienen.

Als heutige Psychotherapeuten und Psychotherapeutinnen sind wir zunehmend mit extremem Leid, extremem Grauen, extremem Schmerz konfrontiert. Wir hören Lebensgeschichten und hören von Höllen-Erfahrungen, von Verwundungen, die uns die Sprache verschlagen. Hier gibt es nichts mehr biografisch zu deuten, nichts auszubalancieren, nichts zu beschönigen, es gibt keinen Trost von außen. Jeder gut gemeinte Rat klänge wie Hohn. Alle erlernten psychotherapeutischen Konzepte verblassen zuweilen an der realen Erfahrung. Was tun? Was sagen?

Was will die Seele der Opfer? Annahme, einfach nur Annahme von dem, was war, von dem, was ist. Wer die eigenen inneren Höllen durchschritten und durchlichtet hat, kann hier Seelen-FührerIn sein auf dem Weg durch die innere Toten-Hölle. Menschen, die zu uns kommen, spüren intuitiv, ob wir „Eingeweihte" sind, eingeweiht in das Mysterium von Geburt und Tod, ob wir die Wunde kennen, den Schmerz. Sie spüren, ob sie sich uns zumuten können, ob wir bereit und in der Lage sind, annehmend und emotional präsent zu sein, angesichts von extremem Leid.

Das wichtigste ist hierbei annehmende Präsenz, die Erschaffung eines Heilungs-Feldes, in dem sich das Dunkelste und Fürchterlichste zeigen kann, weil es gewiss ist, in Liebe gehalten zu sein. Dieses Halten kann auch ganz wörtlich genommen werden: Ich erinnere mich jetzt beim Schreiben an eine schwangere junge Frau, die während der Schwangerschaft – in der sie männlichen Schutz und Fürsorge gebraucht hätte – von ihrem Mann verlassen wurde. Sie hat nur geschrien, geweint, geklagt, monatelang, und ich habe sie dabei gehalten, nichts weiter. Und ich erinnere mich auch an die Krisenintervention mit einer jungen, sensiblen und sehr mitfühlenden Tierärztin. Sie musste auf Anordnung ihres sadistischen Chefs an der Tötungsbox des Schlachthofes arbeiten, um ihre Zulassung als Veterinärin zu bekommen. Auch sie hat nur geschrien, gewürgt, gespuckt … und ich habe sie gehalten, nichts weiter, keine Beschwichtigung, kein Trost, nur mitfühlendes Da-Sein.

Manchmal kann es auch stimmig und hilfreich sein, so wie „kurgarra" und „galatur" in Ereschkigals Unterwelt, in die Litanei der Klagen einzustimmen, ein mitfühlendes Klage-Echo zu sein:

„Ich halt es nicht aus!"
„Ja, du hältst es nicht aus!"

„Es tut so weh!"
„Ja, es tut so weh!"

„Ich kann nicht mehr!"
„Ja, du kannst nicht mehr!"

Wir begleiten den Abstieg der Menschen, bis ans Ende, bis an den „toten Punkt". Wir reichen die „Speise des Lebens", das „Wasser des Lebens", dann kann der Aufstieg beginnen, die Wiedergeburt, die sich vom Wahren Selbst ereignet. „Die Wasser-Gabe" ist das Geschenk Chirons, das wir an die Menschen, die wir begleiten, weitergeben. Es ist das Geschenk der Seele.

> „Wer seid ihr,
> Die ihr mit mir stöhnt, ächzt und seufzt?
> Wenn ihr Gottheiten seid, will ich euch segnen.
> Wenn ihr Sterbliche seid, will ich euch ein Geschenk geben.
> Ich will euch die Wasser-Gabe schenken,
> Den Fluß in seiner Fülle."

„Sei still, wisse Ich bin"

Ikaria im Mai 1992: Seit Tagen fühle ich diesen schmerzlichen Zustand von Verletzt-sein. Ich fühle die Wunde. In mir schreit es: Es schreit mit den geschlachteten Ziegen, es blutet mit den achtlos beschnittenen Weinstöcken, es ächzt mit der vom Bagger aufgerissenen Erde und stürzt krachend mit den gefällten Olivenbäumen. Die Dynamit-Fischerei zerreißt mich, mit den gefesselten Dorfhunden liege ich an der Kette und sterbe qualvoll mit den vergifteten Katzen.

Alles Außen ist im Innen. Ich fühle den Schmerz der Wesen, das Leid der Welt. Das ist zu viel – für nur Eine: Schmerzvolle Enge in der Brust, ich halte die Luft an, nehme mich zusammen, verkrampfe, verhärte und fühle mich elend, fühle mich krank ...

Und denke: Hier bin ich am falschen Ort. Unbedingt – ich muss einen Platz finden, wo Stille, Liebe und Friede herrscht. Eine einsame Spülschlucht vielleicht, weg, weit weg von den Menschen, ganz im Norden der Insel. Einen Ort, wo von morgens bis abends die Nachtigall singt!

Gerade jetzt im Moment, als ich dies denke, donnert ein Kampfjet im Tiefflug über meine Hütte. Ich erzittere, am ganzen Leib. Heilsame Erschütterung: *Jetzt kann ich weinen. Tränen laufen übers Gesicht, der Wind streicht darüber, es fühlt sich kühl an und zart. Wind-Hauch kühlt den brennenden Schmerz.*

Auf wundersame Weise erfahre ich Hilfe und höre und fühle, ganz langsam, im Innen und im Außen, die alte Offenbarung der Essener[14]*. In ihr spricht das Göttliche zum Menschen, durch Sturm und Wolken, Täler und Hügel, Blitz und Donner und alle Erscheinungen der beseelten Natur:*

„Ich spreche zu dir.
Sei still,
Wisse,
Ich bin Gott"

Und ich höre die leidende Natur mit all ihren Wesen, wie sie spricht:
Sei still,
Wisse
Ich bin – Gott

Und die schreiende Ziege sagt noch im Sterben:
Sei still,
Wisse
Ich bin – Gott

Und der aufgerissene, ächzende Berg ruft:
Sei still,
Wisse
Ich bin – Gott

Und der blutende Weinstock wispert:
Sei still,
Wisse
Ich bin – Gott

Und das wogende Meer,
in dem die zerschmetterten Fischleiber schwimmen, rauscht:
Sei still,
Wisse
Ich bin – Gott

Und so werde ich still,
Ich weiß,
Ich bin.

(G.C., Ikaria, Mai 1992)

Mit „Gott“ meine ich keinen äußeren „lieben“ Vater-Gott, der tröstend und helfend in das persönliche Leben eingreift. Einen solchen personalen Gott gibt es, glücklicherweise, nicht. Sonst müssten wir uns fragen, warum er den Einen hilft und die Anderen bestraft. Wir wären dann wieder bei diesem alttestamentarischen grausamen Vater-Gott, der eifernd, rächend und bestrafend die Welt kontrolliert.

„Gott“ existiert als dynamisch wirkende Kraft in allem, was ist: der Ziege, dem Berg, dem Weinstock, dem Meer … Gott ist Wandlungs-Kraft, niemals endende Schöpfungs-Macht. Diese Kraft wirkt in allen Wesen der Schöpfung; ich nenne sie auch „Göttliche Lebens-Mutter“.

Der Text der Essener kann uns helfen, uns mit dieser Göttlichen Kraft zu verbinden:
– Im *„sei still“* erleben wir das Geschenk der *Gnade.*
– Im *„wisse ich bin“* erkennen wir das Geschenk der *Gewissheit.*
– Im *„ich bin – Gott“* erahnen wir das Geschenk der eigenen *Göttlichkeit.*

Somit erfahren wir und sind gewiss: Es gibt eine Kraft, die ist größer als der Schmerz, eine Kraft, die alles durchdringt, eine Kraft, in welcher der Schmerz gehalten ist: Es ist die Kraft der Liebe.

Lyra-Spielerin – Stille und Frieden
Gr. Lekythos, ca. 440 v. Chr.

Die Heil-Kraft der Stille

„Still, Inanna,
die Wege der Unterwelt
sind vollkommen.“

Als Inanna, die „Königin von Himmel und Erde“, in die Unterwelt hinabsteigt, schreitet sie „nackt und tief gebeugt“ durch die „sieben Tore der Unterwelt“. Auf ihre angstvollen Fragen erhält sie vom Torwächter Neti immer nur dieselbe Antwort: „Still, Inanna, die Wege der Unterwelt sind vollkommen.“ (15)

Dieses „Still, Inanna, die Wege der Unterwelt sind vollkommen“ erinnert an das „Sei still, wisse ich bin – Gott“ der Essener. Die Wege der Unterwelt sind vollkommen wie die Wege der Oberen und der Mittleren Welt. Im Bewusstsein der Einheit, der Non-Dualität, ist alles vollkommen.

Vollkommenheit ist Göttlichkeit, ist die Einheit, in der jeder Schmerz gehalten ist. Jeder intensive Ausdruck von Schmerz, jede schmerzliche energetische Entladung führt – so sie nicht behindert wird in ihrem natürlichen Fluss – ganz „vom Selbst“ in Einheit, Stille, Ruhe und inneren Frieden. Dieser Zustand kündigt sich gewöhnlich an mit einem langen und hörbaren Ausatmen, einem erleichternden Seufzer. Dies können wir bei Säuglingen und Kleinkindern nach langem Schreien und Weinen, aber auch bei erwachsenen Menschen beobachten.

So wie nach jedem Gewitter die Sonne hinter den Wolken hervorkommt und jeder Sturm sich in Ruhe legt, so erleben wir tiefe Ruhe nach einem emotionalen Sturm. In dieser Ruhe und Stille können wir etwas von der Vollkommenheit des Göttlichen erfahren.

Genauso wie der Schmerz bewegt und zelebriert werden will, so will die auf die emotionale Unruhe folgende Ruhe gehalten werden. „Ruhe halten“, sagen wir. Die Ruhe zu halten und in Stille zu sein, ist in diesen Zeiten oberflächlicher Bewegtheit eine spirituelle Herausforderung und gleichzeitig Voraussetzung für Befreiung und Heilung. Stille ist das Geschenk, die Gnade, die uns zuteil wird, wenn die Dunkelheit durchschritten und der Schmerz befreit ist. Wenn im fühlenden Stillsein das zusammen-kommen kann, was vorher getrennt war, dann können wir Frieden und tiefes Glück erfahren.

Wo aber bleibt in diesem kommerzialisierten und beschleunigten Alltag Raum und Zeit für Rückzug und Stille, insbesondere für Menschen, die in einer Partnerschaft oder als Elternteil in einer Familie leben? Für viele scheint es unmöglich, aus einem festgefahrenen, mit Tätigkeiten und Informationen überfrachteten Alltag auszubrechen. Ein Zusammenbruch und die geradezu inflationäre Diagnose „Burn-out-Syndrom" macht dann den Rückzug mit einem Klinikaufenthalt zwingend und damit auch gesellschaftlich annehmbar. Erst wenn wir krank werden, haben wir die Erlaubnis, für uns in Stille zu sein.

In einem Überangebot von Ablenkungen und Verlockungen und dem kollektiven Verlust von Begrenzung, Zentrierung und Stille werden körperliche und seelische Reifungsprozesse nicht zu Ende gebracht oder können sich gar nicht erst entfalten. Seelische Polaritäten wie beispielsweise Einsamkeit *und* Verbundenheit, Schmerz *und* Freude können nicht ganzheitlich erfahren und integriert werden. Aus alten Traumata resultierende Spaltungen auf Körper-Seelen- und Gefühlsebene können nicht aufsteigen, nicht angenommen und geheilt werden. Wir bleiben unbefriedet, glücklos und unheil.

Wenn therapeutische Tiefenerfahrungen nicht wirklich greifen, sich im Alltag nicht heilsam auswirken, dann liegt das häufig an einem *Mangel an Stille.* Wenn jemand eine tief berührende Erfahrung macht – in der Therapie, im Holotropen Atmen oder irgendwo –, dann aber ablenkende Erfahrungen darüber packt: einen Fernsehfilm, ein Telefonat, ein Treffen mit Freunden, eine Zigarette oder anderes, dann wird die heilsame Erfahrung unterdrückt, sinkt wieder ab ins Unbewusste und wirkt als Schatten-Macht im Leben. *Jede bedeutsame seelische Erfahrung will in Stille gehalten werden.*

Gerade dann, wenn wir ein Thema ins Bewusstsein holen, auf-träumen, und uns dann nicht mehr darum kümmern, bleibt es bewusstseins-nah, aber in Verdrängung. Es ist so, als ob ich jemanden einlade und begrüße, mich dann aber nicht mehr um meinen Gast kümmere. Der Gast wird gekränkt sein und mir das auf die eine oder andere Art zeigen. Deshalb *machen aktivierte, aber nicht in Stille gehaltene Themen krank:* Ein schmerzlicher Verlust, eine Trennung, die zwar beklagt, dann aber nicht in Stille gehalten wird, führt leicht zu einer körperlichen oder seelischen Störung. *Der Zyklus von energetischem Aufstieg und folgendem Abstieg wurde nicht beendet, der Kreis, die Gestalt konnte sich nicht schließen.*

Innere Erfahrungen brauchen Zeit, Raum und Stille, um im gesamten Leib-Seele-System anzukommen und zu wirken. Je tiefer eine innere Erfahrung ist, umso länger will sie gehalten werden, je schmerzlicher eine Erfahrung ist, um so mehr „will sie gewiegt werden", wie eine Klientin es einmal formulierte. Es ist die *Macht der Stille,* die Ausheilung ermöglicht. Nur in der Stille kann ich meine innere Stimme hören, nur in der Stille kann ich mich fühlen und spüren, nur in der Stille bin ich bei mir selbst und meiner Wahrheit. Nur in der Stille kann ich erahnen, wer ich bin.

In der Stille weitet sich das Bewusstsein vom personalen in den transpersonalen Raum: In der inneren Stille, der inneren Leere, verbinden wir uns wieder mit der kosmischen Leere, dem schöpferischen Urgrund. Hier, in der Stille, können wir das erfahren, wonach wir unentwegt suchen: die verlorene Einheit, das Paradies.

Deshalb reisen manche in Zentren der Stille, in Klöster oder Meditationszentren, um hier unter Anleitung die inneren Räume der Stille zu betreten. Für andere reicht ein Abendspaziergang, das stille Sitzen am Wald- oder Feldrand. Die stille Präsenz der Natur-Geister und der Elemente-Wesen Feuer, Wasser, Luft und Erde können hierbei unsere geistigen BegleiterInnen und spirituellen LehrerInnen sein. Gleich-gültig wo oder wie wir die Heilkraft der Stille suchen, wichtig ist allein, dass wir heilsame Stille *erfahren.*

Ein Rückzug aus der alltäglichen Hektik erfordert Eigen-Willigkeit und Eigen-Ständigkeit. Wir müssen uns diesen Frei-Raum und diese Frei-Zeit entschieden nehmen, wenn wir unsere Wunden heilen und zu unserer inneren Wahrheit kommen wollen. Wir haben uns zu entscheiden.

Dabei sage ich keineswegs, dass es für jeden Menschen und für jedes Lebensalter richtig oder wichtig ist, diesen Weg der inneren Stille zu gehen. Für manche ist das Sammeln von vielfältigen Erfahrungen, sind weite Reisen, das In-der-Welt-herum-kommen, Begegnungen haben mit unterschiedlichen Menschen, geradezu Voraussetzung für den anstehenden Selbst-Erkenntnis-Prozess. Sich in der Vielfalt der Lebens-Möglichkeiten zu erfahren, ist wichtig, um allmählich zu erkennen, wer ich bin: Dies entspricht mir, jenes nicht, dies gehört zu mir, jenes nicht, so will ich sein, so eher nicht.

Für diejenigen aber, die dieses Buch in die Hand genommen und nicht gleich wieder weglegt haben, für die Söhne und Töchter Chirons, ist es wesentlich, sich freiwillig in den inneren Raum der Stille zu begeben. Denn nur hier, in der chirotischen Höhle, am Ur-Grund der Seele, endet „die vergebliche Suche nach Glück", wie ich sie am Beginn des Buches beschrieben habe. Nur hier, im inneren Raum der Stille, kann sich die Wunde schließen, nur hier ist das zu finden, wonach wir uns schon immer sehnen: Einheit, Friede und Momente der Glückseligkeit.

Entscheidungs- und Erkenntnis-Fragen:

- Bin ich bereit, mir in meinem Leben Raum und Zeit für Stille zu nehmen?
- Bin ich bereit, ein- bis zweimal pro Woche *allein* in der Natur zu sein?
- Bin ich bereit, *allein* ein Wochenende in einer naturnahen Umgebung zu verbringen?
- Kann ich mir vorstellen, allein einen Urlaub zu verbringen, in den Bergen, am Meer, auf einer Alm, einer Insel?
- Was fühle bei dieser Vorstellung? Freude? Angst? Angst wovor?

Stille – Einsamkeit und Verbundenheit

Vierundzwanzig Jahre sind vergangen seit der Zeit auf der griechischen Insel, allein in der Hütte im Olivenhain, auf der Anhöhe mit dem weiten Blick übers Pelasgische Meer.

Jetzt sitze ich auf der Bank im Affhöllerbach-Tal, – ein kleines, bescheidenes Tälchen, in dem der Affhöllerbach fließt, umgeben von sanften Hügeln, – nur dreißig Geh-Minuten von meinem Haus entfernt. Hier sitze ich oft, in Stille, nach den einsamen Tagen in zentrierter Arbeit. Hinter mir liegt die Schafsweide, auf der die sechs Schafe meiner Freundin Sabine grasen, Hirtin und Schäferin schon in alten Zeiten. Ab und zu legt sich das lang gezogene „Määäh" der Schafe auf die ausgebreitete Stille.

Die Abendsonne steht tief, das Tal leuchtet und die Bäume werfen dunkle Schatten ins rotgoldene Abendlicht. Wie immer bewundere ich die Schönheit der drei anmutigen jugendlichen Apfelbäume, wie auf einer magischen Bühne stehen sie dort nebeneinander. Ich nenne sie „Grazien", wenn ich mit ihnen spreche. Heute sehe ich, wie sie tanzen, sehe den Tanz der drei Apfel-Baum-Grazien, sehe, wie ihre zarten, durchscheinenden Baum-Geister sich anmutig bewegen, sehr langsam, sehr still und sehr geschmeidig. Wie junge Mädchen, denke ich und spüre mein eigenes Alter von 72 Jahren: Spüre die Müdigkeit und den Schmerz in den Gelenken. Fühle die Trauer um diesen langsamen Abschied und die Sehnsucht nach der alten Heimat. Wie wird es dort sein?, denke ich und schaue ins untergehende Sonnenlicht.

Ich fühle mich still und weit, fühle mich einsam und doch so verbunden. Ich denke an meine Mutter, mit der ich früher zuweilen auf dieser Bank gesessen hatte. Meine Mutter Else-Helene, diese große, aufrechte und würdevolle alte Frau; vor zwei Jahren hat sie im Alter von 92 Jahren ihren Körper verlassen. „Mama, Mama", sage ich leise vor mich hin und sehne mich nach ihr, nach ihren liebevollen Worten: „Was du so alles schaffst, mein Kind", höre ich sie anerkennend sprechen.

Ich weine, leise, das Fließen der Tränen, es tut mir gut: Einsamkeit und Verbundenheit, ich fühle beides, gleichzeitig. Einsamkeits-Tränen und Verbundenheits-Tränen – Freuden-Tränen.

Da sehe ich unter der mittleren der Apfelbaum-Grazien einen Feldhasen im hohen Gras. Seine beiden Löffel-Ohren bilden ein V. Sehnsuchts-Zeichen, Friedens-Zeichen. „Frieden für unsere Mutter Erde", denke ich, bitte ich ... „Du Friedens-Hase", sage ich zärtlich und wir sehen uns über die Entfernung hin an ... Erkennen wir uns?

Da – er rennt auf mich zu, macht unterwegs einen Luftsprung, und sitzt nun, in nur zwei Meter Entfernung, neben mir und schaut mich an. Er stellt sich auf die Hinterbeine, schaut mich weiter an und verschwindet wieder, dorthin, von wo er gekommen war. Taucht ein in die Dämmerung, die Einheit von Tag und Nacht, von Dunkel und Licht. Mein Friedens-Hase, verborgen nun, im hohen Gras, unter der mittleren der drei tanzenden Apfelbaum-Grazien.

Ich bin in Stille, all-ein,
im untergehenden Sonnen-Licht.

(G. C., 27. Juli 2015)

Vogelmutter – Einheit. Skulptur v. G. Croissier, 2009, Foto: Tim Besserer

Anhang

Quellenangaben und Anmerkungen

Prolog

1. Jorgos Canacakis: „Ich sehe Deine Tränen. Trauern, Klagen, Leben können“, Stuttgart 1989, S.80
2. Die Bibel, Johannes 8, Vers 32. Dieses Jesu zugeschriebene Wort aus „Streitgespräche Jesu mit den Juden“ lautet im biblischen Original: „Wenn ihr in meinem Wort bleibt, seid ihr wirklich meine Jünger. Dann werdet ihr die Wahrheit erkennen, und die Wahrheit wir euch befreien.“ Ich habe dieses Wort aus dem Zusammenhang entlehnt, denn es besitzt universelle Gültigkeit.
3. Nach schriftlichen Überlieferungen (u.a. Platon, Plutarch) existieren drei Inschriften: „Erkenne dich selbst“, „Alles in Maßen“ und „Du bist“, letztere ist als Anerkennung an den Gott Apollon zu verstehen. Aus der Verbindung der ersten mit der dritten Inschrift entstand das bekannte Zitat: „Erkenne dich selbst, dann erkennst du Gott.“

Teil I. Sehnsucht und der Weg der Seele

1. Friedrich Nietzsche: „Also sprach Zarathustra“, Köln 2005, S.253

Kapitel 1. Die vergebliche Suche nach Glück

1. Beate und Petra Niehaus: „Astrokalender Sternenlichter“, Chiron Verlag 2012
2. Friedrich Nietzsche: „Also sprach Zarathustra“, aaO., S.11
3. Francis Vaughan: „Heilung aus dem Inneren“, Hamburg 1993. S.103
4. Florian Langenscheidt, Philosoph und Autor zum Thema Glück, in einem Interview im „Stern“ vom 9.3.2017
5. Francis Vaughan, ebd., S.101
6. ebd., S.101
7. Diese Definition von „Ego“ verdanke ich Dr. Joachim Galuska, dem Leiter der Kliniken Heiligenfeld.
8. Francis Vaughan, ebd., S.105
9. Der Titel meines Textes ist dem gleichnamigen Roman „In Zeiten des abnehmenden Lichts“ von Eugen Ruge entlehnt; inhaltlich gibt es keinerlei Übereinstimmung. Der Roman leistet eine gnadenlose und gleichzeitig wohlwollende Darstellung des Egos und der menschlichen Schatten. Er schildert den allmählich fortschreitenden Untergang einer Ideologie, eines Landes und einer Familie.

Kapitel 2. Urgrund – Verlust der Einheit und die primäre Wunde

1. Lao-tse, in Vera Zingsem: „Der Himmel ist mein, die Erde ist mein. Göttinnen großer Kulturen im Wandel der Zeiten“, Tübingen 1997, S. 478 und 479
2. Union der Deutschen Akademien der Wissenschaften
3. vgl. Wikipedia, zum Begriff Galaxie
4. Schöpfungs-Mythos der Maori, zit. in: Erich Neumann: „Ursprungsgeschichte des Bewusstseins“, Frankfurt a.M. 1984, S.91
5. ebd., S. 92

6. 1. Buch Moses, Kap.4, Vers 1
7. Jean Gebser: „Ursprung und Gegenwart. Die Fundamente der aperspektivischen Welt. Beitrag zu einer Geschichte der Bewusstwerdung“, 1. Teil, München 1988, S.125
8. vgl. Barbara G. Walker: „Das geheime Wissen der Frauen“, München 1994, S.239
9. vgl. Gertrude R. Croissier: „Psychotherapie im Raum der Göttin. Weibliches Bewusstsein und Heilung“, Schalksmühle 2007, S.170ff.
10. Hesiod, nach Robert v. Ranke-Graves „Griechische Mythologie, Quellen und Deutung“, 39,j
11. Jorgos Canacakis: „Ich sehe Deine Tränen. Trauern, Klagen, Leben können“, Stuttgart 1987, S.27
12. Ronald Laing: „Das geteilte Selbst“, Köln 1972, S.45
13. Franz Kafka, aus einem Brief an Oskar Pollak, 8.11.1903, zit. in Wolfgang Sterneck, www.sterneck.net
14. David Cooper: „Tod der Familie“, Reinbek bei Hamburg 1972, S.33
15. Paulo Coelho: „Der Alchimist“, Zürich 1996, S.79

Kapitel 3. Das magisch-mythische Bewusstsein

1. Jean Gebser, aaO., S.76 u. S.81
2. vgl. ebd., S.231
3. vgl. ebd., S.76 u. S.80
4. ebd., S.83
5. vgl. ebd., S.84, 85, 86
6. Stanislav Grof: „Das Abenteuer der Selbst-Entdeckung, Heilung durch veränderte Bewusstseinszustände“, Kempten 1987, S.32
7. vgl. Jean Gebser, aaO., S.88 u. S.89
8. vgl. zum Thema „Schuld“ Gertrude R. Croissier, aaO., S.114-146
9. Jean Gebser, aaO., S.92 u. S.235
10. ebd., S.238
11. ebd., S.238
12. ebd., S.96 u. S.98
13. vgl. hierzu Gertrude R. Croissier, aaO., Teil III u. Teil IV. Kap.9
14. Jean Gebser, aaO., S.94 u. S.95
15. ebd., S.89, 96, 95
16. ebd., S.96 und S.89
17. ebd., S.106
18. ebd., S.106
19. Der Spiegel 38, 2014
20. vgl. Jean Gebser, aaO., S.105, Bindestrich G.C.
21. ebd., S.217, kursiv im Original
22. vgl. zum Thema „Inquisition“ Gertrude R. Croissier, aaO., S.360 ff
23. Jean Gebser, aaO., S.110 u. S.113, kursiv im Original.
24. ebd., S.108, 115, 120
25. ebd., S.124

26. ebd., S.125 u. S.122, kursiv G.C.
27. ebd., S.123 u. S.124
28. ebd., S.240
29. vgl. Jean Gebser, aaO., S.113 u. S.114
30. ebd., S.125, kursiv G.C.
31. ebd., S.111 u. S.115
32. ebd., S.217

Kapitel 4. Was will die Seele?

1. Varda Hasselmann u. Frank Schmolke: „Archetypen der Seele. Durchsagen aus der kausalen Welt II", München 1993, S.10 u. S.11, kursiv G.C., und S.16
2. Carl Gustav Jung, zit. in Stumm, Gerhard und Pritz, Alfred (Hrsg.): „Wörterbuch derPsychotherapie", Wien 2000, S.615
3. Begriff von Erich Neumann: „Die Grosse Mutter", Zürich 1985
4. vgl. Barbara G. Walker, aaO., S.39
5. Varda Hasselmann, aaO., S.33 u. S.34
6. ebd., S.14
7. ebd., S.302 u. S.316
8. ebd., S.303-308 (303, 303, 306, 303, 304)
9. ebd., S.309-316 (310, 311, 312, 313, 311, 312)
10. ebd., S.316-320 (316, 318, 318, 318, 320, kursiv G.C.)
11. ebd., S.327-333 (328, 327, 333, kursiv G.C.)
12. vgl. Gertrude R. Croissier zum Thema Schuld und Schuld-Heilung, aaO., S.114-146
13. Erika Wisselinck: „Anna im goldenen Tor. Gegenlegende über die Mutter der Maria", Neuausgabe im Christel Göttert Verlag 2008, S.177
14. Varda Hasselmann, aaO., S.337-348 (337, 348, 338, 348, 337, 338, kursiv G.C.)
15. Kurt Derungs (Hrsg.): „Tier und Totem. Naturverbundenheit in archaischen Kulturen", Bern 1998, S.178
16. Luise Rinser, im Vorwort von Eugen Drewermann: „Über die Unsterblichkeit der Tiere. Hoffnung für die leidende Kreatur", Zürich/Düsseldorf 1998, S.11, 12, 14
17. ebd., S.13
18. Dagny Kerner, Imre Kerner: „Der Ruf der Rose. Was Pflanzen fühlen und wie sie mit uns kommunizieren", Köln 1997, S.45ff

Kapitel 5. Archetypen – Urbilder der Seele

1. vgl. Gertrude R. Croissier, aaO., S.169
2. C.G. Jung, Grundwerk Bd.2, S.105 u. S.106, kursiv i.O.
3. ebd., S.77 ff.
4. vgl. Robert Moore und Douglas Gilette: „König, Krieger, Magier, Liebhaber. Die Stärken des Mannes", München 1992, S.233 ff
5. vgl. C.G. Jung, Grundwerk Bd.2, S.79
6. ebd., S.78
7. ebd., S.81 u. S.83

8. ebd., S.111-112, kurs. im Original
9. vgl. Gertrude R. Croissier, Exkurs zum Urprinzip Pluto, aaO., S.152-154
10. C.G. Jung, Grundwerk Bd.2, S.112, kursiv G.C.
11. ebd., S.112

Kapitel 6. Die Seelen-Botschaft der Träume

1. C.G. Jung, Grundwerk Bd.1, S.149
2. ebd. Bd.1, S.102, kurs. G.C., u. S.114
3. C.G. Jung, zit. in Helmut Hark, „Lexikon Jungscher Grundbegriffe", Zürich/Düsseldorf 1998, S.173
4. C.G. Jung, Bd.1. S.113, kurs. im Original
5. ebd. Bd.1, S.143 u. S.144
6. ebd. Bd.1, S.136
7. vgl. Jung, Bd.1, S.183
8. C.G. Jung, zit. in Hark, aaO., S.171
9. C.G. Jung, zit. in Hark, aaO., S.161
10. C.G. Jung: „Der Mensch und seine Symbole", Olten 1968/1987, S.98
11. ebd. S.52
12. C.G. Jung, Grundwerk Bd.2, Seite 91; Jung bezieht sich hier auf den gnostischen „Hymnus der Seele". Das Erbe des Vaters ist hier eine verloren gegangene Perle aus der Krone des königlichen Vaters. Diese Perle liegt auf dem Grunde eines tiefen Brunnens, der von einem Drachen bewacht wird. Der Sohn macht sich auf den Weg, diese Perle zu suchen. „Er macht sich auf zum Wasser und taucht in die dunkle Tiefe des Brunnens, wo er am Grunde die Perle findet, um sie schließlich der höchsten Gottheit darzubringen."
13. vgl. C.G. Jung, Grundwerk Bd.2, S.121, kursiv G.C.
14. C.G. Jung: „Der Mensch und seine Symbole" aaO., S.51
15. vgl. C.G. Jung, Grundwerk Bd.1, S.141
16. C.G. Jung, Grundwerk Bd.1, S.289
17. vgl. C.G. Jung, Grundwerk Bd.1, S.180 u. S.178; Jung ortet die Krise der Lebensmitte etwa vom sechsunddreißigsten bis zum vierzigsten Lebensjahr. Nach meinen Beobachtungen scheint sie – wohl aufgrund der längeren Lebenserwartung – sich nach hinten verschoben zu haben und zwischen dem vierzigsten und fünfzigsten Lebensjahr zu liegen.
18. Jung verwendet die Begriffe Exposition, Verwicklung, Kulmination, Peripetie und Lysis zur Beschreibung der dramatischen Struktur der Träume, vgl, Bd.1, S.181-182
19. Helmut Hark: „Lexikon Jungscher Grundbegriffe", aaO., S.170
20. C.G. Jung, zit. in Hark, aaO., S.171
21. Helmut Hark, aaO., S.171
22. C.G. Jung, zit. in Hark, aaO., S.171

Kapitel 7. Zur Praxis der Traumarbeit

1. C.G. Jung, Grundwerk Bd.1, aaO., S.153, 155, 160
2. ebd. S.286ff

3. Strephon Williams: „Durch Traumarbeit zum eigenen Selbst", Interlaken 1987. Williams ist Transpersonaler und Jungscher Psychotherapeut in den USA. Sein Traum-Arbeits-Buch ist ganzheitlich, hoch differenziert (darin aber auch verwirrend) und insgesamt sehr empfehlenswert. Allerdings sind in diesem umfangreichen Werk die Quellenangaben zu vermissen. Es gibt keinen einzigen würdigenden Verweis auf diejenigen, von deren Wissen und Erfahrung er gelernt hat, auf deren Schultern er steht.
4. William Butler Yeats, irischer Dichter 1865-1939, in „Essay über Magie"

Teil II. Die magische Wunde – Annahme und Wandlung

1. Anselm Grün: „Buch der Lebenskunst", zit. in „Natur und Heilen" 11/2006

Kapitel 1. Trauma, Spaltung und Lebens-Angst

1. Olga Kharitidi: „Samarkand – Eine Reise in die Tiefen der Seele", Roman, Berlin 2006, S.182. Die in die Handlung des Romans eingeflochtenen psychologischen Erkenntnisse und Mitteilungen sind erhellend und faszinierend, die literarische Qualität des Romans aber eher dürftig. Kharitidi sollte meines Erachtens lieber Fachbücher schreiben.
2. Francis Vaughan, aaO., S.90
3. Olga Kharitidi, aaO., S.25
4. Samiha Shafy: „Lob der Angst", Spiegel-Titel, Oktober 2010
5. J. Markgraf, zit. in Spiegel-Titel, S.168
6. Spiegel-Titel, S.168
7. ebd. S.169
8. ebd. S.168, Aussage nach Borwin Bandelow, Angstforscher und Psychiater in Göttingen
9. ebd. S.171 u. S.168
10. ebd. S.174
11. ebd. S.172
12. Olga Kharitidi, aaO., S.182 u. vgl. S.207
13. ebd. S.277
14. Darmstädter Echo, Pressemitteilung vom 22.2.2014
15. Kirche und Welt, am 31.10.1998
16. Zum Ende seines Lebens hat mein Vater seine Schuld zu sich genommen und ich konnte ihm vergeben. Ich berichte dies hier, um deutlich zu machen, dass ich weiß und erfahren habe, wovon ich schreibe.
17. Tilman Röhrig: „Thoms Bericht", München 2012, und Andrea Seeger: „Ich bin ein Sackbahnhof für Hass geworden", Artikel in einer Serie über Pfarrerskinder in Sonntags-Zeitung, 31.8.2014
18. Olga Kharitidi, aaO., S.182
19. ebd. S.64 u. vgl. S.67, vgl. S.198-199
20. ebd. S.179-180, kurs. G.C, u. S.75
21. ebd. S.105

Kapitel 2. Wandlung – Die Wunde annehmen

1. vgl. Roger Woolger: „Die vielen Leben der Seele. Wiedererinnerungen in der therapeutischen Arbeit", München 1992, S.183
2. vgl. zum Thema COEX Stan Grof: „Die Welt der Psyche", München 1993, S.44-49, Zitat S.46, kurs. G.C.
3. vgl. zum Thema „Psychospirituelle Krise", Stanislav und Christina Grof: „Spirituelle Krisen. Chancen der Selbstfindung", München 1990
4. Anselm Grün, „Buch der Lebenskunst", zit. in „Natur und Heilen" 11/2006

Kapitel 3. Chiron, der verwundete Heiler

1. Paulo Coelho: „Der Alchimist", aaO., S.116-117
2. vgl. Melanie Reinhart: „Chiron – Heiler und Botschafter des Kosmos", Wettswil 1993 S.12
3. ebd. S.11
4. ebd. S.11
5. vgl. Ranke-Graves: „Griechische Mythologie", aaO., 102.1-2, S.329
6. Melanie Reinhart, aaO., S.30, und vgl. Ranke-Graves, aaO., 50.b –50.e
7. Ranke-Graves, aaO., 126.3, S.440
8. Melanie Reinhart, aaO., S.14
9. Hans-Jörg Walter: „Der Planet Chiron – Die Polarität Heil und Unheil", S.11
10. Melanie Reinhart, aaO., S.21
11. C.G. Jung, „Der Mensch und seine Symbole", S.95; und Jung, zit. in Reinhart, S.21-22, Übersetzung aus dem Englischen
12. Melanie Reinhart, aaO., S.40
13. vgl. Reinhart S.43
14. ebd. S.41, kursiv im Original
15. Paulo Coelho: „Der Alchimist", aaO., S.166
16. Marianne Williamson: „A Return To Love", 1992; Nelson Mandela hatte diesen Text in seiner Antrittsrede gesprochen, daher wird er fälschlicherweise ihm zugeordnet.

Kapitel 4. Die schöpferische Macht der Schatten

1. C.G. Jung, Grundwerk Bd.3, S.173
2. ders. Grundwerk Bd.9, S.114
3. ders. Grundwerk Bd.9, S.27 und Bd.4, S.86
4. ders. Grundwerk Bd.2, S.93
5. C.G. Jung, zit. in H. Hark, aaO., S.148, und Jung Grundwerk Bd.3, S.122
6. Strephon Williams, aaO., S.327
7. C.G. Jung, Grundwerk Bd.4, S.79
8. ders., Grundwerk Bd.9, S.41 und Bd.3, S.191-192
9. Darmstädter Echo 18.6.2016, „Von Kanonen und Psalmen", von Tommy Könnel
10. C.G. Jung, Grundwerk Bd.2, S.63
11. ders., Grundwerk Bd.4, S.81
12. C.G. Jung zit. in. Hark, aaO., S.146

13. C.G. Jung, Grundwerk Bd.2, S.248
14. ebd. Bd.2, S.50, kurs. G.C.
15. ebd. Bd.2, S.94
16. ebd. Bd.2, S.93
17. ebd. Bd.2, S.94
18. Jean Gebser: „Ursprung und Gegenwart“, 1.Teil, aaO., S.124
19. historischer Text nach M. Kunze: „Die Straße im Feuer“, München 1982, zit. in Evelyn Heinemann: „Hexen und Hexenangst. Eine psychoanalytische Studie des Hexenwahns der frühen Neuzeit“, Göttingen 1998, S.7-10
20. Jean Gebser: „Ursprung und Gegenwart“, aaO., S.123
21. Olga Kharitidi: „Samarkand“, aaO., S.75
22. Darmstädter Echo, 30.7.2014
23. vgl. hierzu Gertrude R. Croissier: „Psychotherapie im Raum der Göttin“, S.159 ff u. Offenbarung des Johannes, 12,9
24. vgl. hierzu G. Croissier, ebd., S.170ff
25. Rolf Kaufmann: „Das Gute am Teufel“, Zürich/Düsseldorf 1998; S.175 und S.177
26. C.G. Jung, Grundwerk Bd.3, S.122, kursiv G.C.
27. ders. Bd.4, S.81, kurs. G.C.
28. ders. Bd.3, S.191

Kapitel 5. Schatten-Arbeit in einer ganzheitlichen Psychotherapie

1. C.G. Jung, Grundwerk Bd.4, S.79, kurs. G.C.
2. ders. Bd.3, S.157
3. ders. Bd.4, S.86, kursiv G.C.
4. ders. Bd.2, S.93
5. Tsültrim, Allione: „Den Dämonen Nahrung geben“, München 2009
6. vgl. C.G. Jung, Grundwerk Bd.2, S.113, kursiv G.C.
7. C.G. Jung, zit. in Hark, aaO., S.148, kurs. im Original

Kapitel 6. Weg durch die Toten-Hölle

1. Dionysius Areopagita, Quelle unbekannt
2. vgl. zum Hexen-Thema Gertrude R. Croissier: „Psychotherapie im Raum der Göttin“, Teil III
3. C.G. Jung, zit. in Roger J. Woolger: „Die vielen Leben der Seele“, aaO., S.91

Kapitel 7. „Zeige deine Wunde“ – vom Un-Heil ins Heil

1. Jorgos Canacakis: „Ich sehe deine Tränen. Trauern, Klagen, Leben können“, aaO. S.42
2. ebd. S.15 u. S.82
3. ebd. S.26
4. ebd. S.15
5. vgl. Gay und Kathlyn Hendricks: „Liebe macht stark“, München 1992, S.242
6. Albert Camus: „Die Pest“, zit. in Gregor Ziolkowski, in Deutschlandradio Kultur – Buchkritik, 3.5.2005, kurs. G.C.

7. vgl. Kaye Hoffmann: „Von Göttern besessen. Trance-Tanz als energetische Erfahrung“, München 1986
8. Kaye Hoffmann, aaO., S.99, kursiv G.C., und S.99-100
9. ebd. S.100
10. vgl. Kaye Hoffmann S.96-97
11. Vera Zingsem: „Der Himmel ist mein, die Erde ist mein“, Tübingen 1997, S.46
12. vgl. zum Thema Hysterie: „Wörterbuch der Psychotherapie“ aaO., S.286-287 u. „Hysterie aus Sicht der Existenzanalyse“ ebd. S. 287, kursiv G.C., und Freud, „Studien über Hysterie“, Ges. Werke Bd.1, S.75-312
13. zit. in Kaye Hoffmann, aaO., S.98
14. Dorothee Sölle, zit. in Canacakis, aaO., S.47
15. Dorothee Sölle, zit. nach wikipedia
16. Vera Zingsem, aaO., S.41, kurs. G.C.
17. ebd. S. 47-50, kurs. G.C.

Kapitel 8. Trauern, Klagen – Stille sein

1. Dorothee Sölle auf dem Aachener Katholikentag 1986, zit. in Online Magazin, Schwerpunkte, Spiritualität
2. Vera Zingsem, aaO., S.147
3. Jorgos Canacakis: „Ich sehe deine Tränen“, aaO., S.13 u. S.27-28, kursiv im Original
4. ebd. S.35
5. vgl. Canacakis, ebd. S.46
6. ebd. S.44 u. S.46
7. ebd. S.79
8. Aischylos: „Totenopfer“, in „Die Orestie. Drei Tragödien“, Fischerbücherei 1958, S.77
9. Aischylos: „Die Perser“ in „Griechisches Theater“, Insel TB 1983, S.50-55, kurs. im Original
10. Canacakis, aaO., S.91 u. S.96
11. vgl. Philippe Herreweghe, Begleittext zu Roland de Lassus: „Hieremiae prophetae lamentationes“ CD, harmonia mundi 2014
12. Canacakis, aaO., S.77
13. vgl. Stanislav Grof, alle Werke, speziell zum Holotropen Atmen: „Das Abenteuer der Selbst-Entdeckung“, aaO.
14. „Die unbekannten Schriften der Essener“. Friedensevangelium Buch 2, Frankfurt 1978, übersetzt aus dem Aramäischen von Edmond B. Szekely, vgl. S.15-18, „Enochs Vision. Die älteste Offenbarung. Gott spricht zum Menschen“. Dieser Text gehört für mich zu den berührendsten spirituellen Texten. Überhaupt empfehle ich alle von Szekely übersetzten Essener-Texte. Diese Texte werden dem jungen Jesus von Nazareth zugeschrieben und sind von großer sprachlicher Dichte und Schönheit. Sie besitzen große Heilkraft, denn sie verbinden die Polaritäten Weiblich und Männlich, Mensch und Natur in der Einheit des Göttlichen.
15. Vera Zingsem, aaO., S.44-45

Bildnachweise

Schutzumschlag und Seite 3: Apollo mit Lyra und Rabe, weißgrundige Lekythos, griech., 480-470 v. Chr., Museum Delphi. Apollos Verbindung zu Koronis (Rabe) verweist auf das Krähen-Orakel der Asklepiden und damit zu Asklepios, dem Vater der Heilkunde, dessen Lehrer Chiron (Cheiron) gewesen sein soll.

S.10 Lebensmutter, Sandstein-Skulptur (Detail,) „Seelen-Bilder in Stein“ 2009, von Gertrude-R. Croissier, Foto: Tim Besserer

S.12 Bienengöttin, mit Vogelschnabel und Schlangenhaar, Kreta ca. 1700 v. Chr., Zeichnung in Buffie Johnson, „Die Grosse Mutter in ihren Tieren“, S.170

S.18 Baubo, griech. Göttin der Fruchtbarkeit und der sinnlichen Freuden, Aspekt der Göttin Demeter, „Seelen-Bilder in Stein“ 2007, Skulptur von Gertrude-R. Croissier, Foto: Tim Besserer

S.29 Flötenspieler und Spirale, Zeichnung von O. White Bear Fredericks, in „Die Spirale“, München 1988, S.127

S.30 Mandala von Theresia K., Erfahrung im Holotropen Atmen 2004

S.35 Milchstraße, M 51 Galaxie; mit Dank an Bruno Mullet, vom Europäischen Raumflugkontrollzentrum, der mir dieses und viele weitere Galaxie-Fotos geschenkt hat.

S.38 Himmelsgöttin Nut und Erdgott Geb; in E.A. Wallis Budge (1857-1937), The Gods of the Egyptians, Vol. II, colour plate facing page 96.

Interessant ist hier die Zuordnung des Weiblichen zum Großen Oben und des Männlichen zum Großen Unten.

S.47 Foto aus Nazaré, Portugal, Quelle unbekannt

S.54 Schlangen-Braut, „Seelen-Bilder in Stein“, Skulptur (Detail) 2007, von Gertrude-R. Croissier, Foto: Tim Besserer

S.57 „Ich bin Viele“, Mandala von Brigitte K., im Holotropen Atmen 2016

S.69 Afrikanische Holzskulptur, aus der privaten Sammlung der Autorin, Foto: Tim Besserer

S.71 Stele „di Vado all' Arancio“, neolithisch, 4.-3. Jahrtausend, Archäologisches Museum von Massa Marittima

S.80 Sonne als Gottessymbol, Steinrelief Jakobuskirche Tübingen; Zeichnung von N. Croissier, nach einer Abbildung in: Udo Becker, „Lexikon der Symbole“, S.277

S.83 Kopf der Ruferin, kleine Skulptur „Seelen-Bilder in Stein“ 2006, von Gertrude-R. Croissier, Foto: Tim Besserer

S.94 Psyche, minoischer Seelenvogel; Zeichnung in: Gerhard J. Bellinger, „Knaurs Lexikon der Mythologie“, München 1998, S.392

S.107 Unbekannter Künstler, 17.-18. Jh. Abgedruckt wurde das Bild in: „James Caulfield's Portraits, memories and characters of remarkable persons“, London 1819.

S.111 Meergöttin Sedna, Steinschnitt der Inuit 1961, in: Adele Getty, „Göttin, Mutter des Lebens“, München 1993, S.75

S.120 Aphrodite mit Schlange, „Seelen-Bilder in Stein“ 2008, Skulptur von Gertrude-R. Croissier, Foto: Tim Besserer

Stichwortregister

U

V

W

Y

Z

Literaturverzeichnis

Aischylos: „Die Orestie. Drei Tragödien“, Fischerbücherei 1958

Aischylos: „Die Perser“ in „Griechisches Theater“, Insel TB 1983

Allione, Tsültrim: „Den Dämonen Nahrung geben. Buddhistische Techniken zur Konfliktlösung“, München 2009

Assagioli, Roberto: „Handbuch der Psycho-Synthesis“, Freiburg 1978

Bordeaux Szekely, Edmond (Hrsg): „Die unbekannten Schriften der Essener“, Buch 2, Frankfurt 1978

Camus, Albert: „Die Pest“, zit. in www.deutschlandradiokultur.de/wurzel-fassen-im-erdreich-des-schmerzes

Camus, Albert: „Tagebücher 1935-1951“, Reinbek b. Hamburg, Rowolt, zit.in www.kritisch-lesen.de/hoffnung-in-der-sinnfreien-welt

Canacakis, Jorgos: „Ich sehe deine Tränen, Trauern, Klagen, Leben können“, Stuttgart 1989

Clow, Barbara: „Chiron. Die Verbindung zwischen inneren und äußeren Planeten“, München 1989

Coelho, Paulo: „Der Alchimist“, Zürich 1996

Cooper, David: „Tod der Familie“, Reinbek b. Hamburg 1972

Croissier, Gertrude R.: „Psychotherapie im Raum der Göttin. Weibliches Bewusstsein und Heilung“, Schalksmühle 2007

Derungs, Kurt (Hrsg.): „Tier und Totem. Naturverbundenheit in archaischen Kulturen“, Bern 1998

Die Bibel, Altes und neues Testament, Stuttgart 1980

Drewermann, Eugen: „Über die Unsterblichkeit der Tiere. Hoffnung für die leidende Kreatur“, Zürich/Düsseldorf 1998

Fox, Matthew: „Schöpfungs-Spiritualität. Heilung und Befreiung für die Erste Welt“, Stuttgart 1993

Freud, Sigmund: „Studien über Hysterie“, Ges. Werke Bd.1, S.75-312

Gebser, Jean: „Ursprung und Gegenwart“ 1.Teil, „Die Fundamente der aperspektivischen Welt. Beitrag zu einer Geschichte der Bewusstwerdung“, München 1988

Greene, Liz: „Saturn“, München 1981

Grof, Stanislav: „Das Abenteuer der Selbst-Entdeckung, Heilung durch veränderte Bewusstseinszustände“, Kempten 1987

Grof, Stanislav: „Die Welt der Psyche“, München 1993

Grof, Stanislav und Grof, Christina: „Spirituelle Krisen. Chancen der Selbstfindung", München 1990

Hark, Helmut: „Lexikon Jungscher Grundbegriffe", Zürich/Düsseldorf 1998

Hasselmann, Varda und Schmolke, Frank: „Archetypen der Seele. Die seelischen Grundmuster – Eine Anleitung zur Erkundung der Matrix", München 1993

Hasselmann, Varda und Schmolke, Frank: „Welten der Seele", München 1993

Heinemann, Evelyn: „Hexen und Hexenangst. Eine psychoanalytische Studie der frühen Neuzeit", Göttingen 1998

Heisig Daniela: „Die Anima. Der Archetyp des Lebendigen", Zürich und Düsseldorf 1996

Hendricks, Gay und Hendricks, Kathlyn: „Liebe macht stark. Von der Abhängigkeit zur engagierten Partnerschaft", München 1992

Herrmann, Horst: „Sex und Folter in der Kirche – 2000 Jahre Folter im Namen Gottes", München 1998

Hoffmann, Kaye: „Von Göttern besessen, Trance-Tanz als energetische Erfahrung", München 1986

Jeremia, 9, Altes Testament, in Die Bibel, Herder, Freiburg im Breisgau

Jung, Carl Gustav: Grundwerk Bd.2 „Archetyp und Unbewusstes", Zürich/Düsseldorf 1996

Jung, Carl Gustav: Grundwerk Bd.3 „Persönlichkeit und Übertragung", Zürich/Düsseldorf 1999

Jung, Carl Gustav: Grundwerk Bd.4 „Menschenbild und Gottesbild", Olten u. Freiburg 1992

Jung, Carl Gustav: Grundwerk Bd.5 „Traumsymbole des Individuationsprozesses", Olten u. Freiburg 1986

Jung, Carl Gustav: Grundwerk Bd.9 „Mensch und Kultur", Solothurn u. Düsseldorf 1995

Jung, Carl Gustav: „Der Mensch und seine Symbole", Olten 1968/1987

Kafka, Franz; aus einem Brief an Oskar Pollak, 8.11.1903, zit. in Wolfgang Sterneck, www.sterneck.net

Kaufmann, Rolf: „Das Gute am Teufel. Eigenen Schattenseiten und Abgründen begegnen", Zürich/Düsseldorf 1998;

Kerner, Dagny, Kerner, Imre: „Der Ruf der Rose. Was Pflanzen fühlen und wie sie mit uns kommunizieren", Köln 1997

Kharitidi, Olga: „Samarkand. Eine Reise in die Tiefen der Seele", Roman, Berlin 2006

Laing, Ronald: „Das geteilte Selbst", Köln 1972

Langenscheidt, Florian: „Mein geliebtes Ich", Interview im „Stern" vom 9.3.2017

Lao-tse: „Führung und Kraft aus der Ewigkeit“, das Tao-Te-King, Übersetzung von Erwin Rouselle, Frankfurt a.M. 1985

Moore, Robert u. Gillette, Douglas: „König, Krieger, Magier und Liebhaber. Die Stärken des Mannes“ München 1992

Murdock, Maureen: „Der Weg der Heldin. Eine Reise zur inneren Einheit“, München 1994

Neumann, Erich: „Ursprungsgeschichte des Bewusstseins“, Frankfurt a.M. 1984

Neumann, Erich: „Die Grosse Mutter. Eine Phänomenologie der weiblichen Gestaltungen des Unbewussten“, Zürich 1985

Niehaus, Beate und Niehaus, Petra: „Astrokalender Sternenlichter“, Chiron Verlag 2012

Nietzsche, Friedrich: „Also sprach Zarathustra“, Köln 2005

Ranke-Graves, Robert: „Griechische Mythologie – Quellen und Deutung“, Reinbek b. Hamburg 1987

Reinhart, Melanie: „Chiron – Heiler und Botschafter des Kosmos“, Wettswil 1993

Richter, Horst-Eberhard: „Wer nicht leiden will, muss hassen“, Hamburg 1993

Rinser, Luise, im Vorwort von Eugen Drewermann: „Über die Unsterblichkeit der Tiere. Hoffnung für die leidende Kreatur“, Zürich/Düsseldorf 1998

Röhrig, Tilman: „Thoms Bericht“, München 2012 und Andrea Seeger: „Ich bin ein Sackbahnhof für Hass geworden“, Artikel in einer Serie über Pfarrerskinder, in Sonntags-Zeitung, 31.8.2014

Shafy, Samiha: „Lob der Angst“, Spiegel-Titel, Oktober 2010

Sheldrake, Rupert: „Das schöpferische Universum. Die Theorie des morphogenetischen Feldes“, München 1983

Sheldrake, Rupert: „Das Gedächtnis der Natur. Das Geheimnis der Entstehung der Formen in der Natur“, Bern, München, Wien 1990

Sheldrake, Rupert: „Der siebte Sinn der Tiere“, Bern, München, Wien 1999

Sölle, Dorothee: „Rede auf dem Aachener Katholikentag“, 1986, zit in Online Magazin, Schwerpunkte, Spiritualität

Straube, Ingrid: „Die Quellen der Philosophie sind weiblich“, Aachen 2001

Stumm, Gerhard und Pritz, Alfred: „Wörterbuch der Psychotherapie“, Wien 2000

Vaughan, Frances: „Heilung aus dem Inneren“, Hamburg 1993

Voss, Jutta: „Das Schwarzmond-Tabu. Die kulturelle Bedeutung des weiblichen Zyklus“, Stuttgart 1988

Walker, Barbara G.: „Das geheime Wissen der Frauen“, München 1995.

Walter, Hans-Jörg: „Der Planet Chiron – Die Polarität Heil und Unheil", Dusslingen 1986

Wehr, Gerhard: „Heilige Hochzeit. Symbol und Erfahrung menschlicher Reifung", München 1986

Williams, Strephon: „Durch Traumarbeit zum eigenen Selbst", Interlaken 1987

Williamson Marianne: „A Return To Love", 1992, Erscheinungsort unbekannt

Wisselinck, Erika: „Anna im goldenen Tor. Gegenlegende über die Mutter der Maria", Neuausgabe im Christel Göttert-Verlag 2008

Woolger, Roger J.: „Die vielen Leben der Seele. Wiedererinnerungen in der therapeutischen Arbeit", München 1992

Yeats, William Butler: Essay über Magie

Zingsem, Vera: „Der Himmel ist mein, die Erde ist mein. Göttinnen großer Kulturen im Wandel der Zeiten", Tübingen 1997, erweiterte Neuauflage Pomaska-Brand Verlag 2008

Ziolkowski, Gregor: „Wurzel fassen im Erdreich des Schmerzes", Deutschlandradio Kultur – Buchkritik, 13.05.2005

Buchempfehlung

Gertrude R. Croissier

Die mythische Reise - der archetypische Weg des Helden und der Heldin

Wandlung und Heilung in der Transpersonalen Psychologie (Bd. 2)

Wir fühlen uns im Laufe unserer irdischen Existenz oftmals verloren und getrennt vom schöpferischen Urgrund und verzweifeln am Sinn unseres Lebens. Das ist der Punkt, an dem wir bereit sind, uns auf den Weg des mythischen Helden zu machen, der mutig die Maske seiner Pseudo-Identität ablegt, um am tiefsten Grund seiner „Nacht-Meer-Fahrt" den ersehnten „Schatz" zu entdecken: Selbsterkenntnis und inneren Frieden – ein Geschenk der Seele in der Begegnung im Wahren Selbst.

Alltäglich sind wir auf Reisen, immer unterwegs vom Anfang zum Ende, von der Geburt zum Tod. Alles fließt, alles kreist, alles ist Wandel, unentwegt sind wir auf der Suche. Nach was aber suchen wir? Es ist der verlorene Schatz, das Geheimnis unserer Seele, die Wahrheit des Selbst.

Diese mythische Reise kann beschwerlich sein und zuweilen auch gefährlich. Wir können uns verirren, können scheitern. Wir haben Angst. Dennoch folgen wir als Held und Heldin dem „Ruf", wagen den Abstieg, begegnen unseren inneren Dämonen und hilfreichen magischen Wesen, stellen uns mutig der Wandlungs-Krise.

Dieses Buch aus der Praxis der Transpersonalen Psychologie – mit Theorie, Erfahrungsbeispielen und Anleitungen – kann Ermutigung, Führung und Halt geben auf diesem wundersamen Weg, dem Weg zum inneren Wahren Selbst.

Hardcover
Leineneinband mit Schutzumschlag
364 Seiten, mit zahlr. Abb., z.T. farbig
ISBN 978-3-943304-52-7
28,- EUR (D)

Buchempfehlung

Die persönliche Leidensgeschichte von Frauen ist nicht getrennt von der schmerzlichen Kollektivgeschichte des Weiblichen im Patriarchat: Dem Schutz der alten Mutter-Göttin beraubt und von einem eifernden Vater-Gott dämonisiert, sind Frauen körperlich, emotional, geistig und spirituell heimatlos.

Ohne liebevolle Spiegelung in einem mütterlichen Gottesbild aber, ohne Kontakt zu den weiblichen Wurzeln des Lebens, sind sie geschwächt und sich selbst fremd geworden. Heilung von Weiblichkeit braucht daher Rückbindung an den weiblich-göttlichen Ursprung des Lebens. Das Weibliche will in seiner Wertigkeit erkannt, will geheilt und ermächtigt werden. Hiervon handelt dieses Buch.

Seit mehr als 30 Jahren forscht und arbeitet die Autorin zum Thema „verletzte Weibllichkeit". Dabei beantwortet sie die Frage nach den tieferen Ursachen der männlichen Gewalt am Weiblichen.

Wie auch in einer therapeutischen Heilungskrise der Weg vom Dunkel ins Licht, vom Schmerz in die Freude geht, so führt dieses Buch Frauen und Männer immer wieder durch Abgründe menschlicher Existenz in liebevolle Annahme und Lebenskraft.

Theorie, Erfahrungsbeispiele aus der Transpersonalen Psychotherapie sowie Anleitungen und Übungen für die persönliche und therapeutische Praxis fördern einen ganzheitlichen Heilungsweg und das Wiederentdecken der weiblichen Urkraft im Dienste des Lebens.

Gertrude R. Croissier:
Psychotherapie im Raum der Göttin – Weibliches Bewusstsein und Heilung
530 Seiten, 52 Abb., z.T. farbig; Hardcover mit Schutzumschlag
ISBN 978-3-935937-48-1, EUR 32,- (D)

Seminare und Fortbildungen mit G. R. Croissier

Holotropes Atmen© (n. Stanislav Grof)
an vier Wochenenden im Jahr

Holotropes Atmen ist eine psychotherapeutische Methode vertiefter Selbst-Erforschung und bedeutet vom Wortsinn: „Bewegung hin zur Ganzheit". Es wurde in den 70er Jahren von dem Psychiater, Psychoanalytiker und Bewusstseinsforscher Stanislav Grof entwickelt.

Holotropes Atmen verbindet Erkenntnisse der modernen Bewusstseinsforschung mit Elementen alter Heiltraditionen, mit Tiefenpsychologie, Trauma-Therapie und Körperpsychotherapie. Im Tiefenbewusstsein können lichte und dunkle Aspekte irdischer und kosmischer Existenz, verschüttete Erlebnisse aus der Kindheit, existentielle Traumata, sowie Sequenzen von Geburt und Tod erfahren werden.

Ausbildung – Fortbildung – Weiterbildung
„Transpersonale Psychologie und Psychotherapie in Theorie und Praxis – eine tiefenpsychologische Perspektive"

Transpersonale Psychotherapie als
- Dienst an der Seele
- Dienst am Leben
- Dienst an der Schöpfung

Die Fortbildung bietet einen umfassenden Erkenntnisweg vom personalen Ich zum ganzheitlichen Selbst, professionelle Kompetenz, Erweiterung des Bewusstseins, Wissen und Methoden alter Heilkulturen sowie die Umsetzung in therapeutische Praxis.

Weitere Informationen und Termine auf der Homepage der Autorin:
www.transpersonal-croissier.de

9-23 BUE

Pomaska-Brand Verlag
Holthausen 1 · 58579 Schalksmühle · Tel. 02355-903339
E-mail: info@pomaska-brand-verlag.de
www.pomaska-brand-verlag.de